海外中国哲学研究译丛

[美]刘纪璐 著

刘纪璐　温海明　石启瑶　黄映溶　众佛家弟子 译

中国哲学导论：

从古代哲学至中国佛学

An Introduction to Chinese Philosophy: From Ancient Philosophy to Chinese Buddhism

JeeLoo Liu

西北大学出版社

·西安·

著作权合同登记号：陕版出图字 25－2022－167
图书在版编目（CIP）数据
中国哲学导论：从古代哲学至中国佛学 / ［美］刘纪璐著；刘纪璐等译. -- 西安：西北大学出版社，2024. 9. --（海外中国哲学研究译丛 / 赵卫国主编）.
ISBN 978-7-5604-5422-1
Ⅰ. B2；B949. 2

中国哲学导论：从古代哲学至中国佛学
［美］刘纪璐 著　刘纪璐 等译
出版发行：西北大学出版社
（西北大学校内　邮编：710069　电话：029-88302621　88303593）

经　　销：全国新华书店
印　　装：西安奇良海德印刷有限公司
开　　本：880 毫米×1194 毫米　1/32
印　　张：17.125
版　　次：2024 年 9 月第 1 版
印　　次：2024 年 9 月第 1 次印刷
字　　数：360 千字
书　　号：ISBN 978-7-5604-5422-1
定　　价：128.00 元

本版图书如有印装质量问题，请拨打电话 029－88302966 予以调换。

海外中国哲学研究译丛

丛书受到教育部哲学社会科学研究重大课题攻关项目“海外汉学中的中国哲学文献翻译与研究”（项目编号：18JZD014）经费资助。

总 序

赵卫国　陈志伟

哲学“生”于对话，“死”于独白。哲学的对话，既体现为同一文化传统内部不同思想流派、人物之间的对辩机锋，也体现为不同文化传统之间的互摄互融。特别是在走向全球一体化的当今时代，不同文化传统之间的互相理解与尊重、交流与融合，显得尤为迫切和必要。鉴于此，从哲学层面推动中西文明传统之间的理解与交流，以“他山之石”攻“本土之玉”，就成为我们理解外来文化、审度本土文化、实现本土思想文化创造性转化和创新性发展的一条必经之路。

在中国传统哲学的发展历程中，有过数次因外来文化传入而导致的与不同传统之间的互通，传统哲学因此而转向新的思想路径，比如佛教传入中国，引发了儒学在宋明时期的新发展。16世纪，西方传教士进入中国，一方面中国人开始接触西方文化和哲学，另一方面，西方人也开始了解中国的儒释道传统，中西方思想的沟通交流由此拉开了崭新的序幕。这一过程大体上经历了三个阶段，即耶稣会传教士阶段、新教传教士阶段和专业性的经院汉学阶段。而自从汉学最先在法国，后来在荷兰、德国、英国、美国确立以来，西方人对中国哲学的理解和诠释可谓日新月异，逐渐形成了海外汉学中国哲学研究的新天地。特别是从 20 世纪 80 年代开始，海外汉学家的中国哲学研究与国内哲学家、哲学史家的中国哲学研究两相呼应，一些极富代表性的海外中国哲学研究成果相继译出，这也就为当代中国哲学研究提供了一些新的理论视角和方法。

海外汉学是不同传统之间对话的结果，其范围涵盖众多的学科门类，其中中国文学、史学、民族学、人类学等领域的海外汉学研究成果，已得到了系统化、规模化的译介和评注。与之相较，海外汉学中的中国哲学研究论著，虽已有所译介和研究，但仍处于一种游散状态，尚未形成自觉而有系统的研究态势，从而难以满足国内学界的学术研究需要。因此应在前人工作的基础上，将更多优秀的海外汉学中国哲学研究成果，包括海外华人学者以西方哲学视角对中国哲学的研究成果，逐译进来，以更为集中地供国内学者参考、借鉴。正是出于这样的考虑，我们借助教育部哲学社会科学重大课题攻关项目“海外汉学中的中国哲学文献翻译与研究”（18JZD014）立项之机，策划设计了“海外中国哲学研究译丛”，并希望将此作为一项长期的工作持续进行下去。

当今之世，中国哲学正以崭新的面貌走向世界哲学的舞台，地域性的中国哲学正在以世界哲学的姿态焕发新机。与此同时，用开放的他者眼光来反观和审视中国哲学，将会更加凸显中国哲学的地域性特色与普遍性意义，并丰富其研究内涵和范式。我们希望通过此项丛书的翻译，使得海外中国哲学研究作为一面来自他者的镜子，为当代中国哲学研究提供新的方法论和概念框架的参考，助力中国哲学未来之路的持续拓展。

目　录

中文版自序

刘纪璐

《中国哲学导论：从古代哲学至中国佛学》译自本人英文著作 *An Introduction to Chinese Philosophy*：*From Ancient Philosophy to Chinese Buddhism*。原著于 2006 年在美国由著名的 Blackwell 出版社发行，受到许多好评。原著的特色是用分析哲学家的方法去分析中国哲学，找出各个学派的哲学问题关键，而以清晰易解的比较分析语言阐释。这本英文著作被许多国内外的教授拿来作为中国哲学课的主要教材。波兰的雅盖隆大学出版社（Jagiellonian University Press）也找了译者，将此书于 2010 年以波兰文发行。我当然期望也能有中文版发行。自从本书出版后，有几位中国学者告知我他们准备把全书翻译成中文，因为他们觉得本书的分析手法对学生理解中国哲学的哲学概念与问题意识非常有帮助。可惜的是，这些翻译意图后来都没有下文，不了了之。我想可能最大的问题是中国佛学部分牵涉佛典专用名词，一般研究先秦哲学的学者会觉得翻译工作是个太大的挑战。

2018 年，中国人民大学的温海明教授受邀去闽南佛学院讲学，用本书英文原著的佛学部分作教材。他感到这个佛学部分如果能译成中文，对佛学的深入探讨会很有帮助。于是他召集闽南佛学院的一群佛家弟子一边讨论，一边翻译。由于这些学生本身佛学素养深厚，所以他们的译文非常接近佛家的语汇，而且他们的英文理解也大致能掌握我原著的意涵。在译稿发给我之后，我另外花了几个月时间对照润饰。我要特别感谢温海明教授对此书所花的心血，以及闽南佛学院所有参与翻译讨论的佛家弟子。

在佛学部分完成翻译后，我原先想就以《中国佛学导论》来单独发行。我的挚友——当初在台湾大学哲学系以及哲学研究所同窗的沈佩君女士——将我的著作引介给联经出版公司的发行人林载爵先生。感谢林先生鼓励我找人把全书翻译成中文，跟我另外一本中译本《宋明理学：形而上学、心灵与道德》一起由联经发行。我联系过去在台湾大学哲学系和哲学研究所的另一位同窗石启瑶女士，以及我高中同学——文化哲学系出身的黄映溶女士。很庆幸的是她们两人都义不容辞地答应替我翻译全书前面介绍古代哲学的八章。她们两人在 2020 年新冠疫情发生之初就开始闭门工作，足不出户，短短数月就联手完成了翻译工作。在这里我还要特别感谢石启瑶，因为她的细心查证，为我引用的英文资料找到市面上的中文版本文献；同时她以认真负责的态度，帮我把这本书十二章由不同人翻译的注释章格等全部统合起来。为了方便读者作佛学研究，我也重新查证佛学的中文文献，将原先英文版的出处都配合以中文佛典的出处。

本书的翻译人员包括：

黄映溶：原版致谢辞、前言、导论、中国古代哲学概论、第二章、第三章；

石启瑶：第一章、第四章至第八章。

中国佛学部分由温海明教授为总监，请闽南佛学院的几位弟子分工合作：

中国佛学概论：释究林、释万山；

第九章唯识宗：释本悟、释本成；

第十章华严宗：释文来、释宏藏；

第十一章天台宗：释安震、释安龙；

第十二章禅宗：释觉闲、释圣竺。

本书在英文版发行十五年后终于能够以中文发行，实在是符合佛家所讲的因缘际会。在此我对以上促使本书中文版能得以见世的所有学友致上衷心的感谢。

本书的第一部分介绍中国古代哲学，包括先秦儒、道、墨、法诸家以及《易经》一书。本书的写作方式是强调先秦哲学的哲学性，针对各家的理论要点、辩论模式、问题症结所在，而以深入浅出的文字进行分析。与学界多数介绍中国古代哲学史不同的地方在于本书采取哲学分析与比较哲学的走向。读者可以借由这本书将古代哲学置入当代的哲学语境，进而思考先哲所关切的问题如何运用于今日的世界，如何对今人的论学处世有所启发。由于是导论性质，各章所选的是先哲思想的几个最主要的议题，并且强调他们哲学理念之间的交流对比。同时，由于原先写作的用意是为大学提供中国哲学的教材，所以在每章后面都提出一些可供课堂上讨论的问题。

本书的第二部分介绍中国佛学。中国佛学是否可以作为哲学来看待？这是我从一开始用英文写作中国哲学就在思考的问题。学界中的中文著作大多把佛学当作一门宗教，从历史渊源、人生智慧、实用观点，以及修行法门等角度来阐释各家宗派。我对中国佛学的切入点与我一贯对中国哲学——不管是先秦哲学还是宋明理学——所秉持的观点一致：中国传统思想的哲学化关键在于我们的分析诠释方法。本书选择中国佛学的四大宗派唯识宗、华严宗、天台宗，以及禅宗，而以其对现实世界的肯定作为贯穿全书的核心问题。对各宗，本书的分析性介绍从哲学问题出发，讨论各家的形上学立场、知识论、语言观、伦理学，以及众多实践法门。由于本书是导论性质，因此对各宗的历史也略作简介。我期望这个分析性的佛学导论部分可以更加促进佛学学者的哲学性思辨，从而把中国佛学的哲思意境带到更加普及化、国际化的层面。

对宋明理学有兴趣继续研究的读者请参考我的《宋明理学：形而上学、心灵与道德》一书。

《中国哲学导论》佛学部分编译前言

21 世纪初，我在夏威夷大学哲学系跟随安乐哲（R. T. Ames）教授攻读比较哲学博士学位期间，经常参加北美中国哲学学会（Association of Chinese Philosophers in America，ACPA）组织的学术活动，一来二去，跟学会中活跃的组织者刘纪璐（Jeelou Liu）教授逐渐熟悉，由衷敬佩她推动中国哲学的热情和试图沟通中国哲学与分析哲学的努力。她的著作《中国哲学导论》（*An Introduction to Chinese Philosophy*：*From Ancient Philosophy to Chinese Buddhism*）是基于中国哲学早期的问题和材料，响应现当代西方哲学，尤其是分析哲学最新发展之挑战的前沿性成果。我于 2006 年回到中国人民大学哲学院中国哲学教研室任教，不久接替张祥龙教授在北京中国学中心（The Beijing Center）教授中国哲学、佛教、道家、道教相关英文课程，十多年来一直将刘教授的这部著作作为教学参考书。

在多年的教学经验当中，我意识到刘教授有意超越胡适、冯友兰、牟宗三、陈荣捷等前辈写作中国哲学史的范式，重新定位中国传统哲学的问题，并对传统哲学的数据作出全新的诠释。她早年在台湾大学受到严格的中国哲学熏陶，之后在美国接受了全面的分析哲学训练，因此她能够立足分析哲学的核心问题,来深入细致地研究和讨论中国古代哲学命题的当代意义。刘教授在该书中体现出对中国哲学资料的精湛理解，同时能够深入把握分析哲学问题，并娴熟运用比较哲学方法，可见该书无疑是一部中西哲学深度交流的杰作。自明末以来，中土思想与西方哲学的交融激荡于今为甚，而中国哲学与西方哲学，尤其是心灵哲学的前沿沟通比较成果少之又少。刘著能够扎实立足中国传统哲学命题，对哲学思想有圆熟全面的把握，注意到易学对中国哲学思想的奠基意味，并对佛教哲学有准确和深入的理解，字里行间可谓达到了沟通中西哲学的化境。

该书的这些特点，在我组织学僧们翻译佛学部分的过程当中，体会极深。2017 年秋和 2019 年春，经同事惟善法师推荐，受祖光法师邀请，我两度到闽南佛学院国际班任教，组织学僧们把刘教授该书的佛学部分译成中文。每句话都是在我和学僧们反复修改、参研校对的译文基础之上，经刘教授精心修改后定稿的。在与学僧们往复推敲译文，琢磨刘教授对佛学义理精准理解的过程中，我们对刘教授用功之细密、比较之精深，常常感同身受，由衷地感佩她的努力。

翻译该书中国佛学部分时，我把十位学僧分成五个小组：释究林、释万山（佛学概论）；释本悟、释本成（唯识宗）；释文来、释宏藏（华严宗）；释安震、释安龙（天台宗）；释觉闲、释圣竺（禅宗）。他们先翻译出初稿，之后我逐句跟他们讨论并修改译文，常为一句翻译琢磨讨论良久。译稿完成之后，刘教授告诉我她的书曾几次有人想翻译，但可能因为卡在佛学部分，后来都放弃了。可见，能够带领闽南佛学院的学僧们译出初稿可谓一种殊胜因缘，毕竟他们佛学基础不错，而且用功甚深。讨论译文的时候我经常感慨，如果不是和学僧们一起研讨译文，很多地方未必能够找到合适的词汇，那样刘教授精湛的文字译起来难免走调变形。可惜书成之时，译者释圣竺已经往生佛国。

那段在南普陀授课改稿的日子里，我常在闽南佛学院太虚图书馆流连徘徊，从半山腰向远方眺望，南普陀寺和厦门大学校园美景尽收眼底，南洋特色的红顶建筑，仿佛依然沐浴在弘一大师的佛光之中，连着虚云法师在槟城极乐寺弘法时那种南天佛国的历史沧桑，时空交错，虚实相生，光影如梦，我似乎能够深入理解刘教授写作佛学部分的心境和视界，是要从学理上交出中国佛学国际化的时代答卷。历史上，印度佛学中国化是佛学世界化的重要开端，中国佛学保留和发展了佛教的主要经典和理论，可是近现代以来，由于语言和国势等种种原因，中国佛学的世界性影响一直没有真正开始，而刘教授的著作无疑极有助于中国佛学的世界化。如今译回中文，期待有志于推动中国佛学世界化的同道们承其志进而扬其学。

温海明

中国人民大学哲学院教授　山东省泰山学者

原版致谢辞

本书之所以能完成，实得力于蒋经国学术交流基金会的支持，以及纽约州立大学杰纳苏分校（SUNY at Geneseo）提供我一段专心研究学术的休假。另外，我也要感谢纽约州立大学杰纳苏分校的馆际合作借书部门提供我实时所需的宝贵数据，让我省却许多费时的搜寻。当然，我尤其要感谢布莱克威尔出版公司(Blackwell Publishing)的哲学总编杰夫・迪恩(Je Dean)对我的知遇之恩。

我始终相信一个人的成就不会是仅仅靠个人的努力，而这本书得以完成更是基于我学习过程中所接受的各方教导。我的中国哲学理念启蒙于恩师毓鋆老先生的私塾讲堂。在其门下受教的七年中，我几乎研读了所有重要的中国哲学之经典古籍。至于我对宋明理学的全盘了解，要感谢我的硕士论文指导教授张永儁老师的倾囊相授。我在台湾大学哲学系以及后来至美国在纽约罗彻斯特大学研究所求学期间，也得到许多教授对我分析哲学的完整训练，其中特别需要提及陈文秀、林正弘、余英华、Richard Feldman、Earl Conee、Robert Holmes、Douglas

Dempster，以及 John Heil 等多位老师。我也要感谢当初在纽约州立大学修过我的中国哲学课，以及在加州州立大学修过我的亚洲哲学课的学生们，由于他们在课堂上锲而不舍地提问和探索，才激发我在著作本书时注意到表达理念的条理分明。

借此我也要感谢所有在我写书期间支持和鼓励我的人，像是 Paul Yu（余英华师）、Craig Ihara、Ellen Yu、Shi-ling Hsiang、Amy Steinberg、Ya-yen Yu，以及我的哥哥和姊妹们。最后，我要把这本书献给以下诸人：我的母亲刘林祝闹女士，因为她启发我对知识的好奇；我的高中老师范庆雯，因为她在我年仅十五岁就指引我哲学之路；我至爱的先生 Michael Cranston，若是没有他，就没有今日的我；以及我的儿子 Collin 和 Dillon，因为他们给予我生命中最大的喜悦。

viii

前　言

本书所介绍的是中国哲学早期的两大时期：中国古代哲学（约前600—前200）以及中国佛学（约300—900）。我写作的对象是有兴趣用既有学术性又有系统性的方式研读中国哲学的读者群。这是一本学术严谨的书，但是也适合一般未经哲学训练的读者阅读。在（原著）英文的写作中本书尽量避免使用中文字，而关于中国哲学中重要观念的英译，本书所选择的语词也都是被普遍接受和使用的。这本书也可以当作是大学课程中有关中国哲学或亚洲哲学的教本。为了这个目的，每一篇章在最后都附有一些延伸讨论的问题。对于有兴趣了解中国哲学的读者，本书可视为是一本可靠的入门书。而对于想要进一步探索中国哲学的读者，本书也备有丰富的批注和书籍推荐，可以助其更上一层楼。 ix

在读者阅读之前我想先解释本书的几个特色。首先，本书是采取分析哲学的走向，并且以比较哲学的方法进行分析。所谓分析哲学的走向，是指着重在概念的分析，论证的阐述，对各哲学基本预设的检证，以及语法力求简单明了的哲学方法。

当所阐述的学说本身有论证时，我会将其论证以分析学说中所运用的论证模式表达出来，并且加以简短讨论。如果该学说理论并无明显的论证，那么我就会分析其理论的基本预设，以及其所运用的方法学和重要的概念。本书之所以采取分析的走向，就是希望能与在西方以语言学的走向、诠释学的走向，以及汉学的走向所探讨的中国哲学都区别开来。

至于本书之所以运用比较哲学的方法来进行探讨，是为了将中国哲学的研究与当代西方哲学搭上线。我不希望本书所讨论的各家学说好像来自一个遥远的古国，而是期望本书可以抛砖引玉，让当代更多的哲学讨论也可以关注中国古代哲学的议题。尽管中国古代哲学家没有使用过现代哲学的术语，但是他们的哲学主轴事实上是哲学家所普遍关注的议题。再者，现今许多研究中国哲学的美国学者大都受过西方哲学的训练，他们的思维模式显示出他们的学术背景。因此，要讨论当代英美学者对中国哲学的论述，我们不免会使用到西方哲学的术语。受过西方哲学训练的读者会发现本书所运用的比较哲学的方法有助于理解中国哲学，但是没有西方哲学背景的读者也可以自行略过一些分析性的讨论。

再者，本书的用意不是在于写作一本中国哲学史。要看英文的中国哲学史，已经有一本卜德（Derk Bodde）所翻译的冯友兰的《中国哲学史》。本书只选择对中国哲学的主轴发展具有影响力的学说进行探讨，而未囊括所有古代哲学和佛学的学派。读者若想进一步了解历史背景或是在本书属遗珠之憾的学派，可以参考冯友兰的《中国哲学史》。

第三点，现今的中文发音有两种罗马拼音法（Romanization

systems）：威妥玛拼音（Wade-Giles system）和汉语拼音（Pinyin system）。例如，中国字“道”在汉语拼音是“dao”，在威妥玛拼音是“tao”；“仁”在汉语拼音是“ren”，在威妥玛发音是“jen”。本书采用的是较具普遍性的汉语发音系统，然而，许多早先的西方学者在他们有关中国哲学的著作中，则是使用威妥玛发音系统。

最后，还要提醒读者，本书虽然只包含中国古代哲学以及佛学这两个哲学时期，但我不希望读者以为中国哲学发展只有这两个时期。本书只对这两大时期的中国哲学进行讨论实在是碍于篇幅所限。事实上，宋明理学在中国哲学史上也占有重要的地位，它是 11 到 17 世纪期间中国思想观念之精华。至于 19 到 20 世纪的中国哲学，则是较被西方学者所忽略的。因此，若想要对中国哲学有一个全盘性的了解，应该也要研读宋明理学和当代中国哲学。我衷心希望经由本书对先秦与佛学的导读，可以激发读者进一步完整地探索中国哲学之发展脉络。

本书的第一部分讨论的是先秦诸子百家，我选择儒家、道家、墨家和法家作为此时期的核心思想，另外也探讨《易经》这部经典巨擘。本书篇章的安排部分是根据年代顺序，部分是以主题为发展，让不同的学派可以各自展开重要的分析和讨论。以《易经》为例，《周易》成于孔子以前，《易经系辞》则成于孔子之后，然而这部经典的宇宙论是儒家和道家学说的形上学基础，所以《易经》是本书的起首篇章。接着是儒家的三大思想家，孔子、孟子和荀子并为一起讨论，接着则是墨子。虽然墨子的年代先于孟子和荀子，但是他的思想直接表明反对儒家的立场，所以，我们先把儒家各重要的学派作完整的讨论，才接着讨论挑战儒家学说的墨子。接下来的篇章讨论道家的两位重要思想家老子和庄子，主要探讨他们的形上学观点和对世俗观念的伦理反思。本书的第一部分就由中国政治思想体系主轴的法家始祖韩非子作最后终结。

本书的第二部分探讨中国佛教思想的四大宗派：唯识宗、华严宗、天台宗以及禅宗。这些篇章是本书最具原创性的探讨，因为从未有人为中国佛学理论作完整的分析性探讨。对佛学的讨论，我将重点放在普遍流行于佛学思想中的出世观（反实在主义），并且分析各个佛学派别如何分别解释现象界的空无本质。本书大致上以四宗的年代顺序为切入点进行讨论，是为了说明中国佛学如何渐渐地脱离印度佛学的出世观，进而慢慢地显露出其浓厚的入世思想。

本书的写作目标是论述公正，不以我个人的哲学观点为立 xii 场，而是以当代不同的哲学评论作集大成的总结。当然，我的解析是会呈现我本人的哲学理解。在本书的研读准备过程中，我使用的文本都是该哲学家最具代表性的中文原典，辅助的资料则是英文的书籍和期刊论文。我在每一篇章的讨论意图反映当代中国哲学诠释者所关注的议题，并且尽可能推荐一些好的英译本以及一些针对主题以分析形式进行讨论的当代哲学论文。至今涵盖性最广的中国哲学选集当数陈荣捷的《中国哲学文献选编》（*A Sourcebook in Chinese Philosophy*），所以在每一篇章的书单里都会推荐此书。另外一本有关先秦部分的中国哲学选集是由艾文贺（Philip J. Ivanhoe）与万百安（Bryan W. Van Norden）所编纂的 *Readings in Classical Chinese Philosophy*，收录了七大先秦诸子的杰出英译，我在先秦几章的书单里也推荐此书。在写作本书时，我先从中文原典开始，然后再比较现有英译而选出最好的英译。如果我引用了特定的翻译版本，就会标示译者，如果我采用的是我自己的翻译，那么就只会标示原来的中文参考文献。①

西方学者常误将中国哲学归类为“非哲学”，并且认为它是一种宗教，因此，中国哲学的两大主流——儒家和道家，在美国大学常被列在世界宗教的课程里。但是，中国哲学不仅仅是一种生活的指导或是信徒与追随者的教义。中国哲学中包含了宇宙论、伦理学、知识论的辩证，以及方法论。中国哲学可以激发思考者去建立他们的哲学预设，并且从事哲学的论辩。相较于西方哲学，中国哲学的学派各自有不同的形上学设定，对社会以及道德方面的考虑也各有其不同的进路。因此，对中国哲学的研究可以在同样的议题上提供给哲学家完全不同于西方传统哲学的崭新角度。我希望借由本书的讨论，中国哲学可以在世界哲学的领域中享有它应得的地位。

---

① 这是针对原来的英文版作出的解释。——译注

1

导论：什么是中国哲学

在此导论中，我所提供的不是对中国哲学的“定义”，而是对中国哲学之特质的一些“描述”。事实上，哲学本身就是一个抗拒定义的活化有机体，所以我们对任何哲学的思维脉络都无法给予定义。不过，即使本书的目的是要描述中国哲学的特性，也无法做到很详尽。如果想要全面地描述中国哲学，势必要完整地解释中国历史、社会、政治以及文化的背景，但是这个导论无法给予这样的详尽说明。在此导论中，我所描述的仅是一些初学中国哲学的读者所需了解的中国哲学之特质，包括解释中国哲学的发展脉络、重要的概念、传统中国哲学之教育理念，以及古老的中国哲学思想是如何被记录下来的。本导论应当可以帮助英文读者理解中国哲学的思维写作方式为何与西方哲学的传统不同。不过，我也希望读者能理解任何这样的介绍都不免有过度简化之嫌。 1

从宗教到哲学：中国哲学的背后促动原因

尽管史前中国人的宇宙观的确有一个人格化的至高存在，并且称之为“上帝”（现今被翻译为英文词“God”），然而，这

2 个民间宗教的观念从未进入中国哲学的讨论范畴。这个原始的信仰后来转变为“天意”或是“天命”的概念，而“天意”被等同于人民的好恶，“天命”则常常被用来建立政权转移的合法性。不过，中国民间宗教的“天意”或“天命”都不像《旧约》中人格神的真正发命干预。上古的中国民间信仰中并没有宇宙创造者，没有主动性的创造行为，更没有天地间的最后仲裁者。中国人的宗教信仰更像是对天地自然的崇拜和敬仰，不过，这种崇拜方式不同于古希腊神话针对各种自然现象而赋予特定特征的人格化神祇。上古中国人大都相信大自然与人之间有一种精神的感应。他们相信宇宙是生生不息的活化有机体，所有的部分都被联结成一个井然有序的大宇宙。在人之上者称为“天”， 在人之下者称为“地”。在中国人的语法里，“天”一字不是仅指从地上所仰望而得的天空，也不是指基督教中的任何超越现世的领域。“天”对中国人而言代表全部的天体和天象，尤其常被用来指涉太阳的运作。而“地”则指涉地上的一切存在现象，它包含了地面所有的领域，不过更是常用来指涉山谷、峡地、盆地等低地面。对于上古的中国人而言，宇宙就是天、地与存在其间的所有汇集而成。他们相信天地无始终，宇宙永长存。

由于中国人相信自然现象与人文世界的人事息息相关，所以，他们常常会以人事状态的不良来解释天灾发生的原因。干旱是因“天”所使然，洪水则是因“地”所使然，而这两种灾祸都会造成严重的饥荒。在农业社会中，饥荒会为人类的生存带来最大的危机，而在中国历史上，这项危机不断出现。即便如此，上古的中国宇宙观并不把大自然看作是邪恶的一面。中国人不认为天灾本身代表邪恶，它只是宇宙顺其自然而发展的某一现象而已。天灾或者是由于自然与人文状态感应所生，或者是代表“和谐的宇宙暂时偏离出来的异象”①，但其本身并没有任何积极的能量。当人文世界累积了足够多脱序的人为事件，原本和谐的宇宙就会被侵扰，这侵扰的结果就是大自然的异常，接踵而来的就是人文社会的灾难。至于其他偶尔会发生的自然异象，比如冰雹、地震、瘟疫等，则被认为是祸害的前兆；这些警讯在宇宙和谐被破坏之时自然发生，因此大自然会感应人文世界，就像铃铛一旦被撞击，就自然而然地发出声响，其道理是一样的。

3

这种天人感应看法的背后藏有一个更深刻的观念，就是认为宇宙间的所有事物都是相互关联的，共同形成一个和谐的宇宙律动。康德谟（Max Kaltenmark）说：“中国思想智慧的一个先决条件就是顺应宇宙的律动。”②在上古的中国社会，想遵从这自然律动的方法之一就是占卜——以甲骨文或是特殊的仪式去预测未来。最早的占卜即是解读龟甲文。在进行占卜之前，有一些加密的文字会先刻在龟壳上（在中国出土的龟甲文，最早可追溯至公元前1700—前1100），然后，龟壳被放置在火上烤，直到龟壳出现某些裂纹，占卜者根据裂痕划分所呈现的加密文字进行解密。在仪式进行前，占卜者必须斋戒沐浴、净化身心，如此才能和天地神灵保持高度的感悟状态。借由占卜，占卜者可预测大自然的未来状况，从而决定如何行动。在

① Bodde 1942：298.

② Kaltenmark 1946：46.

商代（前 1600—前 1046），君王经常借由特定卜官占卜所得的预兆，来决定是否要发动战争或是改变现有政策等重大国家事务。

后来到周代（前 1046—前 256），占卜的形式更多是根据《易经》而操作。早先的《易经》并非一部完整的书，它的最初形态大概只是一些奇诡的图形和图像。《易经》最早是三画卦的八爻，继而发展成六画卦的六十四爻。对卦象的解读形成卦辞，而针对卦象中的每一爻作个别的分析则形成爻辞。当时，用易经占卜的风气并不限于王公贵族，古代学者像学识渊博的孔子也常运用占卜。在此时期，借由占卜来咨询的问题不再局限于国家大事，也包括个人在某个情境当如何自处的问题。能知道如何作出符合道德要求的决定，我们称之为“智慧”。在上古时代，拥有“智慧”表示其个人的心灵与天地神灵是相契合的。因此，对中国人而言，所谓“有智慧”不仅有其实用的内涵，而且也有其宗教的起源。英文的“philosophy（哲学）”从希腊词源学解释就是“爱智之学”，那么中国的“哲学”可以说是源于对天地神灵的一种宗教意识。

4

《易经》的三爻和六爻是根据两个特性——阴和阳——所组成，其中“阳”以符号“—”表示，“阴”以符号“- -”表示。阴和阳都是宇宙的能量或动力。三爻或六爻都代表阴和阳之间彼此不同的分配和关系，而隐含其中的信念即整个宇宙中的自然界与人文世界都不过是阴与阳组合的不同结构与关系。我们所用的阴与阳语词具备两个面向：一是对阴阳特质的自然性描述，另一是对人文事态中的阴与阳的象征性描述。在《易经》中，阴阳的这两个面向相互依存，这个语词用法再度反映出古代中国人天人合一的宇宙观。

总而言之，在中国古典哲学形成之前的宇宙观中，宇宙是遵从秩序和规则的有机体，而不是偶然形成的大杂烩。宇宙万物的基本构成元素不是物质，而是两种自然能量和动力——阴与阳，并且阴阳的互动是遵循某种规则的律动。如果有圣人或占卜者可以解释占卜的结果，那么，他的心灵一定是和宇宙契合，才能进而深入了解宇宙的规则律动。宇宙的韵律（道）在自然界中流动，同样地，也在人文世界中流动。同时，在这个宇宙观中，精神层面和物质层面是不可区分的，而且死者和生者的两个世界也是可以相互沟通的。人的魂魄不为身体所限，人在临终的那一刻，魂魄就会脱离身体而飘浮在生者之上下界（天界、冥府）甚或在活人中间。另外，这个世界观不把个体跟世界分割，主体的个人和客体的世界并非对立关系，而是互相交融成为一个完整的体系。人类生命被宇宙影响的同时，也影响了宇宙的进化和发展。就如同我们呼吸的空气融入在宇宙大气层内，人类动静之间及举手投足也都会影响周遭的世界。上古中国人对自然与人文、心灵与物质、肉体与精神，以及天与人合而为一的观念，成为中国哲学的宇宙论之基础。

中国哲学的宇宙论基本概念：道、气、阴和阳　5

中国哲学的宇宙论建立在对宇宙秩序或宇宙模式之信念的基础上，它不只是所有存在的起源，也是宇宙进化的准则。对于宇宙模式存在之默认成为中国哲学所有主要学派的核心理论。[1]宇宙被视为是“根据其内在规律而运作的自给自足的有机体”[2]。上古中国哲人称此规律为“道”（道可以是集合名词，用以指示独一无二且包罗万有的“道”；也可以是单数名词，用以指示个别事物所遵循的“道”），而对于道的探索和追求，是所有中国哲学家的最终目标。根据万百安的分析：

> “dao”一字有好几层含义：第一，其原意是“道”，意指通道、道路。引申为第二个意思“途径”，意指做事的正确方法，或是由正确行事而来的秩序。第三个意思是指用语言叙述或说明，第四个意思则是指涉形而上本体，它负责世界上所有事物的存在模式。[3]

换言之，“道”可以指一般的道路；也可以是一个道德语词，用来指行事的正确方法；或者当成动词，用来指叙述；或是当成本体的概念，用以指示宇宙的起源。这四层意义虽然在表面上看来大不相同，但事实上，这些意义都包含在“道”一字的哲学意涵中。

在中国哲学的宇宙论语境中，“道”代表“包罗万有的生

---

① 正如卜德的诠释，“这些学派都相信宇宙在一个恒定状态的流动之中，而这流动是根据一个固定且可预测的模式进行的。其模式可视为在两极之间的永恒波动，也可视为在一个封闭系统中的周期运动；两者的变动都是相对的而不是绝对的，因为所有的运动都是为了将循环过程带回至原初点”（Bodde 1953：21）。

② Bodde 1953：43.

③ Van Norden 2002：24.

命原理（entelechy）”①，负责创造万事万物的生命能量。《易经·系辞传》对“道”一字如此运用，而老子（道家的创始者）的《道德经》似乎有时候也如此诠释道的意义。在此意义上的道从太初之时即规范宇宙的演化和进展。既然“道”一字指涉宇宙的秩序，万事万物的存在模式，那么“道”的英文翻译为“the Way”是很恰当的。“道”可以用为单数名词，用来指涉某一个特定的宇宙秩序或宇宙模式之存在。在这个用法下，“道”可视为是“真理”或“实在”，也可以被称作是宇宙法则，大致与后来宋明理学用以代替“道”的“天理”意涵相同。中文“道”（道途）和“理”（原则）二字常被结合一起，用以表示“真理”或“理由”。从整体的宇宙观来看，宇宙秩序也掌管人文和人事，因此，“道”亦具有道德内涵，被视为是人文世界中事物的正确之道。dao 既是“正道”，就是每个人都应当遵守的正途，在此意义上，“道”代表人类的最高道德准则。孔子和儒者都是在这层意义上用“道”字的。最后，道也有“叙述”之意，这显出背后默认人类语言可以描述事实之所然，而叙述真理即是对道作描述。早期的儒者将此观点视为理所当然，但是，老子在《道德经》开宗明义地表示“道可道，非常道”，可以说是对这个预设的直接挑战。我们可以把这种对语言是否真能准确地描述实在的质疑观点称之为“语言怀疑论”。

中国哲学的宇宙论另一个重要的观念是“气”，而在了解“气”的同时，我们也必须把“道”同时并入讨论，因为“道”常被视为是气化流行的律动或模式（“一阴一阳之谓道”）。“气”

---

① 卫礼贤的语辞（Richard Wilhelm and Cary F. Baynes 1977：323）。

一字在英文里并没有合适的对应语词，然而它却常被翻译成各种与“气”相关的英文词：像是“energy（能量）”“vital energy（朝气）”“pure energy（纯能量）”“force（力气或力量）”“material force（物质的力量）”“spirit（精气）”“vapor（雾气）”“air（空气）”，等等。许多学者以“氣”字的部首和结构来说明气的含义。[①]原初，“氣”是指米煮熟之后所产生的蒸汽或是气体（中文字“氣”本身所包含的字形结构就是以米为其要素）。后来此字可以意指营养的气体或是滋润的雾气，两者都是充盈于天地之间并且生生不息地供养所有的生命体，成为生命的根本来源。基于此，气的哲学概念进而发展成所有事物的本体基础。史华慈（Benjamin Schwartz）认为气的概念是“中国哲学中最接近西方所谓之物质（matter）的概念”[②]，然而，二者其实大不相同：气是活化的，而物质却是缺乏生气而钝化的；气可渗入穿透一切物体，而物质却是有形的固体；气是千变万化的，而物质却是静止不动的。中国哲学的宇宙论把气当作是先于物质而存有——气聚而成物。因此，万物皆由气所构成，而其中所含之气的纯杂度决定万物存在的不同层次。人类是由最纯之气所构成，而其他层次较低的动物则是由杂质较多的气所形成。气本身没有意志性，所以，宇宙造化不是任何意志创造的结果。气会压缩或稀释，但是气永远不会枯竭或耗尽。气遍布宇宙，换言之，整个宇宙即是气化之流行，生化永不止息。在中国哲学的宇宙论中，宇宙由大气流行所组成，其中并无心灵主宰。

---

① 参考 Benjamin Schwartz 1985：180 和 Van Norden 2002：26。

② Schwartz 1985：180.

大气渗入宇宙中的一切所有，是以万事万物都在这个有机整体内相互关联。 7

在中国人的观念中，气可分为两种属性：阴和阳。这两种属性不只在实质上不同，同时也各自有不同的象征意义。从实质层面来看，阴阳相争又互补。一方面，阴气与阳气是两种相争或对立的能量，总是此消彼长。由于阴阳合而为一气之整体，阴消则阳长，阳消则阴长；阴阳的消长持续不断，使得气化流行不断进行，因此变化（“易”）就是气的常态。另一方面，阴阳彼此互补，万事万物都有赖阴阳相调才能存在，在有形的世界中，纯阴或纯阳是不可能具足而存在的。我们可以说，阴阳互补正是以阴阳相争为基础。万事万物会产生变化、成长、衰败和重生，这一切都是因为阴阳交争才造成的。从四季的变化最能看出阴与阳之间的交互作用。这样看来，即使是对人类看来最没有价值的事物都不能否定其存在，因为一切都在阴阳消长的循环里。

阴与阳并非代表单纯的善与恶或光明与黑暗的两极化。以中国宇宙论的观点，宇宙整体无法分化为两股敌对势力，彼此互斗而以消灭对方为目标。表面上的阴阳相争实际上也是促成阴阳互补的动力。因此，阴阳彼此相互依存，两者缺一不可。正有如卜德所诠释的二元论：

所有采取阴阳学说的思想家从不认为阴或阳可以完全取代另一方，因此，此学说与西方学者所熟悉的二元论（光对暗等）不尽相同。事实上，阴与阳构成了和谐而不均等的宇宙层级，其中阴阳彼此互补，同时也有自己必须运作的功能。[1]

从象征的层面来看，阴与阳也可以用来比喻世间事物的象征性质，而不是用来区别事物的实质差异。阴代表世间的阴性事物，阳代表世间的阳性事物。中国人以日为阳，月为阴；以山为阳，湖泊为阴；以火为阳，水为阴；以热为阳，冷为阴。阳的特性是朝气蓬勃，积极主动，坚固而强壮；阴的特性是温柔婉约，包容退让，顺服而被动。凡是和阳相关联的事物即是阳的特性之表征；反之，凡是和阴相关联的事物即是阴的特性之表征。

8 上古中国人从对大自然崇拜的原始形式中发展出一种对自然世界的礼赞和情感，这种近乎宗教的精神促使中国人热衷于宇宙秩序以及所有事物之本体基础的哲学探讨。上古中国哲人将此宇宙秩序和所有事物的本体基础称之为“道”，只是各家学派对“道”的诠释内容不尽相同。上古哲人对于宇宙秩序和本体基础的探索后来则演变为中国佛学对“形上佛”之钻研，以及宋明理学对于“天理”之研究。

中国哲学之首要关怀：人类社会、行为操守，以及人性

中国哲学以追求人类福祉的宗教精神为基础，所关注的重

① Bodde 1953：61.

要议题是如何治国理政，如何修身养性，以及如何行义，等等，唯有如此，人们才不会搅扰宇宙秩序而偏离常道。从一开头，中国哲学就有强烈的人文关怀，而人文主义的思维核心就是注重人类社会的最大利益和福祉。人文主义的基础就是人类本身最好的德行价值和特性，而不是任何超自然的威权上帝所下达的诫命。中国古代先哲所关切的是如何找到作出正确的政治决策、改善社会问题，并且让自己的行为端正合宜的最好方针，因此 中国哲学的两大核心领域是社会哲学和伦理学。本书的第一部分会展现先秦哲学家如何致力于界定理想的社会与政治结构，以及对执政者和百姓而言最好的道德规范。同时，因为社会结构、政治方案以及个人行为操守都必须协调宇宙的秩序，所以中国哲学的基础在于其宇宙论，而有关中国哲学的宇宙论，没有比《易经》一书阐述得更为完备的。

大致而言，中国哲人不是单纯地因知识本身而追求知识。由于他们相信同一个“道”或“理”不只规制了自然对象，同时也掌管人文事务，中国哲人即使研究自然对象也只是当作学道或识理的一种方法。正如葛瑞汉（Angus C. Graham）所言：

> 从西方的观点来看，中国的先秦哲学在知识论方面是非常单纯的。但是对中国人而言，从现象界的“多”去探求真理的“一”，并非去探求比感官知觉更真实的一种超验层次，而是去探索隐藏在生命或政治乱象背后的常道，也就是各家学派所宣称的“圣王之道”。①

9

① Graham 1989：223.

由于他们致力于对道的追寻，中国哲人虽然也会研究外在世界的事物，但只是着重在理解事物于大自然中的存在模式所遵循之道德法则，这种对道的热衷追求，使中国哲学形成一种道德意义之知识论，这是中国哲学非常独特之处。

另外中国哲人普遍关注的一个议题是了解人的基本人性——人类的原初之存在模式。根据古代中国的宇宙观，“宇宙其实是自然和谐的，所以善的原理充盈其间，它是人性本善之基础”[1]。基本上，中国经典古籍的作者大都预设人性本善，认为人生来就有上天所赋予的道德特质，这样的观点在《易经》中更是明显。在本书的第一部分所讨论的先秦哲学家中，有些哲人以“朴真”来描述人性的本来样貌（像老子和庄子），而有些哲人则以“善之端”来形容人性（尤其像孟子）。当然，也有其他思想家持相反的观点，像荀子就认为人性本恶。尽管如此，所有古代哲学家都一致认为人性中没有所谓的“原罪”。生命的产生普遍地被认为是阴与阳的联结，为天地的创生。毫无疑问地，生命本身自有价值。每个人的生命都是得自于阴阳两种能量的结合，每个人都是有福祉的天地创生之物。

整体而言，我们可以说中国哲学之发展源自先哲迫切地想要改善社会问题，并且为人类建立一个更理想世界的意愿。中国先哲所关注的不是对柏拉图式可知而不可达之理念界的追求，他们有现世的关怀，并且以身家天下为己任。中国哲人宣扬宇宙原初的和谐以及人性的本善，企图借以证明社会改革之

---

① Bodde 1953：39.

可行。在他们看来，任何有效的社会改革都必须建立于居上位者以及百姓的德行更新。因此，中国哲人的使命是教导百姓明白德行的内容以及激励他们身体力行。每位哲学家都肩负重任，只是有些哲人行事风格是积极的，有些哲人则显得较为消极。

10

知识分子的谱系以及哲学观念的传承

对中国思想家而言，成为一个学派的成员是一件意义重大的事。身为学生就必须尊师重道，尊称老师为“夫子”（master，目前英译为“Confucius”“Mencius”“Laozi”“Mozi”“Zhuangzi”和“Hanfeizi”，实为中国人所称呼的“孔子”“孟子”“老子”“墨子”“庄子”以及“韩非子”）。师者，所以传道也，因此，老师被尊为“传道者”。如果学生违背所学，就会被视为大逆不道。[①]因此，中国哲学建立在传承和阐明先贤所传授的学问之上，而不是（如西方哲学传统）去挑战前人而建立新的理论系统。许多中国哲学典籍以“子曰”开展论述，显然那些著作有可能是学生的上课笔记。即使有些哲学著作部分是出自夫子之手，也常常会与学生献给老师的作品编纂在一起（如《庄子》）。另外，无论是为了尊师重道或是为了提升自己作品的重要性，有些作者也会假借上古哲人之名来发表自己的哲学观点。

---

① 在中国知识分子的历史中，当然有许多的“叛徒”。但是，如果有弟子胆敢挑战老师的学说，他们只能离开学院，再去找对于道的诠释更具有代表性的人物为师。

基于此，中国古代哲学存留着许多著名的著作权之真伪问题。为了探究中国哲学如何从延续前贤的教导以及批注经典来传承思想理念，实在有必要先了解中国古代教育的学术环境。

在中国的思想传承历史中最重要的一环便是研读经典古籍。所研读的古籍包括《周易》《诗经》《尚书》《礼记》，以及《春秋》，即后来历史中众所皆知的“五经”。早在孔子的时代，五经就被视为是有关真理与道德最具公信力的发言表述。孔子曾描述自己“述而不作，信而好古”①，显然，孔子并不认为自己是在发展一套新的哲学系统，而是志在传承传统的古典思想。孔子在教学时常提及《诗经》，孟子则常引用《尚书》以代表真理的阐述。其他的先哲则常引用经典古籍或是孔子和老子的学说来支持自己的论点。但是，这并不是因为中国哲人对自己的观点没有信心，而是因为对中国思想者而言，哲学的追求就是去探索“道”的完满传承。

11

基本上，中国古代的学童从六岁开始接受私塾教育，幼童们集中在一户人家，或是集中在老师的私塾中接受经典古籍的传授。②通常私塾老师上课时只是讲授课程内容而很少开放讨论。老师被尊称为“夫子”，这个尊称强调其至高无上的权威。学生们则被要求熟读并且背诵教过的经典古籍，如此一来，他们就可以在考试中引经据典，并且在日后的生活中学以致用。

---

①《论语·述而第七》，英译本 Wing-tsit Chan 1963：31。

② 孔子年少时是否接受过私塾教育不得而知，他曾说其“少也贱，故多能鄙事”，也曾说其“十有五而志于学”。不过，孟子据说早在六岁之时即入私塾读书。

学生们是否能在学习上融会贯通，要看他们对所学是否可以综合整理并且阐述清楚，而不是看他们对所学是否有挑战和进行修改的能力。一旦年轻学子长大成人，他们就可以借着进入讲习的学院，追随特定的“夫子”学习，进而加入所选择的哲学门派。即便是在学术环境中对较成熟的学生授课，老师也只是讲课，学生们也只是记笔记。这种教学传统持续至今，即便在课堂上偶有问答的教学形式，老师的崇高地位也从未在对答时受到挑战。根据中国历史记载，用以征选公职人员的科举考试也很注重经典古籍，考题多半援引自经典古籍，而考生必须能对此写出一篇精彩的论说文。我们可以了解在如此的教育环境下，学生不只是会对老师本人，并且也会对老师所传授的内容感到敬畏。权威式的教育是常例，而遵循传统是可称许的作为。学术中一些偏离传统的说法和诠释或许可以被视为新奇的智巧，但是也有被视为根本误解经典原意之危险。如此一来，中国哲学从一开始就倾向于对道统的尊重与维护。①当然，这不表示中国哲学只有一条理路线索可循。在历史上每一时期，中国哲学都出现相互竞争的各家学派。以先秦时期为例，就有许多众所皆知的学派被统称为“百家”，而在这些学派之间存有许多有趣的哲学辩论，彼此也交流各自不同的见解。在中国思想领域里的儒墨之辩、儒道之别、儒佛之争就是中国思想史上存在许多歧异观点的最佳例证。

---

① 在中国的知识史中的确出现过多次对旧潮流的颠覆事件，不过这些对现有学说和学派的反扑或推翻都要酝酿好几百年的时间才得以发展成形。

12 由孔子首开先例，谦虚地表示自己只传承先贤的思想而不是撰写著作和创发个人的理念，中国古哲都很少会借著作来建立自己的学术名声。中国哲学缺乏系统性的著作，主要原因就是哲学家没兴趣建立属于个人的学说来满足自己的求知欲望。就像西方同期的哲学家（苏格拉底、柏拉图等），中国古哲也都致力于探索及护卫真理，不过他们所认定的真理是有济世益民之功的。中国一直到公元后 1 世纪才发明造纸，在此之前，书籍都是先刻在竹简上然后用绳索编纂成册。因此，著书立说对中国古哲的济世志向而言实在是太费工夫时，远不及直接去说服他人而立刻实现社会改革要省时省力。许多哲人的弟子善于直接投入政治或社会改革的行动，而有些弟子则善于记录夫子的讲学内容。在我们阅读先秦哲学著作时，一定要了解这种分工合作的文化背景。举例来说，在本书中提及的孔子或孟子是指文本思想之原创者，而不是指文本的作者。再者，由于他们的哲学思想是被不同的弟子记录在不同的前后情境中，所以看起来并无一致的系统性。在想要了解中国哲学之前，读者必须要有能力在这些看来枝节零碎的陈述之中去发掘出论点的思想主轴。

Part I

Ancient Chinese Philosophy

第一部分

中国古代哲学

中国古代哲学概论

所谓“中国古代哲学”，在历史上可分为两大时期，大致始于周朝全盛期（约前 1122？—前 256）开始式微之时。当周朝王室在中原逐渐失去稳固的地位时，随即迁都并远离行政的地理中心，此时许多诸侯国争相林立，宛如是拥有主权的独立国家。起初这些诸侯国表面上还能和平共处，但是暗地里却各自扩张兵力，争相希望成为周朝最强盛的国家，这一时期即所谓的“春秋时代”（前 770—前 476）。中国此时由五个强国分别掌控势力，即众所周知的“春秋五霸”，然而，最终一些较强盛的诸侯国连表面的和平共处也不愿维持，于是开始竞争兵力，争相兼并领土，就此展开所谓的“战国时代”（前 475—前 221）。 15

其实春秋时期的政治局势就已经是暗潮汹涌，各种迹象显示混乱的局面一触即发，整个中国弥漫着动荡不安的气氛。到了战国时期，诸侯国之间或是以保护附庸国为名，或是以收复故土为名，更是彼此不断地发动战争，最后胜出的七个国家即是所谓的“战国七雄”，他们不再尊崇已式微的周朝王室为天子，而是认为自己与周朝君王同等地位。当时诸侯国之间祭出所谓合纵或连横等诡谲残酷的外交手段，总是彼此诈欺而且争强斗狠，即使民不聊生也不会善罢甘休。其间中国一直处于政治动乱，最后由秦国发动腥风血雨的战争才完成了中国的首次统一（前221）。在春秋和战国期间，中国生民涂炭，百姓长期受到死亡和饥荒的威胁，身家财产随时都会被剥夺。中国古代哲学就在如此艰苦的政治和社会环境中崛起。当时许多哲学家为解决社会和政治问题提出许多不同的哲学理念，这些理念的派别即所谓的“诸子百家”。本书的第一部分所讨论的春秋时期的哲学家包含孔子以及传说中的老子，而属于战国时期的哲学家则包含孟子、荀子、墨子、庄子以及韩非子。

16

儒家的理想是努力重新建立社会秩序，进以恢复全中国的和平和稳定。孔子及其门生毕生所坚持的理念就是：如果居上位者可以作好修身齐家的私德，以身作则成为人民的表率，那么人民就会群起效法，也会作好修身齐家的个人本分。如此一来，天下的大小问题都可以得到化解。儒家的理念也许过于简化和乐观,但是这样的政治理念有其完备的社会哲学作为基础。儒家理想的社会形式是以家庭为基本单位，社会秩序的基础就建立在家庭的秩序上。正如卜德所陈述的：

> 对中国人而言，社会包含无数的小单位作为成员（例如：家庭、村庄、公会，等等），而这些小单位是由各种智能和体能都不同的个人所组成。那么，社会整体的福祉就仰赖每个小单位里的个人都能和睦相处，互相合作。也就是说，无论是高阶层或是低阶层的人都有在其本位应尽的社会责任，人人大展所长，尽力发挥他个人的才华和能

力以符合社会的期待。[1]

在儒家的观念里，社会就像是“一个被放大的家庭，其中的成员虽然社会阶级和功能都不尽相同，但是都会为了大众的共同利益而和睦相处，并且工作融洽”[2]。尽管如此，儒家并不想建立一个彼此都宛如兄弟姊妹的社会主义共和国。儒家的伦理价值非常重视自然的家庭伦理，并且强调亲疏远近的人伦关系——人最关爱的永远是自己的家人。

儒家对于社会改革之议题主张从执政者做起，而孔子及其门生毕生的时间大都在周游列国，他们衷心希望能借此找到愿意采纳其道德政治理念的君王。儒家的理想君王必须具备完美的德行（具有圣贤之德），因为其内在的德行自然会彰显于外而成为完美的执政者。代表儒家政治理念的经典格言就是“内圣外王”。《大学》是儒家最具代表性的政治哲学经典，[3]它主张居上位者应当遵守的三大纲目：在明明德，在“亲民”[4]（爱

17

① 卜德举例说：“执政者施行仁政，臣子忠诚建言，农人辛勤生产，工匠精于手艺，商人诚实买卖。”（Bodde 1953：46—47）

② Bodde 1953：46- 47.

③《大学》原是《礼记》的一个篇章，原作者不详。宋代理学家朱熹把《大学》和《礼记》的另一个篇章《中庸》独立出来，并且与《论语》《孟子》一起集结为“四书”。自此之后“四书”就被视为儒家最重要的经典。

④“亲”这个字在传统学者中有两种读法。有人说是“亲”，意指靠近或是关怀，有人认为文本有误，这里应该是“新”字，意指更新。在前者解读下，君王的职责在于爱护百姓；在后者解读下，君王的职责在于对百姓的教育以及道德转化。

护百姓，或“新民”，亦即教育百姓），在止于至善。儒家将道德理念和政治理念合而为一，所以，孔子常以上古的圣王尧与舜作为理想君王的典范。传说这些上古的圣王在原始时代开启文明，他们教导百姓语言和德行，并且传授他们在原始社会中的生存法则。儒家提倡的政治理念是只要当代执政者能以古圣先贤为典范，那么世界的乱象就可以平息。《大学》提出实现天下太平的八条纲目是格物、致知、诚意、正心、修身、齐家、治国、平天下。儒家的道德政治理念以个人的修身比喻为大树的根基，“其本乱而末治者，否矣”①。反过来说，只要这棵树的根部疏理得当，那么其枝干就可以生长成参天大树。同理可证，每个人的品德发展自然会导正全世界的道德风气。

这样一个世界性的改革听来有如神话。不过，在其政治哲学方面，儒家也进一步为百姓的德行提升提供了具体的实践方法。首先，对广大的庶民群众而言，他们最关心的问题就是民生，总是希望日常生活可以无忧无虑，不需要为物质的生活烦恼。一旦百姓遭遇五谷歉收或家人性命不保，此时必然无法教导他们修身养性。有鉴于此，孟子曾多次向君王建议土地轮耕以利农地的活化，并且建议增加农业的劳动人口以利农业的产值。对民生最大的威胁就是长期战争，壮丁一旦入伍从征，往往死于战场，最后只剩下老弱妇孺参与农事。在战国时期，“老羸转于沟壑”是常见的景象，而周遭的人甚至无力帮忙安葬掩埋。有鉴于此，儒家极力反对君王为扩权夺地而发动战争，唯有为解邻国百姓水深火热之苦所发动的战争才是正义之战。儒

① 《大学》，英译本 Chan 1963：87。

家的首要关切是老百姓的生活，而这种人道的关怀不受封国国界所限。由于儒者的恻隐之心扩及全中国百姓，他们很清楚唯有先解决百姓的民生问题，才有可能进行对他们的道德改造或精神提升。

18

儒家为教化大众百姓提出两项提升文化的主轴：礼、乐。“礼”包括特殊场合的仪文礼节以及日常生活的进退法则。以婚丧喜庆为例，仪式进行中有各种必须遵守的行为准则，从仪式的长短、礼服的适宜性、参与者的出场次序、合适食物的准备到祭典的牲品，等等，一概俱全。另外儒家也重视守丧期的制定，从国君、至亲或是远房亲戚的守丧期都区分等级。在日常生活中，儒家也要求应有的行为准则，像是如何尊称自己家中或是街坊邻居的长辈，男女有别的应对方式，以及在不同的公共场合中如何行为举止，等等。在这些社会约束的规范下，个人在任何人际关系和社会背景中都力求举止合宜,知所进退。典型的理想人格就是已经把自己内在的自然倾向与社会规范融合为一，而不再需要借由外在的约束来管束自己。他们已经完全适应社会的规范，所以无论在何种环境中，他们的行为举止都会自然地合宜中度。在儒家的理念中，行礼如仪的最终价值不是在于礼是社会管束之方案，而是在于礼是明辨人之异于禽兽的区别所在。人类社会之所以可能成立，正是因为人有遵守礼仪的能力。如果没有一种合礼感，我们都只会遵从动物的本能，而最后只会让彼此走向毁灭的深渊。礼仪的存在使得我们对任何情境或对任何人都能展现出恭敬的行为态度。每个人都能依礼行事，久而久之，大家都能耳濡目染，社会也就因为人们的合礼互动而改变文明风气。因此，“礼”对于文明社会的重要性是不言而喻的。

“礼”可以从外在改变一个人，而“乐”却具有从内在改变人的力量。“乐”包括诗词的吟诵以及乐器的演奏，而汉字“乐”包含了音乐和喜悦两种意思，它们各自有不同的发音。从字面上就大略可知“乐”可以表达喜悦的情绪，并且可以带给听者愉悦的感受。更进一步来说，孔子认为音乐可以调整个人情绪，中和个人情感。孔子的一个得意门生曾出任掌管城邑，而他让整座城邑弹奏弦歌雅乐长达三个月。一旦百姓可以生活在音乐里，就不会争强斗狠，愤怒仇视，忌妒贪婪；他们的心灵可以得到抚慰而对外在环境自在自如。然而，并不是所[19]有音乐都可以达到此效果。孔子认为有些音乐可以安抚人心，有些则会令听者焦躁不安。对于中国古老的传统音乐，我们能了解得很有限，只能借由各种描述大概得知它们都有和谐的韵律。“和谐”是指各种元素都达到平衡的状态，它可以应用于音乐，也可以应用于内心的领域。另一部重要的儒家经典著作《中庸》[①]描述“喜怒哀乐之未发，谓之中；发而皆中节，谓之和”[②]。这句话也代表古代中国音乐界的共同看法，认为音乐可以反映个人的内心状态。中国历史上有许多关于音乐的著名故事，描述有本领的听者如何可以借由听乐声而察觉到演奏者的心境——有些高尚优雅，有些则激动凶暴。和谐的音乐可以

---

①《中庸》是《礼记》中的一个篇章，传统看法认为是孔子的孙子子思所作，但是当代学者一般推翻此说法，认为《中庸》的成书年代更晚些，约在公元前200年。

②《中庸》，英译本 Chan 1963：98。

表达作曲者和演奏者的中和情绪，同时，这样的乐声也可以调节听者未发的情绪而逐渐安稳他们的脾性。如果全国上下都可以借由和谐的音乐修身养性，那么自然而然地，所有的人民都会成为脾性良好的公民。

整体而言，儒家学说作为一种道德哲学就是一种理想人格的哲学。在儒家所规划的社会结构蓝图中，人与人之间存有道德层次的区别：最高层的是德行完满者（圣贤），其次是具有高超品格之人（君子），再其次是顾小利的一般人（小人），最下级的是品格卑劣之人（暴君和恶棍）。儒家的最终目标是“己欲立而立人，己欲达而达人”，而能完成这项宗旨的最基本德行即是“仁”。“仁”可以说是儒家伦理学中最核心的德行。儒家所标榜的生命理想是时时刻刻都能自我提升；以孔子的标准来看，君子“无终食之间”违仁。《中庸》描写君子的人格是能“慎独”自处，绝不会纵容自己因独处就无所事事或胡思乱想。因为貌由心生，内有所思，必然会呈现于其容貌举止。一个人外在的表现反映其内在的涵养，而其内在的自我也总是会真实地呈现于外。然而，人要自我改进不是为了外在的表现，而是为了内在的自我。儒家门生每日三省吾身：“为人谋而不忠乎？与朋友交而不信乎？传不习乎？”所谓的儒者，即是时时警惕于自我修养与自我省察之人。

20

古代哲学的第二个主要学派是墨子所创立的墨家，其学说是借着彻底改变个人的思维模式去推动道德的社会改革。墨家主张“兼相爱，交相利”。墨子不否认人本性会有私爱之倾向，尤其偏爱对自己以及对家人有利的。然而，墨子认为战国时期之所以在政治和社会方面有重重的问题，就是根源于这种私爱的思考模式。因此，墨子提倡兼爱。墨家的学说完全不赞同儒家以家庭关系为基础所建立的社会。墨子相信若要完全停止社会的乱象，首先就要放弃家庭的亲疏关系，并且舍弃自我本位和自私自利的思维模式。墨子认为人们常常以对家庭的爱和对家庭的忠诚为名，做出许多危害社会和国家的事情。事实上，我们应当只拥有一种忠诚的形式——即对所有人类的忠诚。我们所做的任何事情都必须是为全体人类谋福祉。然而唯有当每个人都确实如此思想行动,这个普世主义的价值观才可能实现。因此，墨子毕生的目标就是重新教育普罗大众，希望他们能接受全新的思维方式。

为了提倡兼爱、互利之说，墨子推出“天意”的观念来支持他的教义。因此他将中国古代哲学的理性论述再次注入了宗教情感。他宣称上天下令让众人兼相爱、交相利，而反天意者必受天惩。他从历史上举证历历，来论证违逆天意者都会惨遭严厉的惩罚。墨子的宗教哲学其实是一种实用性的策略，用来推广他的理念。他好像是要“吓”群众来追随墨家的教义。对于墨子而言，如果让执政者相信有一个具有意志力的“天”高高在上，而且让人民相信可畏的鬼神存在，这会比他们不相信天意和鬼神对世界更为有利，因此，墨子认为应当启发人民的宗教意识。

墨家看重的是实际的层面。墨子反对儒家的礼乐制度，认为那只会流于形式，根本不具实效。以儒家的守丧期为例，墨子认为若是青年壮丁必须离开职守到父亲的坟前守丧，那么他只会在坟旁日渐憔悴，其间根本无法从事任何工作。墨子也攻击音乐，认为那只会浪费人力资源，因为花用在学习、演奏和

21

欣赏音乐的时间，还不如用在农耕、纺织以及行政管理上。墨子认为一个消费简朴的社会人人都能在物质生活上自给自足，远比一个文化层级分明的社会，其中部分人是劳动阶级，而部分人却有钱有闲去享受文艺表演，要好得多。在原则上，墨家谴责奢侈浪费的行为，但是任何超越生活的基本需求都被他看作是奢侈浪费的。因此，墨子提倡衣着只需御寒，食物只需充饥。他想要建立的是一个朴实无华、无矫饰、无繁文缛节，以及不奢侈浪费的理想社会。

相较于儒家和墨家之主张全体化的社会改革，第三个主要学派道家则以寄托在个人的解脱为主旨。对道家而言，最重要的事就是个人的精神提升。上古的道者看到当时的世界已经崩坏而且根本无从拯救起，所以宁可隐姓埋名做一名隐士，不愿泄漏自己的知识与才能，而且常常乔装成樵夫或渔夫之类的平民百姓。与孔子同时代的隐士经常嘲笑孔子，认为他努力宣扬理想世界根本是徒劳无功，白忙一场。他们认为既然当时的局势已无法挽回，唯有独善其身并与世隔绝才是保身之道。道家始祖老子的政治理念不是建立在孔子理想中的古代先圣，而是追溯至史前的原始社会。基本上，老子的政治理念很明显是反社会，反知识，并且反文明。在老子的理想国中，人与人老死不相往来，也无须以物易物，人民生活简朴并且遗世独立。从以上的描述我们可以想见道家出自于一种逃避现实的心态，是对现世纷扰的排斥。然而，道家也有其积极的层面，可以将人类从寻求真自由的过程中带至更高的精神领域。道家教导人忘记世俗的名利与繁华而追求内在的宁静祥和。在道家的理念下，人们可以彼此相忘于江湖，从而逍遥游于彼岸的世界；如此人们就可以从周遭环境的枷锁中解放出来。

由于道家子弟不希望被当时的现实环境所束缚，所以求道者大都对抽象的哲学思考更感兴趣。老子所探讨的哲学主题包括“道”的本质以及宇宙的根源。他认为“道”本身就是一切生命形式的根源和一切存在之整体。“道”先于天和地，它是“非存有”，而一切的存有从之而来，然而这一切并非“道”的创生。万事万物都自然而然地遵循“道”的法则，同时，在万物生成并存之后，“道”也不会因此而消失。“道”永恒长存，并且包罗万有。“道”为而不恃，长而不宰，不会因为有功而居位。

“道”基本上不能经由人类概念的描述来理解，因为我们一旦给予“道”名称，便是将它纳入我们思维的框架。道无言，幽微寂静，所以我们甚至不该讨论道为何物。我们亦当无言。

庄子遵循老子对语言以及人类概念系统的怀疑立场，而集中在对语言的本质以及语言与真实世界的对应性进行哲学的检证。庄子并不想阐述“道”的本质，而着重在说明语言的有限性以及人类对概念的偏执。庄子指出当时的哲学家都互相争辩着自己的哲学观点才是真理，然而没有任何客观的方法可以平息彼此的争辩；因为，若是有人判断在两方的争辩有一方胜出，这立刻就会产生第三方的观点而加入辩论的战局。我们总是以为自己的观点才是对的，而别人的观点是错的。但是从道的观点来看，世上的任何观点所呈现的都只是部分的真理。因此，没有任何自己宣称的真理会是真正的真理。我们若是能明白此道理为真理，就会终止所有口头的争辩。庄子解释“道”本身无关乎对或错，我们若是执着在对与错的区别，就只会偏离道本身。事实上，道无穷，而语言亦无极。

道家的生命哲学是顺其自然，不任意干预，人为的介入是不可取的，因为任何行动都是反自然的活动。如果我们采取行动去改变现状，就表示我们不愿意接受事物的本来样貌。即使我们采取行动是为了去维持事物的某种状态，也表示我们拒绝接受没有我们的干预，事物还是会照其最自然的情况发展。以此观点应用在政治哲学上，自然会衍生出“无为而治”的学说。老子认为最好的统治者不会干预人民的事务，人民甚至不会察觉他的存在，这是“见素抱朴，少私寡欲”之居上位者才能达到的境界。如果居上位者能完全做到无为而治，不去改善物质生活，不去提高社会财富，不任贤能，甚至不提倡德行，那么万事万物都将自然有序，各守其位。

对道家而言，不管是儒家的社会改革方案还是墨家的心性改革计划，都是扰乱了道本身的自然流动和开展。道家并不接受儒家和墨家所彰显的人文精神，而认为无论任何有生命或无生命的存在物，都如人类一样是宇宙的一部分，如果只看重人文事态，就会违反“道”对待所有的事物都是公正不倚的精神。道家的“一视同仁”原则更过于墨家的兼爱原则，因为道家从“道”的观点看所有的事物都具有相同的价值。不过，道家不会推崇墨家的兼爱情操，也不要求我们对所有生物都给予同等的“爱”。事实上，道家所提倡的是一种从各种爱的情愫中抽离出来的理性疏离，教导我们所挚爱的对象其实只是整个道化过程中之短暂的一小阶段。庄子在妻子死后并没有哀痛欲绝，反而鼓盆而歌，为了妻子的形体变化而欣喜，因为形体的自然变化正是回归与“道”合一。以这个观点，道家启示我们应该

23

看淡生命之悲喜，超越喜生惧死。如果我们真能拥有如此的心态，就会解脱烦恼，从而逍遥自在。

对于儒家意图以道德转化居上位者以及平民百姓的方案，道家认为那些主张和方法都是等而下之。老子和庄子都认为善恶的分辨是由于“道”的衰落才会造成。庄子以大宗师相濡以沫的寓言告诉世人，鱼儿若在陆地上相处，就只能相濡以沫，但是若能优游于水里，则可以相忘于江湖。同样地，当儒家发现人们需要修身养性之时，这就表示人们的生活已经偏离“道”了。为什么不让鱼儿回归到汪洋大海？为什么不让人们重新返回到原初“相忘于道”的状态？

若要返回至“道”的原初状态，就应该少私寡欲，而少私寡欲，就必须排斥任何价值区分。在这一方面，道家和墨家的立场相近，两者都反对物质的财产以及精致的文化活动。老子认为感官是使人心堕落的罪魁祸首。当我们沉溺于感官的享乐时，只会欲求不尽，而简朴的事物就无法再满足我们的感官知觉了。老子说：“罪莫大于可欲；祸莫大于不知足；咎莫大于欲得。”[①]对老子来说，人存在的最理想状态便是回到婴儿时期，宛如赤子尚未学得感官的享乐。同理可证，最理想的社会形态就是返回至最原始的形式，人们居其间并不知道何者才具备价值，何者才值得珍惜，何者才应该追求。无知是“福”，这才是道家的真义。

最后要讨论的第四大学派是韩非子所创立的法家，它沿袭了墨家的思想，但是削减了其中的理想色彩。韩非子认为墨子

①《道德经》四十六章。

的实用主义精神不足,因为其所提倡的兼爱理念完全不能落实。韩非子认为要真正实现墨子心中的理想世界，所需要的不是爱的理念，而是严刑峻法。韩非子相信酷刑可以使人服从，而溺爱只会带来宠惯恶行。韩非子凭经验观察，指出在严厉的家庭里，即使奴仆亦不敢违逆，但是在很有爱心的家庭里，小孩经常是被宠坏到无法无天的地步。韩非子也批判儒家的道德政治理想,他认为执政者的德行和仁慈并不能终止社会的动荡不安,但是，令人生畏的权力却可以阻止暴力并且维持社会秩序。因此，韩非子认定执政者应当讲求严刑峻法而不是爱护百姓，应当贯彻法令的执行而不是推广德行。

不像其他的学派推崇古代或原始的社会形态，韩非子讲究的是如何现代化。他认为过去的成例和当代并没有什么关联。无论古代的圣贤有多么完美，他们都没有足够的能力治理当时的社会。时代已经改变，政策亦当跟随时代改变。韩非子为统治者提供许多实际的政治手段，其中“赏”与“罚”被称为是主权所有的“二柄”。韩非子有一观点与墨子相同，认为人民都很容易受赏罚的激励和操控，所不同的是韩非子的终极权威不是来自无形的上天之意志,而是来自统治者本身的实际意志。在他看来，统治者不必受上天的监督，因为统治者实际上等同于天的地位。

墨子和韩非子都一致认为人的自私自利是本性，只是墨子试图改变人性，而韩非子却以人性的自私自利为基础来建立了一套实用的政治模式。如果人本性就是以自我为中心，那么人人都只会去做对自己最有利的事，而百姓的私利几乎永远是与国家和统治者的利益冲突的。韩非子不认为人有足够的理性去长远考虑自己的私利其实是建立在社会的公益之上，他也不认为有必要去教育老百姓。如果人类天生就是自私自利的，那么即使有像孔子那样的教化典范，其成果仍然很有限。韩非子认为要想全盘实现儒家和墨家所宣扬的政治改革理想，唯有通过法家才能胜任。

以上导论大致陈述了中国古代哲学四大学派的理念异同。[25]而儒家以其道德政治学、道德家庭和修身养性的哲学理念，成为塑造中国文化之主要意识形态。几千年来，儒家主宰了中国知识分子以及社会大众的思维和行为模式，建立并且维系了中国人的家庭关系以及社会结构。至于道家则是以精神的超脱和致虚守静的学说，为中国知识分子在内心深处找到了一处理想之乡。传统中国文人的处世态度有个箴言：“入世为儒，出世为道。”因此，中国儒道二家可以视为中国文化以及中国精神中阳与阴的互补互成。至于法家讲求的是实用性的帝王之术，它后来成为中国君主最喜爱的学说。在中国历史中，法家影响了中国的政治结构，并且有助于中国政权的巩固。墨家虽然在当时两三百年内极具影响力，但是后来随同其他的百家学说从知识分子的文化舞台淡出了。虽然中国古代时期的各家各派有不同的理论走向，但是他们都有对现世的关怀，以天下为己任。每位哲学家的主张或是对现世的社会以及政治问题提出解决之方，或是建议逃避之法。这些哲学家都不以追求超脱的彼岸世界为他们的思想大计。因此，中国哲学基本上是一种属于现世关怀的实用主义哲学。

第一章

易经：中国哲学的宇宙论基础

概论

《易经》[英文通常译为 *the Book of Change*（*s*）] 是中国哲学史最重要的经典，其不仅为中国宇宙论的根源，亦是整个中国文化的基础，中国主要的两个学派，儒家与道家，皆从中汲取宇宙论及道德思想。因此《易经》被形容是“原始儒家与原始道家思想的独特融合”[1]。《易经》深入中国人心，中国人无论是否曾接受过哲学训练，都自然而然以《易经》描绘的方式看待世界——一个充满可能性和决定性的世界，一个由阴阳支配但通过人的努力可以改变的世界。历史学家们仍然持续争议《易经》成书的确切时间，因此我们无法确切地将整部《易经》看作是先于孔子或后于孔子的文本。不过，孔子曾提及“易”，而且在传统上他被认为是早期几篇卦辞的作者。从哲学角度上，我们亦可看到先秦儒家如何奠基于《易经》所提出的宇宙论。这就是我们以《易经》作为本书的开卷首章的原因。 26

① Jess Fleming 1993b：133.

27 目前流传的《易经》包括核心经文及合称为《十翼》[1]的十篇注释。核心文本的建构跨越一千五百年（前2000—前500）。在最初阶段形成有八卦图，每一组图像由三爻卦，或断裂线“- -”或实线“—”所构成，实线代表阳，断裂线代表阴。传闻《易经》最早的形式是公元前两千年神话中的伏羲大帝所创，这些卦符代表八种大自然的基本元素：天、地、水、火、风、雷、山、泽，描述如何从阴阳二元形成自然的基本元素，八卦如下：

☰	☷	☳	☵	☶	☴	☲	☱
乾	坤	震	坎	艮	巽	离	兑
（天）	（地）	（雷）	（水）	（山）	（风）	（火）	（泽）

在自然表征的层面上，八卦所代表的是八个基本自然现象，不过它们也在象征意义的层面上代表其他许多关系。例如《十翼》之一的《说卦》提到，与八卦联结的现象包含子女、季节、方位、色彩以及各种动物，等等。尽管后世有许多学者尝试作不同解读，但是这些联结背后确切的原因已经佚失。不过我们至少应当理解八卦不是仅仅为特定的自然象征而已。依据卫礼贤的诠释，八卦进一步描述宇宙持续变化的过程：

八卦被设想为所有天地之间发生的意象，同时，它们

---

①《十翼》包括《象上传》《彖下传》《象上传》《象下传》《系辞上传》《系辞下传》《文言传》《序卦传》《说卦传》《杂卦传》。传统中国的观点认为《十翼》前七篇是《易经》核心内容，标准《易经》中文文本通常在六十四卦的每一卦经文中附上《彖上下传》对经文的解释及《象上下传》概念。参照 Wilhelm and Baynes 1977：255—261。

> 也被视为处于不断转变的状态——一种状态转化为另一种状态，就如同在物理世界中一个现象转变成另一个现象持续发生一样。这就是《易经》作为“变易之书”的基础概念。八卦代表变化过渡期的象征符号，它们是持续进行变化的意象。我们关注的重点不在事物存在的状态，而是在变化中的移动。因此八卦所描述的不是事物的如实状态，而是事物的变动倾向。①

此一诠释对我们深究整部《易经》的结构甚有启发。如果八卦所代表的并非静态而是变化的动态潜能，那么八卦的含义就不可以固着于任何特定的自然现象。这是一种关于恒常流动的宇宙论，是一种变易的哲学，而这样的宇宙论早在八卦的构图中就已经存在。 28

《易经》第二阶段的发展为八卦两两相重组合为六十四卦（亦即六爻卦）时期。中国正史记载约公元前 1150 年周文王造六十四卦，传统上认为文王或是其子周公（卒于约公元前 1094）对每个卦作出简要判断的卦辞，以及解释卦中每一爻含义的爻辞。于此阶段，《易经》开始以生命哲学的样貌出现，而不再仅是一本卜筮之书。整个卦或其中单独一爻所象征的每种状况都代表生命的一个道德情境。卦辞内容经常言及“君子”，描述他在既有处境中可能有的选择及随后可能的后果。我们或许可说《易经》的道德哲学即在此时开展出来。

《易经》成书发展的第三阶段据称来自孔子，他对文王卦

---

① Wilhelm and Baynes 1977：1.

辞加以注释形成《彖传》。《彖传》将《易经》古本从神秘的占卜性质进一步转化为对人生各种生命情境的哲学阐述。《彖传》不仅分析卦爻所象征的各种情境，而且讨论个人在这些情境中所具有的道德义务。《易经》另一项重要内容的增添是《象传》。总论每一卦的象称为《大象》，分论卦之六爻的象为《小象》。这些注释从上下两个三爻卦组成的卦象推演道德意义，充分发展出大自然具有道德属性或者是各种道德属性之象征的意味。《彖传》和《象传》被认为是孔子及早期追随者所作，或至少被视为儒家思想早期发展的代表。

《易经》除了卦辞、《彖传》及《象传》，更加入其他补充批注，合起来总称为《十翼》，其中最重要的可能是专门解说乾坤二卦的《文言传》。因其内容文字近于儒家观点，故传统上认为作者是孔子。但《文言传》中提及孔子时，如同《论语》称之为“子”，所以很可能是弟子记录或是稍后的儒家学者们所作。《十翼》其余几篇可能晚至汉代（前 206—公元 220）才附加于《易经》。在这些较晚的几篇当中，《系辞传》最为宋明理学家所重视。《系辞传》分为上、下两传，广泛涵盖许多主题，包括《易经》的性质、占卜的方法、先圣的社会改造，以及人类文明的历史等，可视为宋明理学最重要的哲学基础之一。

最终《易经》之成书包括六十四卦及《十翼》。整部经书富含形而上学及伦理学的象征意义。据说世上所有事态皆可以由这六十四卦来代表。在理论上《易经》给中国哲学提供了宏观的宇宙论基础，而在实用上《易经》常被用于占卜问事，对于个人面临特殊处境时如何趋吉避凶给予忠告，因此可称为实用智能指南。今日许多寻求爱情、事业、仕途、人际关系或个人内在修为指引的人，常求助于《易经》指点迷津。西方世界盛行整顿个人生活以及布置居家环境艺术的风水学，也以《易经》作其理论基础。本章是从哲学角度来探讨《易经》。虽然《易经》是由多位作者合力完成，但后期增加的批注仍立基于早期的内容，所以总体而言《易经》的内容并无明显出入。因此，我们的分析将视之为完整的文本，而不会分割成不同历史片段。

易：变动不居的宇宙

"易"指变易和易简，"经"为经典。关于书名来源一说：比起早先的朝代以龟甲占卜，《易》的占卜方法更为简易，故名之为"易"。但传统中国学者较常采用"变易"来诠释"易"，所指的是阴阳之间的交替。既然阴阳不停变动，没有任何事物可永远保持原来的样貌。此亦本书所采取的解释，依此意涵《易经》英文译为 *the Book of Change* 相当适切；这是一本关于宇宙和人类世界的书，由于宇宙持续变化，因此每个事态都带有转化成另一种事态的因子。 30

倾向于发展出一种易的哲学背后的理论动机是把宇宙的基本元素看作是气，而不是原子或物质。物质具有时空的稳定性，但在气的流动中看不到这种稳定性。气象图的大气层中持续的变化可以用来例证气的流动。如果整体宇宙连同其中的万物皆由气所构成，那么变易不过是事物的常态。万物并非孤立分化为各有其空间局限的物体——始于原子聚合而终于原子分解。取而代之的观点是每个物体都被视为一个变化的过程，以气的凝聚为物之始，以气之消散为物之终。每一个凝聚与消散的过程也都是阴和阳的持续交替。因此，没有任何事物被赋予固定的性质。万事万物皆不断成长、变化、成熟及消亡，这就是宇宙的自然过程。

在《易经》中，这种易的宇宙论也运用在人事情境上。卦图构造的一个重要特性是每个卦所描绘的是从最底层的初爻，向最上层的上爻作进行的运动或发展。六爻所描画的是各种变动之几，因此称为“爻”，如《系辞上》记载：“爻者，言乎变易者也。”爻辞对每一爻所作的解释是描述当下在时间中冻结之“几”，在此时机之后的发展可以多方位，由当事人在当下所采取的行动来决定。根据《系辞传》的解释，每一卦从初爻至上爻所描绘的是事态从最初源起到最后发展阶段中间的因果关系。每一卦的初爻描述事态的初始状态，而在上的第六爻则描述事态按照自然过程发展的终极状态。因此，《系辞下》云：“其初难知，其上易知，本末也，初辞拟之，卒成之终。”[①]在这样的理解下，六十四卦是展现六十四种因果关系的过程，每一卦的六个爻各自代表因果发展的一个暂时阶段；因此，至少有384种可能的变化转机。在每一种既定情境下，一个人所做的决定、所采取的行动，甚或是所选择的态度，都可能会影响事态的进一步发展。

31

占卜的方法也以易与不易作为基本要素。无论使用铜钱或蓍草的方法，[②]每占一爻会得出四种可能的数字：六、七、八、

①《系辞下传》第九章，英译本 Wilhelm and Baynes 1977：350。

② 占卜方法较详尽的解释可参考各种《易经》实用书籍，多数《易经》英译本都包括占卜方法简要的说明。

九。六和八代表阴，但前者为老阴，后者为少阴，阴变“老”则必然变为阳。七和九这一对也同此理：九代表老阳并且显示即将转变为阴。不过在每个爻的爻辞内只以六表示阴而九代表阳，因此每则爻辞所说明的是在变化之前的瞬间，意指事物短暂的状态，卫礼贤解释说：

> 每个六爻卦可说是代表着世界上的实际状况，以及在这些情况中象征光明的天（阳）与象征黑暗的地（阴）之不同组合。不过，在每一个卦象里，个别的爻总是可能变化而形成另一个组合，就如同世界的状态持续变化且重建，所以从每个卦又生起新的卦。对每个卦我们所要观察的是各爻的变动过程，而任何爻的变易就会形成一个新的卦。①

当这种观点应用在所有人生情境，《易经》所教导我们的是我们需要根据与环境不断互动的关系来调整自己的行为。即使我们不改变，其他的人和事物仍持续改变。因此，适应改变远胜于无知的坚持。我们周遭会改变的事物包括自身当前的处境、目前的地位、在此情境中与他人的关系，以及当前处境与更广大环境之间的关系。在情况不利时，人要采取预防措施而韬光养晦；在处境有利但己身地位低下时，人应该耐心等待适当时机再行动。若是获得他人的响应或支持，人可以有新的作为；但若是受到孤立并且不被信任，那么就不应该我行我素。若周遭环境可以改进大环境的福祉，那么我们就可以与周遭环

① Wilhelm and Baynes 1977：263.

境配合；但是若周遭环境会对大环境带来伤害，那么我们就应该要离开或是设法改变周遭环境。处理任何事情都需要注意到天时、地利、人和种种关系。所有这些要素可以总合为“时”之概念，而《易经》所教导的人生智慧便是“时中”这一概念。

然而，尽管“变易”是《易经》主要的概念，“易”的背景基础其实是“不易”。变易之所以可能，是有一个可以作为比较参考的架构的，而这个参考的架构便是不变易。卫礼贤说：

> 《易经》中区别三种变易：不变、循环之变以及连续之变。不变作为背景基底，以其为基底变化才有可能。因为任何改变都必须先有个定点以作为变化的参考基准；不然万事就缺乏确定的次序，而会陷入混乱的动荡。参考的基准点必须先建立，而在建立的过程中一定需要作出选择和决定。先成立了一个基准点，其他所有事物就得以在一个坐标系统中各自定位。因此不管是在世界的起源还是思想的开端，都必须作出选择参考基准点的决定。①

换言之，在整个卦与其每一爻之间的关系，即是不变与变易的关系。每则卦辞所描述的就是每一爻变化的参考基准点。这就是为什么在占卜过程中，我们必须先参考卦辞才能评定象征变化之爻辞的含义。

在宇宙论层面，作为气运行之不变易的参考架构即是气

① Wilhelm and Baynes 1977：281.

之整体。气之整体名曰“太极”[①]。如果气之总体是不变的，那么当阴扩展时，阳则消减，反之亦然。尽管阴阳这两种宇宙能量相互竞争，他们仍然运动一致。因此在阴与阳的互竞之中有一主导性的和谐原理。《易经》第三十八卦《睽》的《彖传》说：“天地睽而其事同也，男女睽而其志通也。万物睽而其事类也。睽之时，用大矣哉。”[②]相对立的力量由和谐的整体原理来统理，于此和谐原理之下，阴阳之互动呈现某种模式，而此模式可视为宇宙法则。因此，“不变”的意义有二，其一指宇宙恒常稳定，在这个基底上可以测知变化。其二指在所有变化中有个固定的法则。

依据 R. L. Wing 所言，在宇宙的物理变化中有两个基本法则： 33

> 一个法则是“两极之反转”。在所有万物中我们都见到与其相反的种子因，就如任何新生命在其基因密码里已经暗藏其日后消亡的讯号，在每一件人事里也已经蕴藏着细微但是准确的变化种子。另一个法则是变化的“周期性”。这个法则呈现为循环与节奏，比如季节的转换、植物的生长循环，以及个人生命与个性发展的阶段。[③]

这两大法则很容易在阴与阳的运动中显现出来。由于阴阳

---

① 参见本书导论有对气之概念更多的分析。

② Wilhelm and Baynes 1977：575.

③ Wing 2001：12.

的总体是固定的，只要阴或阳趋近其发展的最大极限，反向的发展必然发生。因此掌管宇宙的自然法则包含循环法则——事物发展至极限将必然反转。当时机到了，事物的发展方向必然“回复”。卫礼贤如此解释《易经》第二十四卦《复》：“复的概念来自自然的历程，律动是周期性的，而自然的历程会自己完成。因此不需以人为方式来加快任何过程。所有事物都会在适当的时刻自然发生。”[①]大自然的法则设定了循环性的发展，因为宇宙万物都在不断变化及转换。事物往和谐发展，然而当和谐已经达成，任何进一步的发展就只会摧毁这个既有的和谐。“就是在完美的平衡已经达成时，任何的变动都只会把井井有条又复归为无秩之混乱。”[②]

我们从两极反转的法则可以得出周期性的法则。每个进展最终趋向它的逆转，因此，所有的发展皆有其限制。以此模式，气的运行与阴阳之间的互换建立了宇宙的规律性：气候必有春夏秋冬四季的变化，而生命不可避免会有生老病死四个历程。同理可证，任何人事或人为集团也会经历四个自然的发展阶段：创始，成长，扩展，而最终衰退。

一旦有了事态之变化势不可挡的理解，应会让人在顺境中有所警醒，而处于逆境时也同样会怀抱希望。事态不会永远不变，无论好坏都不会持久。人所需要的是对即将到来的发展明察秋毫。如果一个人能明白审视自己在整个事态发展中所在的处境，即可采取适当的行为趋吉避凶，或至少减缓凶势的发展。

34

① Wilhelm and Baynes 1977：98.

② 同上书，页 244。

本章的最后一节将会讨论《易经》的行动哲学。不过在介绍《易经》哲学的人生应用之前，我们先来检视其宇宙论的另一个特点。

具有道德属性的宇宙：人类道德的基础

《易经》所描述的宇宙本具善德。《易经》中基本的八卦代表天、地、山、泽、水、火、风、雷等自然现象，而各自具有不同的道德属性。先秦儒家常以天与日为道德典范之表征。"天"所代表的是创生、恒常及坚贞等德行，如《易经》云："天行健，君子以自强不息。"①另一方面，"日"所代表的是温暖、仁慈及公正等德行。例如《易经》第五十五卦《丰》描述"日中"，而要求君王亦当如是。卫礼贤解释执政者"必须如中天之日，使万物欣然普照"②。除了将这些道德属性归附于天与日之外，基本八卦亦列出其他自然现象作为道德属性的象征："风"象征温和穿透的能力，"泽"象征愉悦，"雷"象征威力与无惧，"山"象征坚定与宁静，"火"象征光耀与明亮，"水"象征谦卑与持续性。不过，这些自然现象常用来称颂个人的典范行为，而非表述现象本身具有道德属性。相较而言，天与日则似被描述为本身即具有道德属性。

从当代观点来看，我们会想此种道德属性的归附必然是象征性而非字面的意义：大自然既无知觉、无意向也无意志，如

---

①《乾·象传》，英译本 Wilhelm and Baynes 1977：6。

② Wilhelm and Baynes 1977：213.

何可能是道德的？然而在《易经》的描绘中，宇宙是有道德属性的，是一个道德宇宙无疑。道德宇宙的哲学正是儒家伦理学根本的基础，儒家的道德意识就是立基于其道德宇宙的形上学。人身而为人的道德使命，是在这个道德宇宙的思考脉络中定义的。儒家人物通常认为人类最高的道德实践，即在赞助化育滋养生民，他们认为此任务是天地的究极目标。就此意义而言，天地，乃至整个宇宙，都被赋予道德与目的之意义。人立于天地之间，担负承继天地创生的神圣道德使命。天、地、人并列为"三才"，不仅刻画宇宙的道德结构，而且将终极的道德义务（与天地齐）赋予人类。当人得到天地人同位的最高位阶，即得以"配天"。[①]此即儒家为"圣人"所下的定义，亦是古代中国人对帝王——天子[②]的期待。

《易经》始于乾坤二卦，乾卦由六阳爻而坤卦由六阴爻构成，因此乾为纯阳而坤为纯阴。既然实际存有物都必须有阴也有阳，乾坤所代表的必然是抽象的原则，卫礼贤和贝恩斯1977年的合译本将乾卦译为"创造性（The Creative）"，将坤卦译为"容受性（The Receptive）"。我们可说乾代表创生的原理，以天为表征；坤代表包容的原理，以地为象征。在这种宇宙论思想中，天与地被视为创生与育成的原理，但二者并非仅

---

① 出自《中庸》，英译本 Chan 1963：112。

② 陈汉生（Chad Hansen）如此解释这种期待："君王是天/自然与人类社会的中介。他必须依礼治国，以使得人类社会维持与自然之和谐。只有礼教才可以带来人民的生养富足。民生富足，才得以维持社会秩序，而社会有序，才能得到自然的嘉许与天命之托付。"（Hansen 1992：63）

是抽象原理的“表征”。《易经》背后的构思者以道德含义投射于天地。在他们看来，道德宇宙是人类道德属性的来源，给予我们道德行为的启发。人类在道德上所当做的事就是“效法”天地之道德属性。《系辞传》曰：“天生神物，圣人则之；天地变化，圣人效之。”[①]亦是说，这种哲学主张某些道德属性有绝对的价值。这些道德属性并非相对于人的判断或是针对人的处境而为“善”，它们在天地中自如展现，因此是绝对意义的善。而对人而言，要成为道德的人，即是要能够自己内在拥有这些德行。

哪些道德属性具有绝对的价值？我们可以将《易经》中最基本的德行总结如下。

四原德：元亨利贞

在《易经》中每个卦都会配与四种基本德行：元亨利贞，但并非所有卦皆兼具四原德，[②]只有乾卦才可以配完满而不受限制的四德。卫礼贤和贝恩斯将此四德译为 sublime success; furthering through perseverance。[③]他们如此诠释是将四德分成两组概念：A 组包含“元”与“亨”，而 B 组包括“利”与“贞”。理雅各（James Legge）将“元”译为 great and originating，“亨”译为 penetrating，“利”译为 advantageous，而“贞”译为

36

① 《系辞上传》第十一章，英译本 Wilhelm and Baynes 1977：320。

② 在六十四卦中只有《乾》卦第一、《屯》卦第三、《随》卦第十七、《临》卦第十九、《无妄》第二十五、《革》卦第四十九配有元亨利贞四种基本德性，其中大部分都带有对伤害或耻辱的预先警示。

③ Wilhelm and Baynes 1977：4.

correct and firm。[①]黄濬思（Alfred Huang）将“元”译为 sublime and initiative，“亨”译为 prosperous and smooth，“利”译为 favorable and beneficial，而“贞”译为 steadfast and upright。[②]四原德的中文就是元亨利贞四个单字，但是几位翻译家都使用一个以上的英文字词来诠释中文的这四个单字，因为其中每个字都有复杂的意涵。首先，“元”指的是生命的源始，存在的根源。这是创造原理的首要德行，得以开创生命形式，转“无”为“有”。“亨”指的是气之渗透入所有事物，是养育生命，促进万物发展的首要德行。“利”指的是帮助，代表提携他人并促成事物之德。最后，“贞”意指“正”，代表矫正万事万物以使所有生命形式都能适其所当之德。在其他的卦里，“贞”也常用来表示“坚忍不拔”。两个概念中间的关联可能是指人永不可偏离正轨，因此应该一直在正确的道路上坚持不懈。

此四种原德所描绘的是在大自然中展现的人类道德根基，天与地借由气的运作，一起完成创造（元）、养育（亨）、帮助（利）及矫正（贞）天地之间的万物。人之所以为人的基本道德任务就是去延续天地所开启的工作而完其功。所有原德具体表现来自天地最高的道德律令，是人类应当努力获得的理想德行。

善

宋明理学家常引用《系辞传》的一段话为“道”下定义：

---

① Legge 1964：57.

② Huang 1998：22.

“一阴一阳之谓道，继之者善也，成之者性也。”[1]在这段话中我们除了理解“道”的定义，也看到“善”定义为“道”的继承者。去延续“道”的作为，即是去帮助天地阴阳创造及养育的功能，此工作构成人类最高的道德善。《易经》第二十七卦《颐·彖传》曰：“天地养万物，圣人养贤，以及万民。”[2]人作为万物的保存者及养育者而与万物相关，圣人更是作为万民的领导者及保护者而与百姓相关。“善”成为“天命”——它描绘我们绝对的道德义务。

唐力权（Lik Kuen Tong）如此解释：

> 《系辞传》此处所谓的“善”不可与世俗的道德善概念相混淆。世俗善概念的特定意义是来自某个伦理系统或是道德法则的特殊地位的对象化与僵定化。但是《系辞传》里作为贞常与变易“继之者”的“善”，是存有本身在其生化能力中的道德原型。这是绝对善，而非从行为后果的道德标准来判断我们行为的“相对善”。[3]

我们可以说由于《易经》是以治理整个宇宙的“道”为基础来定义“善”，这个“善”的概念是指绝对意义的善。能够帮助他人去完成其生命的潜能就是“善”本身，而无关于个人或文化的观点。在《易经》里这个对于人类道德感之意涵以及

---

①《系辞上传》第五章。

② Wilhelm and Baynes 1977：521.

③ Tong 1990：331.

人类道德义务之内容的无条件的宣言，后来便成为儒家伦理思想的理论基础。

中和

在两极反转的原理之下，一旦某个发展达到极致，相反的发展即开始成形。《易经》描绘自然界本然的和谐，维持阴与阳之间的中——亦即两极之平衡。中文的“中”一字英文常译为equilibrium（中和）或 the mean（中），因为汉字的意义包含二者。“中”不是仅为两个极端的正中点，而是一种内在和谐的状态。因此，只要不均等的情形不会干扰和谐的平衡，某些元素的量可以比其他元素多。“中”与“和”这两个概念经常被用在一起。《易经》的中和概念不是相对于人的判断，而是描述任何气流扰动之前与之后的宇宙状态。换而言之，中和是所有非自然状态最终都会回归的宇宙自然状态。第二十四卦《复》曰：“复：亨。出入无疾。”[1]我们可以设想有个阴阳变动不居的宇宙钟摆，气运动之目的并非要使钟锤静止于中心点，因为如此便会消灭所有的运动。当钟锤在两端之间持续地摆动，这个钟摆就会维持恒动。这种恒动本身即是“和”。当“中”被理解为中和，容许变动的空间就会变大许多。只要任何偏差最终能回归中点，那么朝向某端或另外一端的发展就未必会违反中和的原则。由于气自然有序依“道”运行，气本身即保有中与和的自然状态。这就是所谓的“道”，亦即世界存在的真理或模式。

38

基于其视宇宙为道德有序的假设，《易经》也将人之性善

① Wilhelm and Baynes 1977：97.

视为理所当然。人天生即有道德属性。《易经》中谈到万物自乾道创生之能得到其真性，并且不断受到乾道转化，直到万物“恒久与太极合一”①。人类是阴阳结合之精华醇和，因此，人为“万物之灵”。而人本具有中和之性的主题，在稍后的儒家经典《中庸》里有详尽的阐述，《中庸》据称是孔子之孙子思所著，开宗明义曰：

> 天命之谓性，率性之谓道……喜怒哀乐之未发，谓之中；发而皆中节，谓之和；中也者，天下之大本也；和也者，天下之达道也。致中和，天地位焉，万物育焉。②

这个深奥的文辞在《易经》的思路脉络中可以得到更清晰的阐明；如果人性来自天命，那自然是善的。遵循天性即“继道”而行，故自然为善，人类的道德善因此是循天性而行。在我们与生俱来的本性中有喜怒哀乐等情感，这些情感未发起之前，我们处于“中”，因为我们本性即为中。一旦情绪被激起，我们须调适情绪而使其保持平和。如此，“中”与“和”再度紧密联结。当人类世界本身可达到中和并且扩及自然世界，天与地的生养任务即得以完成。这就是万民万物的理想境界。　39

我们可以说在《易经》哲学中并没有“实然（what is）”与“应然（what ought to be）”之分别。《易经》把实然——世界存在本相，视为应然——世界存在应有的形态。“应然”所蕴含

---

① Wilhelm and Baynes 1977：371.

② Chan 1963：98.

的是道德义务或是一种理想的境界，而特别应用于人类世界。但是《易经》对人的最高道德义务之规划是建立在道德宇宙存在的模式之上。换言之，宇宙的道德属性是人所应当仿效的。当人类的道德是建立于一个客观的道德实在上时，它也成为世界构成的一部分。此就是一种道德实在论，肯定道德价值的客观性与实在性。依此道德哲学，所谓的“善”，并非来自上帝的诫命，亦非来自社会的约定成俗，更非为人类的理性所制定。善在自然界中处处可见，彰显于自然现象本身。这个哲学系统从观察外在世界得出道德标准，而这样的世界观与机械物理主义的世界观迥然不同。

《易经》的道德哲学：情境规约论

在《易经》里不仅自然现象提供了人们道德的原型，自然现象之间的种种关系亦具有多层象征性的道德含义。两个八卦相重演变为各种组合即形成六十四卦。六十四卦和组成每个卦的六爻穷尽自然界所有可能的情况。而人事界的各种情境在抽象意味上与这些自然情境相关联。《易经》指点出每一种可能情境下最好的行动方式。举例说明，第五卦《需》是由三爻卦的坎上乾下所组成，水居于上而天在其下，象征雨云在天，即将下雨，在这样的情况下只能静待雨落。这个卦象的象征意义是在此处境中之人须有所等待，等待时机成熟而少安毋躁，所以“君子以饮食宴乐”[①]。与此相反组合的卦象——天在上而

①《需·象传》，英译本 Wilhelm and Baynes 1977：25。

水在下——构成第六卦《讼》，象征“冲突”，因其组合中有两种对立的力量：天朝上而水向下流。《象辞》曰：“天与水违行，讼；君子以作事谋始。”[1]同此道理，其他的卦象也都是在自然元素之间不同关系的象征意义上，而代表各种情境下可作的不同道德抉择。 40

即使每个情境各不相同，在所有卦的排列中仍然有共通的宇宙结构。这个宇宙结构即是天、地、阴、阳之间的高低阶层。《系辞传》开篇即言：“天尊地卑，乾坤定矣。卑高以陈，贵贱位矣。”[2]宇宙的基础结构由不同层次的阶级所组成，而这个宇宙次序也为人类社会的阶级奠定基础。就如天在上而地在下，人类社会阶层中阳所代表的人物地位应该高于阴所代表的人物。这个道德阶级里阳尊阴卑，阳主阴从的结构转换成政治结构，便是君上民下，而臣处其中。转换成家庭结构便是父尊子卑；夫唱妇随；兄长为大。在政治层面，《易经》为中国的君主政治提供了理论上的支柱。而在社会层面，《易经》也确保了中国文化根深蒂固的家庭阶层关系。《家人·彖传》曰：

> 女正位乎内，男正位乎外，男女正，天地之大义也。家人有严君焉，父母之谓也。父父，子子，兄兄，弟弟，夫夫，妇妇，而家道正；正家而天下定矣。[3]

---

① Wilhelm and Baynes 1977：29。

② 同上书，页 280。

③ 同上书，页 570。

以此方式，《易经》对家庭每个成员都分派了明确的角色，人人在家中各尽其分，会比每一个人各自行动更能确保更大的和谐。

《易经》所阐述的每一个情境都有其独特的道德性质，而其中最常见的律令便是“依道而行”。如第三十四卦《大壮》的41《象传》所言：“君子以非礼勿履。”[①]做到“时中（当下情境所要求的行为）”，即是举止合道。这是一种“情境规约论（Contextual Prescriptivism）”，而非一种粗糙的道德绝对主义，因为这理论并不宣称每个人在所有情境下都有相同的道德义务。不同的“时”——包括个人外在处境中的种种因素——带来不同的道德义务。甚至对于处于同样情境的不同人，这种情境规约论也不会规定每个人都有相同的道德责任，因为不同的人有不同的个性特质（比如天性较积极或者较被动），因此应该以符合自己优劣点的方式来行动。人有时需要出任仕职，有时则需要退隐山林；有时要不屈不挠，有时则需放弃努力；有时要广结善缘，有时则需孤立独处；有时要承担领导之位，有时则需安处从属之位。如第四十一卦《损·彖传》所云：“损刚益柔有时，损益盈虚，与时偕行。”[②]《易经》所有卦都提到“时”的因素，而强调配合时境的要求，“与时行也”。这个“时”的概念在《易经》中是特别意指当下处境中的种种变数。因此，《易经》里表达的是一种要求个人按照天生特质而“与时俱进”的道德律令，这是一种“情境伦理学（situational ethics）”，而非独断

---

① Wilhelm and Baynes 1977：134。

② 同上书，页 590。

形式的道德绝对主义（moral absolutism）。

宇宙里每一个现有的情境都有宇宙因素的自然发展。当君子所处的环境类似某一宇宙状态，那么就会有些在此情境下最适当的行为规则可循。以此言之，社会的情境本身规定了个人的道德义务；在每个现有处境下都有人应当采取的正确行为方式。卫礼贤如此解释："应用到人事上……卦辞所指示的是相应当下处境的行为……君子依循卦辞指导而不盲目行事，他从情境中学习应该如何自处，然后接受命运的指示。"①《易经》中的道德指引常常似以利己主义的精神来构成假言令式（hypothetical imperatives）。欲得的结果似是"吉""福"，或至少是"无咎"；而不欲得的结果似乎是"咎""凶""危""辱"，等等。卦辞的忠告似乎是："欲吉求福，则应如此作为。"然而若以此种自利观点来诠释《易经》的文义绝对是误解。根据《系辞传》，对《易经》更深入的理解可以揭示卜筮绝不单是为了个人的趋吉避凶。《系辞传》云："能说诸心，能研诸侯之虑，定天下之吉凶，成天下之亹亹者。"②《易经》所预设的立场是所有前来卜卦的人都是道德主体（君子），都立意行正道而且心怀社会福祉。例如《小过》卦的《象传》云："君子以行过乎恭，丧过乎哀，用过乎俭。"③《易经》里每一个卦都赋予"君子"某种道德命令。因此，《易经》作者们作卦辞的用意是"易为君子谋，不为小人谋"（张载语），是为了道德主体的行事规 42

① Wilhelm and Baynes 1977：12.

②《系辞下传》第十二章，英译本 Wilhelm and Baynes 1977：353。

③ 同上书，英译本页 241。

范，而不是为了关切个己小利来问卜的一般百姓。

《易经》的道德哲学应置于其宇宙论的背景中来理解——变易的哲学及其有德有序的宇宙观。在我们的道德情境中事态不断改变，但是其中也有统理万变之法则。个人的社会角色会改变，但是周遭的社会阶层不变；个人与他人的关系会改变，但是个人对应于各种人伦关系的道德义务不变。个人的外在行为可能会因为环境而改变，但其内在德行则不应改变。在所有情境中，有一项绝对的道德律令压过所有其他的情境性道德义务：固守于善。

《易经》的行动哲学：行动效能性还是宿命论?

在这个常变的世界中人如何自处？当个人发现自己的每个行为都似乎受到情境的规定，如何还能拥有行动的自主性？《易经》所教导我们的究竟是怎样的生命哲学？是一种乐观的或悲观的思想？是一种宿命论，还是能容许人类的行动效能以及人的自由？

在《易经》中，并非每件事都完全被决定，但亦非一切皆出于偶然。由于人事情境对应自然情境，我们可以从任何一个定点预测事态未来可能的进展。个人在现有情境里所作出的道

43 德抉择，会直接促成大环境中的阴阳交流。因此，个人的抉择是有可能导致事态的改变的。而由于阴阳的互动受到自然法则（道）所支配，我们对下一阶段的发展可以有些预测能力。“在这里显示出的是，成功之道在于理解并实现宇宙存在的方式，亦即‘道’。道，作为贯穿宇宙终始的自然法则，使所有现象

与时俱生。因此，每个已实现的事态是为下一个即将到来的事态作准备。时间不再是个障碍，而是一个将潜在性化为现实性的媒介。”①《易经》里的每一爻都象征性地代表某种人事处境，而个人在既有的处境中所采取的每个道德行动或是道德姿态，都可以成为后来事态发展的助因，这就是人的因果效能性之所在。

然而，有时即使我们铆足全力，也未必保证成功。有太多事情超出人力掌控。比如我们所身陷的“初几（原初几微状态）”就不是我们所能主控的。因此，我们只能尽量配合情境来找出最适当的自处之道。凡是超出自我掌控的就叫作“运”或是“命”，这可以看作是人在道德上所受到的局限。《论语》记载孔子经常感叹命运使他未能实现自己的政治理想。在《易经》里，这些道德局限界定我们所能做的抉择范围，但是在本质上这不具有决定性。《易经》并未预言每个道德行为者“会”如何作为；它只是预言不同的道德抉择会带来何种后果。即使在当下的情况下只能给予一种行为的建议，当事人接不接受这个建议仍然是个人的选择。违反卦象的建议而行事，会对自己和环境造成危险。但是人们可以自由选择。因此，即使我们不采取《易经》占卜所建议的行动会带来自伤伤人的后果，但这毕竟还是个人的自由抉择。因此，用《易经》占卜来预知自己的未来是错误的做法。我们的未来尚未确定，因为我们还没有决定要采取什么行动。

但是，有时候即使当事人已经选择卦象所建议的行动，事

① Wilhelm and Baynes 1977：5.

情结果仍无法全部被预测。在个人进行道德思虑或是采取行动的同时会有许多其他因素发生。例如，他人同时间所做的决定和行为就可能影响大环境的事态。个人只能对自己的作为有直接的了解与控制，因此，尽管整个宇宙是由“道”（阴阳之定律）所支配，这种本体论上的决定性也不能担保知识论上的可预测性。鉴于这种认知上的局限性，我们所能做的就是应该行己之所宜，以期事之至善。

不过，《易经》中也提供了乐观的人生哲学。变易的哲学可以向我们担保任何事态都不会永远不变。不管是顺境还是逆境都不会持久：否极泰来，乐极生悲。这个观点提醒我们，当处于顺境时仍需警惕周遭发生的事情，而当面对困境时，也能满怀扭转劣势的希望。在这样的哲学思想下，我们不仅应该要能敏于觉察当前的处境，也要关注可能到来的变化。如果一个人可以敏锐觉察到事情转坏之“初几”，就有可能及时中止这个趋向的发展。《文言传》说道：

> 积善之家，必有余庆；积不善之家，必有余殃。臣弑其君，子弑其父，非一朝一夕之故，其所由来者渐矣，由辩之不早辩也。①

此篇传是批注《坤》卦的初爻，所象征的是负面力量的最初形成。当负面趋向的征兆首次出现时，人们需要加以辨识，并且去找可以转变趋向的办法。当然，如果事态的趋向

① Wilhelm and Baynes 1977：393.

是可欲的，人会想采取行动以促进其发展。但是，个人行动的因果效力不是完全依靠个人的努力。有时候事态发展可能根深蒂固，任何人都无法阻止甚或推迟其进度。尽管后果是人难以接受的，但此刻无论个人如何抗拒改变，皆是徒劳无功。这时候去行动还是不去行动（To act or not to act）——这才是问题所在。

当代学者韩子奇（Tze-ki Hon）将《易经》描述的每种生命处境称为“行动的领域（a field of action）”：

> 我们没有人可以独自行动，而是作为团队的成员。作为一个行动领域的参与者，我们越能意识到自己之所在以及资源之何在，我们获得成功的机会就越大。就此而言，我们对行动领域的了解以及与之有效的互动，决定我们对自己的未来能够掌控的程度。①

换言之，即使每个人都完全根据《易经》的建议而行动，对所有人在其所处的一切情境中也不可能得到绝对的道德成功。《易经》所描绘的既是情境的限制，亦是情境的可能性。每个人既定的处境及其种种可能性即其生命的局限。我们可在生命既定的局限内努力找到自己抉择的空间。因此，尽管我们的抉择有限，而且我们抉择的自由是以预期的后果为前提，我们仍有选择的自由。不过，最后需要强调的是，我们的选择仅是在行动与不行动之间，而绝对不是在道德与不道德之

45

---

① Hon 1997：29.

间。《易经》绝对不会建议我们改变自己（我们的内在美德）来适应社会。

结语

本章介绍的是《易经》里最主要的一些议题，然而《易经》的哲学远比在此所讨论的要复杂得多。从每个卦辞以及每个爻辞都可以发展出有关价值和现实的哲学。例如初始的《乾》《坤》两卦分别隐含阳的哲学和阴的哲学。阳的哲学亦即龙的哲学，描述一种对生命采取进取、果断、冒险和积极的态度。阴的哲学亦即牝马的哲学，描述一种对生命接受、奉献、顺从以及不争的态度。在接下来的章节，我们将会看到儒家承续乾的哲学，而道家则承续坤的哲学。《易经》确实是中国哲学的原型，早在汉代（前 206—公元 220）开始，就有许多中国知识分子投注毕生精力去研究《易经》，在中国思想史上留下无数对周易的注释及哲学论述。因此《易经》对中国思想发展的巨大影响不能不一再强调。

延伸讨论问题

1. 我们可以定义任何宇宙的模式吗？在宇宙的模式与人事的模式之间是否有任何相似之处？

2. 为什么必定最多只有六十四卦而且每个卦必须有六爻？它们真的穷尽宇宙或人类世界中所有的可能情况吗？

3. 在“气”支配的宇宙中，人类可以拥有意志自由吗？人在多大程度上受到外在环境的制约？人在多大程度上能对外在环境加以改变?

4. 人类行为如何能影响大环境? 在阴阳的互动交流中蕴含着什么样的因果关系?

第二章

《论语》中的孔子

概论

47　在西方世界一般人都以为孔子（英译 Confucius，前 551—前 479）是结合政治理论与伦理学之儒家（Confucianism，直译为“孔学”）的创始者，其中意味着儒家学说就是孔子个人的哲学思想。事实上，在中国比较少用“孔学”一词。在中国人的传统观念里，孔子是“儒家（Ruist）”学派的至圣先师，而儒学是孔、孟、荀以及《中庸》与《大学》这两部经典的作者共同努力的思想结晶。除此之外，传统也认为《易经》是儒学的基本经典。孔子本人并不曾写过任何系统性的哲学著作，他的思想大都被学生记录下来编纂成《论语》一书。虽然有一些哲学文献在历史上被认定是出自孔子（例如：《易经·系辞传》）。不过那些文献并不能确定是出自何人之手，所以，本章只会探讨《论语》中的孔子思想。

孔子生在一个礼乐崩坏的时代中，他长年周游列国，然而并无法如愿改变那些君王的德行和修养。他有情感深厚的弟子陪伴身旁，并且随身侍教。在中国传统的社会里，学而优则仕，因为知识分子的终极目标都是以天下为己任。孔子有一些弟子的确得到官职而且设法实践孔子的政治理念。然而，当时的统治者都只想富国强兵和扩张版图，因此儒家的道德政治理想自然就不会受到重视。孔子的同代人曾经描述他的作为是“知其不可而为之”[①]，而这份“择善固执”的精神日后就成为儒家最重要的道德特质。 48

在分析孔子的哲学概念时，我们首先需要明白他的思想不是采取定义的方式。诚如柯雄文（Antonio Cua）所言：“研读儒家的伦理学之最大的困难是儒家对基本概念，比如：‘仁’‘礼’或‘义’，并无系统化的解释。”[②]孔子不认为任何道德概念可以有普遍化的定义，可以适用于所有人的所有情境。当有弟子向孔子请教有关任何伦常原则时，孔子的回答都会针对弟子本身的优劣点及其不同背景而有所调整。因此，在《论语》中我们常常看到相同的问题若由不同的弟子提出，孔子的回答就会因人而异。以“孝”的概念为例，如果我们试图在孔子对孝的见解中找寻普遍的定义，就会发现其中并无一致的概念。所以我们如果想要了解孔子的道德哲学，就不能只是分析其基本的哲学概念，而是要了解其整体的思想脉络。

孔子曾说“吾道一以贯之”[③]，而他的大弟子曾子解释“夫子之道，忠恕而已矣”，“忠”即忠诚，“恕”即同情共

---

①《论语·宪问第十四》，英译本 Chan 1963：43。

② Cua 1995：209.

③《论语·里仁第四》（以下没有注明英译本都是英文版原作者自己的英译）。

感。[1]为何忠和恕可以成为孔子“一以贯之”的道德哲学呢？这两个观念有何关联性呢？在本章我们会看到孔子道德哲学的基础在于其建立道德社会的阶级结构，而“忠”与“恕”必须扣着这个结构才能理解。

道德的阶级与忠的观念

孔子的道德哲学是为了建立一个道德的社会结构，其中每一个体并非完全平等。这个社会结构相应于政治的阶级结构，其中君王居上，臣子居中，而人民居下。这个结构也相应于家庭的结构。父子、夫妻、手足在家庭结构中的关系列表如下：

49

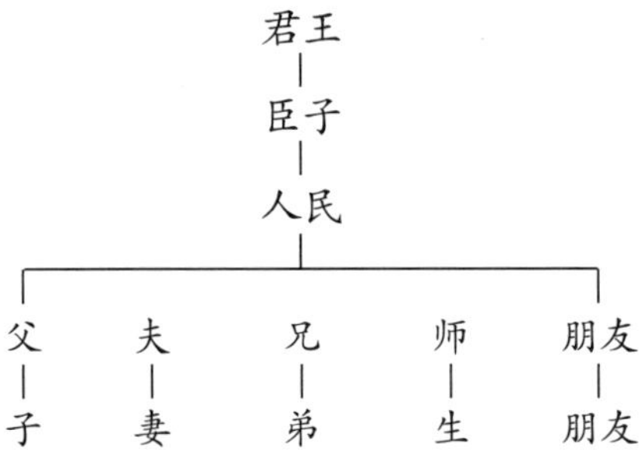

君王
|
臣子
|
人民
|

父	夫	兄	师	朋友
|	|	|	|	|
子	妻	弟	生	朋友

---

① 这两个概念有许多不同的英译，关于“忠”的概念，艾文贺和万百安的著作（2003）译为“loyalty（忠诚）”，Dawson（2000）也如此翻译，刘殿爵（D. C. Lau 1979）译成“doing one's best（尽己）”，而陈荣捷（1963）译为“conscientiousness（自觉性）”。至于“恕”的概念，艾文贺和万百安译为“sympathetic understanding（同情的了解）”，刘殿爵译为“using oneself as a measure to gauge others（以己度人）”，Dawson 译为“reciprocity（互惠）”，而陈荣捷译为“altruism（利他主义）”。

在以上的道德阶层中，每个人的道德角色都是建立在与他人的相对关系上，而每个人的道德责任则是界定于其在道德或政治结构中的角色。比如说，君王的责任就是要在行为举止都能端正如君王而且能以君王之身照顾百姓的基本需求。臣子的责任就是辅佐君王管理人民，而百姓的责任就是服从官长。在家庭里，父母的责任是爱护子女，而子女的责任是孝顺父母。丈夫的责任是养家糊口，而妻子的责任是打理家庭并整理家务。至于手足之间的责任是长幼有序，并且相亲相爱。这样的伦理关系也可以延伸至没有血缘关系的陌生人，比如，人人都应当敬老尊贤，疼惜幼小。每个人的道德角色会因其在生活中的多元角色而定，而每个角色必然随着其与他人的关系而变得具有多重性。不过，儒家认为有一个可以适用在每一个人所扮演的角色之道德义务："忠"。

"忠"一般被视为是一种出自对上位者的情感或态度，在政治环境的背景下，就特别是指对执政者效忠。但是"忠"字在《论语》里有更广的意涵。譬如，曾子说："吾日三省吾身，为人谋而不忠乎？与朋友交而不信乎？传不习乎？"[①]显然其中的"忠"与"信"是相关联的德行，在孔子的教学中，它们占有很重要的地位。孔子毕生的学问包括了四大元素：文、行、忠、信。[②]孔子曾说："主忠信，无友不如己者，过，则勿惮改。"[③]在这些引文中，"忠"的概念都没有任何政治色彩，即　50

---

①《论语·学而第一》，英译本 Chan 1963：20。

②《论语·述而第七》。

③《论语·学而第一》。

使是谈论政治时提及“忠”字，也是指对事情的态度，而不是指对人的态度。子张问政于孔子，孔子说：“居之无倦，行之以忠。”[①]其中的忠不是仅指对上位者的忠诚，而是指任何事都要做到最好，换句话说，“忠”可谓“尽己之所能”或“尽己之本分”。也就是说，社会的角色不只是一份社会职责，还是一种道德的职责。忠于自己的角色，意味着忠于自己所扮演之社会角色所带来的道德义务。因此，“忠”是忠于自己的道德义务而完成属于自己角色的责任。当齐景公问政于孔子，子曰：“君君，臣臣，父父，子子。”[②]这不是同义的叠字而已，孔子是将实际的自我角色与理想的角色作一对照，进而希望每一个人都能做到理想的角色。所以，“忠”的意义就是忠于自己在人际关系上的角色。

倪德卫（David Nivison）分析“忠”的概念是一种“对上位者，或至少是对平等地位者”[③]所建立的关系。葛瑞汉对于“忠”也有类似的解释，认为“忠主要是指对执政者效忠，但也泛指属下全心全意的态度”[④]。以上对“忠”的解释都只掌握到“忠”这个德行的部分意涵而已。人民本来就应该对上位者尽忠，因为这是人民应尽的本分；但是居上位者也应该尽其所能来管理百姓才能受到人民的尊敬。双方都尽到本分是包含

---

①《论语·颜渊第十二》，英译采取刘殿爵（Lau 1979）的翻译而稍作改动。刘殿爵将“忠”译为“give of your best（尽己所能）”，显然他对此概念也持相同的理解。

②《论语·颜渊第十二》，英译本 Lau 1979：114。

③ Nivison 1996：65.

④ Graham 1989：21.

于“忠”的概念里的真实意义。子张曾请教孔子问曰：“令尹子文三仕为令尹，无喜色；三已之，无愠色。旧令尹之政，必以告新令尹。何如？”孔子回答：“忠矣。”既然令尹子文曾被停职三次，孔子不认为这个人是明智的，但是他离职时会让后任的人很顺利地接替他的工作，所以孔子认为他具备“忠”的美德。[①]可见“忠”不是针对聘任或解雇他的上级，而是针对他自己的工作职责。与此同时，我们不该随意介入他人的工作范围以及他人所担任的社会角色。子曰：“不在其位，不谋其政。”[②]柏拉图的《理想国》（*The Republic*）也陈述了苏格拉底类似的观点，书中说“一个城市的正义就在于其市民都各尽本分”。当市民都介入他人的事务，就会产生混乱和不义；反之，如果每个人都在本分的工作上尽其所能，那么社会结构就会是和谐又有秩序的。正如陈汉生（Chad Hansen）所言，如此之社会才能有一个“正当的”结构。[③]

51

社会结构的“正当性”得自于每一个社会角色都可以名副其实地尽其本分，这也就是孔子所谓之“正名”。当孔子被问及他从政的首要任务时，他回答“必也正名乎”。孔子并且进一步解释说：“名不正，则言不顺；言不顺，则事不成；事不成，则礼乐不兴；礼乐不兴，则刑罚不中；刑罚不中，则民无所措手足。故君子名之必可言也，言之必可行也。”[④]由此可知，孔子认为“正名”是重整社会秩序的首要任务。为什么名副其

---

① 《论语 · 公冶长第五》。

② 《论语 · 泰伯第八》，英译本 Lau 1979：94。

③ Hansen 1992：62.

④ 《论语 · 子路第十三》，英译本 Ivanhoe and Van Norden 2003：34。

实会如此重要呢？史华慈如此解释社会角色与名称的关系：

> 家庭和社会角色之称谓，例如：父亲、君王、儿子或臣子，等等，不只是指血缘或政治关系的事实，而是指不同称谓中的每一个角色都应该作为这个角色典范的例子。“父”字所隐含的意义即是如同父亲的行为举止，并且也默认了语言可以提供我们如何做人处世的信息。[①]

换句话说，儒家认为“名称”的功用不只是描述性的，而且是规范性的，它们建立起适宜各个角色的行为准则。在这样一种把语言看作是具有道德含义的观点下，社会角色的名称不只用以指涉各种不同的名分，最重要的是它还指涉理想的角色类型，如“父”“子”“君”“臣”等。一旦称谓运用于人类社会中，它就会去规范社会中的人际关系以及人与人之间的行为。因此，“正名”不只是关于语言本身，它更是关于行为准则与伦理关系。

借着正名为建立社会秩序的一种方法，孔子为每一个社会角色定下普遍性的要求。也就是说，在每个名称背后有一些普遍性的规范指导人如何为人父，为人母，为人夫，为人妻，为人兄弟，为人姊妹，等等。若是每一个人都可以遵从规范并忠于其所属的君臣、父母、子女或夫妻中的任何角色，那么，因逾越分际而造成的社会乱象就会消失。“忠”的概念在孔子的道德阶级架构下更着重在个人的道德义务和责任的意涵上，而

52

① Schwartz 1985：92.

非个人的权利或是应得的待遇。儒家便是从中建立起严于律己，宽以待人的伦理学之基本教义。相较于讲求权利的理论系统，儒家的学说更是一种义务论（deontology）。

在儒家所提倡的种种道德责任和义务中，孝顺之美德在中国文化中最是根深蒂固。“孝”字很难英译，目前最常用的是“filial piety”，即是代表对父母的尊敬和忠诚，以它来说明“孝”字的含义是再适当不过了。对父母的忠诚不是只限于在父母的有生之年，孔子曾说：“父在观其志，父殁观其行，三年无改于父之道，可谓孝矣。”[①]在此，孔子特别强调守丧期的三年中也不违“父之道”才算是尽孝道。要是一个人一旦父亲过世便立刻改变言行举止，那表示其在父亲生前只是虚伪应付而已。由于孔子认为小孩出生后，会在父母的怀抱中生养三年才能着地行走，在这之前小孩完全要依赖父母的照养。因此，在父母离世后守丧三年是天经地义的回报。孟懿子问孝，子曰：“无违。”并且进一步解释曰：“生，事之以礼；死，葬之以礼，祭之以礼。”[②]“无违”一直被认为是父母可以要求子女绝对地顺从，而在中国的传统社会中，一般的父母也普遍如此要求子女。但是，从孔子对“无违”的解释，我们可以看到他所说的并不是盲目地不违背父母之命，而是无违“礼”，也就是说孝道应当纳入礼的规范以审视其是否合宜中度。既然孝道是子女的角色应尽的道德责任，那么无论是父母还是子女都应该受到礼的规范。如果父母的行为违反礼的规范，那么子女就可以解除其

---

①《论语·学而第一》，英译本 Chan 1963：21。

②《论语·为政第二》，英译本 Chan 1963：23。

尽孝的义务。关于孝顺，孔子更进一步强调内心的态度才是关键，子曰："今之孝者，是谓能养。至于犬马，皆能有养；不敬，何以别乎？"①从这里可得知早在孔子的时代就有奉养父母并使之安享晚年的观念。②在现今的社会中，"敬养"父母之道可能意味着做子女的不应该只是给父母金钱，或是把父母送进养老院让他人代劳孝敬的责任。只要父母在世，子女就应该尽到以恭敬之心奉养父母的责任。孔子的教诲促成了中国的传统社会经常可以看到的几代同堂家庭结构的形成。

53

"恕"：儒家的金科玉律

孔子"一以贯之"的另一个道德概念便是"恕"（同情共感）。关于这个德行在孔子道德哲学中的重要性，可以从孔子另一段话中见到。当子贡问孔子是否有一言以蔽之而可终身奉行的准则，子曰："其恕乎！"并加以阐释："己所不欲，勿施于人。"③这个道德原则常常被人比照基督教之金律"己之所欲，必施于人"，而被称为是儒家的金律（the Confucian Golden Rule）。

基督教的金律是教诲人应当做什么，而儒家的金律却是教诲人不应当做什么。前者以积极形式陈述，而后者以消极形式陈述。这种差别是否具有道德含义呢？如果两者比较，哪一种是比较好的道德律呢？爱莲心（Robert E. Allinson）认为积极

---

①《论语·为政第二》，英译本 Chan 1963：23，稍作更改。

② 在中国的古代社会里，女儿一旦结婚就属于夫家的一分子。在古时候，照顾父母的责任基本上不是由女儿负责。

③《论语·卫灵公第十五》，英译本 Ivanhoe and Van Norden 2003：42。

和消极形式的金律完全不同，而消极的金律是更胜一筹的，因为：（1）它蕴涵了谦虚和谦卑；（2）它不会预设对自己好的也一定对别人好；而且（3）它不太会导致对他人强迫或有道德伤害的后果。[1]艾文贺认为基督教的金律是“可逆性原则”，他的解释如下：

> 可逆性原则可以看作是一种形式性的原则，指引我在做任何事都会选择正确的行为。也就是说，当我要采取某种行动之前，会先在脑中演练一次，想象如果我自己处于跟对方同样的处境，而某人做了和我打算采取之行动相同的事。假设我愿意得到在我脑里所想象的结果，那么，我就可以照我所预设的方式对他人如此行动。[2]

然而，艾文贺指出这个形式性原则会出现一个问题，就是“它可能是掩饰了另一种以个人喜好强加于人的表现。譬如说， 有一个人是被虐待狂，而根据可逆性原则，他势必会变成一个虐待狂，因为他遵守‘己喜被虐，所以虐人’的格言”[3]。相比之下，儒家的金律似乎就不会陷入这样的难题，所以至少从表面的形式看来，儒家这个消极陈述的律则是比较优越的，不过，要对这两个金律作更深入的比较，我们需要考虑它们的运用。 54

无论是基督教还是儒家的金律在与人的互动中都是关乎实

① Allinson 1985：306—312.

② Ivanhoe 1990：23.

③ 同上。

际的行动，而不只是个人的好恶选择而已。所以，它们所要求的不是让他人都接受个人所信奉的座右铭或是道德的抉择；它们只是要求个人对自己的行为做出检讨。两个律则的语句形式都是如康德所言的“断言律令（categorical imperative）”，也就是说，两个律则都不是为了个人所要达成之目的或结果为考虑基准。这两个律则都预设个人不是为了期待对方的回报而采取行动。二者都同样预设人之所欲大致相同，因此我们可以依据心同理同的立场去衡量他人心中的好恶。再者，任何基督教的金律所形成之道德考虑可以很容易地就转换成儒家的金律，反之亦然。例如：“己欲受到尊敬”可以转换成“己不欲受到不敬”；“己不欲遭窃劫”可以转换成“己欲财产权受到尊重”。因此，我们可以论证以上两种律则几乎可以互换成是同一个律则，二者差异其实微乎其微。

假如金律是用来作为指引我们如何对待他人唯一的道德法则，那么我们得到的准则只有依赖于我们自己的意愿，而没有普遍性的规范。至于我们的道德判断是否合宜，则有赖于我们自己是什么样的人。基督教的积极形式律则要求我们“己之所欲，必施于人”，而我们自己之所欲为何？在基本程度上，我们希望受到他人的尊敬，或是在我们有需要时能得到他人的帮助、关怀、爱护，等等，因此，我们以同理心看待他人是很正常的要求。然而，对于一个贪婪的人而言，他想要从他人得到的就会多很多，包括像金钱、宽容，或是单方面的施惠。在此情况下，此人就很难对他人做同样的付出，这时基督教的律则就显得无用武之地了。再者，一个隐士会只想遗世独立，如此一来，若依照基督教的律则，他也绝不可能对他人有任何付出。

还有如前面已讨论过的，遵从此律则会把被虐待狂合理化成虐待狂，而患有单恋的人也会合理化成一个苦恋者，等等。基本上，每个人的愿望和欲求都不尽相同，实在不能强行“己之所欲，必施于人”。

至于孔子的“恕”概念，或是所谓的儒家消极性金律，是否比较高明呢？孔子要求我们“己所不欲，勿施于人”，而吾人之所不欲者为何呢？一般而言，我们不希望别人对我们羞辱、嘲笑、行窃、伤害或虐待，因此，我们以同理心不如此待人是很合理的自我要求。即使我们期望他人能对我们有某种对待，儒家的律令也不鼓励我们如此待人。这样可以避免积极律令中有主观好恶强加于人的问题。即使说界定己所不欲者比界定己所欲者更清楚明了是有争议性的，因为人所不欲者和所欲者都是某种个人偏好和执着，然而己所不欲者还是较诸己所欲者更具有共通性。所以如果我们先审视己所不欲者而以此揣度他人的意愿，我们自然会尽量合理地约束自己的行为而不去干扰到他人。因此，即使在道德上我们不能判定儒家的律令是否比基督教的金律更胜一筹，但至少它在实践上是更合宜并且更适用的。

“恕”的观念如何运用于儒家的道德阶级，而且“忠”与“恕”的观念如何贯穿孔子所有的哲学理念呢？前面已经讨论过，在儒家的道德阶级中，每一个人都在多层阶级的社会脉络中相互联结，而每一个人都应该忠于自己与他人所建立的关系中担任的角色。“恕”的观念可以使我们推己及人，以同理心去了解或感受相应对方之所欲者为何。举例来说，父亲会尽力教养孩子，但是若父亲记得他自己曾反抗权威式的教育方式，那么他就会去修正自己的教养方式而不会过分给孩子太多的拘束和压力。又比如一个学生可能会希望在学习时期作弊，可是假如学生能理解自己若身为老师，对于学生作弊的行为会是何等失望，那么，学生就会明白自己的责任就是应该诚实面对读书及考试。推己及人的心态可以超越对角色互应之对方的同情共感，进而延伸至其他跟自己有类似角色的陌生人。例如，如果我们不希望自己的家庭成员受到伤害，那么，我们就不应当去伤害其他陌生人的家庭成员；如果我们不愿自己的孩子挨饿受冻，那么，我们就应当去帮助其他无能力供应孩子衣食的父母。如果每一个人都可以有推己及人的想法和作为，那么社会就不会有偷盗奸杀之事了。除非伴随着推己及人的“恕”去了解他人的期盼，只是每个人尽其角色之“忠”德还不足以确保社会的和谐。如此一来，“忠”与“恕”二者就构成建立孔子理想社会彼此不可或缺的重要概念。

56

修身养性和道德理想：从君子、仁者到圣人

在儒家的道德社会中，人民根据其德行修养的层次区分成不同的层级。在德行上成为表率的人称为“君子”；而不只德行成为表率，并且愿意帮助他人修身养性者称为“仁者”；最后，不仅能以仁济世，而且还能赈恤黎民百姓之苦者，则称为“圣人”。[①]完整的修身养性之历程需要个人投入毕生的努力，而

---

① 子贡曰：“如有博施于民而能济众，何如？可谓仁乎？”子曰：“何事于仁，必也圣乎！尧舜其犹病诸！夫仁者，己欲立而立人，己欲达而达人。能近取譬，可谓仁之方也已。”《论语·雍也第六》，英译本Ivanhoe and Van Norden 2003：19。

能最终达到圣人之最高境界者如凤毛麟角。如果完备的德行需要毕生的努力，那么我们显然不是一出生就完美无缺的。以儒家的观点来看，我们每人都具有臻致完美的可能性。

关于人性的定义是儒家学说重要的课题之一，但是孔子本人很少讨论人性，[①]他所强调的是追求德行的修养。换言之，孔子更关心的是“我们所能成为的”模式，而不是“我们所与生俱来的”本样。不过，在我们理解我们的德行目标之前，我们还是要先了解什么是我们与生俱来的本性。孔子对人性的一个主张是认为我们与生俱来的本性大致相同，但是后天的习性造成人与人之间的差别：“性相近也，习相远也。”[②]如果我们与生俱来的本性相近，那么什么是人的本性呢？孔子认为人性本善，只是被欲望蒙蔽后才会偏离本性，他甚至承认自己的人生历练要到七十岁才能随心所欲不逾矩。[③]在孔子的观念里，我们虽然不能生而完美无缺，但是，我们的确可以变得完美。

孔子用“习性”来解释人与人之间的善恶等级区别，而习性的养成是经由重复的实践才造成的。什么样的实践内容导致善？而什么样的实践内容会导致恶呢？在孔子对君子与小人的区别中我们可以得知：志于义或德，是往习得君子性格之途，而志于利与小惠，则是导引至小人性格之路。子曰：“君子怀

57

---

① 子贡曰：“夫子之言性与天道，不可得而闻也。”《论语 · 公冶长第五》。

②《论语 · 阳货第十七》。

③《论语 · 为政第二》，子曰：“七十而从心所欲，不逾矩。”英译本 Chan 1963：22。

德，小人怀土；君子怀刑，小人怀惠。”[①]孔子其实未必是反对财富和利益，只是他反对以不正当的手段去累积财富及营造利益。如果一个人想要在德行上自我修养，首要任务就是集中心力去做对的事，而不是去累积财富。当一个人把累积财富当作生命的第一顺位，那么就会忘记初衷而为五斗米折腰。如果一个人汲汲营营于富贵，那么即使他初次贪污公帑时会觉得羞耻，但是若经常营私舞弊，他对于以不正当的手段获取财物就会习以为常。因此，如果一个人没有一个稳固的道德原则，就很容易沉沦至小人的圈子里。

孔子也说：“君子谋道不谋食……君子忧道不忧贫。”[②]志于道的学习是终身的目标，而且道的追求是永无止境的历程。如果我们渴望物质生活的满足和舒适，就无法专心修身养性，子曰：“士志于道，而耻恶衣恶食者，未足与议也。”[③]专心立志于个人德行的成熟，就需要不断地检视自己：我是否怠乎修养德行？我是否怠乎课业的学习？我是否能朝所学到的正确方向精进？我是否可以纠正自己的错误行为？人若能热衷于道的追求，就会保持勤奋精进，而且绝不会替自己找借口。如同史华慈所说：“德行的修养是一个长远又艰难的历程，不是每一个人都能完成最终的目标。”[④]能为这样的长远目标而努力的人称为君子，他们不是天生就是君子，而是通过不断地自我检视和自我改进而成为君子。

---

① 《论语·里仁第四》，以及《述而第七》，英译本 Chan 1963：27。

② 《论语·卫灵公第十五》，英译本 Chan 1963：44。

③ 《论语·里仁第四》，英译本 Ivanhoe and Van Norden 2003：10。

④ Schwartz 1985：96.

但是为什么我们必须要寻求学习“道”并且修身养性呢？为什么我们人不能只满足于物质上的舒适呢？对于孔子而言，人生的最终目的与身而为人的意义有关。孔子有一个全方位的道德概念来描述何以为人：即“仁”。我们很难在西方的伦理学中找到一个可以等同于“仁”的道德概念。“仁”不是提供我们有关生命的一个指导原则，它也不是借由某一单项行为就可以完成的。“仁”无关于行为，其实，它更是一种存有的状态。更确切地说：“仁”所代表的是人存在之完美状态。在理想上，人处于“天”与“地”之间，扮演着“天”与“地”等同的角色。在儒家的宇宙论（《易经》所讨论的部分）中，“天”与“地”被赋予许多道德的特质，而其中最重要的特质就是“仁”。[①]“天”生养万物，“地”厚德载物，天地对待万物都是一视同仁，而我们也应当具有“民吾同胞，物吾与也”的博大胸襟，并且帮助万物寻求自我的完成。借此，我们可以了解为何孔子说：“苟志于仁矣，无恶也。”[②]

一旦我们了解了“仁”的意义，就会明白仅仅是修养自身的德行并不足以成为生命中完整的目标，因为我们还需要去帮助别人实现其道德人格，这就是孔子为仁者所下的定义：“己欲立而立人，己欲达而达人。”[③]成为仁者是君子的共同目标，诚如孔子所言：“君子成人之美，不成人之恶。”[④]孔子曾以“爱”

① 在后面的篇章里，将会讨论道家（尤其是老子）如何反对此观点。

②《论语·里仁第四》，英译本 Dawson 2000：13。

③《论语·雍也第六》。

④《论语·颜渊第十二》。

来诠释仁者。[1]爱人不是只对他人仁慈或表示同情，因为对他人仁慈或同情可以用很实际的方式表现：例如，施予金钱，给予安慰，说亲切好听的话语，等等。然而，儒家“仁”的理念是帮助他人成为更好的人，或者说是帮助他人得到“仁”的素养。一个人是不可能成就“仁”的德行的，除非他能同时设法去帮助别人完成相同的目标。

若是有人不只帮助周遭那些修身养性的人，并且也能惠泽广及黎民百姓，那么这样的人就不只是仁者而已，而应当尊称为圣人。仁者与圣人不同之处也许仅仅在于两者能造福他人的范围程度。孔子似乎认为当仁者成为君王，即是圣人，他心目中的圣人包括尧与舜。孔子的学生颜回虽然德行近乎完美，但是，他仍然不能被尊称为圣人。如今，中国人尊称孔子是至圣先师，很显然地，这显示了孔子虽然不是君王，但是他借由哲学和教育以帮助他人修养心性，同样也可以绵延不尽地造福人群。

到目前我们所讨论的道德原则（忠于社会的角色，己所不欲勿施于人，己欲立而立人，己欲达而达人，等等）实有赖于个人的主观判断，显然其中有一个难题：如果我们不是生来就明了“道”之完整的知识内容；如果对“道”的追求是无穷无尽的历程，那么，在人生的中途我们就不可能知道我们应该怎么做。似乎我们还是需要一些外来的指导，这就是儒家另一个重要的观念“礼”（双重含义：合宜中度，礼仪）的引入。“礼”关乎礼节，意指在任何情境中都能行为合宜中度，礼的形式化

59

---

①《论语·颜渊第十二》。

层面即是仪式和礼仪，但是仍有其更深一层的意义。仪式和礼仪是一种社会习俗，有时候会显得刻板而且繁琐。赫伯特·芬格莱特（Herbert Fingarette）误解孔子“礼”的观念，以为“礼”是某种“神圣的仪式”或“圣洁的礼仪”，具备神秘的力量而可以塑造人们日常生活行为之习惯。[①]但是，孔子不可能要求我们不经任何道德判断就依照社会习俗的常规行事。如同柯雄文所指出的：“礼仪包含了习俗，社会成规或是行为合宜中度的外在规范，但也提供个人品德的起源。”[②]事实上，从文献的记载来看，孔子不认为礼只是由外在的礼仪形式所构成，而且也不认为道德就只是遵守礼仪即可。子曰：“君子义以为质，礼以行之。”[③]换而言之，个人对礼仪的遵从必须来自其内在的道德意识——“义”。孔子只是将礼仪视为是可以从外在修正个人的主观思维，而唯有内在的心性，“仁”，可以赋予礼仪形式以任何的价值。子曰：“人而不仁，如礼何？”[④]因为，如果人以“仁”为目标，那么她在任何状况下都会期待自己行为合宜中度，而会“非礼勿视，非礼勿听，非礼勿言，非礼勿动”[⑤]。例如，偷窥或窃听别人在私人空间内的所言所行是很不适当的举止，这不是因为我们无从窥视别人的私领域，而是因为我们选择不如此做而已。也许我们会有强烈的好奇心想探人隐私，但我们若能自我约束就可以行事合礼。礼的本质就来自个人的

---

① Fingarette 1972：7.

② Cua 1995：226.

③《论语·卫灵公第十五》。

④《论语·八佾第三》，英译本 Ivanhoe and Van Norden 2003：7。

⑤《论语·颜渊第十二》，英译本 Ivanhoe and Van Norden 2003：7。

自我约束。既然重要的是能自我约束，那么礼的意识应该是出自个人内心，而不是来自公众的规则和社会的习俗。

在现今的社会，许多人都不再认为礼是他们行为的准则，他们或许只因一时兴起就出言低俗，也有人毫无原因只是自己心情不好就去侮辱别人，有的人也可能只因认为自己有权利做任何自己想做的事就举止粗俗，为所欲为。他们对身处的社会情境没有敏感度，也不去评估自己的行为是否适宜。他们以为自我约束会限制个人的自由，而且他们认定自我表达远比社会的礼仪更重要。然而，孔子教导我们约束自己就是回归礼，也就是“仁”德的表现。子曰：“克己复礼为仁。一日克己复礼，天下归仁焉。为仁由己，而由人乎哉？”[①] “礼”的社会准则以及有关礼仪的社会习俗与“法”的功能不同，虽然违背礼的行为不胜枚举，然而，我们宁愿不借助立法来制裁这些失礼的行为。如果社会中每个人都在乎自己的行为是否合乎礼节，我们周遭的失礼行为就会少了很多。礼的形式化层面——礼仪和仪式——应当视为只是在提醒我们礼的重要性。经由礼，我们得以保持了人类的端庄体面，而这使我们能够维持人之为人(仁)。基于此，孔子认为要想建立一个所有成员都能实现其道德理想的社会，我们推动礼会比推行法律和刑罚更为有效。在此我们转入讨论此章的最后一个主题，即孔子的政治理念。

60

① 《论语·颜渊第十二》。

从自我到国家：儒家的政治理念

一个理想的政体是指执政者具备了德行修养的最高境界，这个理想的执政者就是圣王。孔子认为执政者的职责不是只在于让老百姓在物质上得到满足和在其身家上得到安全保障，而且应该还要在德行上教育他们。子曰："政者，正也。"[①]也就是说，执政者的首要任务是导正人民的品行，为此，执政者本身必须要先导正自己的行为作为表率。品德和统治在孔子的政治哲学中是无法区分的。雷蒙·道森（Raymond Dawson）如此陈述儒家的政体理念："政府是一个确保具有高超品格的人能够在其位而影响人民，并且作其表率的机构。"[②]孔子认为圣王的理想不是永远都不能实现的乌托邦（不同于柏拉图的哲学王理念），早在孔子之前的古代就有圣王（尧与舜）治理并维持着道德和谐的国家。

61

从当代的观点来看，我们或许会问：美德如何能保证政治的功绩？在解答这个问题之前，我们必须先了解孔子的政治理想是为小国寡民的专制君主制度设计的。在孔子时代的诸侯小国中，执政者的美德很容易被人民所察觉，孔子认为如果人民尊敬执政者，那么，他们就会比较愿意守法。子曰："其身正，不令而行；其身不正，虽令不从。"[③]当政权不是为"君权神授

① 《论语·颜渊第十二》，英译本 Chan 1963：40。

② Dawson 1982：53.

③ 《论语·子路第十三》，陈荣捷的英译，译文稍有改动（Chan 1963：41）。

（天之所命）”说所支持时，执政者必须设法赢得人民对他的尊敬。孔子所谓“其身正”指的不只是执政者本身必须言行端正，还包括他所作的行政判断也必须是正确的。子曰：“举直错诸枉，则民服；举枉错诸直，则民不服。”①如果执政者作出好的判断来任用掌管国事的官员，那么，人民就不会抗争示威。如果人民见到管理他们的官员都有德正直，那么他们也会被启发而自我要求做正直的人。这种受到启发而带来的道德转变并非出自他们的算计心，以为自己要是行为正直就可谋取高位。孔子相信人民本来就会向作为道德表率的人看齐，因为美德具有激励和感化百姓的力量。子曰：“德不孤，必有邻。”②此言生动地描述了美德的力量。如果有一个人德行完美，那么，他四周的人也会受到启发而采取有德的行为，最后，整个邻里小区的人都会住满具有美德之人。假使一位有德的平民百姓就有如此的影响力，那么具有美德的上位者对百姓的影响力就更大了。孔子曾用两种比喻来形容以德为政会有多么轻松容易，他曾将有美德的执政者譬喻为北辰，其乃“居其所而众星共之”③。他也说如果执政者愿意为善，他的人民也自会为善，因为“君子之德，风；小人之德，草。草上之风，必偃”④。

最后，从孔子的观点来看，律法和刑罚只能约束人民的行为，但无法改变他们的心志。在严刑峻法下，人民只想钻法律漏洞而避免被罚。但是，如果他们被教导能守礼，那么，他们

---

①《论语·为政第二》，英译本 Dawson 2000：8。

②《论语·里仁第四》，英译本 Lau 1979：75。

③《论语·为政第二》，英译本 Dawson 2000：6。

④《论语·颜渊第十二》，英译本 Chan 1963：40。

就会培养自己的道德感，而自己就想要做正确的事。子曰："导之以政，齐之以刑，民免而无耻；导之以德，齐之以礼，有耻且格。"[①]此言明确地表示孔子所主张的道德政治理想。 62

孔子的政治哲学和马基雅维利（Machiavelli）的政治哲学构成一个鲜明的对比，根据马基雅维利的理念，如果具有美德对执政者是有利的，那么他就应该具备美德，可是有些时候，执政者必须学习不要具有美德。马基雅维利说："如果君主不能同时兼具被百姓惧怕与被百姓爱戴，那么被惧怕比深受爱戴更好。"[②]对此他辩称执政者不能过于理想化，因为他必须应对现实世界的实际状况。一般而言，人民都是自私、易变、善忘而且贪婪的。当执政者的行事作风受德行约束时，他将无法用最有效的方法来管理人民。但是，若他能实施严刑峻法，那么，至少他能确保人民不敢违反他所立的律法。

孔子的政治哲学恰好与马基雅维利的政治学完全相反。孔子不认为理想和现实是两个相互区隔的领域，对他而言，不管是个人还是国家整体，都应该以努力趋向理想为目标。正如之前所讨论过的，我们与生俱来的天性就是倾向于善，只要受到良好的启发，每个人都想成为善人并且身行正道。只有当我们耽于现状并且自暴自弃，认定自己不可能日臻完善，才会无法顺"道"。如果在圣王的道德启发下，每个人都不断检证自我是否在职责上尽己之能（忠），是否在人际关系上能推己及人（恕），是否乐意立人达人（仁），是否在任何情况下都留意遵

---

①《论语·为政第二》，英译本 Ivanhoe and Van Norden 2003：5。

② Machiavelli，*The Prince*，ch. 17.

守礼度（礼），如此一来，“道”就可以普遍盛行，而理想的世界就可以实现了。

结语

孔子为个人和国家描述出一个崇高的理想境界，他认为理想的人格始终都要求自我改善，无终食之或缺。而我们的道德修养之途就像是在努力爬一个美德的阶梯，我们永远可以变得更好，因为永远有进步的空间。学习“道”并且生活合乎“道”，这才是生命最终的目标。知识的取得是为了让个己的德行能有所成长，而教育的目的是塑造道德的品格。同时，孔子也注重助人为善的道德义务，帮助别人有更好的人格。儒者总是经常想到以天下为己任，独善其身不如兼善天下：独乐乐，不如众乐乐。能达到这个最终目标的最有效方法就是改善国家的政治，因此，完美的儒者是能做到内圣外王之人。儒家将“圣王”视为典型的理想人格，在儒家的政治哲学中，美德和政治是密不可分的。

至于在个人的层面，孔子的教导是严守日常生活中做人的基本德行。有美德的人不会寻求别人的表彰，正如孔子所言：“不患人之不己知，患其不能也。”[①]因此，儒者必须时时检视自己。我们所应该关心的只是自己是否言行一致，或者是否名实相符。有些人只是表面上显现出具有美德的样子，想借此赢得同侪对他的尊敬，然而孔子称这种“乡愿”为“德

① 《论语·宪问第十四》，英译本 Ivanhoe and Van Norden 2003：39。

之贼也”，[1]后来孟子对此说法提出了解释：

> “非之无举也，刺之无刺也，同乎流俗，合乎污世，居之似忠信，行之似廉洁，众皆悦之，自以为是，而不可与入尧舜之道……子曰：‘恶似而非者’。”[2]

从这一点我们可以断言，所谓的儒者，即是忠于德行，忠于“道”，而且忠于自己。

延伸讨论问题

1. 什么是儒家的阶级体系之道德正当性呢？民主制度与这样的阶级体系是否可以兼容并蓄？

2. 基督教中的积极式金律和儒家伦理学中的消极式金律有何不同的含义？两种律则都是根据个己的好恶去衡量他人的好恶，二者均有别于康德的道德原则，要求我们应当视别人以及自己都为毫无利害考虑之纯粹的理性者。但是二者之中，哪一种律则的适用性较为普遍？ 64

3. 在孔子的德行教育中，哪些美德是他最为推崇的？这些美德与其他伦理学家所推举的美德有何不同？

4. 孔子如何定义“孝道”？这和西方对子女的期望有何差别？在你的家庭传统里对子女的期望是什么？

---

① 子曰：“乡原，德之贼也。”《论语·阳货第十七》，英译本 Ivanhoe and Van Norden 2003：45。

②《孟子·尽心下》，英译本 Ivanhoe and Van Norden 2003：152—153。

5. 乔尔·范伯格（Joel Feinberg 1980）曾讨论一个虚构的“乌何有之乡（Nowhereville）”，他描述那里的人们富有同情心，敦亲睦邻，值得尊敬，生而具备责任心却毫无权利概念。儒家的社会是否就像“乌何有之乡”？如果一个理想的社会中没有权利概念，会有什么缺憾吗？

第三章

孟子

概论

孟子（前 372—前 289）活跃于孔子之后的一百多年，他成为传统儒学中的亚圣。孟子不只护卫孔子的哲学以对抗当时其他的学派，他还将之发展成较为系统化的理论。孟子的主要思想体现在集结其言论而编纂成册的《孟子》。 65

在他的年代，孟子以其好辩而闻名遐迩，他曾说：

> 予岂好辩哉？予不得已也！……杨墨之道不息，孔子之道不著，是邪说诬民，充塞仁义也。仁义充塞，则率兽食人，人将相食。吾为此惧，闲先圣之道，距杨墨，放淫辞，邪说者不得作。[①]

孟子毕生的职志是向当时的执政者和知识分子宣扬孔子的

---

①《孟子·滕文公下》，英译采取刘殿爵的翻译而稍作更改（Lau 1970：130）。

理想，正如同孔子，他也着重于道德教育的两大层面：如何成为善良的君王和善良的人？而这两大层面的教导都是根据孔子的信念——人可以臻至完美。为了响应这个问题：为什么人可以臻至完美？孟子给出的答案是：基本上，人本性为善。因此，孟子的主要论证是要建立人性本善的主张，而此论证便成为孟子哲学的主要特点。

66 孟子经常在他的论辩和讲学中应用隐喻和模拟，黄百锐（David Wong）称此方法为“模拟式的推理”或是“以模拟方式进行推理”。[①]刘殿爵对孟子的思辨法解释道：

> 孟子的读者常常会发现孟子在和对手辩论时，他并不是一个很重视逻辑关系的辩士，之所以会有这样的印象，主要的原因是其论证大都采用模拟的形式呈现。然而，以孟子的辩才和名望，实在令人难以相信他会沉溺于如此钝拙的论证形式，也不懂为什么他的对手总是对这些不合逻辑的论证哑口无言。因此，这些疑问一定是出于我们对孟子的误解。[②]

换句话说，如果我们看不出孟子的论证之关键点，就必须先透彻理解其论证的“形式”。在本篇章里，我们将会仔细检视孟子的论证形式。在孟子的时代，模拟形式的论证似乎很普遍，因为其他人也是采用相同的论证方法来质疑他的论点。孟

---

① Wong 2002.

② Lau 1963：334.

子的确很善于构造一个有说服力的比喻，然而，在判断一个模拟形式的论证是否成功之前，我们一定要记得所谓模拟就只是一个比喻。在比喻里，在想要建构的事实和所列举的例子之间虽然具有相似处，但是二者并非完全相同。在两个被比较的事态中间一定会有歧义点。论者的技巧就在于如何让模拟事态的相似度自然可信，并且让其间相异之处显得无关紧要。不过我们提醒自己不要太去注意孟子所举的例子本身，而掌握不到他所要建立的主张。

在本章我们也会讨论有关孟子的政治哲学。孟子和孔子有着相同的政治使命:即劝说当时的执政者采纳他们的政治理念。孟子在世时并不很得志，虽然他在当时的确受到一些君王的尊敬和资助，然而，大部分的君王都只在口头上支持他的理念。孟子认为道德的阶层高于政治的阶级，而既然他身为君王在德行和政治上的导师，君王就应该前来向他请教，而不是反过来召见他去拜见君王。有一次，当他准备去晋见一位君王，而正好这个君王派了使者来传召他，此举让孟子感到备受冒犯，显然这位君王只把他当作一般平民百姓看待，所以他就推说生病而无法接受召见。次日他去参加一位朋友的丧礼，完全不理会弟子提醒他此举动可能会让君王发现孟子根本没生病。然而，当天君王派了御医来帮孟子检查身体的微恙，于是孟子的弟子差遣人通知孟子先不要返家，不如直接到朝廷去见君王。孟子没有照做，索性在朋友家过夜，如此傲慢的举动在当时的政治环境下是很鲁莽的行为，因为君王有可能因此赐他死罪。然而，孟子为了尊严和荣誉，完全置个人死生于度外。虽然孟子因君王的矫情而感到失望，但他仍然期望君王会改变心态。最后，

67

孟子对这个君王死了心，决定离开，但他还是花了三天的时间才启程离开该国，抱着空想期待君王会派遣使者来挽留他。孟子对执政者的殷盼以及他骄傲的态度可能很难让现代读者理解体会，然而，这显示出孟子的个性以及他衷心希望能实现他所秉持的政治理念。

本章的论述重点是孟子的人性观，他的道德哲学，以及他的政治哲学。

什么是人性？

对人类本性的探究是中西思想家的共同任务。[①]所谓“人的本性”，不能只是指人出生时所具有的特性。比如像婴儿并非天生就会推理，可是大部分的思想家都认为推理是人性的一部分。另外，婴儿并不会有发育完全的性欲，可是绝大多数的思想家也都认为性欲是人性中先天固有的。或许，我们应该说所谓的“性”是指潜能、倾向，或天赋能力。若是如此，那么我们的成熟状态就不仅仅是人性的展现，而是我们的潜能、倾

---

① 安乐哲（Roger Ames 1991）曾经发表过一个详尽的论证用以反对将孟子所用的中文词“人性”翻译成“human nature（人类的本性）”。我认为二者是相似的。关于二者详细的比较内容可以参阅葛瑞汉 1990：1—2。就算孟子对于人类的本性有别于其他人的看法，但是概念的差别应该是在哲学的论辩中反映出来，而不是只在翻译的语汇上作区别。因此，我在本书（英文版）是用“human nature”一词来表达“人性”的。有关安乐哲观点的学者评论，可参考 Graham 1990；Bloom 1997；Bloom 1994；信广来（Kwong-Shun 1997）。

向和天赋能力都已实现后的结果，换言之，我们的“性”不是我们存在的“最终状态（an end-state）”，而是“初始状态（a beginning-state）”。

如果人性只是人的存在之初始状态，那么，它就不能预先决定我们将会有如何发展。说我们有向善的倾向，并不代表说我们不会变坏；而说我们有作恶的倾向，也不等于说我们不能变好。任何倾向都不能防止我们往另一方向发展。那么争辩人类本性是倾向于好或倾向于坏有什么意义呢？我们是不是应该把人性视为中性的？葛瑞汉如此解释孟子所谓“性”的意义：“有生命之物的性……指的是生物在受到充分的滋养，并且没有受到外在的阻碍或伤害而成长的历程。”[①]换言之，“性”不是指任何的倾向或是偏向，而是指生物之“天然的”倾向和偏向。本性之外的异向发展不属于天然发展，而是后天的外在影响所造成的结果。 68

“本性（nature）”常用来和“培育（nurture）”相对照。“培育”包含了各种环境的影响：例如，父母的照顾、家庭的教养、同侪的行为举止、教育的加强、和社会的规范，等等。理论上来说，“本性”是在这些培育的成果之前的状态。然而实际上当我们能够观察一个人的行为时，他已经受到各种外在环境的影响。所以要是没有“培育”，就不可能展现“本性”，因此，在“本性”和“培育”之间采取二分法的区别是很不切实际的。如果我们运用经验的考察来收集人性或善或恶的证据，那么，我们根本得不到足以令人相信的说明。所有的成人都是“本性”

① Graham 1989：124.

和“培育”二者的混合结果，硬要将二者作区别根本是不可能的做法。因此，关于人性是善或是恶的争论究竟有何意义呢？

其实关于“人性”的争论是为了解决“培育”的议题：要建立一个和谐道德的社会，最好的方法是什么呢？假如我们认定人类本性倾向于恶，那么，我们就会主张一些方法去限制这些倾向，比如法律和刑罚。要是我们认定人类本性倾向于善，那么，我们就会主张一些去提升这些倾向的方法，例如教育和鼓励等。我们会看到在孟子之主张性善和荀子之主张性恶的辩论之中，日后会演变成着重道德典范的儒家政治以及着重严刑峻法的法家政治之辩论。因此纯粹理论性的人性辩论最后产生了巨大的影响。

孟子对人性及人心的预设

首先，对孟子而言，“性”是物种的特殊性（species- specific）之概念。他曾引用诗经之言：“天生蒸民，有物有则。”[①]不同种类的事物会有自己的规律、法则，而这些规律和法则界定了它们各自的本性。狗的性就不会和牛的性相同，正如牛的性不会和人的性相同。[②]因此，正是人之性让人与其他动物有所区别。孟子更辩称人之异于禽兽者正是因为人具有天生的美德。既然所有的人类都属于相同物种（孟子称其为同类），所有人都会有相同的性。因此，孟子认为人性是普遍地存在于人类之

69

① 《孟子·告子上》，英译本 Lau 1970：162—163。

② 《孟子·告子上》。

中。他举大麦为例：

> 今夫麰麦，播种而耰之，其地同，树之时又同，浡然而生，至于日至之时，皆熟矣。虽有不同，则地有肥硗，雨露之养，人事之不齐也。故凡同类者，举相似也，何独至于人而疑之？①

大麦是一种自然界的物种，无论它如何生长，都不可能变成稻米。人类也是一种自然的物种，无论人如何发展，都不可能变成禽兽（从生物学的观点看）。在这个比喻里，我们可以清楚地看到孟子对人与人之异同的观点：他主张人们天生本来彼此相似，而在成人身上看到的差异是由于外在环境和后天的努力所造成的。

有些人会驳斥上述说法，辩称人类之身体和生理的特性是由生物的种类所决定。然而，当讨论到人性的善恶时，我们所面对的道德特性就不是由生物学所决定的。关于此，孟子认为人心是我们天生具有的器官和禀赋。②人之心可以学会思考，同样也可以学会有完整的道德感，但是思考的能力和德行的潜能

---

①《孟子·告子上》，英译本 Lau 1970：164。

② 在孟子的用法中，汉字“心”代表情感的和认知的能力。艾文贺说：“早期的中国人认为‘心’（heart and mind，心脏和心灵）是个包含认知的（理性的）和感性的（情感的）官能——包含道德的敏感（ethical sensibility）和意志的能力（volitional ability）[类似但却不等同于英文中所谓的‘will（意志）’之概念]。”（Ivanhoe 2002b：222）单一英文字“mind”或“heart”二者都不能包括这么多内涵。

都是天生内在的。孟子说："口之于味，有同耆也。易牙先得我口之所耆者也。……至于味，天下期于易牙，是天下之口相似也。……故曰：口之于味也，有同耆焉；耳之于声也，有同听焉；目之于色也，有同美焉。至于心，独无所同然乎？心之所同然者何也？谓理也，义也。圣人先得我心之所同然耳。故理义之悦我心，犹刍豢之悦我口。"①

70　这番言论可以条列成论证如下：

1. 人类口之于味，耳之于乐，以及目之于色大致相同，基于此，我们会彼此认同杰出的厨师、杰出的乐师或是杰出的秀美之人。

2. 我们的心智不会和感官相差太过殊远而没有共通性。

3. 因此，我们的心也一定都是相似的。

4. 人类当中有圣王，而圣王即是其杰出的道德特质普遍受到认同。②

5. 因此，我们的心一定会喜爱德行，正如同我们的味蕾会喜爱美食。

在这个论证中，孟子将心智比喻成感官，并且将圣人比喻成厨师、乐师或艺术家，这些人都借着才能取悦大众的味蕾，耳朵和眼睛并得到百姓的认同。举例来说，如果我们会自然喜爱杰出之厨师的美食，那么同理可证，我们也会自然喜爱圣王的道德行为。在当代对心智发展的理解下，孟子将心智和感官

---

① 《孟子·告子上》，英译本 Ivanhoe and Van Norden 2003：144—145。

② 何艾克（Eric Hutton）曾对孟子的圣人观点作了很完善的描述，运用孟子品位的鉴赏家来作比喻，Hutton 说："最主要一点是圣人就是对人心的鉴赏家。"（Hutton 2002：174）

互为模拟的论证看似很薄弱。即使我们认同他将心智设定成具有天生能力的感官之一，然而，将圣王比喻为杰出的厨师或乐师却是值得商榷的。厨师和乐师的名声都是建立在具有共同品位的小众群体里。一位素食者就不可能推崇优秀的牛排师父，一位对摇滚乐狂热的乐迷，也不大可能欣赏优质的交响乐团。即使我们回到婴儿时期来看，也无法宣称所有婴儿的味觉、听觉和视觉都具有普遍的共同好恶。所以，孟子这个论证并无法排除有些人天生喜爱德行而有些人天生偏好邪恶的可能性。

孟子的人性论大部分是为了驳斥同时代的哲学家告子的观点。《孟子》中所记录的告子观点可以总结如下：

1. 生之谓性也，犹如白之谓白。[①]

2. 人性犹如空白石板（性犹杞柳，可做成木杯或木碗；性犹流水，可导之以东或是以西），人类本性并无善与不善也。[②]

3. 食色对于人是自然而然的，可谓之人性也。[③]

4. 美德如仁义者，乃成于人的后天努力。[④]

---

① 英文版此处的英译（life）是依照 Ivanhoe and Van Norden 2003：141 对于“生”字的翻译。其他对于“生”的常见翻译包括“what one is born with（生而有之）”以及“the inborn（先天）”。在告子的论证中，他以汉字“性”和“生”之字源部首的关联作为基础，根据刘殿爵所言，“两个字的发音虽然有些许不同，在孟子时代两个发音有可能被书写成同一个字，这让告子的论证变成套套逻辑（tautological），也就如同所谓的‘白之谓白’”（Lau 1970：160—161，n.1）。如果我们使用另外两个翻译，孟子对告子论证的质疑会变得不可理喻。

②《孟子·告子上》。

③ 同上。

④ 同上。

为了驳斥告子的观点，孟子首先挑战其所作的比喻。关于杞柳做成杯或碗的比喻并不恰当，因为杯碗的制作必须先砍伐柳树并且改变其形状。那么，当告子认为人可以靠努力而成就仁义的美德，也就是说仁义是要先戕贼人性才形成，此断言即便是告子本人亦无法认同。孟子更进一步指出水的比喻是较为恰当的，但是，告子并未深入观察水流的特性：水乃就下也。孟子主张我们可以用水来比喻人性：人性犹水之就下也。以此为比喻，人性就不是可被塑造成善或恶的纯中性材料。如孟子曰：

> 人无有不善，水无有不下。今夫水，搏而跃之，可使过颡；激而行之，可使在山。是岂水之性哉？其势则然也。人之可使为不善，其性亦犹是也。①

孟子也质疑告子对“性”之意义的诠释。孟子认为，如果说生之谓性，犹如白之谓白，那么，犬之性犹牛之性，而牛之性犹人之性，因为他们都是有生命的，而这结论即便是告子本人亦无法接受。

即便告子本人接受孟子解释“人性”为“自然的倾向”（“端”），他也不会同意人性倾向于善。在告子的看法里，人自然欲得食与色，因此食色二欲都属于人性。告子甚至接受人能爱人（仁之本）或许是天性，但是人会去做对的事（义之本）则是出于外在环境的压力。在这里，孟子和告子的辩论变得相

① 《孟子·告子上》，英译本 Lau 1970：160。

当复杂。孟子似乎并不反对告子宣称食色之欲是人性的一部分，也接受其认为对家人的爱是天生的。孟子转而针对告子宣称人会想做对的事是出于外在环境压力而辩论。这就是孟子跟告子之间有名的“义内”“义外”之辩。在这个辩论的脉络中，“内”是指“出于内心”，“外”是指“出自外在的标准”。辩论的主题可以简洁地陈列如下：人所做的事之对错判准是来自人的内心，抑或是来自外在的常规？告子以尊敬长者为例，借以证明他主张义外的观点。他辩称要是对方年长于我而我以长辈尊之，纯粹只是因为对方是长者。无论长者是陌生人还是值得我尊敬的人，决定我对长者的行为态度完全是由于长者的年岁，正如同彼白而我白之。因此，告子认为什么是对的事，是完全取决于外在的标准。[①]对此辩论的意义在于如果告子可以成功地证明道义感有赖于外在要求来决定，那么，个人自己就无法知道在不同的情境中该如何做对的事情。如果个人不知道他自己该如何做对的事情，那么，他就没有道德的自主性。如此一来，当我们判定有人缺乏道德的自主性时，就只能把一些外在的规范加诸在他们的行为上，此时就只能完全放弃儒家的自我德行修养方案了。要驳斥告子这个很严肃的主张，孟子指出尊敬长者之尊敬感其实是来自一个人的内心。即使根据不同的情境我们必须考虑不同的行为，在所有考虑之背后有一个共同点：我们都期望在不同的情境中做“对”的事情。孟子认为此期望就是我们的道义感。他以我们在不同场合中对长者举杯祝酒为例，借以证明即使我们的行为的确是会配合外在的礼仪规范而有所

72

① 参照《孟子·告子上》。

调整，但是我们对长者的敬意则无论在何种情况下都是相同的。因此，道义感，或是想做对的事情之意愿，乃是出于人的内心，而不是由于外界的压力。

还有其他的道德感跟道义感一样是人类先天就固有的，孟子认为人性包含有道德的端萌（或是初芽），他将之列名为仁、义、礼、智。一个人从具有善良的倾向直到发展为善人，其间需要培育这些道德的端萌使它们变为成熟。然而，当环境不能73 促进人修身养性的过程，或是人不够努力向善时，人就有可能转为恶人。在我们讨论了孟子主张人性本善的论证之后，我们将进一步探讨孟子对德行的缺失所作的解释。

孟子的性善论证

为了证明其"人无有不善"①的主张属实，孟子提出了一些论证。孟子曰："所以谓人皆有不忍人之心者，今人乍见孺子将入于井，皆有怵惕恻隐之心。非所以内交于孺子之父母也，非所以要誉于乡党朋友也，非恶其声而然也。由是观之，无恻隐之心，非人也。"②这番言论可以整理成下面的论证（论证一）：

1. 任何人乍见孺子将入于井，内心都会感到怵惕和怜悯。他会如此感受并非为了获得其父母的友谊，也不是为了获得他人的夸奖，更不是因为他讨厌听到小孩的哭喊声。

---

①《孟子·告子上》，英译本 Ivanhoe and Van Norden 2003：141。

②《孟子·公孙丑上》，英译本 Ivanhoe and Van Norden 2003：125。

2. 这个例子说明了人无法目睹他人承受痛苦。

3. 此乃恻隐之心，即是仁之端也。

4. 所以，人的本性天生就有仁之端也。

值得一提的是当法国哲学家卢梭(Jean-Jacques Rousseau，1712—1778）试图证明人是具有同情心的生物时，也用了类似的例子：设想有人看到“一头野兽从一位母亲的怀中夺下孩子，用它凶残的尖牙咬碎小孩脆弱的四肢并且用它的利爪扯出小孩活生生的内脏”。卢梭接着说：“目睹到这个事件的人会感到巨大的震惊，即便这事件与己无关，目击者一定会因为自己无法伸手救助这个濒临昏厥的母亲和面临死亡的小孩而痛苦万分。”[①]同样地，孟子的论证也是在进行一项思想实验，其中他让我们思索目击孺子即将面临死亡的场景，从而得到和他一样的论断，即人人皆有不忍人之心。对于这个论证，我们也许可以质疑第一个前提：在这种情况下，并非每一个人都理所当然地会感到怵惕和怜悯。然而，孟子不是针对所有人的反应作一种普遍性的命题，而是作一种一般性的命题，或如艾文贺所称的“一种通用的命题”[②]，既然如此，只是几个反例是无法推翻孟子的命题的。如果大部分的人都会 74

---

① 这个故事是源自卢梭的著作《论人类不平等的起源与基础》，英译本 *A Discourse on Inequality*，Maurice Cranston 英译，Penguin Classics. New York：Penguin Books USA Inc.，1984：100。

② A “generic” claim，Ivanhoe 2002b：222—223。所谓“普遍性的（universal）命题”是包含全部的个例，所以只要找到一个反例就可以驳斥原来的命题。相对之下，一个一般性的（general）命题即使有例外，还是适用于大部分的例子。只要一般来说人们会对他人的苦难而心有所动，那么，孟子的论证在此就是合理的。

有孟子所描述的反应，那么，大部分的人理所当然地皆有恻隐之心。这里所描述的是一般性的真理。当然，仅仅拥有这份自然流露的情感远远称不上是道德，比如有人可能置之不理而不出手救援小孩，也有人可能将小孩视为是仇人之子而顺手将之推入井底。正如同黄百锐指出的："严格说来，一时的怜悯心并非真正的同情。"[①]孟子提出人皆有一时的怜悯心或有仁之端的主张，只是证明人性本善的第一步。孟子接着辩称：

> 生，亦我所欲也；义，亦我所欲也，二者不可得兼，舍生而取义者也。生亦我所欲，所欲有甚于生者，故不为苟得也；死亦我所恶，所恶有甚于死者，故患有所不辟也。如使人之所欲莫甚于生，则凡可以得生者，何不用也？使人之所恶莫甚于死者，则凡可以辟患者，何不为也？由是则生，而有不用也，由是则可以辟患，而有不为也。是故所欲有甚于生者，所恶有甚于死者，非独贤者有是心也，人皆有之，贤者能勿丧耳。[②]

这个论证整理如下（论证二）：

1. 每个人都欲生恶死。但是，如果借着施舍人食物而羞辱对方，对方虽然需要食物赖以生存，也不会接受你所施舍的食物。

2. 因此，每个人都有所欲甚于生者，也有所恶有甚于死者。

3. 假如真有使人不屑只为趋生避死而行为，那么，人就不

---

① Wong 1991：34.

②《孟子·告子上》，英译本 Ivanhoe and Van Norden 2003：146。

单纯只是将自我生存设为唯一目的之生物（其他动物就是）。

4. 因此，即便是面临攸关生死之大事，每个人也都有可为和不可为的行为准则。

5. 所谓义人，即是在任何事上都能坚守原则的人。

6. 因此，每个人都拥有可以成为义人的内在特质。

如上所陈述的论证（论证二）并不是一个有效论证，我们可以说从前提一到前提二，孟子所犯的是一种“草率概括（hasty generalization）”的谬误。单从一个例子，即使是一个众所皆知而且是生活中的实例，是无法证明我们不是天生只欲求生存的生物。不过，孟子并不是在作这样一个错误的推理。他的论证只是用以说明一般性的人类特色，如同前提 2 所陈述的，如果总是会有可以让人超越趋生恶死之自然倾向的事，那就表现出人的存在高于动物基本的求生层次（对比于告子所主张生之谓性）。而有个让人有所不为的原则，基本上就是义之端，所以，义之端在于人内心，正如同仁之端亦如是。

75

在提出仁义之端内在于人的主张之后，孟子进而建构人性有四个主要的德行之端：仁、义、礼、智。孟子曰：

> 恻隐之心，人皆有之；羞恶之心，人皆有之；恭敬之心，人皆有之；是非之心，人皆有之。恻隐之心，仁也；羞恶之心，义也；恭敬之心，礼也；是非之心，智也。仁义礼智，非由外铄我也，我固有之也，弗思耳矣。①

---

①《孟子·告子上》，英译本 Ivanhoe and Van Norden 2003：143—144。相似的论述也见于《孟子·公孙丑上》。

这番论述可以扩展为下面的论证（论证三）：

1. 所有的人都自然有恻隐之心，有羞恶的情绪，有恭敬和辞让的情感，以及有是非之辨的意识。

2. 恻隐之心是仁之端；羞恶之心是义之端；恭敬辞让之心为礼之端；是非之辨的意识是智之端。

3. 仁义礼智构成善。

4. 因此，所有人的本性都有善之端。

在第一个前提里，孟子再次对人性作了一种一般性的陈述。对于别人的痛苦，有时我们会感到同情；对于自己的行为，有时我们会感到羞耻，或是对别人的举止，有时我们会感到鄙视；有时对于某些事或人，我们会感到尊敬或敬佩；有时候我们会作出是非分别的判断。孟子称这些情感和意识为德行的“四端”，他认为人之异于禽兽者几希，唯此四端使人有别于其他动物。所以，孟子称“四端”，或可说是四种德行的倾向，为“人的本性”。具有四端并不能保证每个人都可发展出仁义礼智的美德，然而毫无疑问地，它们是人类德行之四大共同的基础。

76

从上面的论证，可以发现孟子相信德行是奠基于人类的自然情感。人类道德的根源不是纯粹的人类理性，而是人类的情感。同时，伦理学的基础不是社会的制约，而是人性本身。根据孟子的观点，人类道德之所以会在各个人类社会中发展，是由于道德意识对于人类而言是自然而然而且是与生俱来的。在此，我们可以将孟子的道德伦理学称之为“道德的自然主义观”。

孟子对道德匮乏的解释

如果人的本性天生倾向于善，而且人心原本就有德行的种子，那么，为何我们不见到处都是圣贤之人呢？既然孟子认为需要大力倡导四端之存在以及德行之重要，可以想见即使在他当时的社会中，大多数人的行为就已经不合道德的规范。那么，究竟该如何解释人性本善却到处看得到恶行呢？如果德行是天生就具有的，可是人们却不是道德的，那么就一定有理由认为有什么使我们在德行上有所缺失。如果人类常常在道德上失败，那么就应该有方法来教导人们避免在道德上犯错。关于孟子对德行缺失的解释以及其修身养性的教育学，此二者必然是紧密结合的。

虽然孟子一再强调人类本性具有道德的善端，他却从未否认追求身体舒适以及物质享受的欲望也是人类本性的一部分。孟子称我们的感觉器官为“小体”，而将心智称为“大体”。①孟子认为感官追求食色物欲的享受而与心之欲相竞争。根据孟子的观点，口欲求美味，耳欲求美声，目欲求美色，就如同心之欲求美德。人心有四大功能：思虑（反省）、情感（包括道德情感和自然情感）、意志（志：用以发心），以及导气养气的功能。之所以有道德缺失的情况出现，大部分原因是人心没有充分发挥其功能才造成的结果。

77

由于心和感官之相竞争，道德意志和感官欲求彼此交战，

① 参考《孟子·告子上》。

孟子必须尽全力解释为何我们天生的道德倾向不能保证我们会成就完美的德行。有时感官欲求和道德意识会将我们导向相反的方向，因此我们会有内心的道德争战。如果我们专注于感官的追求而离开道德的正道，那么，我们就是顺从小体，而不能从吾人之大体。例如：若有人热衷于享受美食，就有可能花费所有的心力去寻找美食，根据孟子的分析，此人的心智一定受役于感官。如果我们未充分发挥心之功能，就会导致我们道德的匮乏。其一，人心的主要功能是思考和反省自身的行为，因此，如果心不能思，不作反省，它就无法和感官相抗衡。再者，如果人心没有坚强的意志，那么就算个人希望行善，也很容易半途而废。第三，人心原本就包含许多与生俱来的道德情感，如果个人在作道德抉择时不能运用这些道德情感，那么，此人就很容易丧失他固有的善良本质。最后，心还要持其志，养其气，如果心不能养其正气，意气用事的结果只会使心偏离初心之志。

“气”的概念在孟子的理论中很难完整地分析。[①]我们可以将之视为充盈在人体中的能量形式，受制于心或意志，孟子有时以“浩然之气”来形容它。为响应弟子对此提出的疑问，孟子曰：

---

① “气”的宇宙论之概念已在本书第一章讨论。《孟子》中的“气”不是纯然为宇宙论之概念，因为它大部分都是在讨论人的语境中才会出现。“气”不是仅为物理的能量，因为它也有道德的层面。倪德卫称它是“人的感情能量”（Nivison 1996：128）。黎惠伦（Whalen Lai）称它是“充盈在个人中的道德气息”（Lai 1984：154）。

> 难言也。其为气也，至大至刚，以直养而无害，则塞于天地之间。其为气也，配义与道；无是，馁也。是集义所生者，非义袭而取之也。行有不慊于心，则馁矣。①

如果气是集义而成，那么，气可视为道德的精神，然而，气又似乎可以有具体的层面，因为气可以受到志的主导而转向及展现。一旦我们立了志，我们可以“持志”以引导气的流向，而克服我们不应该欲求的意图。②孟子认为人内在的道德之正气会自然显现在人的面容和外表上。孟子曰：“君子所性，仁义礼智根于心。其生色也，睟然见于面，盎于背，施于四体，四体不言而喻。”③诚于中者，必形于外。人的眼睛（眸子）更是透露内心世界的门窗：“存乎人者，莫良于眸子。眸子不能掩其恶。胸中正，则眸子瞭焉；胸中不正，则眸子眊焉。”④若要察明他人的意图，听其言并观其眸应该是上上策。 78

孟子对人们德行的匮乏可以总结如下：

---

①《孟子．公孙丑上》，英译本 Ivanhoe and Van Norden 2003：123。

② 对孟子而言，凡是可以欲求的就是道德上可以接受的。孟子曰：“可欲之谓善”（《尽心下》），这个陈述在宋明理学中引发了许多讨论，其中至少有两种分析欲求和善之间关系的方式。其一认为我们只应欲求在道德上可以接受的，另一则认为我们的欲求只要不会剥夺他人的欲求，在道德上就是可以接受的。我认为我们这里可接受孟子并未主张完全摒除人欲的假设。

③《孟子・尽心上》，英译本 Lau 1970：186。

④《孟子・离娄上》，英译本 Ivanhoe and Van Norden 2003：134。

1. 人之不思。“心之官则思，思则得之，不思则不得也。”[1]孟子引孔子之言：“求则得之，舍则失之。”[2]他认为这是对人心的最佳描述，如果“耳目之官不思，而蔽于物，物交物，则引之而已矣”。[3]

2. 人之失其本心。孟子曰：“一箪食，一豆羹，得之则生，弗得则死。呼尔而与之，行道之人弗受；蹴尔而与之，乞人不屑也。万钟则不辨礼义而受之……是亦不可以已乎？此之谓失其本心。”[4]有些人不会因为小利就违反自身的原则，但是，为了扩张自身的财富和权力，他们却是任何事情都愿意做。这么做的人是忘了自己的本心初衷，有所为有所不为，有些事情是他们原先在任何情况下都不会去做的。丧失了有所不为的意识，就是丧失了道义感。

3. 人没有培养自身的道德禀赋。孟子以栽种植物为例，说明“善之端”需要持之以恒地努力去培育和发展，孟子曰：“虽有天下易生之物也，一日暴之、十日寒之，未有能生者也。”[5]同样地，如果我们只是偶尔行善，然后常常都是在重复一些恶行，也是无法将“善之端”发展成道德的品格和符合伦常的行为。

---

①《孟子·告子上》。

② 前引。陈荣捷的英译稍作更改（Chan 1963：57）。

③ 倪德卫如此解释：“当我们只对道德善采取认同态度（pro-attitude），而没有去‘思之’，我们就不会主动将道德善视为己有或是发心行善。这便是孟子所言：‘思则得之，不思则不得也。’”（Nivison 1996：87）

④《孟子·告子上》，英译本 Ivanhoe and Van Norden 2003：146—147。

⑤《孟子·告子上》。

4. 人过于注重本性的食色之欲，或是小体（身体感官）的欲望，例如人的口腹之欲。孟子曰："从其大体为大人；从其小体为小人。"[①]孟子相信物质的欲望会使人转移对修养心性的努力。尽管他不曾提倡遏止物质欲望，但是他的确告诫人们应该减少物欲。孟子曰："养心莫善于寡欲。其为人也寡欲，虽有不存焉者，寡矣；其为人也多欲，虽有存焉者，寡矣。"[②]

5. 人惯性行恶以致将其善良的本性戕害殆尽。孟子曰："牛山之木尝美矣，以其郊于大国也，斧斤伐之，可以为美乎？是其日夜之所息，雨露之所润，非无萌蘖之生焉，牛羊又从而牧之，是以若彼濯濯也。人见其濯濯也，以为未尝有材焉，此岂山之性也哉？虽存乎人者，岂无仁义之心哉？其所以放其良心者，亦犹斧斤之于木也，旦旦而伐之，可以为美乎？"[③]他以牛山来譬喻人之本性，牛山因匠人砍伐过度，加上刚生长的幼苗又被牛羊不断嚼食，因此光秃无林。孟子说一个人要是不断重复恶行而戕害其本性，其人最终就会与禽兽为伍。历史上那些成为暴君、反社会病态、职业刺客、连环杀手等的人，都是已经将其本善之性戕贼殆尽的人。我们看这些人似乎完全没有一丝一点善意留存。万百安以为孟子举牛山为例是主张"有些人天生就没有善之端"[④]。然而，孟子明确指出即便牛山光秃无林，那也不是牛山的原来样貌。同理可证，道德沦落的人也并非天生就缺乏善端或是善良的本性。只要他们一旦能停止戕害

---

① 《孟子・告子上》，英译本 Ivanhoe and Van Norden 2003：147。

② 《孟子・尽心下》，英译本 Lau 1970：201—202。

③ 《孟子・告子上》。

④ Van Norden 1991：359.

本性的恶行，歹徒也会改过自新，就像只要停止砍伐，牛山就可以让它重新长出新的树林。因此，孟子对人性普善的主张也运用于最邪恶之人，不因为他们而有所减少。

6. 人行善的欲望不够或是人的意志太薄弱。[1]就如人心会“不思”，它也会无力“持志”，以致个人原本的心志也会因为不够坚定而无法为善。例如，我们下定决心要定期捐款给慈善机构，但是，如此善良的决定常常不能持之以恒，很快地，我们就会沉溺在以往奢侈的习性中而放弃持续捐款。像这种意志薄弱的情形，也可以说明人们会有道德的匮乏。

7. 自我否定或是自暴自弃。孟子曰：“有是四端而自谓不能者，自贼者也。”[2]根据孟子所言，他承认两种能力不足的情况：一是个人所承担的任务真的超越其体力所及，另一是个人所承担的任务虽是能力所及，但是他却宣称无能为力。后者仅仅是不为，而非不能。尽己之力为善永远不会是超出个人能力的，因此声称自己无力为善是站不住脚的。大部分的人当他们宣称没有能力去做善行时，他们都只是替自己找借口。孟子似乎认为这也是当时的执政者不能行仁政的主要原因。

80

通过上面的解释，孟子论证即使有些人内心不善良，甚或有些人内心邪恶，但都不足以反证他所主张的性善论。每个人的内心自然而然地会感受到恻隐、羞恶、辞让和是非之心（四

---

① 倪德卫认为早期包括孟子在内的中国哲学家首要关注的是“惰性（acedia）”而不是“意志薄弱（akrasia）”。他认为当“我判断应该做某些事却没有，或者是不能、足够在乎而去执行，那就是惰性的产生”（Nivison 1996：92）。

②《孟子·公孙丑上》。

端），但是，如果一个人不能扩展这些善良的情意感受，那么人的道德感只会停留在意识的阶段里而不会导致道德的行为。因此，人心需要努力才能将人性中的善端转化为成熟的德行。对孟子而言，关于人性的辩论不是纯粹为了理论上的兴趣。他继承了孔子的理想，而致力于实际地提高个人的道德修养以及整体社会之道德转化。基于此，孟子持续地探索修身养性的最有效方法。

修身养性的德行教育和方法

主张性善论，并不等于是主张人类都是善良的，而提出每个人都“倾向于”善良，也并不等于是持有世上都没有坏人的看法。孟子对人类的道德现实并没有抱持一个过度天真的观点。在他看来，修身养性不是一件容易的事。由于有许多的路径可能会导向德行的缺失，孟子就必须提供一种让建立德行成为可行的方法，其中他最强调的方法就是“推广之”①。

在一个当今学者广为讨论的例子中（见《孟子·梁惠王上》），孟子试图说服地主国的齐宣王认清自己内心有善。齐宣王见堂下带过一头牛即将作为祭祀的牲品而被屠宰。他看到牛惊怵的样子而感到于心不忍，但是由于祭典不能废除，于是下令将牛释放而改由一头羊代替为牺牲。从逻辑的角度来看，齐宣王的举动是不一致的，对于杀牛和杀羊有何道德上的差别呢？在当时的宫廷中有些人以为是因为牛比较昂贵，所以才以

① 孟子所用的中文字“推”，其真正的意思就是“推动”。

羊替代。但是对于齐宣王的举动，孟子有更为宽容的诠释。孟子说这是因为王没有看到羊惊吓的样子。孟子指出在齐宣王赦免牛的当下，他就已经表现出内心的仁端（恻隐之心）。如果齐宣王可以推广这个仁之端至老百姓，他就会爱护百姓，并且对他们所承受的苦难更加同情。①

---

① 对于孟子在这个例子里使用的教学法有几个不同的诠释。信广来提出孟子要求君王所做的是运用“模拟式推理”，他认为孟子要求君王看到他既然对牛具有同情心，就可以在符合逻辑的一致性下将同情心扩充至羊，进而更能将之扩充到百姓。信广来说：“扩充如此的反应和态度，就是在适当的情况下对适当的对象也有类似的反应和态度。”（Shun 1989：322）万百安反驳这样的诠释，并且辩称孟子并不是只单纯地为了达到理论上的一致性，他说：“如果孟子的论证如同信广来所宣称，那么，那就会提供孟子的对手有机会避开孟子为他们设计的两难困境，而完全在其心内消除任何仁德的根源。”（Van Norden 1991：355）万百安自己的诠释是孟子企图让君王注意到他的人民的苦难，从而在其心中引发类似的解民之苦的道德判断（同上，页 364—365）。倪德卫在解释孟子的劝说方法时，也是强调逻辑的一致性，他说：“为了避免在孟子此处的劝说中擅自多添加逻辑性，我们可以将孟子解释为在敦促君王如是思考：（1）如果我能够，我应该怜恤百姓；然而，我就是能；但是，（2）怜恤人模拟怜恤动物更容易；而现在（3）我是怜恤当下这只动物（牛）； 因此，（4）我具有怜恤动物的能力；因此，（5）我也可以怜恤我的百姓；因此，（6）我应该怜恤我的百姓，我没有任何借口不怜恤他们。”（Nivison 1996：97—98）黄百锐认为倪德卫“犯的错误是将孟子诠释为想要通过逻辑的辩证来改变君王——想要说服君王认为自己应该要怜恤百姓，因为如果他怜恤牛却不能怜恤老百姓，就是逻辑不一致”（Wong 1991：38）。黄百锐自己的诠释是孟子试图让君王能辨识“一个采取行动的理由”，他说：“孟子是要提供君王一个方法，使他有足够动力而能够将怜悯心的本能反应转化为实际的行动抉择。当君王会思考有情众生的苦难不是只限于牛时，就会考虑下一步应该做些什么了。”（同

这个推广的方法也可以应用在其他的情况下。儒学最基本的主张是承认亲疏之别，我们本性上就自然会爱家人远胜过爱陌生人，这是儒家“等差之爱”的学说，而这也是墨子和墨家学派所反对的中心思想。[①]孟子认为要发扬仁德，我们不需要否定我们的自然情感，而且要对所有人一视同仁。我们只需要推广自己对亲人的自然情感至他人身上，感同身受他人对其亲人的关爱。所谓的道德，并不要求我们超越于小我私爱，而只是要求我们再往前跨一步而已。孟子曰：“老吾老，以及人之老；幼吾幼，以及人之幼。”[②]如果一个人可以尊敬和关心他人的父母，就不可能对他们欺骗或行抢劫；如果他对待别人的小孩有如自己的小孩，就不愿看到他们挨饿受冻，更遑论去伤害他们。即使是最恶毒的人对有些人也有其温柔的一面。如果人们可以认清这样的情感就是仁的开端,并且努力保有和扩充它，那么，他们最终就可以成为圣贤；反过来说，如果有人不愿扩充仁之端，并且一直用残忍的想法让自己变成硬心肠的人，久而久之他就会与禽兽无别了。因此，圣贤和禽兽的区别就决定于人是否有“推广”的能力了。然而，即使“推广”是很容易

上，页 39）艾文贺驳斥这样的诠释，他指出“孟子并非想让君王接受任何有关道德理由的观点,而且这些观点对于孟子的主要目的并无法发挥直接的功效”（Ivanhoe 2002b：230）。艾文贺认为孟子不是用“模拟式的推理”来给予君王道德的理由，而是为了教导君王产生一种“模拟式的共鸣”，这是一种可以教导别人“辨认，关注，而且肯定其刚萌芽的道德意识（端）的方法”（同上，页 234）。

① 对于两个学派的详细比较，可以参阅本书第五章《墨子》。

②《孟子·梁惠王上》，陈荣捷的英译稍作更改。（Chan 1963：61）

实行的方法，令人惋惜的是并没太多的人愿意听从孟子的建议。虽然齐宣王可以怜悯惊怵的牛，但是，他却无法因爱戴百姓而终止战争，减缓人民的苦难。虽然孟子一一驳斥了齐宣王所提出的许多自己无法推行仁政的借口，但最后孟子还是失望地离开齐国。因此，如何才是仁君，如何才是施行仁政，这些都成为孟子所关心的议题。

82

孟子的政治哲学：仁政

孟子的政治哲学是扩充延伸孔子的道德政治之学；然而，孔子只论及圣王之治会有道德转变风化的神奇力量，而孟子则更着力于提供实际的规范和策略。《孟子》一书中几乎一半所陈述的内容都是孟子对于最好的治国方针所提出的观点。

孟子倡导施行仁政，对孟子而言，仁政即是维持并保障人民的生计。而孟子给予君王的忠告如下：

> 不违农时，谷不可胜食也；数罟不入洿池，鱼鳖不可胜食也；斧斤以时入山林，材木不可胜用也。[①]

君王施行仁政还需减少刑罚和征税。如果执政者留意这些细节，那么百姓就可以安居乐业。孟子相信确保百姓都能享有舒适的生活，才是真正开启仁政的施行。

当然，最会摧毁百姓安居乐业之生活的就是战争。在孟子

---

①《孟子·梁惠王上》，刘殿爵的英译稍作更改。（Lau 1970：51）

的年代里，邻近的国家长年战事不断，而所有的君王都热衷于扩张自己的权力。孟子认为如果君王执意挑起战争，受苦的终究还是百姓。尤其男丁都已出征，无法参与农事，老弱妇孺只能饥饿致死，却无人帮忙掩埋。百姓若不确定是否能存活至明天，那么，谁会有闲暇顾及修身养性呢？因此，执政者若希望以德化转变人民，就必须避免挑起战事。然而，不是所有的战争都能避免，因为有些战争是所谓的“义战”。对孟子而言，义战的标准不是看发动者的君王或百姓是否得利，而是要看敌国的百姓是否能受益。如果敌国的百姓因其执政者的欺凌已陷入挨饿、受冻和被剥削的苦难中，自然他们就会夹道欢迎贤君大举入境，这时敌国的百姓不但不会抵抗，还会箪食壶浆以迎王师。因此，得民心者才能在战争中获胜，所以孟子曰：“仁者无敌。”①

83

孟子将执政者与为人父母的身份联结。父母会希望孩子都能平安健康，他们最不愿见到的就是自己的孩子挨饿受冻，而孟子认为仁君就应该要有相同的心态。当孟子将执政者比喻成为人父母的身份，他着重于父母对子女的关爱而不是管教或规训。仁起源于家庭之爱，如果一位君王可以推广他对子女之爱于百姓身上，那么，百姓也会敬爱君王如同敬爱自己的父母。如果百姓敬爱执政者如同敬爱自己的父母，那么在特殊情况的要求下，他们甚至也会为君王舍弃自己的性命。很明显地，孟子的主张完全不同于马基雅维利的主张，孟子认为如果爱与惧两者不可兼得，那么深受爱戴比被惧怕其实更好。

---

①《孟子·梁惠王上》。

孟子还将一个全新的概念注入中国哲学中，那就是“革命”的观念。孟子认为如果君王不是仁君，也就是他欺压百姓而不去造福人民时，那么，他就有可能被人民除去王位。这个观念可能不符合孔子的理念，孔子的社会政治之阶级意识是：君君，臣臣；统治者与被统治者各自持有分际。然而，孟子指出当君王借由权力欺压百姓，他就不再是一位“君”，而只能看作是一位被百姓唾弃的“一夫”。根据孟子的观点，除掉一位独夫的政权，并不能算是篡夺王位：“闻诛一夫纣矣，未闻弑君也。”[①]不过，孟子虽然认为政权的合法性需经由人民判定，但他不认为转移王室的权力应该放在人民的手中。正如葛瑞汉所指出的：“孟子并不是捍卫人民革命……他认为暴君理想上要由他的臣子们来推翻，尤其是那些和君王流着同宗血液的老臣们。”[②]一般的百姓并没有足够的政治素养和军事资源去胜任如此的任务，若由人民发起革命，有可能会造成全国动荡，因此，推翻政权的任务就应该落在曾辅佐过执政者的臣子们身上。这些臣子需要具备一些符合资格的条件：他们必须关心百姓的福祉，并且有足够的智慧做正确的判断。其实，在合法的推翻政权和不合法的篡夺王位之间，其差别微乎其微，这完全要看臣子们的心态和意图。儒家常被诟病其学说支持中国的封建思想，然而从孟子的主张看来，除非封建主义的形式中包括了仁君、良臣和满足的百姓，否则他并不会支持。

---

①《孟子·梁惠王下》。

② Graham 1989：116.

结语

84

孔子和孟子学说最大的不同在于孔子比较注重个人而孟子更注重国家；孔子强调个人的自爱自重，而孟子则强调对君王的道德要求。当孟子强调执政的重要性时，他也认同孔子着重个人修养的德行愿景。更确切地说，孟子努力促进孔子的道德理想之实现，他的政治哲学日后在中国政治史上扮演了很重要的角色。

孟子对人性与人心的哲学也为中国哲学引进了一个孔子原先没有发挥的议题。心性的问题日后在宋明理学中成为一个主要的论述。再者，孟子的学说也让我们见证了中国哲学的论证之起源。

延伸讨论问题

1. 做正确的事所根据的标准是决定于人的内心或是外在的成规？我们是否先天就有能区别对与错的意识？孟子和告子之间，谁的论证较为优越呢？

2. 你认为人的同情心或恻隐之心是先天的吗？这种情感真的如同孟子所宣称是道德的基础吗？我们的确具有如孟子所说的“善之端”吗？道德倾向是人们生来就有的特质吗？

3. 为什么物质欲望的追求和德行的修养是彼此对立的？为什么追求利益远不如追求知识重要？生命中只追求纯粹的享乐和绝对的利益有什么错吗？我们如何合理地论证孔孟这个道德优越性的观点？

4. “推己及人”的方法可以成为一个普遍性的道德原则吗？如果人人都能老吾老以及人之老，幼吾幼以及人之幼，我们就可以实现道德的社会吗？“推己及人”的方法足以建立道德吗？

5. 亚里士多德（Aristotle）曾宣称美德是一种习惯，可借由各种道德的行为而养成。然而，习惯有可能随时会终止，所以需要靠知性之德，亦即理性，才能维持。同样地，孟子认为道德品格需要不断地培育和维持，如果我们不能坚持努力保有原本的善性，就会失去美德和品格。孟子提出有关坚持美德习性的方法是什么呢？孟子所提出的方法和亚里士多德所提出的方法有何不同？

85

6. 相较西方伦理学家喜欢将普遍的道德法则建立在理性的基础上，孟子则将之建立在情感的基础上。你能比较二者的进路有何优劣之处吗？你认为人类伦理学的基础应当是理性还是情感？

第四章

荀子

概论

荀子（约前 312—前 210）是早期儒家第三位重要思想家，然其影响力常为后代儒家学者刻意低估，首要原因在于他反对孟子的主要观点，而孟子是宋明理学家公认为孔子道统的继承者。当代学者亦彼此争论荀子在中国哲学史上的地位。有人认为他是伟大的思想家，称荀子著作“建构对儒家观点最精练的哲学诠释和辩护”[①]。有些学者则批判他思想不一致、独断、不够哲学性，有些人甚至认为荀子“迎合暴君对于刑罚的热衷”[②]。现存荀子思想文本是《荀子》一书，集结成此书的论文据称大部分是他本人所撰。荀子的论点主要在个人为学、道德教化及各种统治上的方法论，这些都大致符合孔孟的理论重点。不过他的文章较具分析性，对于先秦儒家的重要观念给予了比较系统化的开展。荀子的论题内容包括天论、礼（礼仪和礼节）的意义以及音乐的功能。不过荀子最著名的主张是他的名言：“人

86

① T. C. Kline III and Ivanhoe 2000：ix.

② Hansen 1992：309.

之性恶，其善者伪也。”①本章作为介绍先秦儒家思想的最终章，我们要讨论三个基本主题：荀子的天论、人性论以及他对礼和礼仪之重要性的阐述。

87

自然主义观点之天

自然主义（naturalism）在当代分析哲学传统意指把万物皆看为科学探讨的自然世界之一部分的形上观点；或是从语义学观点来看，指对任何概念进行恰当的哲学分析，都必须显示禁得起经验考察的修正。②荀子“天”的观点接近于自然主义精神，不过在荀子那个时代，科学的力量或是其可信度尚未成为

① 稍后我们将看到这句名言的英译有些微差异。其中一个主要不同处，在于荀子的人性观究竟是译为“恶（evil）”还是“坏（bad）”。我认为“evil”与基督教义有较强的联结，因此“bad”是适当的译法。但在某些文意脉络里，“恶”较为恰当时，我会采用 evil，使用这两个英文词并不表示中文原意不同。另一个关键差别在于对荀子说善是“伪”的观点有不同的诠释，我将于本章选用不同英译时加以说明。

② 此段说明是几位不同作者解释“自然主义”的摘要，尤其 Terry Horgan 和 Mark Timmons 的共同论文“Metaphysical Naturalism, Semantic Normativity, and Meta-Semantic Irrealism”，以及 Jaegwon Kim，“Naturalism and Semantic Normativity”。两篇皆收录在 Enrique Villanueva 编辑的 *Naturalism and Normativity*（Atascadero，CA：Ridgeview Publishing Company，1993），页 180—204 及页 205—210。也可以参见 Stanford Encyclopedia of Philosophy 官网，搜寻 Brian Leiter，“Naturalism in Legal Philosophy”。最后是 Jaegwon Kim 和 Ernest Sosa 编辑的 *A Companion to Metaphysics*（Oxford：Blackwell Publishers，1995），页 343—345。Fredrick F. Schmitt，“Naturalism”。

人们的关注要点。在此脉络下我们指称“自然主义”，仅表达其最简化的观点，即存在的事物皆为自然的或物理之物，而哲学探索应以经验考察为支柱。荀子的本体论是自然主义的观点，因为他不设定任何操纵人类事物的超自然存在。他的立场即使非必然是反宗教的，也必定是反迷信的。此种本体论观点标志着中国思想史上的重要发展，荀子显然从原始社会的自然崇拜朝向理性迈进了一大步。

中国古代流行的民间宗教与人类中心（anthropocentric）意涵息息相关，然而荀子“天”的概念则不以人为中心。荀子说：“天不为人之恶寒也辍冬，地不为人之恶辽远也辍广。”[①]我们第一章讨论《易经》时，提到古代中国人以“天”指称所有与天空相关的自然现象，例如日月雨云雷电等。至荀子时代，具有人格意志的神祇正逐渐从中国宇宙论消失。不过古代中国人仍有一种盛行的观念，认为自然现象是人间事物状态的反映，有时候甚至解释这些反映为奖赏或惩罚，即使人们并不认为赏罚是来自恣意的超自然神祇。此一民间观念的寓意似乎指出：人们的事态作为都应该依“道”而行，始能免于任何会破坏人们健全安宁的自然灾害。孔孟虽不鼓励这种想法，但亦未特别努力去消除此种信念。他们的“天”概念具有道德含义，因为“天”确实会对应人类社会中的善恶，尽管并非总以我们能理解的方式。孔孟的态度似乎是我们应该只关注自己在世间的行为，而让天自以其道运行。我们所能成就的是自己的所作所为，而我们所无法控制的就是“命”，或是来自上天的“天命”。这 88

① 《荀子·天论第十七》，英译本 Watson 1963：82。

种观点并非鼓励迷信的百姓向天祈求或试图取悦上天，但是也没有谴责对天的宗教态度。而且孔孟似乎都接受这个普遍的信念："天命最常在政治竞技场显露出来，有正义的统治者在与对手奋战中赢得上天的认可。"[1]根据此观点，在统治者的道德行为与上天赋予的政治昌盛之间，具有因果的关联。

然而荀子持不同观点，他主张"天"仅是自然现象的全部，而其变化与人间事务完全无关，人间的治与乱亦不会导致"天"的状态有所改变。荀子说："天行有常，不为尧存，不为桀亡。"[2]自然现象与人事之间全无因果关联。此外，借由主张天行有"常"，荀子似乎采取自然现象之运作有其法则的观点，而自然法则的存在并不倚靠人的认知与觉知。当人类无法认知看似偶尔失其规律的自然现象背后的法则，通常会称之为"异常天灾"。然而荀子主张，我们无法认知自然法则的情况，不可作为否认天之运作有常道的理由。古代社会有些人们无法解释的自然现象，例如日月之蚀或流星雨，百姓视之为天谴的征兆，一旦发生即感十分忧虑。荀子指出这些偶然现象与日常观察所见的规律现象一样，都只是"天地之变，阴阳之化"，因此"怪之，可也；而畏之，非也"。[3]从"畏惧"的态度转为感到"奇怪"，就是远离迷信与自然崇拜的第一步，代表朝向建立理性探索自然的最初阶段。

荀子对天有常道的肯定，可视为来自经验观察归纳的结论。

---

① Paul Rakita Goldin 1999：42.

②《荀子·天论第十七》，英译本 Watson 1963：79。

③ 同上书，英译本 Ivanhoe and Van Norden 2003：262。

基于这个假定，他反对自然界与人事状态之间具有因果关系的任何说法。将两个没有真正因果关系的事物联系起来，是一种未经证成的因果主张。例如，占星术将恒星和行星的位置和方向，与人的个性或日常事务联系在一起；风水将企业或婚姻成败，与居家用品摆放的方位联系在一起；许多形式的迷信将个人的不幸与日常琐事联系在一起，譬如说遇到黑猫，等等，此类想法在今日我们皆认为不合理。荀子同样认为，任何宣称执政者行为与自然事件之间具有因果关系的主张皆无根据。明主与昏君统治期间都可能发生干旱，天有其自然的运行方式，人的世界亦有人间事务运作的途径。纵使天的运作正巧有利人类生计，但自然现象和人类道德并无因果关联。然而荀子并未因此认为我们应该只关注人的事务，而无须理会天如何运行。他强调我们应当研究天本然的运作方式。荀子说：

> 列星随旋，日月递照，四时代御，阴阳大化，风雨博施，万物各得其和以生，各得其养以成。①

我们若依四季时序耕耘播收，即可收成最高产量的谷物。我们若在可预见的干旱饥荒发生前储水存粮，即使遭逢不可避免的旱灾或洪水，社会秩序亦不会崩坏。换言之，人们应当研究自然现象的规律并以此作为行为反应的依据。如果常作准备，那么即使发生预期外的状况，我们也不会被摧毁。社会的繁荣兴盛并非来自上天的保证，而是伟大执政者预先作足准备和良

---

①《荀子·天论第十七》，英译本 Watson 1963：80。

好治理的结果。

荀子主张我们可在经验中经由感官来观察天之常道，他称我们的感官（眼、耳、鼻、舌、身）为“天官”[1]。荀子认为，我们的感官可以察觉自然物体及其存在本有的属性类别。他问道：

> 然则何缘而以同异？曰：缘天官。凡同类同情者，其天官之意物也同。故比方之疑似而通，是所以共其约名以相期也。[2]

90

除了信赖我们的五官，另一个可靠的知识来源是我们的心，荀子称心为“天君”[3]。心统领五种感官，是以为“君”，它的功能是通过感官搜集讯息而后加以区分。荀子说：

> 说、故、喜、怒、哀、乐、爱、恶、欲以心异。心有征知。征知，则缘耳而知声可也，缘目而知形可也。然而征知必将待天官之当簿其类，然后可也。[4]

在此段话中荀子简略地说明他主张的认知理论：心从感官接收到信息，并以此为基础形成概念，概念的形成是心之运用理解能力的结果。然而若无感官信息，则不会有概念的形成。

---

①《荀子·天论第十七》。

②《荀子·正名第二十二》，英译本 Watson 1963：142。

③《荀子·天论第十七》。

④《荀子·正名第二十二》，英译本 Watson 1963：142。

荀子这种近似现代经验主义的说法相当令人讶异。

在荀子书中的几段论述中可以看到自然化知识论（naturalized epistemology）和语言哲学的雏形，我们概述如下：

1. 我们的感官和心官，正如所有自然物一样，是自然的一部分。它们天生在自然界发展，而可以正确感知所有自然物体的类别。

2. 眼睛的功能是看见各种形状色彩；耳朵的功能是听到不同音色和音调；口舌的功能是品尝各样味道；鼻子的功能是嗅闻各种气味和香气；身体的功能是感觉痛痒冷热和粗糙平滑。没有任何器官可以取代别的器官来获取超出各自特有的不同感觉。

3. 心的功能是理解。首先心搜集来自不同感官的各种讯息，整理成不同的类别，再比较不同物体和属性的相似之处，将其中相同性质的事物指定一个共同的命名。如此一来，我们得以建立语言中的名字及概念。

4. 人们会一致地使用名称及概念，因为所有人（具有正常感官者）皆有相同的感觉和理解。

5. 因此，我们的语言和理解确切且独特地符合自然界。　91

荀子以这种进一步理论的解释，加强了对先秦儒家实在论基本预设的支持。

除了驳斥以人作为宇宙中心来讨论天的观点，荀子也攻击其他非理性的信念形式或迷信行为。例如他拒绝相信鬼魂存在，他说：

凡人之有鬼也，必以其感忽之间，疑玄之时定之。此

> 人之所以无有而有无之时也，而己以定事。①

我们的感官通常准确运作，因此若我们并未觉知到鬼魂，则鬼魂即确实不存在。至于偶尔有人宣称看到鬼，荀子的分析是自称看过鬼灵的人，必定是视觉和心智都被迷惑。对荀子而言，死亡只是存在的结束。他说："生，人之始也，死，人之终也。"②并无我们可称为"来生"的其他生命形式，因此鬼魂不存在。荀子也攻击民众遵行观相算命，借由研究人的身体外貌来预测祸福。他列出许多著名历史人物为例，涵盖高矮胖瘦美丑、身材匀称或比例不均，以说明人的成就与其身体外观并无因果关联，而这些未经证成的因果信念即是迷信的根源。

虽然荀子反对迷信，但他未全然反对宗教，他认为所有的宗教仪式及宗教信仰具有"人文的功用（humane function）"③。当一个人遵守《易》的指示进行占卜，目的是要强调所做事情的严肃性。当国君对于天地进行某种宗教仪式，其功用是展现他关心重视人民的福祉。荀子曰：

> 雩而雨，何也？曰：无佗也，犹不雩而雨也……卜筮然后决大事，非以为得求也，以文之也。故君子以为文，而百姓以为神。④

92

---

①《荀子·解蔽第二十一》，英译本 Watson 1963：135（其译文稍作改动）。

②《荀子·礼论第十九》，英译本 Watson 1963：96。

③ Edward J. Machle 的用语。（Machle 1976：451）

④《荀子·天论第十七》，英译本 Ivanhoe and Van Norden 2003：263。

关于丧葬仪式，荀子对其合理性如此解释：“故死之为道也，一而不可得再复也，臣之所以致重其君，子之所以致重其亲，于是尽矣。”[①]换句话说，即使没有鬼神的存在，敬神的宗教礼仪或是祭祀先人的仪式皆能表现对自然或祖先的尊重。这些仪式示范是用以教导人民正确的态度，亦即应当崇敬自然和祖先。正如陈荣捷所言：

> 荀子完全排除超自然力量对人类的影响，他所谓的神灵仅只是宇宙的变化和演进。对他而言，在宗教祭祀之时，无论是否真有精灵鬼神会接受祭品无关紧要，重要的是在于人的态度，尤其祭祀时的虔诚。因此，祭品只是“文”或内在态度呈现于外的纹饰。[②]

若宗教仪式能达成此目标，即对人类社会无妨，荀子认为这些仪式或祭典作为人文的功能确实不可或缺，本章稍后将予以讨论。

总之，荀子对天的看法颇契合于现代人对自然的观点，但他的看法与当代所谓的自然主义不同，因为他仍然保有孔孟将道德观念关联于天的意涵。荀子的道德观点是人的行为应当仿效“天”分配给人们的种种属性，他说：“圣人清其天君，正其天官，备其天养，顺其天政，养其天情，以全其天功。”[③]我

---

①《荀子·礼论第十九》，英译本 Watson 1963：97。

② Chan 1963：121.

③《荀子·天论第十七》，英译本 Chan 1963：118（“天”原英译 Nature 及 natural，作者改为 Heaven 和 heavenly）。

们或许可将荀子的道德主张简化为一句标语："道德即是顺应天道。"

人性论

荀子反对孟子的性善论，他说："人之性恶，其善者伪也。"[①]孟荀这场人性善恶之辩，引发当代许多学者兴趣。表面观之，孟子和荀子似乎采取完全对立的观点，但若我们深究他们对于道德修养、道德教育以及国家治理的全盘见解，将会发现他们的看法其实极为相似。正如葛瑞汉所说："要找出他们事实上彼此反对的争论点确实极为不易，他们都承认学习的重要性，在道德上可以接受所有能够完全兼容并蓄的欲望，心的功能是作为分歧欲望的仲裁者，以及人皆可以为圣人。"[②]有些学者主张，孟荀人性论并无真正的分歧，仅是他们对"人性"一词的用法之争。[③]另一些学者认为孟荀不是仅仅在论辩人的本性，更重要的是他们对道德本质以及道德教育的方法持不同

93

---

①《荀子・性恶第二十三》。

② Graham 1989：250.

③ 例如葛瑞汉说："如果我们仔细研究荀子极其谨慎的定义，会清楚见到他论证之基础的人性概念和孟子相当不同……孟子对人性的概念是一种自然的倾向，人性自然倾向于良善，就比如人身体自然倾向于长寿，但身体只有在营养食物的滋养下才能实现长寿，同理可知，人性唯有在教育的培养下才得以实现良善。荀子恰好相反，他主张在定义上凡是可以受到教育所影响的，就不叫人的本性。所谓人性，是指人在未思未学时，其精力受到外在刺激最初的反应所产生的倾向。"（Graham 1989：246）

观点。[1]为了了解孟荀论点之真正差异，我们首先应厘清荀子对“性”与“伪”的定义、他对于人性内容的分析，以及他主张人之性恶的论证。

由于荀子区分“性”与“伪”作为善与恶的根源，我们首先厘清他的概念定义。他定义“性”如下：“生之所以然者谓之性；性之和所生，精合感应，不事而自然谓之性。”[2]荀子认为人性乃天所赋予，正如先前所提，荀子所谓的“天”仅是与天空关联的所有自然现象之总体。因此，人性并无目的论设计或道德含义的关联。人出生基本上即具生物特性，此与其他动物并无太大不同。荀子曰：“性者，天之就也；情者，性之质也；欲者，情之应也。”[3]换言之，人性的内容包括人的欲望和情感。欲望与我们的感觉器官有关：目好美色，耳听悦音，口尝美味，鼻嗅香氛。这些都是我们天生的欲望，所有感官自然倾向于美好感受而无须刻意学习。同时，我们的心也有自然情感，荀子提到“爱、恶、喜、怒、哀、乐”[4]，当我们喜爱某些事物或发现某物可喜，心对应生起欲望，此即荀子说的欲者，“情之应”也。

---

① 刘殿爵说：“要更清楚孟荀二子的主张，可从他们对道德本质的观点分歧来了解，或毋宁说是他们看待道德的不同方式，最终导致其道德教育方法论的差异。”（Lau 1953：545）另外，David Soles（1999）亦认为孟荀观点歧异并非在于人性的经验事实，而是在于道德的本质，尤其是荀子认为道德应基于规则的制定，而孟子则倾向于美德伦理学的进路。

②《荀子·正名第二十二》。

③ 同上书，英译本 Watson 1963：151。

④ 同上书。

94 荀子对“善”与“恶”如此定义：“凡古今天下之所谓善者，正理平治也；所谓恶者，偏险悖乱也：是善恶之分也矣。”①如果“善”的定义是“和谐有秩”，而“恶”的定义是“混乱暴力”，那么我们就须查明当每个人依照天生本性而为，世界是否会变得和谐有秩或是暴力混乱。荀子认为所有人都是利己主义者，以满足自己的欲望为当务之急。因此要是人们不受任何限制，仅顺应天生情感和欲望而为所欲为，世界将会陷入全然混乱而最终毁灭。他认为人的天生本性若无适当矫正，每个人都会变成恶人。以人性自然会导致邪恶这点而言，他称人性是恶的。

至于人类良善的根源，荀子归诸人的刻意努力，他称之为“伪”。中文原意是“人为”或“造作”，学者华兹生（Watson）译作“自觉的活动（conscious activity）”，陈荣捷译为“活动（activity）”，刘殿爵译“人为巧作（human artifice）”，而艾文贺与万百安译为“刻意努力（deliberate effort）”。荀子之使用“伪”字，并未有任何负面含义，他所指的仅是与人为努力有关的一切。由于人之良善是人刻意努力的结果，并且形成人类文化的基础，因此伪是善的。他定义为：“心虑而能为之动谓之伪，虑积焉，能习焉，而后成谓之伪。”②在人为刻意的努力中，荀子列举出礼和义、道德原则和道德教育、法令和规则，等等。人为努力所达成的即各种形式的道德行为和道德情操。整个人类文明形成的过程，就是在压抑人类天生想拥有更多以及追求感官满足的欲望。因此，荀子宣称，人的良善是人们刻意努力的

① 《荀子·性恶第二十三》，英译本 Watson 1963：162。
② 《荀子·正名第二十二》。

结果，在此意义上善是人为的，即是“伪”。

除了善或一般的道德属性之外，荀子也将其他人类文明的特性，例如守法、有礼等，都列在“伪”的范围当中。在人的自然属性和人为属性之间，区别只在于是来自“自然”还是“努力”：是人天生被赋予的特质，还是凭借其努力而获取的特质。荀子说：

> 孟子曰：“人之学者，其性善。”曰：是不然。是不及知人之性，而不察乎人之性伪之分者也。凡性者，天之就也，不可学，不可事。礼义者，圣人之所生也，人之所学而能，所事而成者也。不可学，不可事，而在人者，谓之性；可学而能，可事而成之在人者，谓之伪。是性伪之分也。[1]

95

从这段对孟子的批评，可以见到荀子所谈之“性”意义确实不同。如我们在第三章的讨论，孟子言“性”是指人潜在或内在的倾向——得以经过个人努力来培养且日臻成熟。而此处荀子所指的“性”，完全是天生赋予或出生时即已完成的——后天的教育或自觉的努力无法改进。荀子列举目视耳听的能力是人本性的一部分，因为“目明而耳聪，不可学明矣”[2]。以今日标准来看，此天生能力的观点未必完全精确，不过，在我们天生所拥有的特质与文化教养而得来的特质之间，似乎的确

---

①《荀子·性恶第二十三》，英译本 Watson 1963：158—159。

② 同上。

有所区别。

刘殿爵如此总结人的自然之性与人为努力（伪）的区分：

"性"指的是（1）天所使然，（2）无法学得，（3）通过实习也无法改进，（4）不是心思省察的结果。"伪"指的是（1）圣贤所创发，（2）可以学得，（3）通过实习得以改进，（4）是人心反思的结果。①

我们可以说，对荀子而言人性是人与其他动物共通的部分，但是人之善是人类文明长时间发展的结果。因此，善是人刻意的努力，而非人之所以异于禽兽的本性，此与孟子主张正好相反。

我们检视荀子的人性论之后，接着厘清他反对孟子主张所提出的论证，荀子说：

人之性恶，其善者伪也。今人之性，生而有好利焉，顺是，故争夺生而辞让亡焉；生而有疾恶焉，顺是，故残贼生而忠信亡焉；生而有耳目之欲，有好声色焉，顺是，故淫乱生而礼义文理亡焉。然则从人之性，顺人之情，必出于争夺，合于犯分乱理，而归于暴。故必将有师法之化，礼义之道，然后出于辞让，合于文理，而归于治。用此观之，人之性恶明矣，其善者伪也。②

96

① Lau 1953：559.

②《荀子·性恶第二十三》，英译本 Chan 1963：128（陈荣捷的英译稍作更改）。

我们将荀子的论点整理如下（论证一）：

1.（1）人之天性，生而好利。

（2）人之天性，生而嫉妒怨恨他人。

（3）人之天性，生而好耳目声色之欲。

2.（1）人若顺从好利之天性，则争夺生而辞让亡。

（2）人若顺从嫉妒怨恨之天性，则残贼生而忠信亡。

（3）人若顺从感官声色天性之欲，则淫乱生而礼义文理亡。

3. 因此，人若顺从其天性，则恶生矣。

4. 人之敬、忠、信、礼、义等美德，必皆来自师法之化。

5. 用此观之，人之性恶明矣，其善者伪也。

要检视荀子此论证是否合理，端看我们是否接受第一项前提是对于人类情感的经验性论述。一个如此笼统的经验性论述很难被认可或反驳，因为这取决于论证者所搜集证据的数量。单凭此一主张，荀子并未驳斥孟子对人类本有道德倾向的观察，而仅是指出孟子未予强调的其他人性倾向。既然孟子可以作出有关人类性善倾向的一般性的经验宣言，那么荀子当然也可以对人类性恶倾向作出如此笼统性的经验论述。因此，荀子的论证可以说是与孟子的论证同样强，或同样弱。第二项前提是条件式主张，隐含的预设是世界资源有限。如果人们想拥有相同的东西而无法完全被满足，则似乎可以预见他们会互相强取豪夺。因此，如果人们顺从人天生自利敌对的态度，则世界将陷入冲突混乱。从荀子的第一项结论（如上第 3 点所述）导入 4 作为前提。此前提看来并非直接得自前面几点陈述，所以我们应视之为另一个独立的假设。由于荀子在别处已有论证支持这

97

项假设，故于此不拟多加分析，而荀子在此一新主张的挹注下，得出性恶的结论。

荀子进而说出一段矛盾的论述：

> 凡人之欲为善者，为性恶也。夫薄愿厚，恶愿美，狭愿广，贫愿富，贱愿贵，苟无之中者，必求于外。故富而不愿财，贵而不愿埶，苟有之中者，必不及于外。用此观之，人之欲为善者，为性恶也。①

这个论证可以重组如下（论证二）：

1. 成就少的人希望成就大；长得丑的人希望变美丽；住小房子的人希望换大屋；贫贱的人希望得到富贵。

2. 由此可见，人本身没有的就会想从外面得到；而如果人已经有了就不再会向外寻求。

3. 因此，凡人之欲求善者，皆是因为人原本内中缺乏善。

柯雄文对上述第二论证提出了相当好的批判。在他考虑如何对荀子这个论证提出驳斥时，他举出学者之好学并不见得他们原本是无学之人，柯雄文说：

> 如果说一个学者可能会渴望并追求学习，但是他所渴望追求的对象是"更多地学习"，此依逻辑言之，他并未拥有他所追求之物……论证的重点是若我渴望寻求的是对象 x，并假设我清楚明白 x 为何……那么除非我不拥有 x，

---

①《荀子·性恶第二十三》，英译本 Watson 1963：161—162。

> 否则我不能被认为在渴望追求 x。但根据这样的思考，我们可以说一个善良的人也可以追求及渴望“更多的善”，而无须本身缺乏任何程度的善。道德善有不同的程度，荀子从概念考察去分析“欲望”的定义，将欲望概念视为在逻辑上包含缺乏所欲的对象，但是这样并无法建立“凡人之欲为善者，为性恶也”的主张。[①]

98

换句话说，我们或许会想拥有更多金钱，但这并不意味我们没有钱。我们可能希望变得更好，这却不表示我们不是良善的，因此荀子的论证无法使性恶主张成立。

接下来两个论证可一起讨论，第三论证的基础假设是“性”不可学习也不能教导，第四论证的基础假设是“性”为天生具有的。首先来分析第三论证[②]：

1. 人性是天之所就，不可学，不可事。
2. 但是我们需要学习为善，而且需要努力使自己变得更好。
3. 因此，人之性恶，其善者伪也。

接下来列出第四论证[③]：

1. 孟子宣称人之恶皆因丧失其天性。
2. 但是我们一生下来就开始远离出生的朴质单纯，因此一

---

① Cua 1978：4.

② 在先前我们讨论“性”“伪”区分时，已将所引用《荀子》文段列出。

③ 荀子说：“孟子曰：今人之性善，将皆失丧其性故也。曰：若是则过矣。今人之性，生而离其朴，离其资，必失而丧之。用此观之，然则人之性恶明矣。”《荀子·性恶第二十三》，英译本 Watson 1963：159。

定会逐渐失去孟子所谓的人之天性。

3. 因此，若孟子的看法正确，则明显所有人都必然会变恶。

4. 但所有人必然变恶是不合理的。

5. 因此，恶不可能来自人之丧失天性，反而是人天性的一部分。

这两个论证明显是基于荀子对"性"的定义（"生之所以然；不事而自然"）。孟子当然不会同意荀子第三论证中的第一项前提，或论证四中的第二项前提，因为对孟子而言，人性是一种发展中的状态，人可以实现、培养或改正自己的天性。因此，荀子主张人出生时的状态决定人的全部天性，以至于人不能学习而改进本性并不正确。如葛瑞汉所言，荀子驳斥孟子主张的两则论证"有点偏离靶心"[①]。

荀子再设问："今将以礼义积伪为人之性邪？然则有曷贵

99 尧禹，曷贵君子矣哉！"他如此回答：

> 凡贵尧禹君子者，能化性，能起伪，伪起而生礼义。然则圣人之于礼义积伪也，亦犹陶埏而为之也。用此观之，然则礼义积伪者，岂人之性也哉！所贱于桀跖小人者，从其性，顺其情，安恣睢，以出乎贪利争夺。故人之性恶明矣，其善者伪也。[②]

荀子此段叙述，我们可整理为论证五和论证六。

---

① Graham 1989：246.

②《荀子·性恶第二十三》，英译本 Chan 1963：133。

论证五：

1. 如依孟子所言，善来自人的天性，则人依自己的本性必然是良善的，若受到外在影响则可能成为恶。

2. 然而我们所谓“君子”是指受到师法之化的人，“小人”是指放纵感官耽于逸乐的人。

3. 因此，人之性恶，其善者伪也（故孟子所言是错的）。

论证六：

1. 若善是天生本有，则不涉及人为努力，而圣人亦仅依照本性而作为。

2. 但是吾人尊贵圣贤之人，正是因为他们累积道德努力而转化本性。

3. 因此，人之性恶；其善者伪也。

荀子认为人出生时并未具备礼义之德，而此是建构文明社会的两种主要美德。不过他也承认人天生具有学习道德准则和实践道德行为的能力。他说：

> 然而涂之人也，皆有可以知仁义法正之质，皆有可以能仁义法正之具……涂之人者，皆内可以知父子之义，外可以知君臣之正，然则其可以知之质，可以能之具，其在涂之人明矣。①

荀子同意一般人具有理解道德教化的能力以及实践道德行为的潜能，因为若非如此，他们永远无法被道德改造，而这是 100

①《荀子·性恶第二十三》，英译本 Watson 1963：166—167。

荀子不会接受的结论。或许有人会辩称，如此正显示出一般人确如孟子所言，在其天性中具有“道德的端芽”。不过荀子此处强调的是人天生的知性能力，而非其道德能力。知性能力并非必然是道德能力，例如人可学会游泳、弹奏乐器或学习第二种语言等，这些能力皆非关道德。如史华慈所言：“分析荀子论述时我们用‘能力（capacity）’一词，并非指涉一种当下可得的‘直观’知识，而是指一种获得经验以及对于过去经验推理的能力，而且此能力需要不断累积心智运作的活动。”[1]荀子不曾否认人可通过学习成为有德者，正如他不会否认人也可能经由学习而成为不道德者。关键不在于人是否拥有如此的学习能力，而在于人所学习的对象或内容。此处荀子提出钻研学习道德的重要性，[2]但即使人有了正确的目标，如果他缺乏坚持及专注的态度，还是可能无法成为有德的人。对于一般人，荀子说：

> 今使涂之人伏术为学，专心一志，思索孰察，加日县久，积善而不息，则通于神明，参于天地矣。故圣人者，人之所积而致矣。[3]

如果圣人与一般人的区别仅仅在于建构道德的积善起伪，则荀子论辩道德善来自人为努力的观点似乎是成功的。

---

① Schwartz 1985：293.

② 关于荀子此一主题的观点，参见《荀子》书中《劝学第一》及《修身第二》。

③《荀子·性恶第二十三》，英译本 Chan 1963：134。

最后，荀子用外在管束的不可或缺来支持性恶的论点。他说：

> 今当试去君上之势，无礼义之化，去法正之治，无刑罚之禁，倚而观天下民人之相与也。若是，则夫强者害弱而夺之，众者暴寡而哗之，天下悖乱而相亡，不待顷矣。用此观之，然则人之性恶明矣，其善者伪也。[①]

此段叙述我们整理成论证七：　101

1. 若人性本善，则无须刑罚之禁。

2. 但是我们如果去除君王之权、礼义之化、法正之治、刑罚之禁，则强者欺弱、众者暴寡，而强取豪夺。

3. 用此观之，然则人之性恶明矣，其善者伪也。

哲学家论辩性恶时经常运用这种论证形式，说服我们去检视那些法纪秩序沦丧的社会，确实经常看到人们强夺偷盗甚至互相残杀的现象。例如希腊历史学家修昔底德（Thucydides）认为，在发生鼠疫和内战时人类会显露出赤裸的本性，我们会看到人类各种最卑鄙的行为方式。[②]在恶行不会承担任何法律后果之时，我们不可能期待自己或他人永远会做正确的事。荀子说：

---

① 《荀子·性恶第二十三》，英译本 Watson 1963：163。

② 在修昔底德所著的《伯罗奔尼撒战争史》（*The History of the Peloponnesian War*）中，详细描述雅典发生黑死病时及在 Corcyra 内战时期人们的行为，他的结论正是指出：若无法律与秩序，人类行为显示了人性本恶。

> 故性善则去圣王，息礼义矣。性恶则与圣王，贵礼义矣。故檃栝之生，为枸木也；绳墨之起，为不直也；立君上，明礼义，为性恶也。[1]

从刑罚法规的不可或缺，荀子总结出人性本恶，其善者是来自外在的管束。

至此，我们已经见到荀子对孟子的性善论提出辩诘的许多论证，我们应该如何决定孰是孰非？孟荀两子对“性”字都采取这个字的通用定义；两人都是描述有关人性的一般概念。他们都提出一般性的经验论述，这些论述对于成人而言都仅仅部分为真，但他们却都以这些半真的经验论述而得出对人类婴儿本性的结论。在模拟论证方面，两人都运用自然物体或人的工艺品来模拟人性——孟子说性善犹水之就下，荀子则例举埏埴而生瓦，斫木而生器。但这些模拟仅是他们论点的说明而非证据。在两位哲学家之间，我们很难评断哪一位提出的论证比较完善。正如在本节开头所提，孟荀对道德教育和道德治理的总体看法非常相似，而他们有关人性的不同假设来自他们各自不同的宇宙观：孟子的宇宙观有道德倾向，而荀子的宇宙观主要是自然主义。此外，由于他们对人性的基本假设不同，他们对于道德本质的看法差异极大。对孟子而言，道德由人的内在而展开，对荀子来说，道德来自外在的引导。于此我们要转向荀子对“礼”在性恶的道德改造中所担当的重要约束作用之阐述。

102

---

①《荀子·性恶第二十三》，英译本 Chan 1963：132。

礼的意义

若人性本恶，那么我们称之为道德原则的礼节和礼仪从何而来？荀子答复其为古圣先贤所创制："圣人积思虑，习伪故，以生礼义而起法度。"[①]荀子参酌历史加以推测，在古代原始人类仅凭自然倾向及本能运作，当时的世界一片混乱，古圣先贤认为需要改造人民的自然情性、矫正其行为，并引导人民自原始社会步入文明，因此才创建道德原则以及礼仪制度。

道德的起源是个引人入胜的议题。孔孟似将道德视为根源于道德化的自然世界；早期基督教似乎主张道德来自至高无上的上帝谕令。而今荀子声称道德是人类的发明，是源自古圣先贤刻意的制定。如此一来荀子自然得面对质疑：若人性本恶且需受外在约束，那么第一位圣贤从何而来？如 T. C. Kline 所言："荀子并未……明确地描述，在原初没有礼法、师长或制度来引导道德修养的混乱社会中，任何人是如何可能成为圣人的。那些居于儒家'原初地位'的古圣先贤究竟是如何改造自己？" Kline 称这个难题为"远古圣贤的困境（the dilemma of the early sages）"[②]。

荀子是否给出一致的理论让我们脱困于两难之中？在谈论礼的起源时，他说： 103

先王恶其乱也，故制礼义以分之，以养人之欲，给人

---

① 《荀子·性恶第二十三》，英译本 Chan 1963：130。

② Kline 2000：155－156.

之求。使欲必不穷乎物，物必不屈于欲。两者相持而长，是礼之所起也。[①]

于此段分析中，荀子提出首先创建礼制者的是古代君王，而非古代圣人。古代君王的目的是在运用管制的法则来减低人民的危险倾向以避免社会失序。他们制定的道德规则可能只是为了符合社会管理的务实需求，因此，在人类社会形成的最初阶段，可能并未有任何自修成学的圣人，荀子也未被迫将圣人置于不同于一般人的族类中。但是，如果古代君王本身不是“道德的”，却发明道德以满足务实的需要，那么整个道德规范及礼法的创制是否即如倪德卫所称的“高贵的谎言（a noble lie）”？[②]倪德卫如此答复：

不会：古代君王通过卓越的智慧明白人性及人不可避免的处境，同时亦见到建立秩序之必要性。有鉴于此，他们制定法律和行为规范，随后不仅对一般人民颁布法条，同时亦作为自我约束的准则……由于他们的智慧，他们与我们一样接受道德的转化。[③]

换言之，即使古代君王原本没有以道德作为他们本性的一部分，他们遵守自己为人民设置的道德指引，也会“变得”有道德。

---

①《荀子·礼论第十九》，英译本 Watson's translation，1963：89（其译文稍作改动）。

② Nivison 2000：186.

③ 同上。

也就是说，在荀子所描述的古代君王转变成古圣先贤的过程中，道德的产生是一种知性努力的结果。圣人，或者我们可称为道德至高的人，是来自其本人遵循道德指引而最终得以欣赏道德本身之美。如荀子云："能虑、能固，加好者焉，斯圣人矣。"[①]

荀子将圣人努力改变人民的天性，比喻为工艺技巧。他说：

> 故枸木必将待檃栝、烝矫然后直；钝金必将待砻厉然后利；今人之性恶，必将待师法然后正，得礼义然后治。[②]

104

根据荀子此段阐述，我们可见道德教化与社会礼法的功用是要"矫治"或"改变"人的本性。此二者作为约束人民自然倾向的管制力量，将人类从自然状态转变为文明状态。

Kline 认为："'工艺的比喻'说明荀子将道德教化设想为由外而内的过程，而非自内而外的努力。师长、经典、礼乐之教，成为从外在形塑个人道德感的工具。"[③]我们在第二章讨论孔子对"礼"的主张时，更关切人的适当心态。荀子用相同的"礼"字，却包含更严谨、更系统化的社会礼仪和礼节含义。[④]陈荣

---

①《荀子·礼论第十九》，英译本 Watson 1963：95。

②《荀子·性恶第二十三》，英译本 Watson 1963：164。

③ Kline 2000：157.

④ 柯雄文详细解释礼的概念，他说："一般而言，礼的概念指涉一个由仪式、典礼、礼仪、礼貌、礼节组成的规范领域。我们可以理所当然地标示为'礼的领域'。礼的领域包含在个人和社交的不同场合中所特定要求或规定的适当行为。"（Cua 1979：373）这里显示出儒家"礼"的论述是一个丰富的概念，不过，柯雄文认为如果"礼"包含如此多元化的内容，就可能会有概念统一的难题。

捷说："荀子常将礼与法并称，给人的印象仿佛他不似孔孟般将礼视为内在节制，而是主张将礼作为外在控制。如此礼仪从作为个人道德修养的方法，转变为社会管制的手段。"[①]然而，对荀子而言，礼的功用远不止是社会管控，他主张即使礼的限制最初是从外加诸我们身上，最终还是应当被内化。道德原则与礼法的内化就是个人道德修养的过程，[②]一个有修养的人需要的外在限制将逐渐减少，他会发展自己的道德感，在任何处境中都能欣然做出正确之事，也不易被私利所诱或是屈服于任何不良的意念。美德是道德习惯的积聚，而道德习惯则来自人的不断努力自我克制。当人成为有修养的人，就会远离其原本的天性，对荀子而言，这即是善。

礼仪的形式和原则包括的那些内容，如何可以具有矫正人类行为的力量以及改造人类心灵的效果？根据荀子的观点，礼有三本："天地者，生之本也；先祖者，类之本也；君师者，治之本也。"[③]祭祀天地的仪典非常神圣，只有统治邦国的君王或诸侯可以进行某些仪典，而其间差异的界线有清楚的标记。荀子说："所以别尊者事尊，卑者事卑，宜大者巨，宜小者小也。"[④]至于祭祀先祖，也必须重视细节敬慎从之。举丧礼为例，棺椁的层数、纹饰的种类、祭品的数量、丧期的长短等皆有所

105

① Chan 1963：129.

② 正如 Kline 所指出的："这些外在于个己或是个人本性的因素，借由发展人的道德感知与性格，终究将人塑造成一个有修养的儒者，从而使人完成社会化。"（Kline 2000：157）

③《荀子·礼论第十九》，英译本 Watson 1963：91。

④《荀子·礼论第十九》。

规定，应当考虑完全符合先人的社会地位。最后，举行君王丧礼要极其隆重，丧服的颜色、悼颂祭辞的态度等，都必须符合追思与君王往来应有的礼节。

对于在此文化传统之外的人，儒家对礼的倡导往往使他们难以理解。我们很容易会视之为处理生活重要事件上的琐碎形式规定，而非其真正的意义。荀子认为我们很自然会对于生命中的重要事件有过于强烈的情感，尤其是忧愉之情。我们有时被这些强烈的情绪所牵引，表达可能过分激动。礼仪或礼节的功用就是导引我们适度地表达自己的情绪。荀子如此解释礼的功用："礼者，断长续短，损有余，益不足，达爱敬之文，而滋成行义之美者也。"[①]在特定处境中，礼仪及礼节适度调节我们的行为，使我们能尽情表达情绪而不至于滥情或失态。我们情绪表达的需求从而获得满足。因此，荀子说，我们无须压抑情绪，因为，"礼者养也"[②]。依照柯雄文的解释，礼仪的执行对荀子而言"展示了三种要素的综合构成，（1）作为一种特定形式，它代表人对相关程序的遵循；（2）作为一种态度或情绪表达，执行礼仪的人得以在特定场合中发泄适宜的情感；（3）作为一种执行礼仪的人在仪式完成时所获得的愉悦或满足"[③]。柯雄文称此综合为礼的"美学面向"[④]。

当然并非人人在礼仪中都能取得此三种要素之间的良好平衡，礼仪和礼节可能被那些仅注重形式，却缺乏真正忧愉之情

①《荀子·礼论第十九》，英译本 Watson 1963：100。

②《荀子·礼论第十九》。

③ Cua 1979：382.

④ 柯雄文（1979）列出的其他两个面向是"道德"与"宗教"。

的人变成琐碎虚文。荀子并不赞同此类虚伪的做法，他描述为
106 在丧礼上显得痛苦憔悴而刻意使外表瘦弱是“奸人之道”[①]。理想的情况是若人具有真挚的情感及遵循礼仪时明智合宜的判断，则无须设置礼仪规则来作为外在的约束。对于有道德修养的人尤其是圣贤而言，礼仪形式规定并非必要，他们知道如何“类之尽之，盛之美之”[②]，适度合宜表达自己的情绪。然而能做到如此的人极少，因此君子圣贤需要为百姓树立榜样，他们遵循礼节和礼仪，“足以为万世则”[③]。

结语

从以上的讨论，我们见到荀子对许多传统价值提供颇富兴味的观点。他对于天的自然主义理论、反对迷信的批判论述、负面的人性论，以及他对道德起源和礼仪的功能采取的务实观点，大大丰富了先秦儒家的思想内容。虽然稍后的宋明理学家并未重视他的学说，但若无荀子的贡献，儒家学派的趣味将减损不少。

延伸讨论问题

1. 孟荀之间，哪一位的人性论较具说服力？谁的论证较完善？你自己对人性的看法又如何？

---

① 《荀子·礼论第十九》，英译本 Watson 1963：101。
② 同上书，英译本页 102。
③ 同上。

2. 荀子的自然观点是什么？他的观点与儒家传统有何不同？

3. 荀子是否充分解释道德的起源？他是否能够成功解决“远古圣贤的困境”？他的观点可否与道德的社会契约论作比较？

4. 依照荀子思想，为何仪式如此重要？你是否看出举行仪式的价值在哪里？仪式扮演怎样的社会功用？

第五章

墨子

概论

108

有关墨子（约前 480—前 392？）可信的事迹我们所知甚少，然而关于他的确有若干未经证实的轶事。他可能活跃于孔子逝世后不久而略早于孟子出生的年代。谣传他年少时曾受业于儒门，但不久即脱离并转而严厉抨击儒家学说。他特别热衷于鼓吹兼爱互利的学说，毕生精力投注于倡导非攻。据称他是建造防御器械的专家，并且训练弟子擅于操作。他一生可能有数百追随者，其中许多人实践他反战的意识形态并协助防御战事。墨子及门徒实行简朴艰苦的生活方式，他们穿粗服，弃财物，摩顶放踵以利天下。墨家学说数百年间吸引大批追随者，墨家弟子成立严格的组织，首领“巨子”如军事将领般拥有权威而行事，某段时期，儒墨两家被视为引领中国知识界的两门显学。

在许多方面，墨子所欲达成的目标近似于孔子：减轻社会问题、重建世间秩序，以及为百姓谋福利。如同孔子，他培训学者从政，如此得以通过弟子们实现他亟欲达成的政治改革。然而孔墨成员截然不同，根据陈荣捷所述，孔子学生多为社会知识精英，而墨子门徒大多是劳工阶层。①他们对于理想社会的观点大相径庭。孔子意欲以古代尧舜圣王为典范，重建一个高级精致文化的社会，而墨子试图以另一位古代圣王禹为榜样，再造一个简朴的农业社会。②纵然两家学派具有减轻人民苦难的相同目标，却相互猛烈攻击对方观点，孔子的后继者孟子视墨子为理论上的大敌，孟子说：

109

> 墨氏兼爱，是无父也。无父无君，是禽兽也……杨墨之道不息，孔子之道不著，是邪说诬民，充塞仁义也。③

依孟子看来，正是由于墨子此类学说盛行，使他自己不得不如此好辩。上述引用的评论亦可见出早在孟子时代，墨家主张已然在民众间获得广泛的支持。

墨子认为儒家的主要问题在于不切实际；他视儒家为一种提倡耗费人力与社会资源的学说。墨子许多主张即使并非针对孔子的教导，至少也是直接反对当时儒学的实践。例如，墨子指责儒家爱有亲疏等差之别的教义是一种鼓励偏私的教导，故提倡以兼爱天下代之。他极力倡导简化丧礼以及缩短守丧期，而此二者以当时厚葬久丧的模式，原是孔子视为人对于逝者之自然情感一种必然的表现方式。墨子同时批评对音乐的学习与

---

① Chan 1963：212.

② 禹是夏朝（约前 2070—前 1600）的开创者，据孟子所述，禹专注于治水疏洪，以至于多年在外忙于筑堤开沟，三过其家门而不入。

③《孟子·滕文公下》，英译本 Chan 1963：72。

欣赏，而孔子相信音乐是改变人们气质最有效的方法之一。最后，虽然孔子自己极少论及命运，但是墨子认为当时儒门弟子常以“命也”为托词，以回避从政或服务人民。在其严厉的评断中，孔子及当时的儒者皆为虚伪、乖戾、心术不正、自相矛盾、怯懦、无信而且卑鄙之人。[1]

墨子著作编纂为论述文集《墨子》流传至今，这些文章似为弟子们记录他的论说或门徒对其思想的推广。全书标题包括71章，而18章已佚失，因此现存《墨子》实际有53章传世。110 其中具有思辨内容的六篇《墨辩》，被认为是相当后期的墨家学派所增补，墨家辩证法吸引当代学者们如葛瑞汉的注意，但在中国哲学史的主要发展中仅仅扮演极小的角色。另有11章包含墨子及门徒设计的详细防御策略或器械，对于有意研究中国古代军事思想的读者颇具趣味。然而本章将仅探讨墨子核心思想，主要讨论他的兼爱互利学说，及检视后来成为韩非子法家思想基础的务实威权主义（pragmatic authoritarianism）。由于墨子似乎是唯一论及宗教哲学的中国古代哲学家，最后我们要分析他关于鬼神存在及其对命运的观点。

兼爱与爱有亲疏

墨子学说的标语“兼爱天下”，直接挑战孔子所教导的爱有亲疏。墨子不是仅仅倡导我们应该对所有人表现普遍的关怀，他更将理想提升为待人如己。“兼爱天下”意味对每个人，不

---

① 这些批评多见于《墨子·非儒下》，其上篇已佚失。

管是家人还是陌生人，都给予等同的关爱。墨子说："视人之国若视其国，视人之家若视其家，视人之身若视其身。"①秦家懿（Julia Ching）称墨子的观点为"激进的利他主义"②。墨子兼爱学说乃是为他的"交相利"主张作起步，"兼相爱"比起公正无私的伦理原则对我们的要求更高，因为公正无私仅需作出理性道德判断，要求我们除去考虑自身利益，并且看待他人如同自己，具有同等的道德价值。但这个原则并不要求我们爱人如同爱己。因此，墨子所欲达成的不仅是行为的改变，而更是所有人的心理改造。

墨子认为所有社会问题的根源，在于人们不能平等地互相关爱，他说：

> 仁人之事者，必务求兴天下之利，除天下之害。然当今之时，天下之害孰为大？曰：若大国之攻小国也，大家之乱小家也，强之劫弱，众之暴寡，诈之谋愚，贵之敖贱，此天下之害也。又与为人君者之不惠也，臣者之不忠也，父者之不慈也，子者之不孝也，此又天下之害也。又与今人之贱人，执其兵刃、毒药、水、火，以交相亏贼。③

111

墨子以上论述可以整理成论证如下：

1. 仁人具有求兴天下之利，除天下之害的道德义务。

---

①《墨子·兼爱中》。

② Ching 1978：163.

③《墨子·兼爱下》，英译本 Watson 1963：39。

2. 天下之害指的是：各国之间的相互攻伐、邦家之间的相互侵占，以及人与人之间的互相伤害。

3. 天下之害源自人们缺乏兼相爱。

4. 因此，仁人务必发扬兼相爱交相利的学说。

儒家的理想人格是仁人，是能帮助他人为善的人。在第二章我们曾谈到孔子如此定义“仁”：“己欲立而立人，己欲达而达人。”[①]此定义乍读之下与墨子以上的主张有令人讶异的相似内容，然则二者之别究竟为何？

孔墨伦理学主张的基本差异在于，对孔子而言，作为仁者是人存在的理想境界，“仁”所描绘的是人存有的内在状态。人一旦达到仁人的境界，就自然倾向于帮助他人自我实现。仁是一种利他的心态架构，而其目标要使他人经由道德转化而成为更良善的人。相对来说，对墨子而言，利他意味着结果论者（consequentialist）的利益考虑，所欲达到的目标是全体的利益，而推广利他主义是实现此目标的方法。因此，墨子极少谈论何谓“仁人”，反而聚焦讨论仁人所为何事。道德是由个人的行为而非其内在美德来评定的。如史华慈指出的：“本质上所谓墨家之真正‘义人’的注意力是完全定着于‘外在’的世界。墨家义人的重心在于‘做善事’，而非执着于‘成为善人’。”[②]墨子相信他所提倡的乃是仁人应当完成之事——“兴天下之利，除天下之害。”[③]换句话说，墨子的理论是行动理论，他经常批

---

①《论语·雍也第六》。

② Schwartz 1985：146.

③《墨子·兼爱中》。

评儒家虚伪或只是言而不行，他认为人应当言行一致，要做到 112
“无言而不行”①。我们可以由此得出结论，墨子其实并未拒绝儒家仁的理想，而是排斥儒家太过强调“内在的”德行理想者。

墨子进而认为孔子所教导的“恕”道——己所不欲，勿施于人——并未真正找到世界难题的解决之道。如墨子指出，世间混乱的根源起因于人们不能兼爱，因此，解决之道必然在于消除我们把自我放在第一位的心态，而非仅是“推己及人”。因而他倡导爱无差等，以对抗儒家爱有亲疏的学说。

人类爱人的根源为何？爱是一种自然情操，还是社会制约出来的情感？黄百锐从道德心理学观点，主张对家人之爱比起对陌生人之爱更具有“道德优先性”。他列举三个理由说明何以儒家的信念为“先亲其亲而后能仁人”②：

1. 家庭是社会与政治的基本单位，对人类之爱必始于家庭的孝悌之道。

2. 我们必须感念父母的恩慈，因为他们赋予我们生命并养育我们。

3. 对自己父母的福祉付出较多的关注，乃为人类天性。

这三个要点可视为以儒家立场反驳墨子的观点。③儒者会主张由于人类社会是由原子家庭单位所构成，又因为人类在特定

---

①《墨子·兼爱下》。

② Wong 1989：254.

③ 黄百锐并未完全在儒家爱有等差的模型之上建立自己的伦理学理论，然而，他认为适当的伦理学必须认知到人类首爱及最爱家人的天性，同时也须认同“所有人都具有道德价值的普世道德情怀”（Wong 1989：267）。因此，他建议结合儒家亲疏之爱以及墨家兼爱天下的观点。

的家庭关系中抚育成人，所以我们的情感自然会最先而且最大限度地投注于自己的直系家属。此偏爱倾向在我们的本性之中，经由社会环境培养，加上我们对父母的感恩之情而得到加强。

然而，墨家可能会针对上述三项主张提出驳斥。关于人类天性，墨家不会否认人类天生自利；因此，他们会主张人的自利只能是在个人处于天下人兼相爱的世界中才会得到最大的提升。至于社会环境的制约影响，墨家会提出我们可以被不同的 113 社会模式所制约。假使我们并非由家庭单位养育成人，我们仍然会对父母自然地最为挚爱吗？在《理想国》一书中，柏拉图提出一种理想城邦，其中所有儿童的出生背景被隐瞒，一生下来就被带开而一起在育幼所中养育。父母不认识自己的孩子，儿童亦不知自己的生身父母。柏拉图主张每个人在如此世界中，会彼此关爱就如所有人皆处于同一个家庭。通过此思想实验，我们可以想象在一个没有家庭单位的世界里，兼爱之类的情感可能成立。最后，关于对父母的感恩之情，墨家可以指出，若我们普爱天下人也为天下人所爱，则此感恩之情会投射于任何善待我们的人身上。

墨家的社会重建是否可能实现？我们需再度检视哪一种爱的形式对人而言更符合人性自然。根据黄百锐的观点，爱并非始于大爱而后发展出私爱；相反的，爱始自特殊对象，因为是人在婴幼时期所得到的爱使其在成长之后具有关爱他人的能力。[①]由此

---

① 黄百锐说："即使我们确实觉知人类具有同等的道德价值，也必须认知促使我们对于特殊关系中特别对象会优先付出的动机及动力。一个不能考虑到这种动机的伦理学，就有成为对人类而言毫不相干的伦理学之风险。"（Wong 1989：260）

观之，人类自然地形成家庭关系。当我们在各自的家庭中出生，受到两位特定人物的照顾，与几位特定的手足一起成长，要我们放弃爱的等差，就是要我们放弃我们对这些特别亲近之人的自然情操。要是摈斥这种优先考虑而谴责我们情感有等差，反而会使我们变成无情的生物。因此，对特殊对象的爱并非普遍大爱的分支。事实上，普遍之大爱只有通过推广（孟子之“推”）我们对于特殊对象的自然之爱才能实现。

基于我们既有的社会处境而作考虑，我们可以说等差之爱是人类较自然的情操。不过，墨子亦完全知晓教导人们违背其自然情感的困难，因此，他的另一策略是诉诸人类谋求个人利益的自然欲望，使他们明白若每个人都能兼爱天下，他们将会拥有更大利益。墨子指出：“爱人者必见爱也，而恶人者必见恶也。”[1]扩而言之，若我们能爱他人的父母，则他人也必会关爱我们的父母；若我们能爱他人的国家，则他国之人民也会爱我们的乡里。最终，当我们能兼爱天下时，自身的利益就可获得最佳保障。

墨子曰：

> 姑尝本原之孝子之为亲度者。吾不识孝子之为亲度者，亦欲人爱利其亲与？意欲人之恶贼其亲与？以说观之，即欲人之爱利其亲也。然即吾恶先从事即得此？……即必吾先从事乎爱利人之亲，然后人报我以爱利吾亲也。然即之

114

① 《墨子·兼爱下》，英译本 Watson 1963：47。

交孝子者，果不得已乎，毋先从事爱利人之亲者与？[1]

我们可将墨子道德哲学表述为基于如下推论，以详述此段评论：

1. 我们首先关心的是自己的利益。

2. 满足我们自利最有效的方式，是当其他人也都全部朝向与我们相同的目标一起努力。

3. 但是除非他人看到我们正为他们做同样的事情，他们并不会为我们的利益而努力。

4. 因此，我们应该交相利。

5. 为了能交相利，我们必须培养兼相爱。

6. 爱人者必见爱，而恶人者必见恶。

7. 因此，我们必须先在自身培养发展兼爱的情怀。

我们可以看到在此推论中，"兼爱"并非墨家思想的主要目标，而是视之为达成目标的手段。墨子认为除非每个人都被劝导而采取平等互爱，我们永远无法达成最大的公众利益。同时，纵使墨子的究极目标是世界的整体利益，他也理解每个人基本上皆为自利的生物。因此，为了劝诱人们采取兼爱的心理架构，他诉诸个人之自利以达成目的。如史华慈所言："除非人们被劝导兼爱天下，人类整体的普遍利益将永远无法实现，最终，仅有兼爱能使个人将自己的利益与他人的利益认同为一。"[2]把兼爱作为美德从而是一种本质的善，跟把兼爱视为达

①《墨子·兼爱下》，英译本 Watson 1963：46—47。

② Schwartz 1985：147.

成目的之手段才具有价值，是两种完全不同立场的主张。如果兼爱对于墨子的真正目标仅具有“工具价值”[①]，那么一旦工具价值丧失，即使墨子自己也会放弃此项理论。故无怪乎与墨子同时期且持相同目标的哲学家杨朱，会提倡贵己为我的自私之爱来作为获致普遍利益的手段。杨朱主张若每个人本质为自利，且皆朝自己的利益而努力，则社会将因此获益，因为社会不过是个人的总和。在孟子时代，墨家与杨朱学派是从利益观点而挑战儒家思想的两派敌对学说，故而孟子常言：何必曰利？亦义而已矣。 115

接下来，我们将转而讨论墨子基于利益考虑的道德理论。

义务论之义与功利主义之利

墨子思想的另一重要论题是人应当互利。他使用“利”的概念正是直接挑战儒家的理想。[②]墨子以“利”字强调实用的利益，例如重整世界秩序、终结战火、消解人际冲突、充实社会资源，以及保障人民物粮生计。他甚至不是谈提高每个人的利益、财富或地位，他所关切的是在人民生存的基本层面。儒家对此层面的关怀并非弃之不论，但是儒家除了民生问题之外

① “工具价值”一词出自历史学家劳思光的《中国哲学史》第一卷，台北：三民书局，2010，282 页。

② 史华慈指出：“《论语》提及的‘利’意指关心个人利益，并且与……‘义’的动机相对立。墨子以自己的方式使用‘利’字，因此几乎带有挑衅的意味。”（Schwartz 1985：145）

更深入探讨如何改进人民的道德。墨子的关怀层面仅是人民的生存问题。儒家要教导人民依义行事，而墨子要教导人民顾及天下之利，此即墨家与儒家思想分歧之处。

墨子始于假定所有人天生自私自利。我们可以说他是一位心理的利己主义者（psychological egoist），因为他相信所有人在心理层面天生利己。然而，他并非伦理的利己主义者（ethical egoist），因为他不认为由于我们“实然”天生利己（描述义），所以我们“应然”利己（规范义）。墨子自己是一位伦理的利他主义者（ethical altruist），但他如何能让其他自利心态的人接受他的立场？从心理利己主义的假设，墨子试图推广“个人利益的提升来自人人交相利”的理念。因此，他所倡导的实为一矛盾的主张：提升我们自利最好的方法，就是不提升我们自己的利益而提升他人的利益。顾立雅（Herrlee Creel）称之为“开明的利己（enlightened self-interest）”[1]。墨子曰：

> 今吾将正求与天下之利而取之，以兼为正，是以聪耳明目相与视听乎，是以股肱毕强相为动宰乎，而有道肆相教诲。是以老而无妻子者，有所侍养以终其寿；幼弱孤童之无父母者，有所放依以长其身。今唯毋以兼为正，即若其利也，不识天下之士，所以皆闻兼而非者，其故何也？[2]

116

---

① Creel 1953：5.

②《墨子・兼爱下》，英译本 Watson 1963：41。

墨子的观点被当代学者公认为是功利主义的一种形态，一般形式的功利主义其论点可表述如下：

［UT1］一个道德行为的充要条件是：这个行为，比起行动者当下其他可能采取的行为，会产生对所有相关的人员最好的结果远大于其坏结果。

［UT2］道德行为的目标就是使最大多数人都获得最大的幸福。

［UT3］计算人数时，每个人以同一单位计算（亦即所有人，不分亲疏，都在道德上受到同等考虑）。

［UT4］因此，道德行为的目标是使陌生人及家人同样获得最高的幸福。

我们可以看出以上功利主义所有基本论点都与墨子兼爱互利学说相兼容。

丹尼斯（Dennis Ahern）质疑这种关于墨子思想的传统诠释，他认为将墨子定位为功利主义者的公认看法是“无视他对天的信念”[①]。当我们检视墨子对于天志的主张时，就应当会改称他为天命论者（Divine Command theorist）。Ahern 辩称，从墨子论及天志的内容，可见到墨子应会接受以下两个充要条件的叙述：

［A1］“X 是正确的行为”其充要条件是：“X 的行为符合天的意志。”

［A2］“X 是错误的行为”其充要条件是：“X 的行为不符合天的意志。”

---

① Ahern 1976：188.

倘若墨子是以符合天志与否来判断行为的对错，那么他的最高道德原则所关切的即为天的意志，而非大众利益。根据 Ahern 的看法，在此道德理论之下，人将会出于道德义务而遵从天的意志，因此，Ahern 得出结论：墨子实际倡导的是一种义务论的天命理论（deontological Divine Command theory）。

117 迪尔克（Dirck Vorenkamp）对此诠释予以反驳。他主张墨子之所以告诉我们要遵从天志，不是仅仅因为那是天志，而是由于“如此行为将对我们自己有利”[1]。再者，天所命令的道德规则之所以是好的，是“因为这些规则在所有情况下都会促进个人及社会双方的利益”[2]。道德规则的正当性并非来自其对天志的符合，而是由于这个道德规则有个倾向，在所有个别情况中都会对相关的每个人产生更大的利益。Vorenkamp 因此得出结论，墨子不但是一名功利主义者，更是一名“规则性功利主义者（rule-utilitarian）”。

这两位学者的不同意见代表了两种诠释阵营之间的论战，重点在于争辩当墨子判定一项行动是否正确时，他究竟是主要审视这个行为是否利于天下，还是首要检查这个行为是否符合天志？为了要裁决双方的争论，我们来检视墨子的论述。最能直接支持天命理论的说法完全来自墨子的陈述：“顺天之意者，义之法也。”[3]他似乎作出了如下的道德箴言：

［Ml］一项行为在道德上正确的充要条件就是它遵循天志

---

① Vorenkamp 1992：430.

② 同上书，页 431。

③《墨子·天志中》，英译本 Watson 1963：92—93。

而行。

不过，此一道德箴言缺乏内容，因为我们不知天的意志究竟为何。为具体说明天志，墨子首先主张天“欲义而恶不义”，继而又问：“然则何以知天之欲义而恶不义？”他给出理由：

> 天下有义则生，无义则死；有义则富，无义则贫；有义则治，无义则乱。然则天欲其生而恶其死，欲其富而恶其贫，欲其治而恶其乱，此我所以知天欲义而恶不义也。[①]

在这种费解的回旋论证中，我们似乎见到如下的推理：

［M2］天欲生而恶死；欲治而恶乱。人类有义则生则治；无义则死则乱。因此，天欲义而恶不义。

在下一个推论步骤中，墨子尝试说明他如何获致天欲生治而恶死乱的结论。根据墨子的论述，我们之所以知道上天喜好生命和秩序，而厌恶死亡与混乱，是因为我们明白上天“兼天下而爱之，撽遂万物以利之”[②]。此段引文清楚地显示出如下假设：

118

［M3］天兼爱天下，育成万物，而使天下百姓得利。

这个论点赋予“天志”的内容：在此“天”被视为具有意志与意向的道德主体，其意志是兼爱天下；其意向是交相以利万物。因此，天志似乎不过是“兼相爱、交相利”。墨子的论

①《墨子·天志上》，英译本 Watson 1963：79。
②《墨子·天志中》，英译本 Watson 1963：88。

述进一步支持此一论点，他抨击基于亲疏之别的政策，说道："观其事，上不利乎天，中不利乎鬼，下不利乎人，三不利无所利，是谓天贼。"①我们可以由这段话得出以下的论点：

［M4］违反天之意志＝政治措施上不利乎天，中不利乎鬼，下不利乎人。

由此我们推得以下的结论：

［M5］顺从天之意志＝施政交相利于万物

联结［M1］，我们似乎又回到下述结论：

［M6］一项行为在道德上正确的充要条件是：执行符合万物交相利的政策。

此一叙述明显为规则性功利主义的论点。②在此功利主义精神之下，墨子主张顺服天志的效益就是天下将获得最大的利益，如他所言："故唯毋明乎顺天之意，奉而光施之天下，则刑政治，万民和，国家富，财用足。"③我们或可诠释墨子提倡天志的动机为尝试赋予其功利理论更深一层的正当性。换言之，就连他的天命理论也规划入其整体功利主义的架构中。我们可因此得出结论，墨子是完全彻底的功利主义者。

119

墨子的政治哲学：实用主义的威权统治

墨子如同孔子，也推崇以统治者（天子）居上的政治阶级

---

①《墨子·天志中》，英译本 Watson 1963：91。

② 将墨子诠释为规则功利主义者的学者中，包含 Dirck Vorenkamp（1992）及 Christian Jochim（1980）。

③《墨子·天志中》，英译本 Watson 1963：86。

系统。对墨子而言，一个健全的政治秩序必须有统治者的权威受到全体臣民的敬畏。此即一种威权主义的形式，但此威权政体的主导原则并非基于统治者的独断意志或其个人利益，而是天志之所赋予统治者，令其兼爱天下，造福全民。

墨子的威权主义比起其他形式的威权体系更为激进，他不仅主张严格地服从，而且强调对上级采取道德上、行为上，甚至心理上的同化。庶人百姓同化于地方官员，地方官员同化于将军大夫，将军大夫同化于君王天子。而最终，墨子将天置于此意识形态阶级的顶端。他说：

> 无从下之政上，必从上之政下。是故庶人竭力从事，未得次己而为政，有士政之；士竭力从事，未得次己而为政，有将军大夫政之；将军大夫竭力从事，未得次己而为政，有三公诸侯政之；三公诸侯竭力听治，未得次己而为政，有天子政之；天子未得次己而为政，有天政之。①

何以墨子意欲消除治理观念的差异，或说意欲建立心思的统一？他的理由再度是指出当天下所有人在政治上所思所为皆相同时，天下即可获其大利。墨子曰：　120

> 古者民始生，未有刑政之时，盖其语人异义。是以一人则一义，二人则二义，十人则十义，其人兹众，其所

①《墨子·天志上》，英译本 Watson 1963：79—80。华兹生将“士”英译为 gentlemen，我改译为 local officials，此段原文中，“士”理解为地方官员较为适当，参照稍后将论及“士君子”的些微诠释差异。

谓义者亦兹众。是以人是其义，以非人之义，故文相非也。是以内者父子兄弟作怨恶，离散不能相和合。天下之百姓，皆以水火毒药相亏害，至有余力不能以相劳，腐臭余财不以相分，隐匿良道不以相教，天下之乱，若禽兽然。①

对于墨子这里的主张，我们整理如下：

1. 若每个人对于何者为是都以自己的观点为正确，则人越多，我们就会拥有越多的意见。

2. 每个人自然相信自己的观点正确，而且反对他人的观点。

3. 因此，当意见越多，所引发的争议也越多。

4. 口头的争议会引发人内心的嫌恶感。

5. 人内心的嫌恶感会降低人际关系的和谐。

6. 当人们彼此不能和谐共处时，接踵而来是争斗、战火，最终导致天下大乱。

7. 因此，意见分歧是世界失序的根源。

在此论证中，墨子似乎表现出对人类理性极度的不信任。他似乎不相信人们能够经由理性对话而平息分歧的意见。墨子不寻求教育人民对他人观点更能接受的方法，反而主张消弭异议。当所有其他的声音消退后，必然只留下一种意见：上级阶层的意见。中国古代政治阶级位阶最高的即是统治者。葛瑞汉指出：墨家"'关怀所有人'的平等主义意涵并未将墨家带往

① 《墨子·尚同上》，英译本 Watson 1963：34。

民主的方向；如同其他哲人，墨子认定如果人民终究需要一个政府管理，那么管理必来自阶层上级”①。葛瑞汉推测墨家理论之所以未达至民主的结论，是因为“墨者，就如同儒者，都以执政者为听众，而意在说服君王，并期望被任命为重要的官职”②。然而他如此诠释墨子的学说意图似乎太过于将墨子比拟为法家，但墨子显非法家。墨子自己未得出对民主政体的信念，基本的原因可能在于他对人类的理性能力高度怀疑。民主政体是建立在人民普遍具有同等理性的假设之上；因此，多数人的意见会比少数人的意见代表着更高程度的理性。在墨子的时代，教育是社会精英的特权，大多数人民都未受启蒙。而且，由于墨子相信知识分子与一般民众同样以自利为中心，他不认为知识分子的个人意见可能维护天下人的福祉。在墨子的政治蓝图中，统治者最终必须受到天志的裁定认可，而天志仅以天下福祉为意。然而，即使在他的时代，墨子声称天的存在也乏人相信，遑论至墨家后期。一旦宗教精神丧失了，即无以阻挡统治者一意孤行只手遮天。因此，纵然墨家基本上是谋求全民利益的哲学，墨家思想也可能与法家思想一样被用来支持中国的封建威权制度。墨子“以下同上”的想法也可能被视为鼓励后代帝王压迫下级，使其不可有不同的意见。

121

墨子亦提倡“能德领导制度（meritocracy）”——亦即基于个人的能力、才华及德行而给予迁升晋级的社会政治体系。他的政治哲学重点之一即是“尚贤”。墨子说：“是故国有贤良之

---

① Graham 1989：45.

② 同上。

士众，则国家之治厚，贤良之士寡，则国家之治薄。”[①]墨子所称的“贤良之士”，意指具有道德德行、政治能力以及真正努力的人。他抨击当时统治者常见的心态：偏宠。若君王偏宠自己的亲属，轻忽其个人能力及德行，则国家无疑将沦于失序。墨子所提倡的是一种精英领导的能德制度，如此“以德就列，以官服事，以劳殿赏，量功而分禄”[②]。在这种能德制度之下，“官无常贵，而民无终贱，有能则举之，无能则下之”[③]。在墨子对能德制度的解释中，我们再度见到他隐含的假设，亦即就算是对才德兼备者，君王亦可通过实质的奖励，例如财富地位，加以激励上进。换句话说，即使“贤”者，也很难不落于自利之心。

122

墨子政治哲学另一重要元素在于他倡导撙节费用，每项政策或施政都应基于效益评估费用；亦即其实用价值。墨子说：“圣王为政，其发令兴事，使民用财也，无不加用而为者，是故用财不费，民德不劳，其兴利多矣。”[④]墨子自其实用效益的观点出发，对于儒家重视礼乐方面的学说，积极展开他主要的攻击。

孔子的目标是要建立礼乐教化的文明社会，对比之下，墨子要重建的是一种更为基本的在物质上自足的社会形式。史华慈指出在墨子时代“关于满足人们对于食物、居所、衣物、安全及和平的基本需求此一任务，有极强大的迫切感——应该说几乎是绝望。为了要达成此目标，需要完全而且持续地集中社

① 《墨子·尚贤上》，英译本 Watson 1963：18。
② 同上书，英译本页 20。
③ 同上书，英译本页 20—21。
④ 《墨子·节用上》，英译本 Watson 1963：62。

会所有的精力”[①]。或许确实是由于这种迫切感，使墨子猛烈抨击当时社会上风行精心操办丧礼、制作或观赏舞乐，并且他大力批评奢华物品的制造。他问道：“其为衣裘何？以为冬以圉寒，夏以圉暑……芊䱉不加者去之。”[②]若基本物品如食物衣服都应该维持最低水平，则其他非生存必需的物资必然更无价值。

墨子认为欣赏音乐或许能使人愉悦，却对人们的生活不具任何实用的功能。他说：

> 饥者不得食，寒者不得衣，劳者不得息，三者民之巨患也。然即当为之撞巨钟、击鸣鼓、弹琴瑟、吹竽笙而扬干戚，民衣食之财将安可得乎？即我以为未必然也。[③]

从墨子观点来看，音乐不仅未能提供食物和居所，而且其制作与欣赏亦耗费时间、金钱与精力。他表示执政者为了制作精美的音乐，必将役使青壮敏捷的年轻男女，而“使丈夫为之，废丈夫耕稼树艺之时，使妇人为之，废妇人纺绩织纴之事”[④]。此外，执政者要享受舞乐必不喜欢独自观赏，然而“与君子听之，废君子听治；与贱人听之，废贱人之从事”[⑤]。所有此类

123

---

① Schwartz 1985：151.

②《墨子·节用上》，英译本 Watson 1963：62。

③《墨子·非乐上》，英译本 Watson 1963：111。

④ 同上书，英译本页 112。

⑤ 同上书。华兹生以 gentlemen 英译“君子”，在儒家文本“君子”通常译为 the superior people。但此处墨子清楚意为管理国家政事的官员，故我改译为 government officials。

活动都会使人民无以从事耕稼织纴之事，因此墨子得出结论："今天下士君子，请将欲求兴天下之利，除天下之害，当在乐之为物，将不可不禁而止也。"①

墨子更进而批评儒家持守丧葬礼仪。儒家对于丧礼的教导是强调丧礼代表人类脱离动物禽兽而提升至人类的文明礼仪。适当的丧礼过程以及固定的哀悼期间，可以让我们以社会可接受的方式来表达对于逝者的情怀，但墨子认为所有这些礼节仪式都是浪费劳力金钱等社会资源。他说：

> 细计厚葬，为多埋赋之财者也。计久丧，为久禁从事者也。财以成者，扶而埋之；后得生者，而久禁之，以此求富，此譬犹禁耕而求获也，富之说无可得焉。②

如果亲人为逝者准备重棺华服，就犹如将财富埋于地下，永无机会回收。如果亲人为逝者哀悼三个月，或为父母守丧三年，就等于长期不事生产。因而墨子主张"今唯无以厚葬久丧者为政，国家必贫，人民必寡，刑政必乱"③。

顾立雅说道："墨子所设想的是一种和平的世界，其中多数人民井然有序，得以温饱，如同在可能的最佳状态中安生立业。"④然而，这样的世界果真为"可能的最佳状态"？我们从当代的观点来看，即使回顾了历史上所有的人类悲惨处境，许

124

① 《墨子·非乐上》，英译本 Watson 1963：116。
② 《墨子·节葬下》，英译本 Watson 1963：68—69。
③ 同上书，英译本页 70。
④ Creel 1953：66.

多人仍不会愿意保持如此基本的生活目标。纵使在极度贫困的状态中，人们仍渴望文化活动的愉悦；即使无法为父母举行适当的丧礼，人们仍会想要竭尽所能尽力治丧。此为人类的自然情操，并非仅是儒家的教导。儒家只是承认此自然情感，并制定社会可接受的表达方式。反过来，墨家则否认一般人民对文化有任何向往。不过，我们同时也可以看到墨家学说的说服力。富裕的人确实对于仪式琐碎的细节付出过多的关注，或是耽于铺张的盛会。若思及有多少人处于饥饿边缘或濒临无法生存，我们对于墨子关切人民福祉所发出的义愤不平，不得不亦有同感。自纯粹实用的观点视之，高级文化活动以及传统仪典的价值的确是有问题的。

墨子的最后一项政治主张，不见得是针对儒家，就是他倡导的非攻。他再度以公众福祉的观点作为论述立场。不过墨子并非一位和平反战主义者（pacifist）。他在书中论及许多防御器械装置，包含数章谈论城门防御工事以及御敌应用策略，如建造云梯、开挖渠道、引水决堤等等。墨子绝不接受以扩张势力版图为目的而主战。即使主战国的一场成功的战事最终可能为其百姓带来更大的利益，但是战争永远不会为天下带来普遍的利益，而天下的普遍利益则是墨子为所有行动判断标出的最高准则。

从上述讨论，我们可见对墨子而言，所有政治考虑皆基于效益评估。他关于治理的威权形式、尚同以消除异议、非乐、节葬、节用、尚贤及非攻等主张，都是为达成其兼爱天下之目标而在理论上提出的权宜之计。

墨子的宗教哲学：上天、鬼神、命运

墨子在古代中国哲学家中似最具宗教意识，但他的宗教精神仍是由其实用主义所促发。他主张鬼神存在，提倡敬畏天志，不过不是因为迷信，而是他认为此等信仰有助于兴天下之利。根据同样理由，他驳斥命运的存在，反对我们相信人生是由先在的命运所决定。但这也不是因为墨子很理性，而是因为他认为此类信念有损于社会福祉。

125

墨子列出三项判准来测试各种理论学说是否可被接受：（一）理论的预设有其根源；（二）理论的预设有效；（三）理论之应用的实用结果。

他说：

> 必立仪……故言必有三表。何谓三表？子墨子言曰："有本之者，有原之者，有用之者。于何本之？上本之于古者圣王之事。于何原之？下原察百姓耳目之实。于何用之？废以为刑政，观其中国家百姓人民之利。此所谓言有三表也。"[①]

换言之，一项理论所必须受到的第一道测试是以历史记载来检视。与许多古代中国的思想家一样，[②]墨子也相信古代的

---

①《墨子·非命上》，英译本 Watson 1963：118。

② 正如华兹生指出："借由此一诉诸古代圣王的历史记载，他附和同时代思想家众所公认的惯例，而我们可以假设，若他的听者接受他对古代的论述为有效，他们必然会强烈感到必须接受此一结论。"（Watson 1963：4）

历史记录（如《诗经》与《书经》）是对古圣先贤之言行的可信记载。同时，他更相信这些古代圣王为真理树立了标准。其次，理论的检测包括他人的见证，而可信的证词是通过人们实际观察以及亲身经验。不过，墨子并未提出他人证词在统计数据上的可靠性，似乎只需有足够的众人对某种经验给予肯定的报告，那么否定的证词即可以不加考虑。墨子的第三个测试标准最为有意思。他主张我们要判定一项理论是否可接受，在于检视如果我们相信此理论，会具有多少实用性——这个理论被我们接受或拒绝会产生多少效益。在他这个观点后蕴涵的真理论近乎当今所谓的真理实用主义（pragmatic theory of truth），指的是对于信者有用的信念即为真——信者根据此信念的行动会产生令人满意的实用结果。在墨子的真理实用主义之下，许多哲学争论都可以看各理论的适用性及其实用的结果来决断，而不是看其论证的可靠性或是其理论的完整性。

墨子运用这些判准，来申辩神鬼确实存在、天有其意志，以及并不存在决定我们现在或未来的命运。墨子关于天的观点似乎是直接沿自儒家所不重视的古代宗教观点。许多学者认为墨子采取超自然存在的信念，例如华兹生对墨子阶级体系的世界观如此描述："在这个超自然世界的阶级系统中，墨子假想有个名为上帝、天君，或是天的神祇，为世界之首，创生万物、关爱万物，并谋求万物的福祉，并通过神祇在人世的代表——天子及其官员，共同朝向此目标而努力。"[①]如果墨子本人真的确信有此一神祇的存在，那么他的观点是相当

126

① Watson 1963：4.

倒退的。但是，墨子对于理论有效性的第三种检测方法显示出他采用任何理论的动机皆基于实用。关于天／神或其神圣意志的存在与否，墨子并未具有任何个人的信念。在他的论证中，他经常提倡相信天或天志存在的利益。如果执政者相信天存在而且天志是“兴天下之利”，那么他们将不会带给百姓祸害；若人民真正相信天存在，而“天欲义而恶不义”，那么他们将不会为非作歹。[1]墨子因此作出结语：难道这不是对天下有利的学说？

同样地，墨子试图说服他人去相信鬼神在监督着我们的行为，并会据以派赏或惩治。他说：“今若使天下之人，偕若信鬼神之能赏贤而罚暴也，则夫天下岂乱哉！”[2]正如 Vorenkamp 解释的，对墨子而言，“‘相信’天或鬼神存在，比起天或鬼神实际存在的存有状态更为重要”[3]。换言之，墨子哲学所欲建立的并非鬼神的存在，而是相信鬼神存在这种信念所产生的利益。葛瑞汉认为在墨家的宗教哲学中“几乎没有证据显示有对鬼神比畏疚之感更深的精神面向”。因此，“在某种意义上，墨家比起那些他们所抨击为怀疑论者的人更不具有宗教性”[4]。若我们明白墨子是用天来作为对执政者行为的最高约束，是用鬼神来作为对老百姓行为的普遍监督者，我们就可以理解墨子何以会如此冷静超离地提倡这些超自然的存在。

最后，墨子拒斥命运之说，因为此说给予人们借口无所事

---

①《墨子·天志上》，英译本 Watson，1963：79。

②《墨子·明鬼下》，英译本 Watson，1963：94。

③ Vorenkamp 1992：436.

④ Graham 1989：48.

事，他说：

> 今用执有命者之言，则上不听治，下不从事。上不听治，则刑政乱；下不从事，则财用不足，上无以供粢盛酒醴，祭祀上帝鬼神，下无以降绥天下贤可之士，外无以应待诸侯之宾客，内无以食饥衣寒，将养老弱。[①]

127

从这些观察墨子得出结论："故命上不利于天，中不利于鬼，下不利于人，而强执此者，此特凶言之所自生，而暴人之道也。"[②]墨子对命运论的批判并非针对其拥护者的推理薄弱或证据不足，而是特别针对此一理论会导致有害的结果。墨子告诉我们，我们不应相信自己被命运所决定，因为这种"信念"未能兴天下之利。由此可见，墨子对于命运论的谴责，明显是为其检测理论有效性的一种应用。

我们可见到墨子的宗教哲学，虽然在表面上断言天及鬼神的存在，但实际上并非真正的宗教哲学。墨子唯一真正有的哲学信念或许是他的伦理功利主义（ethical utilitarianism），以及他的真理实用概念。不过，真理的实用概念仅在他的理论检测判准中作为默认假设，墨子并未加以系统性的清楚阐述，遑论予以辩护。另外值得关注的是，即使墨子的基本学说是以互利信念为基础，综观全书并未有任何一章专门论及互利的重要性。此功利道德原则可视为他的"第一原理"，其本身已具正当性

---

①《墨子・非命上》，英译本 Watson 1963：123。

② 同上。

在其中，所有其他墨子所倡导的论点，仅是作为达成此目的手段之一。

结语

墨子及其门徒虽由一种对于所有人类福祉的利他关怀所驱动，但是他们极度的实用主义不仅使他们自己过着节制艰苦的生活，更让他们倡导节制艰苦的社会。墨家思想拒斥人类的享乐；除了排斥浮华琐碎，也鄙视人们对精致美好事物的放纵沉迷。如此苦行的生活对于生存物资极度匮乏的社会或许必要；但对于不再只是关切渴求生存的人民并不具有长期的吸引力。这也许可以解释在历史上的奇怪现象，也就是虽然墨家思想曾为战国时代主导的显学之一，①却何以在汉代初期即已迅速自中国完全消失。②

128

主要由于墨家的非儒主旨，在中国哲学史上墨家一直被视为偏离正轨的学派。墨家独特的理论突出显著，但对于往后中国哲学的发展几乎毫无影响。然而，我们不应该仅因其未受中国人心灵所赏识，而视墨家为无足轻重。我们首先应当欣赏其多面向的涵盖，如 Alice Lum 所言："除了被称反儒家、功利主义者及逻辑学家，墨子已经被公认为法家学派的前驱、中国第

---

① 陈荣捷说："在中国古代直至汉代（公元前 206—公元 220）初期，最伟大的两个学派是儒家及墨家，它们至少自公元前 5 世纪至 3 世纪主宰知识界，并且相互激烈抨击。"（Chan 1963：211）

② 参照 Schwartz 1985：168。

一个宗教教派组织的创立者，以及社会福利政府的提倡者。”[1]我们应当进而反思其学说，并运用其理论来作为我们既有思维模式的挑战。

当代学习亚洲哲学的学子常会觉得墨家学说特别具有吸引力，因为它代表一种乌托邦思想。如果所有人都能兼相爱，那么世界上将无战事、无互斗、无争执，也无杀戮。如果所有人都能忘记人我之别，那么我们就无须拥有财物，也不至于当有人过于饱足时，却有人受饥馁之苦。如果所有人都能待他人如待己，那么就不会有贪婪妒忌，而所有人都将可互惠互利。如果所有人类都能消除分裂，那么各国之间不会有冲突倾轧、种族之间也不会有敌对歧视。简言之，若墨家理想得以成真，就如约翰·列侬（John Lennon）的歌《想象》（*Imagine*），世界将合而“为一”。

墨子的理想世界只有在我们彻底改变人类行为时才有可能。而要达成这种全面的行为改造，我们首须改变人们惯有的思维模式。这个目标虽然未必可能，然而并非全然不可能。如 Lum 所言：

> 墨子指出一旦建立了道德绝对客观的规范，社会的条件就将开始改进，因为可以教导人民为了所有人的共利而正确运用他们的良知。墨子以此道德规范作为他的哲学基础，宣称借由人民的自觉努力，所有的恶祸诸如贫穷、战争、饥饿及政治混乱皆可得以消弭。墨家的“工作伦理”

129

① Lum 1977：187.

> 可解读为全体人类共同为持续运作的社会利益而生产劳动。墨子在推动他的理想时，是相信他的学说能够切实达成人类的整体福祉。[1]

因此我们对于墨子的最后评论，或许是用他自己的实用主义标准：如果他的主张盛行，是否真的能为天下人谋取更多的福利？

延伸讨论问题

1. 我们偏爱自己所爱的人在道德上站得住脚吗？我们如此做是否很自私？如果考虑到这种私爱是人类冲突（甚至战争）的根源，道德导师们是否应当倡导兼爱？

2. 我们对他人是否应该全部视为人类的一分子而给予平等关爱？墨子的理论是否在道德层面上比儒家站在更高的平台上？

3. 人与人之间缺乏兼爱确实是强者压迫弱者、多数抑制少数、富人欺凌穷人的原因吗？提倡兼爱是否能消除这些危害？

4. 墨子的兼爱学说与孔子所言之恕道“己所不欲，勿施于人”，或是孟子的“老吾老以及人之老，幼吾幼以及人之幼”的主张，本质上有何不同？

5. 在孔子倡导礼乐与墨子强调社会效益之间，何者能导向更好的社会？你认为礼乐对社会的效益是什么？

---

① Lum 1977：187.

第六章

老子

概论

131

诠释老子的《道德经》本是费力徒劳的工作，先说名为“老子”之人，也许从不曾存在。其次，原作者或未冠以《道德经》之书名，更可能本书并非一人的专著。这本经典的写作背景充满争议。传统观点认为《道德经》作者年代稍早于公元前 6 世纪的孔子，是由一位名叫老聃的长者西出函谷关之前，回应守关官员请教所写下。另一广为人知的传统观点主张本书成于公元前 4 到前 3 世纪间，作者李耳以“老子”为笔名，刻意隐藏自己的真实身份。而当代学者较能接受的说法则认为《道德经》来自不同作者思想的汇编，现传版本约完成于公元 1 世纪。

无可置疑，文本的历史背景与真正的著作归属会影响到内容的诠释，尤其是《道德经》的风格及内容明显不一致。刘殿爵认为“《道德经》不仅像是一部选辑，甚至个别篇章也像是由不甚连贯的章句组成”[①]。因此他建议我们最好从较简短的章节，而非完整的篇章，来理解内容文义。即便刘殿爵承认

① Lau 1963：xiii–xiv.

《道德经》呈现一贯的思考，他也不认为我们可从中获得系统严谨的思想。陈汉生则主张《道德经》“具有一致的风格语气，开展真正的道家思想”[①]。注释《道德经》的学者们有的因《道德经》内容太不连贯，所以特别强调“道”的本质与治术间的差异。有些则认为其内容相当一致，便极力加以诠解来消弭表面上的前后矛盾。因此之故，我们有了数量极为庞大的《道德经》译本及诠释本。

132

《道德经》的英译超过70本，再加上数百册的注释。虽然众多注释者对文本有歧义的看法，但他们都一致同意《道德经》的文字艰深，哲学义理重要。[②]诠释的困难有时是因为古人以文言书写而且不使用标点，而某些至关重要的段落以不同的断句方式即会造成哲学含义大相径庭。显著的例子就在《道德经》的开宗明义第一章，然而各种分歧的批注，似乎都能和原文相容。所以，有时我们竟会发现即使是彼此相反的解释，在文本上也很可信。

本章我们不会假设《道德经》仅有一位作者，但是会尽力以融通的方式把《道德经》看作是有一致性的内容。并且我们沿用惯例，以“老子”来指称这部经典的作者群。我们会聚焦

---

① Hansen 1992：210.

② 史华慈曾说《道德经》是“所有中文著作中最艰深而且问题重重的文本”（Schwartz 1985：192）；傅伟勋（Charles Wei-hsün Fu）也说这本书“可能是最难解、最具争议性，却也是最重要的形上学著作”（Fu 1973：367）；刘殿爵指出《道德经》这本小书“世代相传，对中国思想的深远影响远远超过书本的长度”（Lau 1963：vii）；葛瑞汉称之为“展现在反逻辑的领域中另一种睿智的巨著”（Graham 1989：218）。

于老子的三个主要哲学主张：（1）“道”的性质以及如何能认识或呈现“道”的可能性；（2）伦理德行的主张，特别是“无为”之德；（3）政治理想以及最高的执政手腕。我们会探究老子的形上学思想跟其切实的伦理学和政治哲学之间的关联，并以此彰显出后者事实上是前者自然推导出来的主张。

“道”及语言

老子哲学中最引人入胜的概念是“道”。此概念最初指的是天之道与人类世界之正道，但在《道德经》中更发展出极丰富的形上学意义。[①]老子的《道德经》作为“道”家学派的根源毋庸置疑。尽管目前西方学界普遍以 the Way 来翻译儒家“道”的讨论，却惯以译音 Dao 直接指称老子的“道”，因为实在难以找出英文与之相对应的概念。[②]中文的“道”有多重意义，顾立雅归纳说：

> “道”原意为“道路”，后代表“方式”与“方法”，也用于“指出道路”，或是“告知”。后来演变出“行为方式”的意涵，以及具有道德意义的“原则”，同时“道”

133

① 例如史华慈的提问：一个在儒家思想中主要指称社会及自然秩序的语词，如何成为指称某种神秘实在的语词？（Schwartz 1985：194）

② 顾立雅在书中说道：“道”这个字被 G. G. Alexander 译作“神”或是“创生天地万物伟大永恒无限的第一因”；被 Paul Carus 和 Jean Pierre Abel Remusat 译作“理性（the Reason）”；被卫礼贤译作德文的 Sinn，有“意义、理智、心灵”的意思。（Creel 1983：304—311）

被很多思想家用来指称自身的学说。[①]

从上述解释中可见，“道”可作为名词，也可作为动词。作为名词，英译本大写字母的 Dao 可指终极唯一的形上学实在，或指一般性的道德原理与思想学说。作为动词，“道”可以就人的行为方面意指“跟从”，或就语言使用方面意指“言说”。我们解读《道德经》的一项挑战就是老子的“道”似乎包含前面所有意涵，所以我们必须谨慎依据文意脉络来诠释各语句中“道”的含义。

《道德经》开卷首章老子曰：“道可道，非常道；名可名，非常名。[②]无名，天地之始；有名，万物之母。”[③]此章精确点

---

① Creel 1983：302.

② 在这里大多数英译本都是将第一个“道”字诠释为独一特定名称，因此加上了定冠词（the）而译为“the Dao”或“the Way”。但是中文里并没有单数与复数名词的明确区分，所以不清楚为何不把老子解释为用一个不定冠词（a）来指称“道”，就如老子也未使用定冠词（the）来指称“名”。要是我们把这两句经文看作是一致的语法，那么我们似宜用 a Dao 来取代 the Dao，就如同“名”是翻译为“a name”。因此我在这里是采取艾文贺的译法：“A［Dao］that can be followed［or：be told of］is not a constant［Dao］. A name that can be named is not a constant name.”此处英文译为 a Dao，并非预设的确有个独一的“道”。不过，依我自己的诠解，老子的确是预设有一个独一的“道”作为世界的终极实在。

③《道德经》第一章的下半段经文，充分代表文言文的不同断句会影响义理诠解的典型范例。此二句的另外读法“无，名天地之始；有，名万物之母”，则是把“名”当动词用。我认为这两种读法皆可以接受，不过，我还是采取较常用的英译来作为“无名”与“有名”的一个区别，英译本见 Ivanhoe 2002：1。

出老子思想主要的关注之一：道与语言之间的关系。如先前所提，老子的"道"作为名词具有多重意涵。其中一层不可否认的意义是以"道"来表示终极的实在，或说是"如其所然的实在（reality as it is）"。此终极实在无以名之，换言之，它是无法用人类语言来说明的。于此层面，道是"不可言诠"的。作为一个无法言喻的存在，"道"是天地的起始，而天地象征整个自然世界的架构。"命名"带来物体的分类，因此是万物生成之母。《道德经》开宗明义：我们所理解的世界，其实是如其所然的实在与人类在语言中使用的概念相结合的结果。

然而，此简单论点包含一些极难解答的形上学问题。"道"如何创生宇宙？"道"与宇宙的生成关系，是时间上的先于宇宙，而作为宇宙论上宇宙初始的源头，还是逻辑上的关系，而作为本体论上万物存在的基础？"道"与世界目前的关系又为何？"道"，如某些学者所说，仅是世界的总体，抑或另一些学者主张，是先于世界的存有状态？"道"为何难以言诠？如果"道"无法以任何语言描述，我们又要如何谈论？如果"道"确实无法描述，我们对其的认知之路是否封闭？我们终究有办法了解"道"是什么吗？正是为了尝试解决这些疑问，批注 134 《道德经》的学者们提出了众口纷纭的意见。

关于"道"与世界之间的关系，部分学者认为"道"只是世界的总体，因此既不先于也不独立于世界整体。[1]另有学者

---

① 例如傅伟勋采此观点，他说："老子形上学的核心是聚焦在自然本身，或说万物如其本然（的全体），而不特别论指超越自然之上或是在自然背后的存有。"（Fu 1973：369）

认为老子清楚地指出“道”本身是自己存在的状态，而且“道”常被老子叙述为“无（the Non-being）”，“无”先于“有”并且据以生成“有”。[1]在后者的阵营中，部分学者解释“道”与世界之间的生成关系如时间序列，因此世界起始于非存有（无）。[2]反对者则认为生成关系仅是比喻“道”在逻辑上的优先，因为世界

---

① 徐颂鹏（Sung-peng Hsu）主张在老子以“道”作为终极实在的概念中，“道”独立存在，是即“道”的本质。整个世界仅是此本质的“用”或是“显现”。他说：“‘道’作为终极实在即是‘无’，是非存有、非有任何物的存在，或可以说是空虚。”（Hsu 976：203）康德谟（Kaltenmark）说老子所谓的“道”是“绝对的虚空”，不可见、不可知觉，而先于“一”（Kaltenmark 1969：40）。若此，那他也是认为“道”是独立于世界整体之外的实体。牟博似亦采取同样诠释，而且认为“道”有先验的特性（Mou 2000：429）。T. P. Kasulis 主张“道”有两种意义，其一是代表“终极、难以言诠的绝对……‘绝对’这一词指出‘道’超越所有的对立与矛盾”（Kasulis 1977：383—384）。在这个绝对的意义上，Kasulis 更将老子的“道”概念与“无”相等同，并且主张“无”事实上是先于有，而为万物终极的根源。（同上书，页 386）

② 葛瑞汉似采取这种观点，他说：“通过这样的语言把道当作是本身具有名字而且是万物之母，这段话将逻辑的顺序转换为生成的顺序。”（Graham 1989：222）刘殿爵在翻译第一章时，用英文过去式 was 来描述无名是存有的起始、有名为万物之母。所以他似亦认为生成是种时间的顺序。朱伯崑（Bokun Zhu）指出后期道家都将老子有生于无的叙述理解为“宇宙创生”的历程。（Zhu 1998：55）朱伯崑本人也诠释老子思想属于讨论宇宙生成的宇宙论，而非关于宇宙逻辑次序的本体论。（同上书，页 49）

始终存在，并且从来没有非存有的状态。[1]

关于“道”和语言的关系，有些学者指出“道”对老子而言基本上不可言说，因此我们完全无法谈论“道”是什么。[2]如果“道”确实不可言说，那么老子在书中描述“道”的整个方案等于是自打嘴巴，因此其哲学只能视为诡论之言。另一些学者反对这种看法，而宣称老子书中表明“道”不可道的段落，

---

① 冯友兰有段时间也提倡这个观点，他说：“老子此言，并非说曾经有个时间只有‘无’，后来有个时间‘有’生于‘无’。而只是说，我们若分析物的存在，即会看出在有任何物之前，必须先是有‘有’……此处所说的是属于本体论，不属于宇宙发生论。它与时间、与实在，都没有关联。”（参考傅伟勋文章的引述，Fu 1973：379）史华慈似亦采取同样观点，而把“道”称为万物“统一的原理”“动态的秩序”或“全体有机的模式”。他认为事物的构成元素和关系会改变，但是统一的原理则永远存在。（Schwartz 1985：194—195）在这个意义上，“道”对于万事万物可能有逻辑的优先性，而非时间的先在性。

② 此为最普遍的诠释，例如葛瑞汉说：“语言的难处并非在于它们完全不适切，而是在于它们的描述总不能完美适当。”（Graham 1989：219）史华慈也说：“在此处……我们看到的是不断要言及不可言及的一种矛盾的努力。”（Schwartz 1985：198）丹托（Arthur C. Danto）首先声明“道”不可言说，然后再设法界定道之不可言说的模式。他提出如此的推测，“道”之所以不可言说，是因为“道”存在于“在名［语言］与所名［这个世界］之间一个不可名的空间”，但是并未对此说法加以捍卫。（Danto 1973：54）顾立雅解释“道”之不可言说，是因为“道”是个“不可分割的整体”，所以我们不可能找到任何恒常的字词来指称它。（Creel 1983：320）康德谟则解释因为名字是私密的，因此不宜用来指称“道如此至高无上的原理”（Kaltenmark 1969：28）。

可以给予不同的解读和诠释。[①]我们也许永远无法完全理解作者的意图，或是评断这些不同诠释的价值所在。不过，我们可试着审慎分析文本，来检视哪些观点最能为老子的论述所支持。

在老子的描述中，我们看到他对“道”的本质以及“道”在宇宙初始所扮演的角色有不同的解释。我们可以将“道”的特性列述如下（我们将会注意到这些特性不全然一致）：

1. “道”是“无”

老子说：“天下万物生于有，有生于无。”[②]“有”指存有本身，而“天下万物”指的是有限形状与形式的个别存有。此处老子对1无2存有3天下万物，明确区分出时间或逻辑上的进程。“道”作为存有本身或是一般存有的究极根源，似等同于纯粹的无。然而老子又说：“故常无，欲以观其妙；常

---

① 例如Dennis Ahern也说：“刘殿爵……曾说没有任何名称或描述能恰如其分地用在‘道’之上。但若此为真，则老子之书（至少其中某些部分）即在尝试不可能之事。……我会论证出……几乎没有什么证据可以支持这个道不可言说的主张。”（Ahern 1977：357）。Ahern主要的论证是，所有老子书中被人讨论的这些段落，都可重新诠释为“只是要强调在论及‘道’时，需要有特殊描述的语词”（同前，页381）。牟博（Bo Mou）似亦反对“道”的不可言诠性。他认为“由于永恒的‘道’永远运行，而且持续变化以超越自身有限的维度，是以任何目前能够描述‘道’特质的用语，都仅仅能勉强抓住‘道’以有限的方式表达出其有限维度的部分”（Mou 2000：435）。但是牟博主张，这并非意味着任何对于终极关怀的语言努力都终将徒劳无功。

②《道德经》四十章，英译本Chan 1963：160。

有，欲以观其徼。[①]此两者，同出而异名，同谓之玄。”[②]从这段话中，我们似乎见到老子对“有”与“无”模棱两可，有如一个铜板的两面。无和存有仿佛是始终存在于宇宙之中，并且仅在有与无产生之后才得到不同的名称。此处老子如何来界定“无”并不清楚，但至少明显在某个层面上而言，“道”可以等同于“无”。

2.“道”空虚而其用无穷

老子说：“道冲，而用之或不盈。渊兮似万物之宗。”[③]又说：“天地之间，其犹橐籥乎？虚而不屈，动而愈出。”[④]此处一个合理的解释是老子认为“道”是万物的本体，而生成万物是“道”的作用。万物于存在中生灭，但本体永不耗尽。本体越是生成，就会有越多的万物存在。既然本体本身并不定着在任何特殊的物之上，其本质即是空无的。若此诠释正确，则老子亦给予“道”一个本体上的地位，以其作为万物的基础。

3.“道”恒常永久

老子说：“寂兮寥兮，独立而不改。”[⑤]“道”恒常乃描述

---

① 另一种常见的断句读法“常无欲”与“常有欲”来自对文本的不同解读。刘殿爵、艾文贺及许多其他学者都采取此诠释。但我不认为老子会规劝人们要经常保有欲望，再者，当老子说“此两者，同出而异名”，他也不可能将消除欲望等同于保有欲望。因此，我采用陈荣捷的英译。

②《道德经》一章，英译本 Chan 1963：139。

③《道德经》四章，英译本 Lau 1963：8。

④《道德经》五章，英译本 Lau 1963：9。

⑤《道德经》二十五章，英译本 Chan 1963：152。

其不变的本质。老子也说："复命曰常，知常曰明。"[①]此处"道"被描述为"永恒"。根据老子的看法，"道"涵括万物，所以没有限定。"道"永恒存有，因为即使个别事物会消灭，但作为全体的"道"永不消灭。个别事物的存在无常，因个别的存在皆困于时间的限制。老子说"道可道，非常道"，一旦我们用个别语言来描述"道"，它就变得受限制、被局限住，并被特殊的描述所窄化。一旦有所设限，我们即无法见到完整的"道"。从这些论点，我们可了解"道"的恒常永久是来自"道"涵括一切的本质。

4. "道"涵括天地，先于宇宙存在

老子说："有物混成，先天地生……可以为天下母。"[②]又说："天下有始，以为天下母。"[③]此两段引文似乎支持认为老子论及"道"与世界之间的关系有时间序列，而非仅是本体论或是逻辑次序的诠释。在此处"道"被称为"天下母"，即如我们将在下面第 11 点详加描述的，老子赋予"道"女性的特质。在这层面上，老子对"道"的理解全然不同于儒家，因为儒家的"道"概念通常象征父性的存在。不过，儒道两个学派不约而同地将"道"作为宇宙创生及统治的原理。

136

---

①《道德经》十六章，英译本 Chan 1963：147。

②《道德经》二十五章，英译本 Chan 1963：152。

③《道德经》五十二章，英译本 Lau 1963：59。中文并无任何动词时态的区别，所有常见的英文译本，本句通常用过去式，例如陈荣捷的"there was a beginning of the universe"，艾文贺的"the world had a beginning"，理雅各的"the［Dao］which originated the world"，等等。这个过去式的用法，蕴含"道"和世界的时间序列。

5.“道”创生世界

老子说：“故道生之，德畜之，长之育之，亭之毒之，养之覆之。生而不有，为而不恃，长而不宰。”[①]又说：“道生一，一生二，二生三，三生万物。”[②]“天下万物生于有，有生于无。”[③]“夫唯道，善贷且成。”[④]在以上这些引文中，老子所说的是“道”生成万物。是以在他的“道”概念中明显有宇宙创生化成的意涵。

6.“道”一而混成

老子说：“天得一以清，地得一以宁，神得一以灵，谷一以盈，万物得一以生，侯王得一以为天下贞。其致之。”[⑤]此处他所说的“一”即是“道”。又说：“有物混成，先天地生。”[⑥]既然“道”是一而混成，即无法以人的认知加以刻分。此“道一”存在于宇宙生成之初，万物必须得之于“道”然后才能有各自的属性。

7.“道”不可经由感官察觉

老子说：“视之不见，名曰夷；听之不闻，名曰希；搏之

---

①《道德经》五十一章，英译本 Chan 1963：163。

②《道德经》四十二章，英译本 Chan 1963：160。关于老子“一”“二”和“三”可能的真义有多种诠释，此处我不拟详加分析，将在本章谈到“阴”与“阳”时再充分讨论。因为在同章中老子也论及阴与阳，所以“二”极可能指的是“阴”和“阳”。

③《道德经》四十章，英译本 Lau 1963：47。

④《道德经》四十一章，英译本 Lau 1963：48。

⑤《道德经》三十九章，英译本 Chan 1963：159。

⑥《道德经》二十五章，英译本 Chan 1963：152。

不得，名曰微……是谓无状之状，无物之象。”[1]又说：“道之出
137 口，淡乎其无味，视之不足见，听之不足闻，用之不足既。”[2]老子于此似乎在强调我们以感官作为认识“道”的方式并不恰当。若“道”不可知觉，则即无任何可察觉的物理属性。进而言之，既然我们无法听闻“道”，因此不会有来自“道”言辞的授权诫命。“道”不会干预人间事务，而我们只能感觉“道”存在，却无法加以观察。

8.“道”不可言诠

老子经常强调描述“道”的困难。就所有的描述都必须借助于语言而言，“道”是不可言诠的。所有可能的描述至多仅能近似于“道”真正的本质。老子最终对道给予了极为神秘模糊的叙述，他说：“道之为物，惟恍惟惚。惚兮恍兮，其中有象；恍兮惚兮，其中有物。”[3]“道”之难以描述，是因为道无法嵌合入我们的概念体系。人类概念之形成，是建立在人类觉知事物类别之间异同的基础上。然而，“道”超越所有区分类别，因此无法为人的概念所捕捉。我们综合 7 和 8 之所述，可以明白对于道，人的知识必然有所限制。不仅人的感官无法觉知“道”，人有限的认知能力也无法认识“道”。我们甚至可以说“道”之不可言诠，正是因为我们的认知之路被封闭住了。

9.“道”不可名之

因为道是我们无法觉知、无法分类、无法叙说的，所以我们也无法为“道”命名。老子说：“道常无名……始制有名，名亦

①《道德经》十四章，英译本 Chan 1963：146。

②《道德经》三十五章，英译本 Chan 1963：157。

③《道德经》二十一章，英译本 Lau 1963：26。

既有，夫亦将知止，知止可以不殆。”[①]在此段经文中，老子提出要用我们的语言惯例以及概念体系来描述“道”之不可能。我们赋予万物名称，是要以此来区分辨认它们。我们命名程序的同时亦即在为事物标记界线，此亦何以我们不宜为“道”命名。此处可见到老子基本的两难：他在谈论这个他名之为“道”的东西，然而这东西根本不能命名为“道”，因为实际上它不能有任何名称。老子如此解释自己的两难：“吾不知其名，字之曰道，强为之名，曰大。”[②]也就是说，老子的整个方案就是在给我们一个对于他无以名之，却又不得不勉强称之为“道”的完整论述。

10.“道”以自然为模式

138

老子说：“人法地，地法天，天法道，道法自然。”[③]老子此处所说的“自然”[④]不可能是我们所知的自然世界之全体，因为此一观点抵触世界来自“道”创生化成的看法。[⑤]王庆节

---

①《道德经》三十二章，英译本 Lau 1963：37。

②《道德经》二十五章，英译本 Ivanhoe 2000：25。中国哲学“道”通常称为“大道”，中国人名与字的区别，在于亲近家人朋友互相称名，公开场合以字来互称。艾文贺解释说：“‘名’与‘字’之间有些典故，传统中国社会个人不会在公开场合使用自己的名，因此可理解作者是说自己不熟悉‘道’，仅认识其表面，又或许是说不合适以真名来称呼不熟悉的事物。”（Ivanhoe 2000：89，n. 53）

③《道德经》二十五章，英译本 Chan 1963：153。

④ 此处中文用词“自然”，英文可译为 Nature，naturalness，多数学者认为译作 naturalness 较适宜。

⑤刘笑敢（Xiaogan Liu）说：“‘自然’绝非意指我们所理解的自然世界的‘自然’，即使作为名词，‘自然’字义基本上仍是形容词，指‘自然的’而非‘自然’。因此翻译为 naturalness 或 spontaneity 更为贴切。”（Liu 1998：424）

（Qingjie Wang）诠释老子的“自然”不过是“万物作为其本然的过程，亦即是万物自成之、自长之、自己而然的自然过程”[①]。刘殿爵显然亦采取相同诠解来英译此句经文：“人以地为模式，地以天为模式，天以道为模式，道以自然而然（that which is naturally so）为模式。”[②]冯友兰用“自发（spontaneity）”“天然（naturalness）”来分析“自然”。他说：“‘道’并非超越世界之上之物，它在世界之中且无所不在。道即是全体。不过是何者的全体？是世界之自发天然的全体。”[③]以上所有这些论点皆同意不把“自然”视为与“道”自身分开的实体。

老子“道法自然”的“法”之含义并不明确。如果“法”是作为“典范”或“效法”的含义，那么人们行为的最高指引实际上就是自然或自发，而天、地、人之“道”实际即为同一。在这个文意脉络中，“道”似乎是作为道德原则，而非作为形上学原理。在下一章节的讨论中，我们会看到老子对于“道”的自然观与其道德主张的“无为”之间有紧密的关联。

11. 天“道”是女性原理，代表柔软、被动、如婴儿等类似属性。

老子说：“玄牝之门，是谓天地根。”[④]此处老子赋予“道”一个更特定的性格：在《易经》中所强调的女性原理。基于此理解，康德谟称老子的“道”“本质上是个女性化的实体”[⑤]。

---

① Wang 1997：291.

②《道德经》二十五章，英译本 Lau 1963：30。

③ 引自 Creel 1983：312。

④《道德经》第六章，英译本 Chan 1963：142。

⑤ Kaltenmark 1969：37.

老子自己如此解释："我独异于人，而贵食母。"[①]似乎对老子而言，"道"的基本作用是生养万物。《道德经》以拟人化的特殊性别来诠释"道"可能是源自在女性生育过程中子宫的功能。"道"被等同于负责孕育滋养生命的母性力量。《道德经》将"道"描述为冲虚如渊，但仍为万物之宗，此亦似为隐喻性地联想到女性的子宫。[②]"道"的所有跟人类德行有关的道德属性（德），也似乎是来自老子（同时也是传统中国人）所归属于女性的德行，譬如服从、被动、柔顺、顺应之德。

从以上《道德经》的引文，我们可以归纳出老子对"道"的观点。老子的"道"字似有多种用法，其一似乎是主张"道"超出经验世界的限制，因而本身具有超验的（transcendent）地位。于此意义之下，"道"似乎存在于整个宇宙的初始（或者是先于宇宙而存在）。我们可推测在老子的看法中，吾人所在之经验世界并非始终存在。宇宙之初先有"道"，"道"生成"有"并创生万物。在这个意义上的"道"似乎等同于世界的起源。道既然先于我们而存在，即存在于我们的经验世界之外，因此是"超验"的。

老子的"道"另一种意涵是内在于世界，而为世界本然存在的模式。我们亦可视之为世界万物的自然模型。以此意义而言，"道"在整个宇宙生成之后并不会因而消失，因为它就是万物及其自然作用的全体。"道"仍然可作为万物的生成原理，

---

①《道德经》二十章，英译本 Chan 1963：150。

② 如康德谟所言："在'老子书'中母性、女性、神奇的子宫，和虚空概念紧密联结。"（Kaltenmark 1969：43）

因为个别事物生生灭灭，而新的事物不断创生。每一新的创生必须遵循先前的模型，而这些模型即作为代表整体的“道”之一部分。每一单独个体从无至有的生成原理亦可视为“道”的本身，是以“道”之作用永不止息。个别生物最终会殆灭而“道”永不消失，如此我们明白何以老子说“道”恒久不尽。

“道”的超越义及其内在义并非必然彼此冲突，因此我们不必涉入学者们争辩老子“道”真正的意涵为何。老子清楚地描述“道”为世界的全体，但也谈到“道”之生成世界。超越的道与内在的道可能仅为“道”的两个面向，或是两个时间阶段。古代中国哲学家似皆采世界始终存在的观点，而老子或许是中国第一位哲学家去质疑宇宙是否有初始、是否“有”来自“无”。他的理论将“无”假定为“有”（存在）所从生的来源，然而老子似乎并非将“无”看成绝对的空无。中文的“无”字，在这个文意脉络中我们翻译为“非存有（non-being）”，符合老140子常用此字作否定形式，例如“无为”是“不作为”，“无名”是“没有名称”。若“无”亦采此意涵，即是“有”的否定——存在的缺席，而代表“没有存在”，而此“无”并非本身有其独立自存的状态。老子认为“有存在（what is there）”及“没有存在（what is not there）”相辅相成，他说：

三十辐，共一毂，当其无，有车之用。埏埴以为器，当其无，有器之用。凿户牖以为室，当其无，有室之用。[①]

---

①《道德经》十一章，英译本 Ivanhoe 2002：11。

如果容器没有“无”，就无法用以装盛，而称不上是个容器。如果房间没有“无”，即使有窗户墙壁，也不是个房间。由此我们可以理解为何“无”（非存有、没有存在）能生成万物，也能明白何以存有和非存有互相独立而又相互补足。“无”生“有”，但亦内存于“有”。

至于“道”和语言的关系，我们可以说“道”之所以无名，是因为道的存在先于人类之概念系统和语言的引进。一旦人类用语言为物体命名而加以区别，万物即被“创造”出来了。在这样的分析下，则“有物混成”与“万物纷纭”之间的关系，仅仅是无名／无区别的世界与有名／有区别的世界之间的关系而已。或者我们可以说是语言之前的世界（pre-language world）与语言之后的世界（post-language world）之间的关系。在抽象的意义上，人类借由命名而“产生”万物，而另一方面，“道”已经生成万物但未加以命名。如果真有此语言前的世界而老子称之为“道”，那么此世界即非我们的概念系统所建构。换言之，老子并未抱持“道”是我们人类所创造或建构的可能性。“道”即是万物“自然存在”的模式。我们仅能通过观察天地之运作而模仿“道”。世界自然存在之道先于我们人类本身的存在，而且是我们概念的来源。即使没有人类、没有语言、没有概念，世界自然存在之道依然存在。

老子“道”的含义尚有第三层用法，前面所列第 10 论点及第 11 论点已详明。于此意义之下，“道”具有道德面向，代表人类正确的行为方式。在此脉络中，老子最常使用“天道”来取代单独的“道”字。这个意义下的“道”是人类道德的来源或最高指引。在此，老子的形上学与其伦理学融会在一起。

141

在下一节，我们将探讨“道”在这层面的概念，以及其与“德”之间的关联。

在某些方面，老子的形上学观点可与当代的“形上实在论”做比较。①形上实在论（Metaphysical realism，以下简称 MR）基本上包含下列主张：②

［MR1］世界是由独立于人类心灵的真实存在所组成，此实在外在于我们人类的构想和我们的概念体系。

---

① 在当代分析哲学的论述中，“形上实在论”与“科学实在论”经常互换使用，或至少是紧密结合，但两种理论有不同的观点，我们无须一并接受。科学实在论强调科学的可信度，宣称在历史上新继起的科学理论通常可看作是更接近真理。在此观点下，人类最终可能会达到“科学的完成”，能“给予这个世界之存在方式一个真确而且完整的描述”。老子即使生活在现代的科学世界，也不会接受科学实在论。对他而言，科学作为人类投射于世界的一部分，注定了无法掌握世界的存在之道。

② 此摘要来自普特南（Hilary Putnam）在其书《理性、真理和历史》（*Reason, Truth and History*, Cambridge：Cambridge University Press, 1981，页 49）的语句，以及 Ernest LePore 和 Barry Loewer 简述普特南对形上实在论的描述（“A Putnam's Progress.” *Midwest Studies in Philosophy* XII, 1988：459—473，页 460），但我特意更改一些说辞。普特南称为“独立于心灵的物之全体（the fixed totality of mind-independent objects）”，我改为“独立于心灵的实在（mind-independent reality）”，“言词或思想–符号（words or thought-signs）”，我改为“想法（thought）”。我不认为这些对语词的小小修改会改变形上实在论的原意，但这些修改确实让我们可以更通过形上实在论的分析来诠释老子的观点。老子认为世界的实在确实独立存在于我们的概念之外，但物体的区别是来自语言/符号的约定惯例。所以，尽管老子主张终极实在独立于人类心灵，他不会称这个终极实在为“物的全体”。

［MR2］所谓的真理，涉及思想与世界存在模式之间的对应（correspondence）关系。

［MR3］对于世界的存在模式只可能有一种“真”的而且完尽的描述（尽管我们也许永远无法通过语言来表达，甚或可能永远无法获知世界的真实面相）。[①]

首先，老子对于无名之“道”、终极的“非存有”或是概念形成前的“存有”本身所持的观点近似于［MR1］。在老子的形上哲学中显然有个实在是超越人类的构思以及人类语言的约定成俗，对此真实存在他称之为“道”，确然独立于人类的心灵。其次，老子也不会排斥［MR2］，因为他确实认为只有当我们的思想与“道”有对应的关系，我们的思想才会为真。不过，老子对真理的概念以及对应的关系，与当代形上实在论者的主张不同。当代形上实在论者通常是用“命题”或是对知识采取语句的处理，所以他们所谓的“真”值，仅存在于陈述的命题或语句与世界的事态之间有对应的关系。但是对老子而言，真理并非命题，因此他所寻求的对应，并非我们的陈述与“道”本身之间的关系，[②]而是我们的理解、行为和“道”之间的关

---

① 括号内语句是 LePore 和 Loewer 所加（LePore and Loewer 1988：460）。

② 陈汉生分析老子对于知识的看法时指出：“西方或印度分析知识时，着重于命题知识（［knowing-that］），中国，尤其是道家的批判理论着重于连带实践技巧的实用知识（知道去做或是知道如何去做［knowing-to or knowing-how-to］）”（Hansen 1981：322）。同样地，我主张老子对于真理的概念，也不能看作是表达某种命题／语句和世界某些事态之间的关系。

系。我们永远无法期望能借由概念及语言来给予“道”任何精确的描述，但我们可期望借由适当的思考与行为，来给出“接近”世界真实存在状态的表象。

这种对于真理的接近（approximation）即老子看待自己理论的方式。对老子而言，对世界存在的状态仅可能有一种真实的描述，而老子所有对“道”的陈述，尽管不是充分适当的，但是仍然被他视为对“道”唯一真实的表达。老子说：

> 吾言甚易知，甚易行。天下莫能知，莫能行。言有宗，事有君。夫唯无知，是以不我知。知我者希，则我者贵。①

142 从此段话语中，我们清楚地看到老子并不认为他的理论仅仅是相对于自己的概念体系而为真，或是其他不同的理论也可能同样为真。由此看来，整部《道德经》可以理解为彰显老子对［MR3］之主张的拥护（而拒斥相对主义）。

在形上实在论之主要批评者普特南看来，形上实在论的内在理论不一致，因此站不住脚，他说：

> 理由是：这个理论基于以下的假设，即我们可以设想一个彻底脱离我们所有信念的世界，而给予一个完整地呈现。但是为了要设想这种呈现，我们对人类语言所指涉的实体的所有设想，必须要独立于我们对这些实体的任何信念。然而，我们已经知道独立于我们对于这些实体的所有

---

①《道德经》七十章，英译本 Lau 1963：77。

信念之外，我们是无法对它们有任何设想的。[1]

在老子哲学中我们可见到类似的难题：如果“道”先于语言存在而且不可言说，那么老子如何能尝试以语言来掌握它？如果“道”独立于人类心灵而存在，那么老子自己又如何能理解“道”？如果“道”不可察觉感知，那为什么老子自己能独见“道”？如果我们对“道”所尝试作的描述和论述注定是不恰当的，那么老子又如何能用“雌”“冲虚”“无为”“常”“大”“恍惚”“虚静”等字词来描述“道”？我们可以说老子用了半部《道德经》来描述“道”，而由于这个方案本身是自我矛盾的，因此整部《道德经》可被视为是一部充满诡论的著作。

“德”与无为

对老子而言，道德是建立于人的行为之符合“道”上的。行为与道的对应关系是以一种规范的形式表现：人“应当”依道而行。此规范要求所有人行为合乎“道”，老子曰：“孔德之容，惟道是从。”[2]“同于道者，道亦乐得之。”[3]“物壮则老，是谓不道，不道早已。”[4]从这些叙述，我们看到老子怀抱这样的信念：只有当人的行为合于自然之“道”才是善的，道德在

① 此处引用 Gary Ebbs 对普特南论证的解说，出自“Realism and Rational Inquiry”，*Philosophical Topics* 20（1），1992：1—33，页 17。

②《道德经》二十一章，英译本 Lau 1963：26。

③《道德经》二十三章，英译本 Lau 1963：28。

④《道德经》三十章，英译本 Lau 1963：35。

143 于模仿“道”，而且“道”超越于人类对善的概念。既然仅有一种道德模式是善的，可见道德不是相对于不同的观点或文化。老子必然会拒斥道德的相对主义，而这种理论常与道德“反实在论（anti- realism）”相关联。如史华慈所言，老子“并未完全摆脱‘价值判断’”[1]。对老子而言，善本身即具有其固有的价值。

老子之书在日后被冠以《道德经》之名，意即“道与德的经典”。“道”与“德”这两个关键概念紧密关联。老子说：“孔德之容，惟道是从。”[2]康德谟对“道”与“德”的关系有很好的诠释：

> “德”的概念总是蕴含效能及专属特性。每个生物体都拥有某种天生或是后天得来的能力，这就是它的“德”。所以“道”与“德”在意义上彼此相近，但是“道”是宇宙遍有、未受决定的秩序，而“德”则是使个人能够完成特定行动的美德或潜能。[3]

我们或可将“德”视为“道”之应用。当人在行为中运用“道”，他们即获得“德”。如果其他生物的存在方式表现出“道”，它们同样也是“德”的例证。沿此脉络，“德”定义万物存在之“应有的模式”。

---

① Schwartz 1985：204.

②《道德经》二十一章，英译本 Chan 1963：150。

③ Kaltenmark 1969：27.

遵循且精通“道”的人，即是拥有大“德”之人，亦即老子所谓的“圣人”。当“德”这个一般名词特别运用于人时，它包括许多人类的德行，例如由于“道”幽微不明，老子说：“古之善为道者，微妙玄通，深不可识。”[①]老子又言：“知其雄，守其雌，为天下溪。为天下溪，常德不离，复归于婴儿。”[②]这些引文说明老子所认可的德行，不过是“道”的特质，包括微妙、玄通、柔顺、容纳、谦让。老子的整个道德哲学即建构于此等德行之上。在此文意脉络中，老子的形上之“道”带有道德的面向，而代表人应当如何自处。

如前所述，名称的功能是将事物及属性标示为不同的范畴类别，而彼此截然对立划分。即使形上的“道”是先于分类命名，然而道德之“道”似已位于这些范畴之中。葛瑞汉形容老子的伦理观点似乎是在所有的对立概念中偏好负面的价值，他说：“在老子颠覆那些广为接受的描述时，他最特别的主张就是在一系列的对立关系中反转所有正面的描述。”[③]葛瑞汉将对立词语中正面的词类列为范畴［A］，包括“有”“有为”“知”“盈”，等等，而否定的词类他列为范畴［B］，包括“无”“无为”“无知”“虚”，等等。葛瑞汉说：“在指导弱者的生存策略时，老子经常建议［B］胜于［A］，被动胜于主动……”[④]在另一方面，陈汉生则认为老子实际的忠告是对立本身的反转：“老子告诉我们，我们可以翻转所有传统的好恶，因为这些好恶无

144

①《道德经》十五章，英译本修改自 Lau 1963：19。

②《道德经》二十八章，英译本 Chan 1963：154。

③ Graham 1989：223.

④ 同上。

法提供恒常不变的指导，有时候，相反的指导（亦即反转价值的给予）会更好。”[①]相反于葛瑞汉的看法，陈汉生认为老子的重点不在于提倡负面的价值，而是在教导人们忘却正面和负面之间有什么实际的区别。沿此理路，康德谟也表示：“道家认为所有的社会价值皆为偏见，故而错谬，因为它们遮蔽真实而使我们陷入矛盾的恶性循环。重点是要借由超越对立来摆脱此一恶性循环。”[②]在这里我们见到两种不同的诠释：一是赋予负面的德行较高的地位，另一则主张消除，或是超越正负两种属性之间的区别。在下一章我们将看到庄子的道德理论就是一种超越所有价值的形式，然而在老子的思想中，我们确实看到他对负面属性的提倡。

老子思想中最强调的负面性道德原则就是“无为”。根据王庆节的归纳，“无为”至少有三种诠释：（一）字面的解释“无所作为”；（二）主体在其行为中“没有意向／欲望”；以及（三）一种柔而不刚、顺从而不强求的作为。[③]第一种解释与行动有关，其他两种解释则关乎行动者的态度或心态。葛瑞汉显然抱持第一种诠释，因此以“不作为（do nothing）”来翻译“无为”。[④]他认为不作为是“在事物本身已经运作良好时，不作任何干预”[⑤]。傅伟勋亦采取“不干预”的解释，他说：“万物不受干扰可以自发地运作，此解释（‘无为’）何以会‘无

① Hansen 1992：223.

② Kaltenmark 1969：48.

③ Wang 1997：302－303.

④ Graham 1989：232.

⑤ 同上。

不为’。”[1]史华慈对“无为”的诠释似乎属于第二种，因为他将人为刻意努力当作是与老子的理想相反。[2] Ahern 则主张老子的“无为”只是要消除“世俗的欲望”，而非所有的欲望，因为即使圣人仍渴望“以谦冲无扰的方式领导人民”[3]。Kasulis 则似乎采用第三种解释，宣称“‘无为’是指称一种非自觉性的响应方式”，他认为老子的理想是以圣人响应事物的自然形态，而不加以人为造作。[4]老子自己对无为原则的论点似乎可以同样支持这三种诠释。我们或可说老子的“无为”概念是融合了这三种作用：（一）当事物进行顺利时，不以人为干预；（二）当圣人必须有所作为时，能够消除个人的或自私的欲望；（三）在圣人的所有行动中，都应符合自然之道，而且避免人为干扰介入。

无为之德是特别配予圣人或是执政者的。从老子之强调“为无为，则无不治”[5]，我们可以看到执政者无为的目的，并非不顾世间事务，而是为了确保世间的和平及秩序。但是，把无为当作政治原则的难题是：当人间事务不正常运作时，无所作为有何帮助？当圣人见到世间因人类竞争与贪婪而过度掠夺，他如何能通过消除一般世俗的欲望来恢复秩序？当圣人有意决定“不尚贤”“不贵难得之货”“不见可欲”，或是当圣人想使人民虚其心、弱其志，使人民无知无欲，难道他不是已经在干预当前的社会状态？从这些难题，我们可以看到老子的无为思

---

① Fu 1973：384

② Schwartz 1985：309.

③ Ahern 1977：367.

④ Kasulis 1977：391.

⑤《道德经》三章，英译本 Lau 1963：7。

想并不是要去“矫正”世界。对于一个秩序已经崩坏的世界，他所提供的不是一个实际上能重整人间秩序的方案。他展现的只是一种理想的境界。无为而治的方法最适用于朴素原始的社会，当人们仅有基本的自然需求。如果每个人仅遵循自然的需求，而圣人确保稻谷得以悉心耕作、动物得以妥善养育、植物枝繁叶茂等，则社会将有充足的资源来满足每个人的需求。老子确认所有不自然的欲望皆来自社会人为的制约。在他的世界观中，人性基本为善，而自然世界基本上是和谐的。因此，越少人为干预，人类的社会也会越好。

如史华慈所指出，老子强调人应当无为或是不要介入的主张，与荀子之重视人为改造与教化形成强烈对比。对荀子而言，“虑积焉，能习焉，而后成谓之伪——是生而为人的荣耀”①。146 荀子和其他早期儒家一样，强调文化和道德修养的重要。对他们而言，文化正是人的价值所在。老子的观点恰好相反，认为文化是人类的病根来源。此即是为什么对老子而言，最好的理想世界是一种质朴未化的原始社会状态。

老子的政治理想

老子的政治理想与其道德理想紧密相连。刘殿爵指出，老子的“圣人”一词几乎一贯是用来指涉理解“道”的执政者，而对比于……“民”。②他进一步主张：“当老子提及天道或天

---

① Schwartz 1985：309.

② Lau 1958：357.

地之道，其中都蕴含了对圣人（亦即对执政者）的教导。”[1]老子的道德教导确实主要是为执政者而设，而在老子的期望中，执政者应该是道德完美的人。在这方面，老子的政治观实近似于孔孟。

然而，老子关于政府的功能以及对执政者的道德理想，则持与儒家全然迥异的观点。他如此描述自己的理想社会：

> 小国寡民，使有什伯之器而不用，使民重死而不远徙。虽有舟舆，无所乘之；虽有甲兵，无所陈之。使民复结绳而用之。甘其食，美其服，安其居，乐其俗。邻国相望，鸡犬之声相闻，民至老死不相往来。[2]

在此政治蓝图中，老子描绘的理想国是一种简朴、原始、反工业技术而自给自足、人际无须过度往来的小国寡民生活。

老子承认一旦人民知道自己可以拥有更多，他们就不会满足现状，因此他倡导无知，他说“绝学无忧”[3]。为何学习对世界有害？老子不也是在向人们倡导去学习他的学说吗？老子特别拒斥的是三种知识的学习：（一）社会差别的知识（包括善恶、美丑、贵贱、精粗、好恶等之区别）；（二）感官知觉的知识（例如经由感官能力作出的精微区别）；（三）儒家与其他

147

---

① Lau 1958：358.

②《道德经》八十章，英译本 Ivanhoe 2000：83。

③《道德经》二十章，英译本 Chan 1963：149。

道德学派所教导的道德知识（尤其是儒家对四种核心德行的倡导：仁、义、礼、智）。这三种形式的知识在老子看来，正是邪恶的根源。

首先，社会的价值区别将自然产品分为人之所欲以及人之所恶，此即人类竞争及最终冲突的主要因素。例如，天然钻石和水晶可能看来很相似，但是人类却给予钻石更高的价格。人们被利诱去生产甚至可以蒙骗专家眼力的人工仿钻，然而“真”钻与“人工”钻二者的价值却有天壤之别。如此价差利润可以导致诈骗、偷窃、抢劫甚至谋财害命的行为。社会对价值所作的差别判断是许多人类恶行的罪魁祸首。老子说：

> 天下皆知美之为美，斯恶已。皆知善之为善，斯不善已。故有无相生，难易相成，长短相形，高下相倾。①

老子如此告诫执政者（圣人）：“不尚贤，使民不争；不贵难得之货，使民不为盗；不见可欲，使民心不乱。”②

其次，老子谴责感官刺激扰乱心灵，以致心灵失去其原初的平静。老子认为理想的心灵状态应如婴儿：“我独泊兮其未兆，如婴儿之未孩。”③婴儿早期的心智并不知道如何作区别也并未有所好恶，老子形容是“沌沌兮”④。然而由于感官受到刺激，感官所作的区别越来越精细，而原本并非天生的欲望也

①《道德经》二章，英译本 Chan 1963：140。
②《道德经》三章，英译本 Chan 1963：140。
③《道德经》二十章，英译本 Chan 1963：150。
④ 同上。

越来越多。老子说："五色令人目盲；五音令人耳聋；五味令人口爽。"[①]举例而言，我们可以设想一个品酒师的培养过程。品酒新手可能无法分辨梅洛（Merlot）红酒与卡本内苏维浓（Cabernet Sauvignon）的区别，但是经过练习，他可以学会辨认出酒中单宁（tannin）的含量、甜度与酸度的平衡、葡萄的品种、橡木桶的香气以及酒的成熟度等。他越能区分辨识，就越会渴望品尝更香醇的美酒。以这种方式，人通过感官不断地受到刺激而获得高超敏锐的辨别能力，而这样的辨识能力与人的欲望扩张有紧密的联结关系。习惯浓重口味的人即不容易再享受清淡的饮食，听惯响亮声音的人即难以很快适应低调的共鸣。一个人要是在各种感官的辨识能力上都变得非常敏锐，就会远离无差别心的道家理想。

148

最后，老子也排斥我们对一般性道德教条的学习。他说：

> 大道废，有仁义；智慧出，有大伪；六亲不和，有孝慈；国家昏乱，有忠臣。[②]

人们可能会问：老子如此是否倒因为果？是因为推行道德使得大道衰退，还是因为大道衰退故须推行道德？如果大道之废并非源自道德家的教化，那么放弃道德教化并不能重新恢复大道。或许老子想要达成的不是仅仅在放弃道德教条，而是配合他提倡回归原始社会状态的理想。这种回归原初，不管是如

---

①《道德经》十二章，英译本 Chan 1963：145。

②《道德经》十八章，英译本 Chan 1963：148。

婴儿之朴，还是如原始社会之简，似乎正是老子的终极目标。为实现此目标，老子所建议的方法是逐渐减低甚或“弃绝”个人以及整个社会得自生活经验或文化发展的所学。道家与儒家最主要的相异点或许可用老子之言来总结：“为学日益，为道日损。”①

奠基于人民之无知的政体很容易会变成操控、剥削、苛待人民的政体。然而，老子政治哲学强调执政者的德行。治国者必须是能体现“道”与“德”的圣人，他们不运用技巧或诡术取利于百姓。老子强调执政者必须“无私”，他忠告圣人效法天地之不为己，因此首先必须含蓄谦让。理想的执政者内敛涵藏，不为民所视所闻，不经常发表言论，不会总是要引人注意，或是要求他人赞扬自己的功劳。能够以百姓福祉为先的执政者，反而更能保存自己。老子说：“圣人无常心，以百姓心为心……圣人在天下，歙歙焉；为天下，浑其心。”②唐格理（Kirill O. Thompson）如此诠释老子的政治理想：

> 道家观点与西方的无政府主义理论相类似，两者皆偏好人民的自由结社，都对官方机构的治理缺乏信心……对道家而言，任何普及的制度或法律结构在本质上就是适得其反的，不仅是因其繁重严苛，而且是由于法政制度试图在原本不可避免为多元化而且流动性的群体之上，强加一个僵硬统一的规范法则。……更有甚者，这种制度与法律

① 《道德经》四十八章，英译本 Chan 1963：162。
② 《道德经》四十九章，英译本 Chan 1963：162—163。

结构架设起一个充满虚假人为关切的栅格，而使人民远离他们原本的生活倾向。[1]

我们在这里见到老子的政治哲学与韩非子的法家思想截然不同，尽管韩非子也采用了许多老子的学说。这两者之间的根本差异是法家的目的在于加强制度性的掌控，而老子则反对所有此类机制的存在；法家将德行当作取得政治成功的手段，而老子则视德行为政治的最终基础。

如同对于柏拉图的政治理想国，我们也可以同样提出这样的问题：老子是否真正是在倡导此一政治理想？这些主张如何可能实现？柏拉图或许半真诚半带嘲讽，但他至少借由苏格拉底的谈话提出实践其理想城邦（kallipolis）的一些可行策略。但是老子却不曾论及他的理想是否可实现的问题。跟柏拉图的主张相反，老子反对接掌世界而将之塑造成任何特定的形式，老子说："将欲取天下而为之，吾见其不得已。天下神器，不可为也。"[2]老子反对任何武器的使用以及所有的战争，他说："夫佳兵者不祥之器，物或恶之。"[3]"以道佐人主者，不以兵

---

① Thompson 1990：176—178。老子的政治观点常被与西方无政府主义理论作比较。然而安乐哲指出："道家政治思想与西方无政府主义理论之间重要的区别，在于道家，基于其把个人与政府看作是相互对应的概念，并未以政府是人为机制而反对它，而是视政府为拟如家庭般的自然机制。老子当然反对高压统治与威权政府，但是尤其重要的是，他更关注非高压威权的圣王之治。"（Ames 1983：35）

②《道德经》二十九章，英译本 Ivanhoe 2000：29。

③《道德经》三十一章，英译本 Ivanhoe 2000：31。

强天下。”[1]孟子认可正义之战；荀子亦曾论及如何加强国家的军事武力。但是对老子而言，战争不仅是“道”衰落的象征，亦是“道”败落的原因。不管战争的起因有任何正当的借口，最后都不可能有好的结果。从历史记载中我们看到老子的政治哲学是针对他的时代——其为名副其实的“战国”时代——的一种反应。也许他对自己所见感到厌恶，而不认为任何矫治措施对当时的病祸可能有效。对他而言，文化与文明正是造成社会问题的主因。他拒斥儒家的礼仪道德学说，因为这些教导正是文明进程的一部分。他要求人们回到早期朴素原始社会的呼吁，代表了他对整个文化和文明的拒绝。

150

结语

先秦儒家皆珍视文化和文明的贡献，老子则倡言回归自然或“道”本身。如果“道”以自然为典范，而人的行为必须依循“道”的模式，那么人越不去努力有所成就，则会越接近“道”。以此推论，我们可以看到老子对“道”性质的形上观点、他对无为原则的伦理主张，以及他对回归原始的政治理想的提倡，此三者皆相互一致。

老子的哲学对于中国哲学的开展具有显著的贡献，因为它开辟出哲学探寻的新方向。尤其是老子对宇宙起源以及有与无之间关系的论述，引导后来宋明儒者致力于探讨形上哲学。他对于如何过美好人生的想法，由庄子继续发扬光大，深刻影响

---

① 《道德经》三十章，英译本 Ivanhoe 2000：30。

中国知识分子的心境。在中国历史上有句俗话："入世为儒；出世为道。"以儒家态度处理世俗事务，而以道家态度退返个人的空间。中国知识分子对外是以儒者为志，而内心则以道者自许。最后一点是，虽然老子的政治理想从未在中国的历史中实现，而且可能永远难以在任何世上的政体中实现，却在许多中国绘画中成为美学的原型。中国山水画所传达的意象是对道家单纯、平和、遗世之乌托邦的精神向往。我们可以总结说，老子哲学对中国人心灵的影响，完全和儒家思想一样重要。

延伸讨论问题

1. 如果"道"不可言说也无法命名，老子如何能加以论述并称之为"道"？他描述"道"是否犯了内在不一致的错误？

2. 你是否认为老子的教导太过于悲观、太负面、太被动？不竞争及不行动能成就什么？

151

3. 你是否同意老子，而接受"无为"是最好的道德态度？无为是个人行为以及治理人民最好的方式吗？

4. 老子对社会病根的诊断是正确的吗？消除分别心就可以减少人类的欲望，并且最终可以减少人类的冲突吗？

5. 老子反智反道德吗？他的教导是否真能达成他所说的宏远目标？

第七章

庄子

概论

152 如果老子思想的难解是因他言简意深，态度严肃，那么庄子（约前 369—约前 286）的文字更难诠释则是因为他的文笔恣意汪洋，诙谐不拘。庄子通过寓言、神话、滑稽志怪以及奇幻故事来传递他的哲理。读者要区分其中的文意是正面认可的或仅是谐意反讽的并不容易。正如李亦理（Lee H. Yearley）所言："世上很少有作品如《庄子》一般如此吸引人又充满神秘；它引人入胜但同时又难以掌握。"[①]陈汉生亦有如此精彩的描述："庄子具有独特的哲思风格。他书写哲学的奇幻作品……这种风格令读者犹疑不安，然而又如哲学糖蜜般吸引我们。他那种精湛而又难以捉摸的文笔，使得尝试去解读的人同时感到挫折、愉悦而又充满挑战性。"[②]无怪乎解读庄子作品有差距极大的相反观点，而每位诠释者皆能引用足够的文本来支持自己的理解。

---

① Yearley 1996：152.

② Hansen 1992：265.

然而，这不是意味着原文本身充满矛盾。几乎没有诠释的学者会否认《庄子》文本背后涵藏精湛高深的哲思。因此，读者在阅读《庄子》时的首要任务就是必须先了解庄子思想的整个图景，而将他的不同思路整理出一个连贯的理论。

整部《庄子》有三十三篇，分为内篇七篇、外篇十五篇以及杂篇十一篇。[①]传统中国及当代西方学者几乎一致同意，《内篇》无疑是庄子所作或至少真正代表他的思想，而《外篇》则由庄子的追随者所撰写，至于《杂篇》，尽管有些学者认为其中某些篇章是庄子所写，但多数皆对作者来源存疑。[②]基于此共同观点，本章的分析主要集中在《内篇》的义理，[③]《外篇》与《杂篇》将只选用某些章节来辅助阐释《内篇》所表达的主要思想。据称《内篇》的各章标题是由原作者所赋予，因此，我们对各章中某些不相连的段落，会在同一标题下视为表达相同主题来处理。

内篇的第一篇《逍遥游》呈现出庄子对自己思想的引介，或可说是辩护。他的学说常被批评为太过高远无用。庄子在文章中以几则故事来说明他的观点，指出眼光短浅的小知之人，

---

①《庄子》篇目大约在4世纪初已经建立，英译参照 Watson 1968：13—14。

②例如葛瑞汉认为《杂篇》第二十三到二十七篇，以及第三十二篇的作者是庄子，见 Graham 1983：4。

③对《庄子》全书诠释的学者倾向于找到庄子更多对先验主义之“道”的形上讨论，然而这不是《内篇》的主旨。

难以明了真正宏伟广大的事物。第二篇《齐物论》[1]讨论各种学派理论之间徒劳无用的争辩，同时也举出论证驳斥真知的可能性。有些学者认为这是《庄子》一书最重要的一篇。第三篇《养生主》提出数种养精保命的方法，例如避免追逐知识名利、遵循自然之道，以及安时而顺命。第四篇《人间世》比较儒家面对当时乱世所采取的方针（例如主动出仕以期纠正无道暴君、尽到自己的责任义务等）以及庄子的建议：保持无用。庄子建议若是一个人无知、无德、无才，就不会受到君王征召出仕。保持自己无用以作为自保之道，其实是唯一能成就自己大用的方法。在接下的三篇中，庄子提出三种生存的理想境界。第五篇《德充符》展现他的伦理观：道德来自内在，而无法以外在行为（或外表）来评价。最高的道德目标是与自然一致，意即摒除个人的好恶偏见。第六篇《大宗师》对于“道”以及真正得“道”的真人，展开形而上及隐喻性的描述。本篇相当复杂，充满含义深奥的故事，而其间联系的主题似乎是指出永恒之“道”涵盖万事万物。真正得“道”的真人是那些理解生命的

---

①《齐物论》的篇名含义自古以来即有争论。较被接受的诠释是“物齐”之论——“A Discourse on the Equality of Things”，大部分英译都沿用此一传统。然而，另一有力的观点主张正如标题所示，是关于不同的“物论”，而作者意图平齐各种理论。此阵营的学者认为《齐物论》全篇旨在驳斥各派的理论，因此庄子不可能会对自己的文章亦称之为“论”。他们建议英文译为“Equalizing Theories of Things”——齐“物论”。但反对此说的学者则认为中文里“物论”一词是在庄子时代极晚之后才引入的。我认为最好的英译是在吴光明的文章中看到的“On the Equality of Things and Theories”——论“物与论之平齐”。此译法避开以上两种诠译的对立，且合于全篇内容。

所有情境都是“道”的体现，因而能以宁静知足的心态知命顺命的人。最后，第七篇《应帝王》触及庄子的政治理想。串联本篇中几段看来不连贯的段落之中心思想，似与老子的“无为”想法相当接近。与老子不同的是，庄子并未给出任何达致政治成功的详细策略。[①]他给帝王（以及任何有心求道的人）如此简单的箴言：“亦虚而已。至人之用心若镜，不将不迎，应而不藏，故能胜物而不伤。”[②] 154

由于庄子的思想内容与许多西方哲学的议题密切相关，所以庄子向来是比较哲学的热门主题。他被与以下的西方哲学主题作比较研究，例如德里达（Derrida）语言解构主义观点及语言怀疑论；[③]普特南对于意义、真实与实在的讨论；[④]罗蒂（Rorty）的反表象论（anti-representationalism）及多元主义；[⑤] Sextus Empiricus 与 Theaetetus 的怀疑论；[⑥]亚里士多德的存有与同一性；[⑦]尼采的生命与文化哲学；[⑧]维特根斯坦的世界建构（world-making）；[⑨]海德格尔的绝对具体个殊性（radical con-

---

① 正如顾立雅所说，虽然老子“对君王诸侯宰相如何获取及掌握权力给予大量的忠告”，庄子却“对政治漠不关心，甚至采取无政府主义立场”（Creel 1970：6）。

②《庄子・应帝王第七》，英译本 Watson 1964：95。

③ Michelle Yeh 1983；Mark Berkson 1996.

④ Jung H. Lee 1998.

⑤ Kwang-sae Lee 1996.

⑥ Paul Kjellberg 1994,1996；Lica Raphals 1996.

⑦ Chenyang Li 1993.

⑧ Graham Parkes 1983；Oavid Hall 1984.

⑨ Laurence C. Wu 1986.

crete particularity）[①]。本章无法概括所有这些议题，此处我们将集中探讨《内篇》三个关键主题：庄子如何看待真理与知识、庄子的道德理想以及他的生死哲学。

真理、实在与知识

庄子对真理与实在的观点，已经被广泛标注为“相对主义”“怀疑论”，甚至是“极端相对主义”和“极端怀疑论”。[②]在本章节中，我们要检视庄子对真理与实在的观点，以及他对人们认知真理与实在之可能性的看法。为了要厘清近代分析哲学家们对庄子所做的复杂论辩，我们首先来检视学者们对庄子所订定的各种标志[③]（此段讨论是最好的例证，显示当代学者如何

---

① Wayne D. Owens 1990.

② 尽管当代分析学家通常以怀疑论的不同形式来谈庄子，还是有人主张庄子绝非怀疑论者，例如，参见 Sun 1953 和 Cheng 1977 的观点。

③ 为了简要论述，其他有些诠释不拟在此讨论。其中之一是 Deborah 和 David Soles 所主张的知识论的虚无主义。他们主张庄子认为“任何对知识的讨论都是没有意义的”，所以是知识论的虚无主义者（Soles 1998：161）。他们说：庄子“并不是说知识是我们或许可有却刚好缺乏的，而是说知识这个概念根本没有意义或知识这个范畴无法有个例”（同上书）。根据 Soles 的看法：知识论的虚无主义不同于极端怀疑论，因为怀疑论者仍然在意最终获得真正的知识，而知识论的虚无主义者仅是宣称追求知识毫无意义。他们认为对庄子而言，没有“无特定视角”的知识，也没有“天眼般的透视”视角。所有的知识形式皆同样受限，因而无法令人满意。然而，在他们将庄子归为此种极其负面看法的同时，他们似乎忽略了庄子也大力描绘“真人”和“至人”——也就是对“道”具有真知的人。

可以对古代中国哲学家所关注的议题进行哲学辩论。读者们若对这些辩论不感兴趣，则可略过此段）。

极端（强义）怀疑论或视角主义

陈汉生根据他对《齐物论》一篇的解读，将庄子标志为极端怀疑论（radical skepticism），以及他所称之的视角相对主义（perspectival relativism）。视角相对主义主张所有的观点都是来自某种特定的视角，因此所有观点在该视域内皆为真。极端怀疑论主张我们永远无法认知绝对的真理，因为在我们的认知界域之外没有所谓的“真理”。陈汉生认为对庄子而言一切争论之声“皆为‘是’，至少是皆为‘自然’”，而且，“从宇宙的角度来看，所有的方式都同等有效，没有任何一个立场具有特殊的地位或保证”[①]。陈汉生之所以会采此观点，是因为他没有看到道家之用“道”字附有任何形而上的意义。依照他的诠释，“道”对庄子而言仅是一种论述的形式，或“分类（命名）的架构”，因此只是语言的约定成俗。既然在人类心灵之外没有独立的实在界，我们永远无法认知任何独立于人类概念之外的绝对真理。

155

弱义怀疑论或语言怀疑论

弱义（soft）与强义怀疑论（hard skepticism）不同之处在于弱义怀疑论容许怀疑论者有选择性的怀疑对象。弱义怀疑论并不坚持人们永远无法获知“任何”事情的真理，它只是提议

① Hansen 1983：35–39.

人们在某些领域无法获知真理。当代学者特别指出语言才是庄子所质疑的对象。Mark Berkson 解释所谓的“语言怀疑论”是主张：“语言不可被视为传递世界真实图像的工具。以命题形式的表述根本不可能给予对世界的‘真实说明’。”[①]艾文贺说：“这种怀疑论是种特殊的知识怀疑论，它既未隐含任何有关万物存在方式的主张，也未在原则上排除其他可能帮助我们理解并符合世界事物的认识方法。”[②]换言之，艾文贺认为庄子所怀疑的是针对人类以知性来掌握“道”，或是人类使用概念及语言来描述“道”的可能性，但艾文贺并未将庄子归为极端的怀疑论。他把庄子的怀疑论证看作是知识论的，而非形上学的主张。

治疗性怀疑论或方法学怀疑论

治疗性怀疑论（therapeutic skepticism）是对庄子的分析哲学评论者中一种流行的诠释。[③]依此诠释，庄子本人的哲学信念甚至不真正是怀疑论。庄子仅是用怀疑来作为方法或治疗，以解除人们由于对“道”无知而受到的束缚。他的目标是要消除人们在认知真理时总以为己是而他非的错觉。因此，庄子的怀疑论是用来启蒙一般人，让他们明白他真正的重点：有关“道”的至高真理。瑞丽（Raphals）区分了三种怀疑论：作为议题的怀疑论、作为推荐的怀疑论，以及作为方法的怀疑论。她认为：

156

① Berkson 1996：98.

② Ivanhoe 1996：199.

③ 见 Berkson 1996；Ewing Y. Chinn 1997；Kjellberg 1996；Eric Schwitzgebel 1996 and Van Norden 1996。

(一)庄子显然是将怀疑论作为一种方法，以驳斥其他既有的知识宣称；(二)庄子可能是以怀疑论作为一种推荐，建议人们中止判断； 但是，(三)庄子显然并未持有知识不可得的怀疑论议题。[1]治疗性的以及方法学的怀疑论都与极端怀疑论无法兼容，因为他们的倡议者并不否认知识的可能性。因此，这两种解释都将庄子归入比上述"弱义怀疑论"更温和的形式。

非对称相对主义

非对称相对主义（Asymmetrical relativism）是由爱莲心所提出。他主张庄子区分两种意识领域：一是代表一般人未觉醒时的无知，另一是代表圣人醒觉状态的真知。在层次较低的无知领域中，真理会因不同观点而相异，但是在层次较高的真知领域里则不会有相对性的真理。爱莲心说："相对主义仅存在于圣人对习道者的对话情境里。当一个人得到了圣人的真知，就会理解相对主义仅具有启发上的价值。"[2]我们可以看到这个诠释近似于先前所提的治疗性怀疑论，是把怀疑论看为仅仅具有转型过渡的启发作用。这个观点与世界实在论的观点兼容，因为在较高的认知层次上，我们是可以明白真正的实在的。

反理性主义或神秘主义

葛瑞汉将庄子归为反理性主义(anti-rationalism)。[3]他解释

---

① Raphals 1996：26–49.

② Allinson 1989：23.

③ 另外还有其他学者也同意葛瑞汉反理性主义的诠释观点，例如罗大维（David Loy 1996）及 Mark Berkson（1996）。

庄子嘲讽理性且拒绝任何经由理性获得知识的主张。不过葛瑞汉反对以视角主义来解读庄子，他认为庄子确信某些人的知识技巧胜于其他人，因此并非所有的知识都受到怀疑。有真知的人，心如明镜，顺着事物的必然变异而随映其象，“应而不藏”[①]。葛瑞汉认为这是“在认知客观实在的过程中，贬低或否认理性的地位”[②]，所以是反理性主义。Jung Lee 等学者的结论则认为庄子的观点实际上是一种神秘主义，他认为即使庄子坚信我们的语言及概念体系会依观点视角而有所不同，庄子也不相信实在本身会因观点而不同。如果我们放弃所有的概念体系而改以运用一种“提升的能知模式（heightened mode of noesis）”，我们即可“以直接而无中介的方式”来理解实在。[③]葛瑞汉的反理性主义诠释以及 Jung Lee 的神秘主义诠释都指出庄子提倡一种不同的知识模式：放弃理性，而采用葛瑞汉所言的“纯粹自发性”或是 Jung Lee 所称的“一种特别的神秘认知，以宏观直接见到事物本来样貌的认知方式”[④]。根据两位学者的看法，庄子的观点是只要我们运用此不同的认知模式，真正的知识就可能达成。

157

实在论

实在论最简单的形式，就是指世界上的事物有事实上的存在。真实界的存在并不依赖于心灵意识。世界并非人类的概念

---

① Graham 1983：9.

② Graham 1989：194.

③ Lee，J. H. 1998：458－459.

④ Lee，J. H. 1998：463.

所建构；相反地，我们本身是世界的部分。这种素朴实在论与任何形式的怀疑论皆不互相排斥。在上列五种理论之中，唯一与这种实在论不兼容的是视角主义。视角主义或者主张没有任何单一的客观实在,或者主张相对于多样视角而有多元的实在。实在论的主张则恰恰相反。正如我们在先前几章的讨论显示，实在论是所有古代中国哲学家的基本预设。当代学者中将庄子思想归为实在论的有 Russell Goodman、Siao-Fang Sun、Mark Berkson 及艾文贺。[1]

以上的摘要显示出学者们诠释庄子的困惑以及混乱的处境。本书采取的结论是综合实在论，相对主义，以及怀疑论：庄子对于“道”及世界全体持实在论、对于人的概念体系及判断持相对主义，而他对真知是否可能则持怀疑论。[2]即使庄子怀疑语言探寻真理的功能，他也从未怀疑真理本身的存在，而真理本身可被称为“道”或径称为“真实存在”。对庄子的真理概念 Siao-Fang Sun 提出一个极有帮助的分析：在哲学家提及“真理”一词时，常有两种意涵，一是形上学的意涵，在此意涵下“真理”等同于实在本身或真实存在；另一是语义学的意涵，在

---

① Goodman (1985); Sun (1953); Berkson (1996); Ivanhoe (1996); Berkson 及艾文贺并未特别将庄子标识为“实在论”，但 Berkson 说：“世界有其存在的方式，一种真实存在，即根本的‘道’。”(Berkson 1996: 118) 艾文贺说：“‘道’是形而上的概念，是世界模式和历程的深层结构。”(Ivanhoe 1996: 201) 在我看来，这两位学者都提出了“道”实在论的诠释。

② 在我已发表的文章中曾论述这些观点的结合，构成普特南所定义的“内在实在论 (internal realism)”，此处将不再赘述。参见“A Daoist Conception of Truth: Laozi's Metaphysical Realism vs. Zhuangzi's Internal Realism”(Liu 2003)。

158 此意涵下"真理"是语句陈述的属性之一。[①]当我们把此区分应用于庄子的真理观，可见到庄子对形而上意涵的真理采取实在论，而对语义学含义的真理则采取相对主义。此外，由于庄子怀疑我们是否能够认知形而上的真理，所以对于我们的知识采取怀疑论立场。简而言之，庄子秉持下列论点：

1. 实在论："道"独立存在于我们的视域及概念体系之外。"道"是真理、真实存在，或世界存在之本然。

2. 概念相对主义：我们所有的思想都在我们的概念体系之内，而且我们的判断总是反映我们自己的观点。

3. 知识怀疑论：我们永远无法获知绝对的真理，也永远无法使用语言对其加以描述。在语义学意涵上没有真理存在（论点来自以下论证 A 及 B）。

此处提出几个庄子用以支持概念相对主义（论点 2）的论证。庄子从不同的角度来阐明自己的观点：

[A] 好恶相对性的论证

> 民湿寝则腰疾偏死，鳅然乎哉？木处则惴栗恂惧，猨猴然乎哉？三者孰知正处？民食刍豢，麋鹿食荐，蝍且甘带，鸱鸦耆鼠，四者孰知正味？[②]

庄子的论点可整理如下：

1. 我们的判断取决于我们的自然/身体结构，例如，人类

---

① Sun 1953：138.

②《庄子·齐物论第二》，英译本 Watson 1964：41。

认为旱地适宜人居，但泥鳅喜好湿地；人类觉得肉类美味，然而麋鹿喜食青草。

2. 不同的身体结构产生不同观点。

3. 因此，所有的判断都是根据特殊观点而形成。

4. 因此，在身体结构不同的主体之间不可能有普遍性的判断。 159

根据上述论证，不同的物种具有相异的身体 / 生物结构，而他们的判断必然已被决定或受到天生构造的影响。对人而言是好的，可能对其他物种则否，因此“好”与“坏”是仅适用于某种特定观点的判断语词。既然这些判断是相对于视角的观点，它们不可能表达客观的真理。

庄子更进一步论述，不仅价值判断，而且所有语义学意涵的真理，或者说我们判断的真理，都是相对于言说者的观点为真：

［B］判断相对性的论证

天下莫大于秋豪之末，而大山为小；莫寿乎殇子，而彭祖为夭。①

庄子此段看似矛盾的陈述，是用以说明概念的相对性。天下之物没有比秋毫之末更细微，但在蚂蚁眼中，秋毫可能是庞然大物。泰山固然高大，然而在巨人眼中仍算微小。同样，自飞蛾角度看来，早夭的孩子可能寿命很长，而从灵龟的角度观

① 《庄子 · 齐物论第二》，英译本 Watson 1964：38。

之，人间寿命最长的彭祖为早夭。我们的概念划分世界的方式并不能反映事物之间真正的区别，因此，我们的判断不拥有绝对真理的属性。

然而此论证仅指出我们的概念范畴不能反映真实存在，并未建立极端相对主义万物均等的观点。即使泰山以绝对语意来说并不“大”，至少比秋毫之末“更大”。庄子所要否定的仅是任何绝对性的概念，而非否定真正的比较以及真实差异的可能性。如果我们因为秋毫之末可以从某种视角来看被认为“大”，就得出结论毫末真的为“大”，那我们就是误解了庄子的论证。在外篇《秋水》第十七中，当有人提问是否可以判断天为“大”，160 庄子回答“否”，因为“又何以知天地之足以穷至大之域”。[①] 换句话说，“大”或“小”，作为我们的概念范畴，无法独立于来自不同视角的比较而适用于任何事物。因此，我们的概念不能对世界上存在的事物作如实的划分。

我们用对此论证较好的理解方式整理如下：

1. 所谓的大、小、老、少等之别，皆因所用标准之不同。

2. 在不同的标准下，同一件事物可同时称为大，或为小，同时为老，或为少，以此类推。

3. 但事物本身不可能既为大又为小，或同时是老又是少。

4. 因此，我们对于对象及其属性的概念范畴，不能反映出事物的真实状态。

［C］观点相对性的论证

---

①《庄子·秋水第十七》，英译本 Watson 1964：99。

物无非彼，物无非是。自彼则不见，自知则知之。故曰：彼出于是，是亦因彼。彼是，方生之说也。虽然，方生方死，方死方生；方可方不可，方不可方可；因是因非，因非因是。[①]

庄子此段论述不仅指出观点的相对性，还指明观点本身的相互依赖性。[②]若无“此”，则无“彼”；若无“非”，则无“是”。离开了所有的概念体系，或是从无何有之乡（nowhere）的观点来看，则任何陈述皆无法成立。因此，我们若要判断陈述的真假，首先需评估此陈述所嵌入的概念体系。对于人类构想为真的语句，在其他生物之构想下则不必然为真；自个人观点为真的陈述，在其对手眼中则很可能为假。语句没有独立于个人视角的绝对真假值，陈述本身并不具有内在的真理价值。

庄子这个论证可整理如下：

1. 若无一组相反的概念相互对比，则所有判断都无法使用其中任何一个概念。

2. 两个对立的概念也同时相互依赖，其中任何一个概念若非已预设与其对立的概念，则无法应用。

161

3. 因此，我们要使用一组对立概念中间的一个概念来作出

① 《庄子·齐物论第二》，英译本 Watson 1964：35。

② Jung Lee 对此段文本提出很有趣的分析，他说：“对庄子而言，所有的判断都奠基于指示语词（demonstratives）的相对情境性（indexicality）。这点更巩固他概念相对性的看法。”（Lee 1998：456）所以，他认为“此”和“彼”是一种对于相对情境指示语的讨论。

判断，就同时必须有另一个判断运用于与其相反的概念。

4. 因此，没有对立，则判断无法成立，没有任何判断是普遍而且绝对为真。

既然我们一般的知识是相对于观点立场，没有任何知识可为唯一的真知。对庄子而言，超越所有观点的唯一真理是我们不可得、不可知的。由于庄子相信这个绝对真理是我们无法得知的，他经常发出评论："我如何能真的知道（何以知）？"① 如果我们依照西方分析哲学的定义，说"知识"是"实际为真而且有理由佐证的信念（true justified belief）"，那么即使当我们以为自己的信念（相对于我们的观点）有理由可佐证，由于我们不能确知吾人所信是否实际为真，我们永远无法获得真正的知识。在这层面上，庄子对于人类知识所持的态度可被视为怀疑论者（前论点 3）。

庄子另举出一些论证来支持他对知识的怀疑论：

［D］梦的论证

> 梦饮酒者，旦而哭泣；梦哭泣者，旦而田猎。方其梦也，不知其梦也。梦之中又占其梦焉，觉而后知其梦也。且有大觉而后知此其大梦也。②

此论证可整理如下：

---

① 何莫邪（Christoph Harbsmeier）指出："庄子从未明确断然宣称我们不能知，他只是不断提问：'我们如何能知？'他并不坚守人们不能知的武断意见。"（Harbsmeier 1993：25）

②《庄子·齐物论第二》，英译本 Watson 1964：43。

1. 梦境对我们而言，如同清醒时一样真实。

2. 在梦中，我们永远不知道那仅是一场梦。

3. 因此，当我们自认清醒时，也许我们不知此身正在梦中。

4. 因此，我们永远无法确定判断自己是否清醒。

［E］争议不可能平息的论证

> 既使我与若辩矣，若胜我，我不若胜，若果是也？我果非也邪？我胜若，若不吾胜，我果是也？而果非也邪？其或是也，其或非也邪？……吾谁使正之？使同乎若者正之，既与若同矣，恶能正之！使同乎我者正之，既同乎我矣，恶能正之！使异乎我与若者正之，既异乎我与若矣，恶能正之！使同乎我与若者正之，既同乎我与若矣，恶能正之！然则我与若与人俱不能相知也。①

162

此论证可重组如下：

1. 对真理的不同判断必然是相对于不同的观点。

2. 因此，两个不同观点的人无法确定何者的判断为真。

3. 如果第三方的裁决偏好其中一方，则其真理判断亦是相对于此方的观点。

4. 如果第三方不同意原来的双方，那么他仅是基于第三种观点提出第三种判断而已。

5. 即使在不同的观点之间能够达成协议，这个协议也只是相对于该协议的特定观点。

---

①《庄子 · 齐物论第二》，英译本 Watson 1964：43—44。

6. 因此，没有任何第三方真的可以决定谁是对的。

7. 因此，要平息论辩永远不可能。

庄子在［D］提出一种笛卡尔式的论证，说明人不可能知道其人此刻不在梦中。如果我们连此刻是否在做梦都无法知道，那么所有我们以为真的判断都可能为假，个人根本无法确认自己的判断是否为真。此如笛卡尔的梦论证（Cartesian Dream argument）一样具有说服力。对于论证［E］，庄子表达为何在理性论述以及共识的基础上不可能获得真理的理由。我们常倾向于认为一个陈述越有大多数人共同接受，该陈述就越可能为真。然而庄子此处指出，对于任何判断，永远有对立的判断存在。共识不能保证陈述为真，而最多显示出对话者持有相同的观点。我们可将庄子的看法与现代民主制度以大多数决定的概念进行对比。我们可以延伸庄子的论点而思考，如果“二对一”

163

不能保证真理，那么九十九个人对一人亦同样不能确保真理。真理不是由多数人的意见来决定——多数人的意见仅代表众人适巧采取同一观点，而其他的观点亦同样有正当性（或同样没有正当性）。不管有多少人持有相同的意见，真理是不能依靠意见来决定的。论证［D］和［E］支持同样结论：我们永远无法确知无疑。我们所有的知识皆相对于我们的理解与我们的观点，超越视角的真知对我们而言是不可能的。无论我们宣称何者已知、何者为真，都必然是仅仅相对于我们的概念体系而言的。

不过，尽管庄子强调我们的好恶、概念以及判断都是在反映我们自己的视角，他的看法还是要与视角主义区分开来。视角主义的主张如下：

［Pl］我们判断的真假是相对于我们的观点。即使不同的论

述彼此对立，只要各自是相对于言说者的视角为真，那么，不兼容的陈述皆可为真。因此，所有的判断皆同样为真。

然而，庄子仅指出我们所有的判断皆是奠基于我们的生物构造、我们的文化以及我们的视角而形成。他没有说我们的文化或是观点可以“使我们所有的判断都为真”。庄子说：

> 是以圣人不由，而照之于天，亦因是也。是亦彼也，彼亦是也。彼亦一是非，此亦一是非。果且有彼是乎哉？果且无彼是乎哉？彼是莫得其偶，谓之道枢。①

在此庄子所谓的“道枢”是指“道”的立场，而从“道”的立场出发，“此”与“彼”的分别皆得以消解。庄子所提倡的真理概念奠基于对任何区别（包括是与非、善与恶、彼与此，等等）的否定。不过，他并未彻底消除绝对意义的“真”与“假”之间的区别。对庄子而言有一个明确的谬误，就是人提出自己的观点作为唯一正确的观点，庄子说：“未成乎心而有是非……是以无有为有。”②但是转换到视角主义的层次，而将视角看作是真理的决定因素，或是声称所有的真理在真的意义上都是平等的——并不会更好。庄子说：

> 化声之相待，若其不相待……是不是，然不然。是若果是也，则是之异乎不是也亦无辩；然若果然也，则然之

164

①《庄子·齐物论第二》，英译本 Watson 1964：35。

② 同上书，英译本页 34。

异乎不然也亦无辩。①

庄子此处用悖论指出真正的“是”并无对立，而最高的“真理”实际上是消解真假之间的区别。他提出的真理概念是所有观点的综合结论：

［P2］真知就是否定视角知识的知识。真理并非相对于视角观点；相反地，真理超越所有的观点。

和［P1］视角主义的主要论点加以对比，庄子的主张如下：

［P3］我们的判断都是相对于我们的视角。

［P4］我们的判断都是相对于我们的视角，但是，真理并非相对于视域观点。因此，我们的判断无一为真。

换言之，庄子并非主张一切观点同样为真，而是主张一切观点必然为假。他所提出的实际上是视角主义的反面。

若我们将庄子所论的“真理”分为两个层次，可能可以更明白他的观点②：

［真理 1］：此为一般人所采用的真理概念；这种真理相对于视角观点成立（亦即语义学意义的“真理”）。

［真理 2］：此为超出人们真假概念之外的真理概念；此种真理超越一切人类的视角并且是“道”的明确呈现（亦即形上学意义的“真理”）。

---

①《庄子·齐物论第二》，英译本 Watson 1964：44。

② 成中英也将真理分为两个层次，他认为庄子的怀疑论与庄子的“道”形上学，“彼此相互加强而形成一个构建理论的辩证过程，将较低层次的（有限的）真理以及较高层次的（无限的）真理区别开来”。（Cheng 1977：141）

既然庄子主张有一种终极真理（真理 2），并非相对于特定的视角而为真，而且真理 2 胜于真理 1，我们就不可将庄子视为视角主义的支持者。此真理 2 并非我们俗人所能视之为真，因为当我们称之为“真”时，它就被带回真 / 假概念之循环内。庄子此处之所论，是要泯除所有的区别，并且终止所有事实 / 价值的判断。真理 2 并非建立在我们的概念与世界存在方式之间的对应，因为此种对应全无可能。事物之于我们或是出自我们的观点，都必然已经内在于我们的概念体系，而不同的概念体系根本无法彼此竞争何者最能够符合世界之本然。

165

不过，庄子宣称我们的想法以及我们的叙述都不可避免地被我们的视角与我们的概念体系所限定，并不会导致他得出如下结论，即主张实在本身被不同视角所限定，或是说在不同的概念体系之外，并无独立的真实存在。我们可以论证世上没有所谓“无观者的观点（a view without a viewer）”，而不须同时宣言世上不可能有“无观者的世界（a world without a viewer）”。庄子当然从未宣称实在是相对于各个视角或概念体系的，他也从未主张对于实在本身并无事实可言。我们或可说庄子对我们以语言表达实在真实性的能力抱持怀疑态度，但是他并未质疑实在本身的存在。对庄子而言，“道”如老子所设想的一样真实，但是任何对于“道”的人为的描述（包括他自己的）皆注定失败。庄子说：“六合之外，圣人存而不论。”[①]因此，庄子本人并未花费心力去诠释“道”。他了解没有任何语言叙述能告诉我们“道”的真理——即使他自己的言论也仅仅相对于他

---

①《庄子·齐物论第二》，英译本 Watson 1964：39。

的概念体系。转而代之，庄子采取隐喻、寓言、诡论及故事等手法，来替我们描绘一个应有目标的心理图像。[1]他对"道"所作的陈述不应被视为具有确定真值的声明。就如 Siao-Fang Sun 所言："有关'道'的陈述既不真也非假，因为我们对其既无法确定也无法否认，既不能证明，也不能反证其为真。"[2]

然而，即使庄子肯定"道"或"真理 2"的存在，他并不认为对于"道"的知识容易获得。首先，并非人人皆有必需的智慧和心态以学习此种真知。庄子并不认为有关"道"的知识可通过理性或经验探索而获得。对于"道"的全面理解，人们需要培养一种更高层次的直观悟解，庄子称之为"明"。一旦人理解"道"涵盖一切，即能以此更高层次的"明"来看清所有的区别和特殊差异。换言之，人之具有"明"的直观悟解是来自人真正理解"道"之后。然而，并非人人都能拥有高层次的"明"。庄子说："瞽者无以与乎文章之观，聋者无以与乎钟鼓之声。岂唯形骸有聋盲哉？夫知亦有之。"[3]在《庄子》一书中有许多故事提到为师者告诫弟子尚"不足"以学习"道"的知识，因而拒绝他们来学习"道"。或许正如华兹生所言："多数古代中国哲学家的思想皆针对政治的或知识的精英，《庄子》

166

① 庄子对"道"最接近的描述是以下这段有如诡论的语句："夫道，有情有信，无为无形；可传而不可受，可得而不可见；自本自根，未有天地，自古以固存；神鬼神帝，生天生地；在太极之先而不为高，在六极之下而不为深；先天地生而不为久，长于上古而不为老。"（《庄子·大宗师第六》，英译本 Watson 1964：77）

② Sun 1953：145.

③《庄子·逍遥游第一》，英译本 Watson 1964：27。

则是为精神上的精英而书写。”[①]此外，即使有人真正了解“道”，他们也无法教授给别人，因为没有人为的叙述可以适当表达“道”。在《知北游》一篇中谈到“道无问，问无应”[②]。事实上，整部《庄子》书中那些知“道”（或说是形上义的“真理”）的人被描述得虚幻神妙，仿佛很不真实或至少看起来像是“非人”。庄子的意旨在于确认有形上意义的真理及真知，但真知对人类而言几乎不可得。普通人的知识仅能视为“小知”和“小识”，而这种知识正是庄子抱持怀疑态度的对象。

老子和庄子皆认为名称及语言描述是对“道”的割裂。然而，老子着重于诠释这个独立于心灵的实在，庄子却努力说明我们对这个独立于心灵的实在既不可知，亦无法描述。如果任何概念体系都无法得以正确地掌握“道”，那么道家本身的概念体系当然亦不能做到。老子尚慨叹“知我者希”[③]，能够理解及跟随他的“道”的人寥寥无几，然而，庄子却从未自夸自己的观点正确。以此看来，庄子的整个哲学比老子的哲学更具有内在的一致性。

总结言之，对于世界存在的模式，庄子是个实在论者，但对于我们构想世界的方式他则是个相对主义者。他承认“道”独立于心灵而存在，此“道”涵盖一切存有并且超越于经验世界。庄子说：“如求得其情与不得，无益损乎其真。”[④]他的种种论证显示出我们永远无法独立于我们的视角之外，而求得有

① Watson 1964：5.

②《庄子·知北游第二十二》，英译本 Watson 1968：244。

③《道德经》七十章。

④《庄子·齐物论第二》，英译本 Chan 1963：182。

关世界存在之本然的概念。但是他从未如极端相对主义者一样认为所有观点皆同样正确。在本书的分析中，将庄子诠释为怀疑论者，以及将他诠释为相对主义者，这两者之间并没有不可解的矛盾。对于我们认识“真理 2”的能力，庄子是个怀疑论者，但是对于所有其他有关真理（“真理 1”）的宣称，他则是个相对主义者：真理 1 之真都是相对于不同的观点而言的。

167

道德理想与至人

关于庄子的道德哲学，当代分析学者们主要的争议在于他是否坚信道德相对主义，亦即认为对与错无法独立于各自的视角。在此种观点之下，由于客观标准不存在，我们永远无法说一件事是绝对正确或错误的。陈汉生将庄子的理论归为“视角相对主义”，而除他以外，其他许多当代分析学者也都将庄子标识为各种不同形式的相对主义。黄百锐将庄子归为“道德相对主义者”，因为庄子否认任何为道德作理性辩护的可能性。[①] Paul Kjellberg 认为庄子赞同“弱义的相对主义”，意即相信“价值会随着个人及情境而改变”，但是庄子反对“强义的相对主义”，意即主张价值完全由个人决定：“对某些人为善的，不过是他们所认为对他们而言是善的。”[②]按照这类的诠释，在庄子看来没有客观决定的价值，根本善或根本恶并不存在，而且行为也不能在客观上说是较好或较坏的。

---

① 见艾文贺对黄百锐论点的解释及评论(Ivanhoe 1996:202—209)。

② Kjellberg 1996：14.

在反对这种诠释的学者中，有些人论辩庄子不是采取“视角相对主义”，因为庄子在“道”的观点与我们的观点之间作出明显的区分，并且认为“道”的观点胜于我们的观点。例如艾文贺主张庄子并未排斥善与恶、好与坏之间有终极客观的区别。若是我们违反自己或事物的本性生活，便是较差的生活方式；若是我们遵循自然而活，便是过上更好的生活。这派学者们找到文本的支持，指出《庄子》书中强调“道”与万物同一；“道”涵藏万物一无所拒；“道”对待万物一视同仁。庄子所赞扬的“道”似乎是公正法则的最高典范。从“道”的观点——或者我们也可说从“天”的观点，万物平等而且没有是非善恶之别。然而在人世间，却必须有此等区别。如果“道”的视角胜于人的视角，那么我们是否应该，或者能够，采取“道”的视角？我们如何能生活在人世间，却采取“道”的视野而把万物看作在价值和重要性上完全平等？

艾文贺主张庄子对“天”的视角之描述是用来作为一种“心理治疗”，以“提醒我们在这个宏阔体系中我们只占一个很小的部分”[1]。因此，我们无须放弃我们人类的视角，而仅需记住我们的视角只是更大体系中的部分。另外，Mark Berkson则主张我们应当向圣人看齐，效法采取“道”的视域。Berkson认为个人一旦得到天之视角，便能平心看待人生的历程（生、老、病、死，等等），而不会被外在事务所困扰。“我们之能逃离以人为中心的视角主义困境，就是完全放弃所有个人的观点体系，而借由天以万物为整体的视野，明彻显示万物的相对性

168

① Ivanhoe 1996：200.

及其终极的平等性。”[1]李亦理认为庄子有激进面向的同时又有传统的面向。在激进面向上，庄子是劝告我们去看待生命如“光影戏剧、一系列闪过的镜框，或是图案变化不停的万花筒”[2]。我们应当庆贺生命中每一个找到自我的生命情境的人。借着庄子用心若镜的比喻，李亦理继续说道：“镜子不作对与错的判断，不管孩童是被杀害还是被拯救，它一概映照影像而无分别。镜子不欲攫取镜前经过的任何事物，只是让所有可欲的对象来到镜前然后姗姗离去。”[3]在他这样的诠释下，一个心如明镜的人不会因生命中的不幸而伤痛，不会依恋任何人或任何事物，也不作任何对错的判断。这样的人也许看起来甚至不像是一个人。这真的是庄子的看法吗？如果是，那么庄子为什么要主张忘却道德区别，去除情感依附本身会是个道德理想？

要了解庄子对道德理想真正设定的内容，我们首先要区分他对道德理想境界与道德理想人格的描述。然后我们才可以试着去了解个人应在何处安身立命。

道德理想境界

庄子认为道德与不道德的分别，是孔子等人所提出的人为区分。根据庄子所言，道德的理想境界是人们自然有德而甚至从未思及道德概念本身。他对理想伦理状态与理想社会状态的描述显然与儒家的思考不同，庄子如此表述：

---

① Berkson 1996：108.

② Yearley 1983：130.

③ 同上书，页 133。

泉涸，鱼相与处于陆，相呴以湿，相濡以沫，不如相忘于江湖。与其誉尧而非桀，不如两忘而化其道。①

当鱼在水中，并不自觉水的重要，也不烦恼其他鱼类的生存。但是当它们脱离水泉时，即须相濡以沫试图求得共同存活。同理可见，当人们生活在“道”的世界里，他们并不知“道”的存在或其他人是否有德，但当人们脱离了“道”的世界，则必须教化道德以防止每个人陷入混乱的深渊。庄子这则道德故事的寓意在说明，社会本身自然而然“有道德（be moral）”，远比靠儒家教化而“成就道德（made moral）”更好。

《庄子》外篇的《知北游》中描述老子对孔子说：“则君子之道，彼其外与！万物皆往资焉而不匮，此其道与！”②于此短暂对话中，儒家的愿景（一个道德改造的世界），与道家设定的完美模型（道的理想世界），显出清晰的对比。在这篇文章里老子（此处作为道家的代言者）指出，人生无非是转瞬即逝的存在状态，而这些改变仅仅是阴阳的组合变化。整个人类社会的历史在时间中也只不过是“道化”过程的一瞬而已。当孔子试着以道德教化改进社会，他只是以狭隘的眼光来看待“道”。道德教化尽其善也只能表面上改变人们的行为；并不能作为所有存在真正的根基。因此儒家的道德教化无法真正代表“道”。另外来说，“道”无私无尽地滋养万物的存在。“道”的

① 《庄子・大宗师第六》，英译本 Ivanhoe and Van Norden 2003：231。

② 《庄子・知北游第二十二》，英译本 Watson 1968：239。

世界永恒存在而非人所能理解，它无法划分为圣王之世或暴君之世，因为不管是圣治还是戾治，也都不过是道化世界里短暂的瞬间。庄子的重点似乎是世界万物既非道德也非不道德，因为道德不是自然本身的一部分。“道德”是人的概念，仅适用于人的行为。“道”的世界超越人的领域；是方外之域（the realm beyond）。在“道”的世界，没有欠缺或不足，万物皆有“道”的完美维护。因此，“道”的世界是一个不需要道德教化的世界——它并非经由道德改造人们而达成，而是自身即是道德的理想境界。

要达到庄子的道德理想境界，每个人皆需学习“道”。如果所有人都能忘掉分别心，则不会有冲突纷争，不会有恐惧愤怒，而且人人皆能无怨无尤地接受自己的处境，而“相忘乎道术”①。于此世界中，执政者无须为了治理百姓而有所作为，因为最佳的治理即是无为而治。②每个人都会自治自理，遵循自然而生活，换言之，道德的理想境界即是每个人皆成为道德的理想人物。

170

道德理想人物

庄子把他的理想道德人物称为“至人”“真人”“神人”，并加以许多怪诞神奇的描述。这种人物不畏艰难险恶；冰火不侵，

---

①《庄子·大宗师第六》，英译本 Watson 1964：84。

② 庄子假借孔子代言，说：“相造乎道者，无事而生定。”（《庄子·大宗师第六》，英译本 Watson 1964：84）

餐风饮露，云游四海而不久留。[1]作为“道”之大德的典范，真人对于其命之所遇皆漠不关心，而对于其身之所处亦泰然自若。“古之真人，不逆寡，不雄成，不谟士。若然者，过而弗悔，当而不自得也。若然者，登高不栗，入水不濡，入火不热。”[2]在庄子对这些“超然”存有的描述中从未提及他们的家人、身份、背景。他们被描绘为没有人类情绪或任何人情的依恋。似乎这些道德理想人物并非真正的人，而更像是“道”本身的拟人版。

对于这种超人存在之本质的合理解释，就是将其视为我们的精神。我们在精神上不受空间所限，因此得以自由遨游；我们的精神不是物体，因此不会被冰火所伤；我们的精神不依赖于食物滋养，因此可以餐风饮露。一旦人达到此种精神层次，就不再受到任何物理或地域的局限。庄子讲述刀艺高超的庖丁故事。[3]庖丁在他的刀艺上展现对“道”的精熟。庖丁解释他如何能掌握灵巧精湛的解牛技术而不伤刀刃：

> 始臣之解牛之时，所见无非牛者。三年之后，未尝见全牛也。方今之时，臣以神遇，而不以目视，官知止而神欲行。依乎天理，批大郤，导大窾，因其固然。技经肯綮

171

① “肌肤若冰雪，淖约若处子，不食五谷，吸风饮露。乘云气，御飞龙，而游乎四海之外。其神凝，使物不疵疠而年谷熟。”（《庄子・逍遥游第一》，英译本 Ivanhoe and Van Norden 2003：207）

②《庄子・大宗师第六》，英译本 Ivanhoe and Van Norden 2003：230。

③ 庖丁可通称厨师，或是名叫“丁”的厨师，英文我选译为 Cook Ding。

> 之未尝，而况大軱乎！……彼节者有间，而刀刃者无厚，以无厚入有间，恢恢乎其于游刃必有余地矣，是以十九年而刀刃若新发于硎。①

从这个故事中我们领悟到，我们若能发挥自己的精神去直观地掌握事物的本质，就总能在人生路途中找到空间，灵活应对生活而不为阻碍所困。我们必须应用“以无厚入有间”，换言之，我们必须减低自我意识，顺其自然；放下固执坚持的态度而不要强为所难。人若能做到如此，即是善于“养生主”（《庄子》一书第三篇的篇名）。

然而在人的世界中，我们经常会遇到阻碍。并非每个人都能成为完美之人；并非所有人间事务都能依照“道”的自然模式来开解。完美至人的生命方式适合“道”的世界，而其余人的生活或行为仅能去符合“道”。但人间世远远不及“道”的世界，因此，已经得“道”的个人，还是得生活在“人间世”（《庄子》一书第四篇的篇名）。得道的人若欲生存于人间世中，就必须将所学的完全放弃，不然就得接受同时代人的恶评及奚落。庄子假借孔子的言谈，来对他的理想人格与孔子为人作比较：“孔子曰：‘彼游方之外者也，而丘游方之内者也。外内不相及。’”②由此段话清楚可见，庄子本人亦明了他的道德观点实际上并不适用于人间世。人活于世间，即须懂得如何在其中

---

①《庄子·养生主第三》，英译本 Ivanhoe 和 Van Norden 2003：220，我引用时曾稍加修改。

②《庄子·大宗师第六》，英译本 Watson 1964：83。

生存。他们会受到嘲弄和批评（如同庄子承受来自友人的嘲讽），但仍应当尽力保身而避免受到伤害。要是一个人特立独行，对社会阶级区分完全嗤之以鼻，他就会引人注目，最后被人或褒或贬。因此，庄子展示的理想人格并非在提供我们如何在人世间做人处世的伦理理想，而是指人精神的理想境界，也就是“游方之外”[①]。换言之，个人应当让心灵在“道”的境界中逍遥游（《庄子》一书第一篇的篇名），使得其精神不会被人间所局限。不过，用方外之境的标准而悲叹人世间的缺点，亦非善道。庄子最终的理想人格目标是个人同时成为方内与方外之民，并且能自在优游于此二领域中。如庄子所云：“天与人不相胜也，是之谓真人。”[②]

172

在实践层面，庄子建议在人间世有三种处世之道：

1. “无用”。庄子讲述许多事物有“用”的故事，其中“无用之用”具有高度价值却也常被质疑。庄子说：“山木自寇也，膏火自煎也。桂可食，故伐之；漆可用，故割之。人皆知有用之用，而莫知无用之用也。”[③]无用是隐藏自己的光彩避免引起他人注意，免于被执政者征召服事，以及避免引来追随者。我们可看出此为庄子本人处于崩危时代的自我保全之道。在庄子所描述的小故事中，老栎树对视它为“不材”的木匠言：“且

---

① 如吴经熊（John C. H. Wu）所言：“庄子并不像后来颓废的道家们那般相信长生术的追求……当他提到‘真人’之刀火不侵，长生不死，他只是在谈论人的精神或心灵，而与肉身无关，因此才能存在于时空界域之外。”（Wu 1963：19）

②《庄子·大宗师第六》，英译本 Ivanhoe and Van Norden 2003：231。

③《庄子·人间世第四》，英译本 Watson 1964：63。

予求无所可用久矣，几死，乃今得之，为予大用。使予也而有用，且得有此大也邪？”[①]在此老栎树等于是庄子的代言人。马绛（John S. Major）对此的解释很贴切：“庄子书中的重要主题之一乃基于此命题：‘无用’是在动荡而且让人不满意的世间得以安身的关键，而相反的作风，拥有传统视为有用的才华特质，却会为本人带来伤害与不幸。”[②]

2. “安命”。《庄子》书中所说的“命”不是指一种被某种至高无上存在所决定的命运；“命”仅指个人实践梦想或理想的限制性。《秋水篇》中庄子提道：“我讳穷久矣，而不免，命也；求通久矣，而不得，时也。当尧、舜而天下无穷人，非知得也……时势适然。”[③]如果外在环境已是动荡难平的状态，却有人还相信自己有能力可以改变，即如：“汝不知夫螳螂乎？怒其臂以当车辙，不知其不胜任也。”[④]人生并不保证人的努力必有所回报；许多事情皆在人力控制之外。当一个人看到自己雄心壮志的限制时，就应当安之若命，坦然以对。

173

3. “怀抱‘道’的观点并且对待万物一视同仁。”庄子无用与安命的建议或许显得太消极，然而，他的哲学并非仅关乎存活而已。前两种态度是人要安享自然寿命所必须拥有，如此才能有余力去追求如大鹏之“宏伟”目标。道家最根本的教导在于让人拥有“道”的观点及对“道”的理解，而人需要漫长过程的心灵准备才能跃入“道”的境界；就如大鹏之起飞需要积

① 《庄子·人间世第四》，英译本 Watson 1964：60—61。
② Major 1975：265.
③ 《庄子·秋水第十七》，英译本 Watson 1964：106。
④ 《庄子·人间世第四》，英译本 Watson 1964：59。

风深厚一样。[1]为了要能体悟“道”的真理，人们所需要的心灵准备始于忘却道德、礼乐、教化，等等。换言之，人们首先必须忘掉人间的束缚。在第六篇《大宗师》中叙述孔子最出色的学生颜回最终能“坐忘”，就连孔子也想向他学习。[2]

总而言之，对于在人间世的芸芸众生，庄子并未指定以“道”那种对众人与万物绝对无私的观点来作为个人处世的引导。教导“道”的观点，是用以慰藉那些已然见到理想世界，却明白身处浊世的落寞心灵。在庄子看来，儒家的道德教化仅能用来补救一个已经崩坏的世界，但永远无法从零开始来建立道德理想的世界。在另一方面，如果每个人都追随“道”，如果每个人都能成为“至人”，那么在人间世亦可能实现道德理想世界。不过这也许只是一个梦想或是痴心妄想。因此，尽管人应当让自己的精神遨游于此理想世界中，但与此同时，人生活在人间世，就应该逆来顺受，“托不得已以养中”[3]，以涵养自己的心灵。如此，我们就不只是“存活”于人间世，而且是在“道”的境界中“活出光彩”。

庄子的生死哲学

死亡与病痛是否确实在本质上固有负面价值？庄子许多关于死亡与形体残缺的讨论或许令当代读者最感错愕。他提议死

---

①《庄子・逍遥游第一》，英译本 Watson 1964：24。
②《庄子・大宗师第六》，英译本 Watson 1964：87。
③《庄子・人间世第四》，英译本 Watson 1964：58。

174 亡不过是生命的另一个新阶段，到来时应予以庆贺。[①]庄子举出许多形体残缺的人为例，来阐明我们不必因身体的残疾而悲叹，反而应当坦然接受。[②]有些学者认为庄子关于死亡与残疾的论点，是为了刻意打击一般人的价值观，从而解放他们自我执迷的心态。[③]而另外一些学者则认为庄子确实相信人的身体微不足道，而死亡与残疾所影响的只是身体，因此无须太过在意。[④]庄子是否确实认为生与死具有同等价值？若果真如此，他这种观点能有多少说服力？以人类的自然反应，我们通常都是珍惜生命与健康，而厌惧死亡与病痛。但是，死亡与病痛是否本质上确实具有负面价值？

庄子广泛讨论死亡的自然价值。对他而言，道德理想人物面对死亡应当能淡然处之。他说：

---

①尽管庄子强调“生存保命”是人生的重要目标，他并未提倡我们对于自然死亡的恐惧。正如马绛所说：“庄子认为人没有任何理由在死亡自然来临时感到恐惧，但是他同意人应该要尽力避免在残暴反自然的人世中早夭。”（Major 1975：275）

② 葛瑞汉指出：“庄子《内篇》对那些形体残缺、先天不全、肢体被刑戮的罪犯，表达出明显的关注。这些人能够接受自己的处境而在内心无所改变。这种关注在后世的道家，甚至是在《庄子》全书中，谈到的并不多。”（Graham 1989：202）

③ 此亦为先前所谈的“治疗性”的观点，参考艾文贺等人的论述：Ivanhoe 1996；Van Norden 1996；Graham 1989。

④ 罗大维说：“道家和佛家皆同意人的自我身份或是自我连续性并不存在，这就意味我们实际上是贬低存在的一切来珍爱虚幻的事物。”（Loy 1996：53）

> 古之真人，不知说生，不知恶死；其出不欣，其入不距；翛然而往，翛然而来而已矣。不忘其所始，不求其所终；受而喜之，忘而复之。是之谓不以心捐道，不以人助天。是之谓真人。①

根据《至乐》篇记载，庄子面对妻子亡故也持如此态度。庄子妻子去世后，友人惠施前来吊唁，未见庄子哀悼之情，反见其鼓盆而歌。惠施叱责道："与人居，长子老身，死不哭亦足矣，又鼓盆而歌，不亦甚乎！"庄子如此回答：

> 是其始死也，我独何能无概然！察其始而本无生，非徒无生也，而本无形，非徒无形也，而本无气。杂乎芒芴之间，变而有气，气变而有形，形变而有生，今又变而之死，是相与为春秋冬夏四时行也。人且偃然寝于巨室，而我嗷嗷然随而哭之，自以为不通乎命，故止也。②

无论故事真假，此番言论揭示出两个重点。首先是态度的改变，庄子从一般人对于所爱之人逝去的反应，到从更高远的视角来看待个人的生命。其次，庄子的第二种态度违逆社会的规范，并且以常人标准会视之为堕落和古怪。无怪乎庄子会说： 175

---

①《庄子·大宗师第六》，英译本 Chan 1963：192。

②《庄子·至乐第十八》，英译本 Watson 1964：113。

“天之小人，人之君子；人之君子，天之小人也。”[1]似乎“道”的视角与人的视角自然相互冲突。庄子于此清楚推荐“道”的视角，并且主张我们对待死亡应当学习如同对待生命一般去庆贺。

为了评估庄子对于生、死、健康、疾病的主张，我们首先将他的看法表现为论证的形式：

［F］对死亡状态无知的论证

> 予恶乎知说生之非惑邪！予恶乎知恶死之非弱丧而不知归者邪！丽之姬，艾封人之子也。晋国之始得之也，涕泣沾襟；及其至于王所，与王同筐床，食刍豢，而后悔其泣也。予恶乎知夫死者不悔其始之蕲生乎！[2]

此处庄子以丽姬的故事来阐明我们没有人真正知道死亡究竟如何。就我们所知，我们也可能正过着虚幻的生活，而死亡来临才是真实生命的开始。我们害怕死亡，但是我们其实没有什么理由恐惧。生命的期限越短，也许死亡的跨度就越长。死亡未必是坏事，就如同活着未必是好事，庄子的论点可整理如下：

1. 当我们活着，我们不知死亡是如何。

2. 我们恐惧死亡，因为那是与活着不同的状态。

---

①《庄子·大宗师第六》，英译本 Watson 1964：84。

②《庄子·齐物论第二》，英译本 Ivanhoe and Van Norden 2003：217—218。

3. 但据我们所知，此不同状态或许会比目前更好。

4. 对有可能会更好的未知状态感到恐惧是不理性的。

5. 因此，我们不应当害怕死亡。

［G］死亡功能论证 176

夫大块载我以形，劳我以生，佚我以老，息我以死。故善吾生者，乃所以善吾死也。①

在此段文本中，庄子假设不同生命阶段应有不同的功能，而他将死亡列为生命的一个阶段。

1. 生命有不同阶段，包括出生、成长、老化和死亡。

2. 每个生命阶段都有其自身的功能。

3. 生命的功能使我们劳碌，死亡的功能让我们休息。

4. 没有生死的阶段共同存在，我们的生命将不完整。

5. 因此，如果我们认为活着是善的，那么看待死亡也应认为是善的。

庄子是否能够成功说服我们，对死亡感到恐惧其实是不自然而且不理性的？他所提的论证是基于两个形上学假设，首先，有另外一种存在的形式是不必然始于吾人之生，也不必然终于吾人之死。不过，庄子对“来世”的观念不同于西方一般的概念。人死后仍可继续的存在模式不必然包括对今生的持续记忆或今世的自我身份，而可能仅是无意识的尘土与物质

① 《庄子·大宗师第六》，英译本 Chan 1963：194。

存在。[①]从“道”的观点来看，此种存在仍是自然的一部分，因此与我们死亡之前所拥有的存在并无不同。生死具有同等价值，因为总是有“某种存在”的形式留存。此生命观在《知北游》一篇里有更深入的解释：

> 生也死之徒，死也生之始，孰知其纪！人之生，气之聚也，聚则为生，散则为死。若死生为徒，吾又何患！[②]

于此段文本，我们看到庄子对生命不仅是视之为从生到死的过程，而且是把生与死都视为整个物化过程的两个阶段。一般来说，所化的实体不过是“气息”或能量（气）。能量凝聚而形成不同的物体；当物体死亡或分解时，则将能量再度释回于宇宙。因此，若放大视野观之，则个人的生死对宇宙大气并无增减。

177

其次，我们的爱生惧死是来自我们对自我及自身的执迷。如果我们对自己不那么过于在乎，那么在我们死后会出现别种物体存在之事应该没理由对我们造成困扰。的确，“我们”将不复存在；“我们的身体”将在地下“为蝼蚁食”[③]，但是，我

---

① 人死后是否仍对今世有所知觉是个没有定论的问题。就如我们所见，丽姬的故事所预定的假设是我们到了不同的世界后仍然可以记得生前对死亡的恐惧而感到后悔。但庄子本人不会相信任何一种来世的形式，因为他的态度基本上是：“吾恶乎知之？”

②《庄子·知北游第二十二》，英译本 Watson 1968：235。

③《庄子·杂篇·列御寇第三十二》谈到庄子将死之前，嘱咐弟子不要为他厚葬，他说：“吾以天地为棺椁。”当弟子表达他们担心乌鸢啃食老师的尸体时，庄子回答，无论是天上的乌鸢，还是地下的蝼蚁，都同样会噬食他死后的尸体，则“夺彼与此，何其偏也！”英译参考 Watson 1968：361。

们生命的能量（或说是我们的精神）将返回风中，而我们的身体物质则会成为其他生物的养分。因此，我们若能忘记自我和自身，确实不应被自己的死亡所困扰。葛瑞汉说："似乎……对庄子而言，人生最终的考验是能直视自己身体朽化的事实而毫无恐惧，能接受自身化解为宇宙物化过程中的一部分。"①

于此两项假设之下，要是我们问"我们能做到吗？"即已预设结论，因为"我们"当然无法做到。"我们"一词已然结合自我（或众自我）的概念。对我们而言，要求我们看待死亡具有和生命同等的价值，即是要我们放弃自爱、自我身份以及人际关系。Russell Legge 认为《庄子》思想中完美的至人是化其心灵为"群体心灵"。"至人之知与其他人之知唯一的区别是至人具有包容性，而他人之知则是排他性的。此即至人超越的本质。至人没有与他者区分的自我认同。他之从自我解脱出来使这种群体心灵成为可能，而他的自由即在于此。"②因此，除非我们首先学会放弃自我执着，庄子驳斥对死亡恐惧之合理性的论证对我们而言将无法成功（放弃我执是佛学第一课，本书稍后将讨论这个观点）。

循此脉络，我们可以解读著名的庄周梦蝶故事：

昔者庄周梦为胡蝶，栩栩然胡蝶也，自喻适志与！

---

① Graham 1989：203.

② 见 Legge 1979：18；引文原为斜体字 *His freedom from self makes this possible and in this is his freedom*。

> 不知周也。俄然觉，则蘧蘧然周也。不知周之梦为胡蝶与，胡蝶之梦为周与？周与胡蝶，则必有分矣。此之谓物化。①

这不是再度印证笛卡尔的梦境论证。在此，庄周梦蝶所阐明的是“物化”的概念。在万物永恒变化的过程中，人的自我认同不再稳固，可能于某个阶段是人，而另一个阶段是蝴蝶，此为“道”的相同元素变化为不同的外观形式。如果我们能明了此重点，就应该欣然接受死亡，因为吾人之死亡可以开启物化至下一阶段的大门。

178

庄子的第二项任务是让人们摆脱对形体外表的执着。内篇第五篇《德充符》中，他列举出许多天生丑怪，或苦于残疾导致形体不全，或因受到身体刑罚而失去肢体器官的人，以显示出对于人内在美德的展现，其外表其实并不重要。

庄子以一个故事为例，来说明他对各式各样的形体均是同等看待的观点。有人因病而严重佝偻变形，当友人问他是否怨憎身体的畸形变异时，此人如此回答：

> 浸假而化予之左臂以为鸡，予因以求时夜；浸假而化予之右臂以为弹，予因以求鸮炙；浸假而化予之尻以为轮，以神为马，予因以乘之，岂更驾哉！且夫得者时也，失者顺也，安时而处顺，哀乐不能入也。此古之所谓县解

---

①《庄子·齐物论第二》，英译本 Ivanhoe and Van Norden 2003：219。

也，而不能自解者，物有结之。且夫物不胜天久矣，吾又何恶焉？[①]

纵使很少有人真能被此种论点说服，庄子真正的意图并非在宣称所有的形体状况皆具同等价值。真正的公鸡会黎明报晓，真正的吊索可以用来捕捉鸽子，但是此人的身体如此变形如公鸡吊索，会失去人身原有的功能。脚有残疾者无 法如常人奔跑，眼盲者无法视，失聪者无法听，这些身体的缺陷确实造成生活的不便。如果我们将庄子的观点诠释为辩称形体不全与健全的身体状况并无不同，便是将他视为诡辩家，然而庄子固非如此。庄子所欲表明的，是说当人的身体状况已如此残疾不全，则只能泰然接受。人可以幻想其身体可能具有新的功能以自得其乐，但是除非他记住重要的是他的精神而非身体，他是不可能真正知足的。

179

基本上，庄子的生命哲学以及他对为人处世的看法近似于西方古代的斯多葛学派（the Stoics），而此学派亦是在乱世中发展出来的。当人无法改变既有的现实，则只能不断改变自己对现实的看法。当我们不再认为生命悲惨，生命即不再悲惨。庄子之所以展现他的生死观以及他对健康或残疾的看法，不是仅仅为了颠覆一般人的世界观来建立他的理论目标。他的哲学实际上有个实用的目的，是要帮助人们安然面对艰困的命运。即使他一直谈到“方外”的论点，但这些言论仍是基于他对“人

① 《庄子·大宗师第六》，英译本 Chan 1963：197。

间世”的关怀。[①]在庄子的学说下，尽管为了存活在人间世，人应当以人的视角认识世间的区别，但人还是可以怀抱“道”的视角来泯灭所有人为的区别。如此，人可以解放自己的心灵而在“道”之域中“逍遥游”。采取人的视角帮助我们应付身边的环境；采取“道”的视角则帮助我们遁入内在的精神世界。失去前者，会带来伤害；失去后者，则会带来悲苦。因此，这两种观点不应当相互阻碍。

结语

庄子以其看似闲适的态度去面对动荡不安的时代，在中国古代哲学家中卓然而立。如前所述，古代中国哲学家们的共同关怀是如何找到重整世界秩序、道德教化执政者与老百姓，并确保社会平安和谐的最佳之道。大部分哲学家耗费一生的黄金时光，努力寻求君王任用以实践他们的理想。然而，庄子任凭机会来临却鄙弃政治职位。公元前 2 世纪一位历史学家记载了这个著名的故事。某位君王派遣使者以重金劝诱庄子出仕，庄子如此答复：

> 子独不见郊祭之牺牛乎？养食之数岁，衣以文绣，以入太庙。当是之时，虽欲为孤豚，岂可得乎？子亟去，无

① 谢文郁（Wenyu Xie）的阐述相当贴切：“庄子试图分析的明显并非宇宙论，因为他对《道德经》的批判中，明确排斥探究万物起源的可行性。他实际上是要深入探讨人的存在问题。”（Xie 2000：484—485）

> 污我。我宁游戏污渎之中自快，无为有国者所羁，终身不仕，以快吾志焉。①

180 这个记载跟其他类似的故事让许多学者认为庄子是利己主义者（egoistic），只在意自己的心灵自由而罔顾对世界的政治治理。有些学者甚至认为庄子的整个哲学思想都环绕着他玩世不恭的态度，因此我们也无须对他的说法太当真。②但是，隐藏在庄子戏谑嘲讽的言语背后，其实是有其沉重、严肃而入世的一面的。在庄子的时代，世人极容易由于暴君一时兴起而遭受严酷不合理的刑罚。庄子常以故事为例，举出某人失去腿足、额头被烙印或受到劓刑。这显示当时人们要避开酷刑而安度一生极为不易。庄子的教导是在乱世的生存之道。他最乐于以孔子作对比，其中带着深度的敬意与温和的批判。孔子一生以“知其不可而为之”著称。③庄子认为孔子所向往的周文盛世永无再现的可能，而孔子所梦想的未来远景也遥不可及。人最好能认识自己既定的命运，而看清自己对无所逃遁的境遇加以抗拒是徒然无用的。《人间世》说得极为清楚：“天下有道，圣人成焉；天下无道，圣人生焉。方今之时，仅免刑焉。”④基于此

---

①《史记·庄子传》。相同的故事也出现在《庄子·列御寇第三十二》，英译本见 Watson 1968：360—361。

② 例如 Eric Schwitzgebel 就可能持此诠释立场。他说：“庄子自己可能也未对自己的主张严肃以待……因此我怀疑，假使读者们不怎么相信他的话语，庄子会不会感到困扰。”（Schwitzgebel 1996：72）

③《论语·宪问第十四》，英译本 Chan 1963：43。

④《庄子·人间世第四》，英译本 Watson 1964：63。

一动机，庄子极力抨击与其同时的其他学说，并且倡导自己“无用之用”的哲学。[1]庄子的生命哲学给予中国许多知识分子心灵的慰藉，而对当代世界的人们也理应如此。

延伸讨论问题

1. 庄子的宇宙观是什么？他主张万物平齐且无价值差别的意义为何？

2. 庄子的“宇宙为一”的意义是什么？庄子的形上观是某种一元论吗？“一”与“多”的关系如何？庄子的意思是“一”创生“多”吗？

3. 什么会阻碍人认识“道”？我们认知最根本的限制是什么？我们能否消除这种限制？

4. 你认为庄子要告诉我们如何在这个价值平等的宇宙中自处？他要教导人采取怎样的态度？他的主张是否太激进？

181

5. 庄子所谓的“自然”究竟是什么？如果人自然而然是爱生恶死，那么人们贪生怕死是否符合自然？

6. 庄子的道德思想与儒家有何不同？哪一方的论述更吸引你？理由是什么？

---

① 《庄子·人间世第四》，英译本 Watson 1964：63。

第八章

韩非子

概论

韩非子（约前 280—前 233）一般被称为法家的集大成者。[①] 182 法家是战国时期著名的政治思想学派。战国时期中国分裂，诸侯彼此兼并割据，而其中秦王最具野心与能力，想要统一中国。韩非子是韩国贵族，据称是荀子的弟子，但对儒家的政治哲学很不满意。在学习早期法家创始者的思想后，他决定先对其母国的韩王，稍后并且向秦王，推销法家的治术。依据司马迁《史记》（约前 2—前 1 世纪）可靠的记载，韩非子患有口吃，因此全力著书立说，后成为中国古代最多产的思想家之一。韩王无法贯彻他的治国建议，因此韩非子转向别国宣扬自己的学说。秦王读过韩非子的著作，极为赞赏，便邀请他到秦国而有意任用他为卿相。不幸的是，曾与韩非子一起求学于荀子门下

① 英文的“法家（legalism）”一词源自“法令（law）”。以韩非子为代表的这个学派最早称为“法”家。因此英译“legalism”颇为适当，而且亦广为多数的译者所接受。但韦利（Arthur Waley）却独排众议，译为“the Realists”（现实主义学派），他的理由是这个学说主张统治必须基于“当前世界实际运作的事实”（Waley 1982：151）。

的李斯当时是秦国的宰相，他忧惧韩非子的学识才华会威胁自己的地位，因此指控韩非子仍忠于韩国。李斯成功地煽动秦王的疑虑，将韩非子送入监狱。虽然秦王不久即后悔，但在君王改变心意之前，韩非子已喝下李斯送来的鸩毒。不过，日后秦王以韩非子的思想为本而征服群雄，成为中国第一位皇帝（始皇）。历史上中国政治架构的主要精神亦是建立在韩非子哲学的基础上，此外，韩非子关于统治的建议也形成中国政治文化的原型。

183

韩非子著作日后编纂为《韩非子》五十五章，虽然有些学者怀疑其中部分篇章的真伪，但学者们对于整部作品表现出的连贯思想和风格似仍有共识。英文翻译作品目前仅存一部绝版的廖文奎（W. K. Liao）全文英译本，[①]华兹生的译本（*Han Fei Tzu*：*Basic Writings*）只选译最重要的十二篇，而其他英译选集的摘录则更少。在中国思想史上，韩非子学说常被忽略，可能因为他更注重治术的实用性，而较少深刻的哲学思考。韩非子在传统中国的知识分子（尤其是宋明儒者）的心中常被轻视，因为他的学说是从执政者，而非从老百姓的角度出发。在研究中国哲学的当代学者中,韩非子思想也未受到应有的重视。唯一例外的是 20 世纪 70 年代晚期到 80 年代，从马克思主义与毛泽东思想的观点，重启对法家研究的兴趣。[②]

① Liao 1939。

② 参考期刊 *Chinese Studies in Philosophy* 在这几年间的文章：Enyuan Liang 1976；Ling-i Liang 1976；ch’ing Ti 1978；Shuye Tong 1982/1983；K’uan Yang 1978。此外，成中英的一篇文章开头即说明了这股研究热潮的历史背景。（Cheng 1981）

如K. K. Lee所言，法家并非由任何特定的意识形态所启发，他们主要关注如何建立政治秩序与行政效率。[①]韩非子的著作的确是主要关于统治的实用性指导。他列举许多历史事件作为申论的依据，并以其为本提出建议。他的政治理论是建立在经验性的研究，而非建构于理想主义的角度。不过，在他实用的政治指引中也隐含他对人性、人类社会以及政府功能的看法。本章将基于整部《韩非子》，而着重讨论他哲学中的人性论，以及他基于此观点所产生的政治思想。

人性与社会控制

韩非子的基本预设是人的本性是以自利为中心的。[②]跟他的老师荀子不同的是，韩非子对人性原初自然状态的哲学论辩并无兴趣。他的主张是根据经验研究而作出的。在韩非子的用法中，人性只是由“人行为的自然倾向”所构成，而其中一个最主要的倾向是我们都谋求扩大自己的利益，同时避免损伤自身。韩非子不认为人这种利己的倾向是“恶”。他只是视之为事实，并且试图解释如何在这种人性特点的基础上，有效达到稳定社会秩序的目标。不过，韩非子接受其师荀子的看法：公民行为与道德思想都是“人为（伪）”的，是社会制约的结果。

184

① Lee 1975：31.

② 许多学者皆持相同观点：林义正（Yih-jing Lin）称韩非子这种人性观是“心理利己主义（psychological egoism）”，即人类天生自利。（Lin 1989）亦请参考Hsiao-po Wang 1977；Pao-chung Ho 1988；Goldin 2001。

荀子认为，对人的制约要通过礼仪教化的社会机制来达成，而韩非子则认为这只能通过法令与刑罚来实现。

韩非子说：

> 医善吮人之伤，含人之血，非骨肉之亲也，利所加也。故舆人成舆则欲人之富贵，匠人成棺则欲人之夭死也，非舆人仁而匠人贼也，人不贵则舆不售，人不死则棺不买，情非憎人也，利在人之死也。①

通过这些事例，韩非子指出人类社会是一个利润与利益紧密相连的网络，某人的损失可能是另一人的收益，一个行业的成功可能完全来自其他行业的败落。每个人都会自然而然要追求其个人利益的最大可能，因此，有些人会期望他人的损失或败落也是非常自然的。韩非子对于这种心态没有任何价值评断。他认为人人都是天生利己的。

个人的心态不只受到其职业的影响，亦取决于外在环境。韩非子说：

> 故饥岁之春，幼弟不饷；穰岁之秋，疏客必食；非疏骨肉爱过客也，多少之实异也。是以古之易财，非仁也，财多也；今之争夺，非鄙也，财寡也。②

---

①《韩非子·备内十七》，英译本 Watson 1964：86。

②《韩非子·五蠹第四十九》，英译本 Watson 1964：98。

韩非子似乎认为人们通常具有相同的道德属性，比如善良与慷慨（或是相反的属性，例如无情与吝啬），但是他们却会由于外在环境的差异而显现出不同的行径。若是如此，则此等道德属性即非人类固有本性的一部分。人在某种程度上是所属社会经济环境的产物。像慷慨与善良这些道德特质可以在环境好时被提升，然而情况不好时这些道德特质很快就会消失。

185

韩非子亦主张人们天生好逸恶劳。如果百姓放任自己轻松懒散，就会怠忽工作，如果百姓玩忽职守，政府就无法维持对人民的掌控，当政府失去掌控力，社会即会陷入混乱。[①] 因此，为了要让社会正常运作，执政者不能仰赖于人民的自动自发。执政者的任务就在于建立一个有效的系统以激励人民勤奋工作。

韩非子以语源学的方法比对中文的“公”与“私”二字，而指出最初仓颉造字时，必然已知公与私相对立的道理。“公”字是“私（厶）”加上背反符号“八”。[②]如果公共利益与私人利益本来即互相对立，那么个人的加强利己必然会阻碍社会的公利。换言之，如果人们被允许去依据他们的自然倾向而行动，则社会只会受到伤害。若人生而好逸恶劳，执政者为了公共利益，就必须用极端的手段迫使人民为公益而行。仅仅让百姓顺凭己意而为，必会导致国家的混乱腐败。这就是为什么韩非子认为，如果我们将私利的增长与公利的扩张画上等号，最终只

① 参照《韩非子・心度第五十四》。

② 韩非子说：“古者仓颉之作书也，自环者谓之私，背私谓之公，公私之相背也，乃仓颉固以知之矣。今以为同利者，不察之患也。”（《韩非子・五蠹第四十九》，英译本 Watson 1964：106）

会导向灾难。

韩非子反对以儒家的道德教化作为社会管理的方针。他主张即使有些真正有德之人会不需外在的激励而自然依德而行，但大多数人的行为都不过是趋利避害。唯有法令与刑罚可以有效遏止大众破坏社会的行为。人类普遍爱利益，恶伤损，因此，运用厚赏和重罚能有效控制人民的行为。正如冯友兰所说，人对私利的考虑，正是赏罚制度可行的基础。①

用以下的例子，韩非子如此申论他的观点：

> 今有不才之子，父母怒之弗为改，乡人谯之弗为动，师长教之弗为变。夫以父母之爱，乡人之行，师长之智，三美加焉，而终不动其胫毛，不改；州部之吏，操官兵、推公法而求索奸人，然后恐惧，变其节，易其行矣。故父母之爱不足以教子，必待州部之严刑者，民固骄于爱，听于威矣。②

186

对这个论证的反驳，我们固然可以指出这个论证的结论是来自对单一案例的普遍归纳。即使韩非子的论点于此案例成立，也无法佐证他认为只有实行法令与刑罚才有效的观点。然而，韩非子的信念是每个人都是像这位不才之子，总是会有时候对父母的爱不为所动，对邻居的劝诫不听，对师长的教导不服从。因此，律法与威权是唯一能确保成功的社会掌控手段。

---

① 冯友兰：《中国哲学史》第一卷，英译本 Fung 1983：327。

②《韩非子·五蠹第四十九》，英译本 Watson 1964：103。

总而言之，一般人通常偏好物质享受，但愿养尊处优，声名显赫，而不希望过得贫困伤亡、劳苦卑屈。要作为一个成功的统治者，君王必须了解人民的喜恶，而成功地管控人民，以达成统治者的利益。统治是一种社会掌控的形式，而社会掌控是来自对人民想法的了解。韩非子特别强调要管理社会，赏与罚乃不可或缺。各种形式的奖赏能激励人民做出特别的行为，甚至可以激励军人在战场上战斗捐躯。严酷的惩罚，尤其是体罚，也可以抑制人民的某些行为，例如即使有人看到地上掉落的黄金也可做到路不拾遗。赏罚的最终目标，就是维持社会秩序。韩非子说：

> 夫严刑者，民之所畏也；重罚者，民之所恶也。故圣人陈其所畏以禁其邪，设其所恶以防其奸。是以国安而暴乱不起。吾以是明仁义爱惠之不足用，而严刑重罚之可以治国也。①

由此看来，韩非子相信严刑峻法是掌控社会唯一有效的方法。我们可以将韩非子的想法与孔子作个比较： 187

> 子曰："道之以政，齐之以刑，民免而无耻；道之以德，齐之以礼，有耻且格。"②

---

①《韩非子·五蠹第四十九》。

②《论语·为政第二》，英译本 Chan 1963：22。

法家与儒家对于律法与德行的比较，将是我们下一个要讨论的议题。

道德与政治：法家与儒家的对照

法家与儒家之间的主要差异，在于他们对政治与道德之间的关系所采取的立场。儒家认为道德是政治不可或缺的元素，理想的执政者应当是个“圣王”；理想的政府功能应该是以德化民。在儒家的观点之下，理想社会的实现来自圣王通过道德典范的树立，而感化所有人民都能自发地遵循道德。相对来看，法家将政治与道德分离。政治关乎治理人民，而不是去以道德改变人民，道德改造应该留给道德家与教育家。在这方面，法家认为政治是“非道德的（amoral）”——无关乎道德的评价与道德行为。

儒家将远古社会视为理想模型，孔孟常以古代圣王尧舜作为理想执政的典范。然而，韩非子则认为古代世界不能作为后代社会的样板。他对人类历史的发展有革新主义（progressive）的看法：当时代改变，法律与政策也须随之改变。韩非子认为古代社会资源丰沛而人口稀少，是以容易推广慷慨、友善与诚实等德行。古时的人更为单纯，面对的诱惑更少。可是在韩非子的时代，世界已经变得更复杂，而社会中人际互动也更加复杂，因此再也不能期望统治者如古代尧舜般去治理人民。韩非子说：

188　　夫古今异俗，新故异备，如欲以宽缓之政、治急世之民，犹无辔策而御駻马，此不知之患也。[1]

冯友兰从历史学家的角度，说明在古代社会国家的规模较小，君主与臣民之间是私人的关系。因此，礼节规范足以作为掌控社会的手段。但是，当国家扩张后，执政者与人民之间的关系拉远，难以用个人的道德规范来维持社会的秩序。此时，颁布法令即成为必要。[2]孔子与老子都期望能回到古代，韩非子则希望与时俱进。儒家与道家专注于理想，法家则着重于现实。儒家与道家立基于潜能性，法家则是建立在必要性之上。

与儒家“圣王”的学说相反，韩非子主张治理人民之要既非执政者的美德，亦非执政者对人民的爱护。他说：

> 夫圣人之治国，不恃人之为吾善也，而用其不得为非也。恃人之为吾善也，境内不什数；用人不得为非，一国可使齐。为治者用众而舍寡，故不务德而务法。[3]

有贤德的人确实存在，若这些人成为君王，是有可能如儒家学说所描绘的，他们会对人民产生巨大的道德影响。但正如K. K. Lee 所言：“卓越的人如凤毛麟角，而对执政如此重要的事，我们却期待偶然碰巧遇到圣王或救世主的出现，这是极其

---

①《韩非子・五蠹第四十九》，英译本 Watson 1964：101。

② Fung 1983：313.

③《韩非子・显学第五十》，英译本 Ivanhoe and Van Norden 2003：341。

可笑的。”[1]如果说我们需要等上好几代才会有圣王出现，如果圣王的逸事只出现在古代的传说中，那么以圣王之道德感化力为基础的政治模型，就不能作为最适合所有国家在所有时代中的形式。“个人的魅力太过短暂，而平庸性又太过普及于人。只有法律，不因人而异、持久、内在，而且能够加以修正，才应该作为公民 / 政治秩序的框架。”[2]在这方面，我们可以说儒家强调圣王及道德感化可能比较具有理想性，而法家则提供了一个更切实的政治模型，建立在法律，而非个人特质上。

189

对于执政者的仁慈与博爱，韩非子或许会同意马基雅维利的主张，在统治方面，让人民惧怕更胜于受到他们的爱戴。韩非子说：

> 今不知治者必曰：“得民之心。”欲得民之心而可以为治，则是伊尹、管仲无所用也，将听民而已矣。民智之不可用，犹婴儿之心也。[3]

韩非子对于人民作出判断的观点，显示出他对人类的理性怀有比墨子更深的不信任感。韩非子甚至不认为人能够出于理性而自利，正如婴儿会“然犹啼呼不止，婴儿子不知犯其所小

---

① Lee 1975：45.

② 同上。

③《韩非子·显学第五十》，英译本 Ivanhoe and Van Norden 2003：341。

苦致其所大利也”[①]，人们常不明白他们若能暂时放弃眼前的利益，将会很快得到长期的利益。因此，执政者不能期望他的政策会受到人民的欢迎并乐于遵守，即使这些政策是有利于人民的。

韩非子认为执行任何政策的正确方法，就是诉诸法令与刑罚，他指出：

> 夫严家无悍虏，而慈母有败子，吾以此知威势之可以禁暴，而德厚之不足以止乱也。夫圣人之治国，不恃人之为吾善也，而用其不得为非也。恃人之为吾善也，境内不什数；用人不得为非，一国可使齐。为治者用众而舍寡，故不务德而务法。[②]

即使执政者真正受到人民爱戴，他仍不能期望人民会将他的利益置于他们自己的利益之上。执政者的仁爱与慈悲固然能取悦人民，但是多数人只会利用执政者的善意而变得难以管控。即使有部分人会因执政者的美德或仁爱而对其效忠，执政者也不能期望每个人都会遵守他的法令。统治权不应基于偶发性的成功，而必须有成功的保证才得以有效统治。

韩非子并未否认所有的规则都会有例外：并非所有人都会 190 因严惩而受到管束，或因重赏而受到激励。还是有些人接受了

---

①《韩非子・显学第五十》，英译本 Ivanhoe and Van Norden 2003：341。

② 同上书，英译本 Chan 1963：253。

道德的改造而真正有德。儒家所倡导的道德教化并不全然浪费气力，因为它的确可使部分人借由内心的善意而主动立意为善。但是，这样的教育方法成功有限——即使像孔子这样伟大的人也只能得到七十二位真诚追随他的弟子。韩非子认为要想掌控社会，我们需要找到适合大多数人的方法，而不是仅根据少数道德人士所提出的理想性方式。孔子的看法或许正确："民免而无耻"，法律只能管制人民远离刑罚，而只有德行可促使人民举止光明正大，"有耻且格"。但是，多数人的行为目的是趋利避害，因此，治理人民的重点不在道德修养，而在法律。韩非子称此为统治的"必要性"，他说：

> 不恃赏罚而恃自善之民，明主弗贵也，何则？国法不可失，而所治非一人也。故有术之君，不随适然之善，而行必然之道。①

此外，韩非子认为统治的最高目标，是君王拥有对其臣民"绝对的"控制。在这个目标下，个人道德主义者只能被视为最危害社会的"蠹虫"。那些有德之人是执政者无法以重赏严罚来威胁利诱的，因此，对于目标在于使人民依照其意志行动的执政者而言，这些人非常危险。韩非子不仅认为儒家的道德教化无法改造整个国家，而且认为这对执政者造成巨大的威胁。执政者对人民的期望是他们守法与服从，而不是他们有德而且自动自发。如 Lee 所言，韩非子多次强调，"私德很可能成为

---

①《韩非子·显学第五十》，英译本 Chan 1963：254。

公众之恶”[1]。韩非子说：

> 不弃者，吏有奸也，仁人者，公财损也，君子者，民难使也，有行者，法制毁也，有侠者，官职旷也，高傲者，民不事也，刚材者，令不行也，得民者，君上孤也。[2]

为了进一步检视他的论证，我们可将韩非子的论点整理如下[3]。　191

韩非子论证一[4]：

1. 根据人的天性，没有人比父母更爱自己的儿女，然而，并非所有子女都必然温顺。

2. 执政者不可能爱他的子民胜过父母之爱儿女。

3. 因此，即使是仁爱的执政者，也一定会有难以统治的人民。

4. 因此，仁爱不是政府运作的方式。

---

① Lee 1975：41.

②《韩非子·八说第四十七》，英译本 Liao 1939，vol. 2：248。

③ 以下这些论证乃是自韩非子的原文改写，并未详尽表述他所有的论证，但是足以代表他通常推论的思路。

④ 韩非子说："人之情性，莫先于父母，皆见爱而未必治也，虽厚爱矣，奚遽不乱？今先王之爱民，不过父母之爱子，子未必不乱也，则民奚遽治哉！且夫以法行刑而君为之流涕，此以效仁，非以为治也。夫垂泣不欲刑者仁也，然而不可不刑者法也，先王胜其法不听其泣，则仁之不可以为治亦明矣。"（《韩非子·五蠹第四十九》，英译本 Chan 1963：257—258）

韩非子论证二[①]：

1. 箭矢并非自然笔直，木材也不是自然成圆形，然而熟练的技工可运用强化与弯曲的工法，制作出箭矢与车轮。

2. 人并非天生良善，然而执政者可经由赏罚来矫正人民的行为。

3. 即使有一支箭矢自然而直，或是一块木头自然成圆，此皆偶然的产物，不会被熟练的技工所重视。

4. 同样，即使有些人天生良善不需以赏罚来治理，他们也都是极少数的特例。

5. 人的作为应该依照必要性，而非依照机会性的原则。

6. 因此，执政者应该诉诸赏罚，而非诉诸部分人民的天生良善。

韩非子论证三[②]：

---

① 韩非子说："夫必恃自直之箭，百世无矢；恃自圆之木，千世无轮矣。自直之箭、自圆之木，百世无有一，然而世皆乘车射禽者何也？隐栝之道用也。虽有不恃隐栝而有自直之箭、自圆之木，良工弗贵也，何则？乘者非一人，射者非一发也。不恃赏罚而恃自善之民，明主弗贵也，何则？国法不可失，而所治非一人也。故有术之君，不随适然之善，而行必然之道。"（《韩非子・显学第五十》，英译本 Chan 1963：253—254）

② 韩非子说："仲尼，天下圣人也，修行明道以游海内，海内说其仁，美其义，而为服役者七十人，盖贵仁者寡，能义者难也……鲁哀公，下主也，南面君国，境内之民莫敢不臣。民者固服于势，诚易以服人，故仲尼反为臣，而哀公顾为君……今学者之说人主也，不乘必胜之势，而务行仁义则可以王，是求人主之必及仲尼，而以世之凡民皆如列徒，此必不得之数也。"（《韩非子・五蠹第四十九》，英译本 Chan 1963：258）

1. 即使孔子本身是他所教导的仁义之学的道德典范，也只有七十位弟子跟随他。

2. 反之，一个拥有国家主权的昏庸之君，却在全国之内无人敢叛乱。

3. 因此，大多数的人屈从于权力，而只有很少数人能被仁义所感化。

4. 因此，以仁义教化作为统治之术既不实际，也不可能。 192

韩非子论证四[①]：

1.教导德行可劝诫人们为善，而运用法律可禁止人们作恶。

2. 在任何社会有德之人都是少数，而大多数人只在乎他们触犯法律的后果。

3. 治国的目标应在于禁止“所有”人民的犯错，而非在于提升少数人的善行。

4. 因此，执政者必须致力于法治，而非道德教化。

韩非子主张政治和道德的议题互不相干。这个看法是沿自他对人类行为自然倾向的观点。如果大多数的人自然倾向于对自己利益的提升，并且寻求违法犯纪也不被逮捕的机会，那么执政就需要有个能够有效治理多数人的方案。不过，韩非子的论证很有问题。他第一个论证中的第一个前提就过度简化家庭关系。并非叛逆的孩童皆来自父母宠爱的家庭。根据现代的经验，受虐儿比起满富爱心家庭养育的孩童，更容易对社会造成

---

① 韩非子说：“夫圣人之治国，不恃人之为吾善也，而用其不得为非也。恃人之为吾善也，境内不什数；用人不得为非，一国可使齐。为治者用众而舍寡，故不务德而务法。”（《韩非子·显学第五十》，英译本 Chan 1963：253）

破坏。至于第二个论证，首先我们可以指出类比无效。人不是木头，因此即使自然界的直木是偶然遇之，也不能说自然为善的人只是例外。其次，他的结论不能成立。由于缺乏经验上的反例，我们可以暂时同意韩非子的主张，人并非天生为善。但这并不能因此证明赏罚是控制的“必要手段”。其他的统治方法即使并非更为有效，也至少可能同样有效。对于第三个论证我们要指出，以昏庸之君对比孔子是不恰当的。确实，在政治领域里个人的说服力是来自他的政治位阶，但这不表示具有政治地位并配合孔子的道德教化，不会比昏君制定的律法更具强大效力。最后，关于第四个论证，我们需注意他这个不合理的互斥选项。即使道德教化可促使百姓为善，而法令可禁止百姓作恶，我们也无须从中择取一个并废弃另一个。道德教化和法律制裁对于治理国家都不可或缺，大多数的百姓被教导向善，而少数顽劣分子则以法律防止其作恶。韩非子的法家观点——统治人民“唯一的”必要手段是法令和刑罚——是无法从他的论述中推理出来的。

193

韩非子的观点若仅是主张道德教育应该留给更能有效提升人民道德素质的其他机构，则他的政治哲学至多是不完整的，而不是非道德的。但是，在他的著作中广泛表达出来他对道德主义者和知识分子的怀疑与批评。他谴责那些自发追求道德和知识的人，指称他们不仅对执政者无用，更对社会极其危险，理由很简单：因为赏罚对这些人无效。韩非子的政治哲学旨在建立执政者绝对的掌控，而非为了社会本身或是多数人民。他不仅是主张道德教化在政治上无能为力，更是主张政治事务中应当排除道德。他的道德和政治观点不仅是政治应该是“非道德的（amoral）”，而且应该是“反道德的（anti-moral）”。

从儒家的角度来看，一个政体仅采用法令和刑罚来作为社会控制的手段，正是最彻底的反道德，如 K. K. Lee 所解释的：

> 这个刑罚裁量的概念本身就带有功利的精神，似乎意味着在鼓励意图犯罪的人事先以理性去计算他犯法会产生的得失，而以此计算为基础来决定是否值得付出代价。这样将是道德本身的败坏，因为儒家-义务伦理学的道德观点是要求无论行为后果如何，人皆须做出正确的事。①

为了便于分析评论，我们应该检视韩非子排斥道德作为政治要素会带来的缺点。在理论上，如果人们相信人性原本自利，而且私利与公利相抵触，那么每个人都可能会是国家潜在的敌人。法律的功用仅是管束人民而且预防各种对社会有害的行为——这是消极意义的法律。同时，如果人们的心态是在权衡比较他们作恶可能带来的好处与受到刑罚可能带来的伤害，那么执政者对于恶行的惩罚就必须尽其可能地严酷。此一理论若付诸实践，将导致残酷的刑戮，包括各种形式的凌迟和酷刑，甚至有各种残暴恶毒的处决方式（如腰斩、车裂、剥皮、烹煮、活埋，等等）。法家创建了残酷无情的政治结构，政府恫吓其人民全面服从，不容任何异议。这种专制主义极易导致暴政，因为若执政者的行为变得不理性，也无人加以监察。不幸的是，194

① Lee 1975：40.

法家思想成为中国古代统治者的实际意识形态。历史上许多法家学者遭受自己学说的恶果：早先于韩非子的法家代表人物商鞅被五马分尸，韩非子的同学李斯被处以腰斩。相较之下，韩非子最终饮鸩而亡似乎可视之为“宽大”的处置。

统治的实用纲领：法、术、势

韩非子作为法家的集大成者，综合前人所强调的法、术、势三派学说。“法”是指一套颁布的行为法则，其中包括特定的刑罚。根据王晓波的分析，韩非子的“法”概念就其积极意义而言，是注重权威性而得到人民的尊重与自愿服从；就其消极意义而言，则是借由对犯罪者的确实制裁来有效防止恶行的发生。[①]强调公法是法家的一项重要贡献。韩非子之前的商鞅（卒于公元前 338 年）将法令刻上石碑并置于市集，以致全国人民皆知触犯律法的可怕后果，而不是等犯罪事实发生后才制定法令刑罚，因此在他治理期间社会秩序良好。韩非子说明法令的重要特征就是令境内全民莫不闻知：“法者，编著之图籍，设之于官府，而布之于百姓者也。术者，藏之于胸中，以偶众端而潜御群臣者也。故法莫如显……是以明主言法，则境内卑贱莫不闻知也。”[②]一旦法令颁布后，执政者或行政官员也不能任意更动。以此言之，法律的颁布为人民提供了一些保护。不过，史华慈指出：“认为‘公布’刑法的意义就是朝着‘民主’

---

① Wang 1977：39.

②《韩非子・难三第三十八》。

迈进，或是幻想法家自己并不相信统治阶级的极权专制，这……肯定会产生误导。”[①]在法家政权下，律法并不需人民的认可，法令的主要功能就是掌控社会和规范人民。

195

韩非子并不认为法令本身即足以巩固政权。法令适用于一般人民，而为了管理与他亲近的官员或宫廷内院的妻妾子女，君主需要掌握“术”。人总是会试图找到晋升自己的方法，而那些最靠近统治者的人可能会轻易夺权。“术”是指操纵和控制他人的各种技巧或方法，冯友兰称之为“君主御臣下之技艺”[②]。韩非子所指的术并非行使于整个社会，而是专门针对官吏和亲属。他认为君主及其臣相们之间必然存在利益冲突，“主利在有能而任官，臣利在无能而得事；主利在有劳而爵禄，臣利在无功而富贵。”[③]臣子们会尽力欺瞒君王，以获得不应有的奖赏并避免该受的惩罚。因此，臣相们如果未受监控，将成为君王最大的敌人。在中国古代的王室中，君主通常妻妾成群，因此也拥有许多后裔。这些妻妾皇子经常彼此争斗，而皇子有时为了确保储君合法继位的身份，甚至会与君王本人争斗：

> 故后妃、夫人、太子之党成而欲君之死也，君不死则势不重，情非憎君也，利在君之死也，故人主不可以不加心于利己死者。[④]

---

① Schwartz 1985：327.

② Fung 1983：318.

③《韩非子 · 孤愤第十一》。

④《韩非子 · 备内第十七》，英译本 Watson 1964：86。

王室的家族关系与平常百姓家不同，因为其间的利害关系甚大，此即所以君王必须运用治术来管理王室家族。由于臣相和亲属都接近君王，得以迅速窥知君王的心意，因此，君王运用治术时必须非常谨慎。韩非子说：

> 法者，编著之图籍，设之于官府，而布之于百姓者也。术者，藏之于胸中，以偶众端而潜御群臣者也。故法莫如显，而术不欲见。①

第三个统治要素“势”，是指地位在上者的权力和权威②，196 并与治术密切相关。韩非子说：“术者，因任而授官，循名而责实，操杀生之柄，课群臣之能者也，此人主之所执也。”③换言之，君主善于运用治术即能确保政治权势，而最重要的两种控制手段是刑与德，韩非子称之为统治的“二柄”。他如此解释：

> 何谓刑德？曰：杀戮之谓刑，庆赏之谓德。为人臣者

---

①《韩非子·难三第三十八》，英译本 Chan 1963：256。

② 在政治的文意语脉中，“势”这个概念比“权力”和“权威”两个概念更为复杂，正如韦利所指出的，中文的“权力”“影响力”“力量”和中文的“地位”“处境”“局势”意义完全一样。（Waley 1982：181）在韩非子的用法中，“势”是指一个人凭借政治地位或周围环境获取的权力。在政治的文意语脉之外，这个字也表示事情在自然发展中必然的倾向。穆磐石（Peter R. Moody）称之为“所有决定性条件的总和”（Moody 1979：320），颇为恰当。这里我沿用惯例，强调此一概念的政治意义。

③《韩非子·定法第四十三》，英译本 Chan 1963：255。

畏诛罚而利庆赏，故人主自用其刑德，则群臣畏其威而归其利矣……今人主非使赏罚之威利出于己也，听其臣而行其赏罚，则一国之人皆畏其臣而易其君，归其臣而去其君矣，此人主失刑德之患也。①

换句话说，要稳固政权的方法即在于掌握支配赏罚的权柄。如果君主放弃行使奖惩的角色，就会很快失去权力而旁落到实际执行赏罚的人手上。政治权势并不会因个人的政治地位自动而来，而是来自对于赏罚的控制。不过，若个人并未具有适当的政治地位，也无法建立政治的威势。这与个人的美德或声誉无关。如我们先前所述，韩非子曾指出孔子以智慧和美德广受尊重，但人民却不遵从他的教导。反之，能力品德皆逊色的人一旦登上王位，即可要求主权范围内所有的人听令。这两者能有效要求人民服从的差异之处，即在于他们的政治权势不同。

为了严密监控臣相，君主需要确认他们是否言行一致，韩非子特别称此统御术为“形名参同（亦称‘刑名’）”。“形”是指实际呈现出来的行为表现，“名”是指头衔职位和主张。韩非子说：

人主将欲禁奸，则审合刑名者，言异事也。为人臣者陈而言，君以其言授之事，专以其事责其功。功当其事，事当其言，则赏；功不当其事，事不当其言，则罚。② 197

① 《韩非子·二柄第七》，英译本 Watson 1964：30。

② 同上书，英译本 Chan 1963：256—257。

在韩非子要求形名相符，或可说是行事与言语相符时，他强调即使臣相行事逾言，或是表现超越职责所需，他们仍应受到惩罚。此统御术旨在确保群臣忠于各自的主张及职守，从而使任何人不会自夸无力完成之事，或是僭越旁人的职位。他对名刑相符的强调是要警惕君主不要仰赖声誉或政治党派。若君主根据旁人推荐或赞誉来任用官员，则群臣将会作表面功夫，而不是实质工作，并且可能会结党营私。因此，君主必须诉诸严罚厚赏，以防弊端。韩非子说：

明君之道，臣不陈言而不当。是故明君之行赏也，暧乎如时雨，百姓利其泽；其行罚也，畏乎如雷霆，神圣不能解也。故明君无偷赏，无赦罚。[1]

君主运用赏罚的手段，强化他的坚持群臣职务表现需要名实相符，此即治国之术。

若君主期望精确掌握群臣的意图和行为，即不可任其窥知自己的好恶。若臣相们得以揣摩上意，则仅需作出表面功夫即可打动他。因此，韩非子建议君王必须喜怒不形于色：

道在不可见，用在不可知。虚静无事，以暗见疵。见而不见，闻而不闻，知而不知。知其言以往，勿变勿更，以参合阅焉。官有一人，勿令通言，则万物皆尽。函；掩其迹，匿其端，下不能原；去其智，绝其能，下不能意。

198

① 《韩非子·主道第五》，英译本 Ivanhoe and Van Norden 2003：301。

> 保吾所以往而稽同之，谨执其柄而固握之。绝其能望，破其意，毋使人欲之。①

韩非子这些实用的统治要领是为专制的君主政体而设计。民主共和体系可能只需法律即已足够，因为民主制度有监察制衡的体系可以发挥功能而确保政体的运作。当民主系统健全时，即使领导人平庸或阁员狡猾奸诈，也不会发生严重而长久的祸乱。至于君主政体，权力只集中在一人手上，而王位则相当不稳。权力不仅让人腐败，对权力的强烈渴望也使人腐败。在君王的周遭，不只大臣，包括妻妾、皇子、兄弟甚至宦官，都可能伺机谋篡。法律本身不足以防止内部的篡夺，因此，君王必须随时警戒，不可轻信任何人。他绝不可只听从一人之计，也不可对任何人倾诉心声。他不可显露自己的真实情感，但必须让其他人战战兢兢。即使他不应令人放下职责而亲自处理每件事情，也绝不能让他人有机会接管控制权。他必须将所有事务委派群臣，仅有一事例外：他绝不能放弃执行监督来考察群臣的行为与其职位和主张相符合。借此统御臣下之术，君主得以行使权力并且维持其政治权势。在统治上，“术”与“势”这两个要素是对“法”的重要补充。韩非子认为治国之道和统治之术，最初是来自老子的思想。

---

①《韩非子·主道第五》，英译本 Ivanhoe and Van Norden 2003：299。

韩非子与老子：道与无为

无论韩非子的政治观点与老子如何不同，他仍将自己的哲学灵感归诸于老子。他的书中有两篇阐述老子与道家思想的文章，在此他超出应用性的政治哲学而进行形而上学的论述。[①]
199 韩非子遵循道家的传统，而赋予“道”本体论的地位。韩非子将“道”定义为万物存在的原因与宇宙的起源。他说：“道者，万物之所然也，万理之所稽也。”[②]在这段论述中，韩非子引介“理”的概念与“道”作对比。他是第一位对“理”进行哲学分析的人，而日后“理”成为华严宗和宋明理学形而上学的关键概念。韩非子如此区分“道”与“理”：“道”永恒普遍，“理”是万物内在的个别原理。“理”是每一个别事物存在的秩序；“道”没有固定的内容，而是呈现在所有个别事物和所有个殊的“理”之中：

理者，成物之文也；道者，万物之所以成也。故曰：“道，理之者也。”物有理不可以相薄，故理之为物之制。

---

① 这两篇即为《解老第二十》及《喻老第二十一》，其中表达了与其他篇章明显不同的抽象哲学思考。当然不少学者怀疑这两篇的真实性，例如华兹生的《韩非子》节译本 *Han Fei Tzu*：*Basic Writings*，即未选译这两篇。然而韩非子在其他篇章里，仍有虽然较为简要却类似的论述，读者可以参见《扬权第八》，在其中他也对“道”作出诠释。因此，主张他的实用政治理论的灵感来自老子的抽象哲学是合理的。

②《韩非子·解老第二十八》，英译本 Chan 1963：261。

> 万物各异理，万物各异理而道尽。[1]

万物皆有其“理”，以此与他物区分，我们也许可称之为“分辨之理”。韩非子说：“凡理者，方圆、短长、粗靡、坚脆之分也。”[2]他亦认为永恒的“道”需要个殊的“理”来体现，因此，在现有世界之上不存在形而上的空悬之“道”。然而，即使所有个别事物都消散，所有的殊理都失去其物质基础，“道”还是将永远存在：

> 故理定而后可得道也。故定理有存亡，有死生，有盛衰。夫物之一存一亡，乍死乍生，初盛而后衰者，不可谓常。唯夫与天地之剖判也具生，至天地之消散也不死不衰者谓常。而常者，无攸易，无定理，无定理非在于常所，是以不可道也。[3]

韩非子所描述的是一个单层的本体架构，在其中“道”即使不为时空所局限，也不是超越于物理界之上。此即是说，“道”涵括每一个特定之“理”，因此，它不能等同于任何单一的“理”。个别事物都有其时空限制，但是“道”本身不为时空所界限。个殊的“理”不可应用在异于自己类别的事物上，而“道”则适用于万物。“道”是一，而“理”是多。韩非子对于 200

---

①《韩非子·解老第二十八》，英译本 Chan 1963：261。
② 同上。
③ 同上。

“道”概念的理解确实近似于老子。

韩非子的统治哲学向老子借鉴了许多概念——但添加了法家的色彩。他主张统治者之于人民，就如“道”之于宇宙万物。“道”无为而成就万事万物，同样道理，君主治理整个国家应遵守无为的原则。他说：

> 道者，万物之始，是非之纪也。是以明君守始以知万物之源，治纪以知善败之端。故虚静以待令，令名自命也，令事自定也。虚则知实之情，静则知动者正。①

君主预先建立官僚系统，使每位臣相都能有自己的职责以及相称于名位的职务。然后，君主应退居幕后，暗中虚静谨慎地观察整个运作。安乐哲解释这个概念，认为执政者是“整个政府运作机械中权威的人性化身”。他解释机械具有许多单独的零件，每个零件都依照适当的程序运作。执政者如果干预系统的任何部分，即是“将随机元素引入原本会自动正常运转的系统中”②，最终将破坏其运作。

即使韩非子论及种种治术的操控，他仍坚持基本的原则是无扰无为。根据老子思想，圣人无为而无不为。而韩非子如此诠释“无为”：

> 故有智而不以虑，使万物知其处；有行而不以贤，观

---

①《韩非子·主道第五》，英译本 Ivanhoe and Van Norden 2003：298。

② Ames 1994：51.

臣下之所因；有勇而不以怒，使群臣尽其武。是故去智而有明，去贤而有功，去勇而有强。群臣守职，百官有常，因能而使之，是谓习常。故曰：寂乎其无位而处，漻乎莫得其所。①

201

韩非子意指整个政府应当建立在群臣守职及法令制度的基础上。群臣制定并执行法令，人民则知法守法。君主应担任监督者，他的职责仅是监察群臣的工作，当每位臣相尽忠职守，君主便无须做任何事。因此，执政者于此官僚体系中并无职位，而是超越于体系。君主运用“形名参同”的手段，得以查核并确保整个体系运作完善：“有言者自为名，有事者自为形，形名参同，君乃无事焉，归之其情。”②正如 K. K. Lee 所解释的：“从执政者的角度看来，一旦法令的机制启动运转，他就可以令其平稳如常运作，而无须进一步直接干预。”③当君主达此目标，即是体现“道”俯察而无为之德。

韩非子将老子的反智思想具体注入他的法家政府，他说在明主之国：“无书简之文，以法为教；无先王之语，以吏为师。”④似乎人民只要知晓法令及君王的旨意，而无须博学广闻。在国境内不仅不需要道德良师与知识的教导，甚至经典古籍或现代学说也都可弃如敝屣。他这一观点后来导致恶名昭彰的秦始皇

① 《韩非子·主道第五》，英译本 Ivanhoe and Van Norden 2003：298—299。

② 同上书，英译本页 298。

③ Lee 1975：34.

④ 《韩非子·五蠹第四十九》，英译本 Chan 1963：260。

焚书坑儒事件。对于与他同时代那些游走诸国的学者，韩非子也非常鄙视，根据他的判断，这些人既不事生产，又毫无所用，他们既不耕稼，也无举重或拼战沙场之力。若老百姓见此等学者闲散度日仍能获利，他们也会想成为学者，而国家就很少有愿意耕作或上战场的人民。因此，君主不应鼓励做学问，反而应严惩学者，如此百姓就会知道此类行为的不良后果。一个像庄子那样自在无为的道士，也是执政者的敌人。庄子拒绝君王任用，宁可清贫却自由自在。如果一般百姓也像他一样不为名利所动，君主即难以操控他们。在这里我们看出道家与法家的基本差异：道家强调自然和自主，而法家重视的是操纵和控制。

202

在道家的模式下，执政者不仅不应显露个人的情绪好恶，而且也应该没有任何的情绪好恶。他应当确实是一个公正不偏的观察者，任凭万事万物依照其原有的历程发展，而对其结果不做任何价值判断。相较之下，法家模式的统治者有其个人的计划目标：要完全控制自己的臣民和属下。他的喜怒好恶不形于色，仅仅是作为实现其目标的治术形式。他是个心机家，而非观察者。正如韩非子解释"无为"的力量："明君无为于上，群臣竦惧乎下。"①此种险恶的政治氛围，与老子所提出的自由无扰的统治方式，显然大相径庭。

---

①《韩非子·主道第五》，英译本 Ivanhoe and Van Norden 2003：298—299。

结语

总结言之，在韩非子的社会政治蓝图中，没有个人与自主的空间。他所倡导的政治理论最终是向执政者献媚，以国家秩序为中心。他的社会将是集体社会，他的政府将是极权政府，即使他理论中的执政者并非反复无常的暴君，也难以确保哪位暴君不会以韩非子学说中的操控技巧来强化其个人权力。正如穆磐石的总结：

> 在儒家思想中，执政者必须服从绝对的道德标准，那是他永远不能正当地违背的，而他统治的合法性就取决于他能否固守这些标准。在法家思想中，唯一的标准就是权宜之计，而且当然严格说来，执政者甚至没有任何义务去采取权宜之计。只要执政者有制定法令的意愿以及执行该法令的意愿和权力，没有什么法令是他不能颁布的。然而，执政者亦无任何法令是他“必须”颁布的。[1]

换句话说，首先，纵然韩非子未倡导极权主义本身，但他的理论也没有防止统治往极权方向发展的可能。

其次，在韩非子的政治世界观里并无个人意见与自主治理的余地。法家社会中每个人都必须遵守上级颁布的法令，任何人都不可挑战现有的体制或意识形态。这种政治体系与建立在 203

① Moody 1979：323.

信任人民知性和德行之上的民主制度完全相对立。我们应注意到，人民教育对于民主制度的成功不可或缺，而压制人民知识对于法家政府的安全则至关重要。知识和思想会给予人民寻求不同观点和其他体制的能力。当一个国家的目标是要统一人民，多样性就绝不会是受欢迎的现象。因此，在韩非子法家世界的愿景下，老百姓成为在单一统治者之下的群聚动物，这是一种令人窒息的社会。这也是为何后来儒家一致反对法家并责难韩非子的主要原因。

再次，韩非子之后的许多历史先例显示出法家思想无法防止暴政。我们应该指出法家所犯的最主要错误，就是社会管理不可赋予法律绝对的权力，而且政治也不能与道德划分。社会秩序应当通过道德教育来实现，以使得大多数的人都不会想要阻碍公共利益。法律应当只是作为安全防护网，来捕捉那些从道德教化缝隙中坠落的少数人。同时，执政者必须具有道德质量，才不会滥用权力并将整个国家置于任其宰割的处境。

持平而论，我们也应当了解韩非子本人并未完全忽略人民福祉。他相信一个由公共法令所规范的稳定极权主义政体，远胜于古代历史中在开明贤君和残酷暴君之间摆荡的政体。他还认为由无上强权统一的国家，也比处在众多诸侯国之间持续不断的战事更为可取。以他的观点，儒家崇高的理想主义是导致当时乱世的原因，只有全面实行法家思想，才能结束动荡，恢复国家和平与社会秩序。人民所在意的是长命富贵，而这目标只有在法家治理之下才能达成。韩非子如此为自己的观点辩护：

而圣人者，审于是非之实，察于治乱之情也。故其治

> 国也，正明法，陈严刑，将以救群生之乱，去天下之祸，使强不陵弱，众不暴寡，耆老得遂，幼孤得长，边境不侵，君臣相亲，父子相保，而无死亡系虏之患，此亦功之至厚者也。①

204

在这段引文中韩非子所阐述的理想国，在精神上与孔孟并无太大差异，因此，在韩非子政治哲学背后，确实存在有“人文主义的目的”②。

延伸讨论问题

1. 韩非子主张政治应该是非道德的，这是正确的看法吗？你是否同意作为一种社会管控手段，道德充其量只是无效的，而且甚至会是危险的？

2. 在以不信任人民为基础的法家政治模式，和以信任群众为基础的民主政治模式之间，哪一个更能得到经验事实的支持？

3. 你是否同意为了社会秩序，个人自由应予最大程度地缩减？你是否认为我们目前社会的许多难题，都是因为人民过度自由所引起的？社会秩序比个人自由更重要吗？

4. 鉴于各国不断发生恐怖攻击，你认为我们政府未来的新方向，是否应该加强管控人民并对社会敌人采取更严厉的惩罚？

---

①《韩非子・奸劫弑臣第十四》，英译本 Liao 1939, vol. 1: 124；我引用英译时略有修正，在我的英文原著中以方括号标示。

② Wang 1977：48.

Part II

Chinese Buddhism

第二部分

中国佛学

中国佛学概论

印度佛学融入中国哲学，是中国哲学史上独一无二而又奇特的现象。其独一性在于没有其他外来的哲学像印度佛学这样，对中国哲学的整体发展产生如此巨大的影响。而它的奇特性则在于印度佛学的宗教背景、形而上理论、伦理信念，以及印度文化中的生命关怀，不仅对中国人是陌生的，而且甚至与中国文化互相冲突，却居然能够造成如此大的影响力。[1]中国思想家一方面吸收了印度佛学的基本教义，另一方面更选取某些特定的主题而加以改造。因此，中国佛学由印度佛学逐渐蜕变而发展出自己的特色。 209

芮沃寿（Arthur Wright）把印度佛学与中国哲学的融合过程分为四个阶段[2]：

第一阶段：预备阶段（约 65—317）；

第二阶段：本土化阶段（约 317—589）；

第三阶段：接受和独立发展阶段（约 589—900）；

---

① 方立天（Litian Fang 1989）对于中国当时的社会背景与时代文化为何能如此接受印度佛学有很好的分析。

② Wright 1959.

第四阶段：融摄阶段（约900—1900）。

根据冯友兰的《中国哲学史》，印度佛学通过域外弘法者的努力，最早是在公元1世纪进入中国，起初，佛学思想和佛学概念传入时是借用道家思想和道家概念来“格义”。这不仅是因为在那个时代的知识分子中，道家思想（或者更确切地说是一个过度强调避世和超脱的颓败道家思想）广受欢迎，更是因为这两种思想流派之间确实有某种相似之处。举例来说，老子的“无”概念或是庄子的“坐忘”概念，被借用来试图阐释佛学中“空”和“无我”的概念。但这种“格义”有可能过分强调表面上的相似性，而忽略了两者之间更多基本预设的不同。还有，用这种“格义”方法之目的仅仅是使人们对印度佛学这种外来思想能够有些熟悉感，而不会太拒斥，但不是质疑或修正它。所以，在最初传入的预备阶段和本土化的阶段，佛学都还不能被看作是中国哲学史上的一个思想流派。直到公元6世纪，中国化的佛学才开始出现。

210

在中国佛学的整个发展过程中，曾出现了诸多的中国佛学宗派，他们的修行方法和哲学理论各不相同。在本书的第二部分，我们将筛选四个最具哲学意义的主要宗派[①]：唯识宗（the Consciousness-Only School）、华严宗（the Huayan School）、天台宗（the Tiantai School）和禅宗（the Chan［Zen］School）。我们应当知道，佛教从根本上讲是一种宗教思想，因此它包括

① 这就是为什么本书没有着墨在中国民间最流行的修行法门净土宗。

了修行法门和哲学体系。但是本书只针对这些宗派的哲学意义进行分析，而有关修行的方法则大致不予讨论。

在分析这些宗派之前，我们首先应该对佛学的基本教义有一定的了解。它最初是在公元前6世纪的时候由一个叫乔达摩·悉达多（中国人称为“释迦牟尼”）的人在印度建立的。他开悟后，被尊称为佛陀，意为“尊贵的人”或“觉悟的人”[①]，因此，教派称作“佛教”。按照阿部正雄的解释：“‘佛陀’不是一个专有名词，而是一个普通名词。它的意思是‘一个觉悟的人’或‘一个觉醒的人’。术语‘佛陀’是一个普通名词，不但适用于乔达摩·悉达多，而且适用于任何觉悟者或对‘法’，亦即真理，有觉悟的人。”[②]中国古代哲学家普遍接受“常识性实在论（commonsense realism）”的观点，亦即是对我们常识性观点的肯定，把现实世界一切事物皆看作实有存在。相对之下，佛陀则教导人们认识我们生活的世界和其间万物都不是真实的。因为这样的教义，印度佛学可以称为“空性论”，而似乎与中国传统思想格格不入。在传统的佛学教义下，我们所感知到的一切都是空的，因此是不真实的。我们平常人都生活在一种误以事物为真实的妄想或梦境般的状态中，一旦我们从这种妄想分别或梦中觉醒，我们就会意识到没有什么人和物是如我们所想的那样。此时我们将放下我们的执着、分别、觉知、妄想，

① 释迦牟尼（Shakyamuni）字义是“来自释迦族的圣人”。参考阿部正雄（Masao Abe）的文章 “Zen and Buddhism”（*Journal of Chinese Philosophy* 3,1976：236）

② 同上。

而进入“空（emptiness［Sunyata］）”[1]的境界，这种境界叫作“涅槃”。在此有一点我们要强调的是，这种对我们能知所知世界的否认不是来自知识上的怀疑论。与道家老庄不同的是，佛学不是建立在知识论的关怀上，探寻我们是否可知，或如何能认识实相（Truth）。它是基于教义信仰，认为只有“觉悟的人”（佛）才能认识到实相，而且实相根本不是有情众生单凭感官和认知就能见识到的，实相需要修行心悟才能认识。

211

为了传播“空”义，佛陀教义强调生命真谛从“苦”开始。[2]这不是说生命中没有任何事物能给我们带来快乐，而是重点在于快乐转瞬即逝，生活中没有任何事物能给予我们永久的快乐。未得之前为苦，既得又失亦为苦，我们或许可以说快乐只是痛苦暂时的中断。然而另一方面，苦难则是所有生命必须经历的。根据当代著名佛学专家吴汝钧的解释，在佛教中苦难是“常态”，而快乐是常态中的异常：

> 就是说生命的本质仍然是苦，而乐只是在你生命历程中对某种需求的供给刚巧达到一种适当程度而令人感到快乐而已。例如，当你由饥至饱，这在身体上的感受来说可算是乐，但若在饱之后再勉强进食，你便会感到辛苦……只在吃得适量时，才有乐的感觉。但这感觉不能持久，现

---

① Sunyata 通常翻译为“空”或是“空虚”，在佛学理论中它也指涉真理、实相或是本体。

② 根据印度学者 Radhakrishnan 的解释，这种生命为苦，而世界万物为受苦之因的思想不是佛陀的创见，而是源自印度的奥义书。（Radhakrishnan 1962：277）

> 在是乐，五个小时后，吃下去的东西逐渐消化掉，便不再感到乐，而是感到饿苦了。①

一个人一生中，必然会对自己所爱的人和事有种种贪念，最终这种贪念必然会带来苦恼。一个人不管当时的愿望是否得到满足，他贪求的任何事物都会成为其痛苦的根源。如果他得不到自己想要的东西，自然会痛苦。但即便一个人得到所求，最终也会失去所得，因为没有什么是永恒不变的。一个人越是贪求某物，某物所带来的痛苦也就越大。因此，佛陀得出结论：

> 人生八苦，即是：生苦、老苦、病苦、死苦、爱别离（与愉快的事情分离）苦、怨憎会（接触不愉快的事物）苦、求不得（欲求不得）苦、五阴（五蕴，即执着于色/物质形态、受、想、行、识）炽盛苦。苦常相伴。②

“无我”是佛陀的一条重要教义。佛所说的“无我”不仅要减免人们对现象我的执着，还要根除对永恒不朽的灵魂参与生命轮回的执着。这种灵魂转世的观念深深扎根于印度文化中，佛陀时代的印度人普遍信仰的是婆罗门教义：一期生命结束，灵魂就会重新进入另一个不同类型生命中的循环，不同类型生命同时包括不同层次的生命，如神、半神（阿修罗）、人、畜 212

---

① 吴汝钧：《印度佛学的现代诠释》，台北：文津出版社，1994：31。

② David J. Kalupahana 1992：86.

生、恶鬼，最后是地狱众生。存在被认为是一个无止境的循环，从此生到彼生，此身到彼身，不但没有永恒的快乐可得，且每个生命都要承受各种各样的痛苦。个体此生的生存状况受其前生行为造作的影响，因此，为了使个体的生存状况更好，就需要积累善业，以便将来能上升善道。然而，佛陀拒斥这种相信有一种不变的，比如"灵魂"的、物质可以通过轮回来反复投生的信念。尽管佛陀确实认为人类的存在像在生死之轮中往复，但他并不认为有一个永恒的实体存在于生死轮回中。此外，在佛看来，最可怕的并不是轮回到恶道，而是轮回本身，因为出生本身就是苦的根源。一旦一个人出生，那么衰老、疾病和死亡的整个过程就变得不可避免。他必须重新经历求不得苦、爱别离苦、贪求之苦、依恋、执着、怨恨等整个过程。因此，轮回重生不是一件愉快的事情。解脱的终极目标是要了脱整个生死轮回，永不再诞生到这个世界上。

为了了脱生死轮回，一个人必须完全离欲，尤其不应该将欲望执着于生命本身，但也不应该欲望死亡。一旦个人意识到生活中没有任何东西——包括生命本身——是值得欲求的，他就可以摆脱忧苦，而进入"涅槃"的境界。"涅槃（Nirvana）"的字面意思是"离苦"，即"寂灭"的境界。在到达这个境界后，人不会再重新进入轮回的循环，从而获得永恒的解脱。一个获得了永恒的解脱的人可以被称为"佛"——一个觉悟的人。佛陀的这个基本教义可以概括为"四圣谛（the Four Noble Truths）"：

苦谛（诸苦之相）

苦难是世间芸芸众生的标志。苦是存在的本质：生、老、病、死都是痛苦的根源，因为其中任何一种都不可避免地导致了另一种苦的生起。与人相爱却不得不分离是苦（爱别离苦）；憎恶一个人却又不得不与之共处是苦（怨憎会苦）；欲求不满是苦（求不得苦）；最后完全由“五蕴”（色［或物质形式］、受、想、行、识）假合的报身也是苦（五蕴炽盛苦）。基于这些身心的造作，我们就将轮回不息。 213

集谛（苦之根源）

令我们痛苦的原因是我们对无常世间的贪念。我们的贪念是来自我们的无明：我们不了解所有事物，包括我们自己在内，都仅仅只是因缘和合——世间所有皆是十二因缘（the Twelve Causal Links）的聚合，没有什么是永恒且独立的存在。

灭谛（灭苦之法）

终极目标，一种平和寂静，完全离苦的状态，是可能达成的。

道谛（涅槃之路）

通往涅槃的道路指的是消除所有贪婪欲念的方法。这种“道路”也被称为“八正道（the Eightfold Noble Path）”，包括正见、正思维、正语、正业、正命、正精进、正念和正定。

理解四圣谛的一个重要心理准备是意识到“我空”，只有这样个人才能从欲望、贪婪、愤怒和其他由我执所引起的负面情绪中解脱出来。除了主张“我空”，佛陀还主张“法空”。宇宙中所有精神的和物质的元素，都称之为“诸法（dharmas）”。dharma 这个词同时也意味着“实相”，而在这种用法下，通常是用单数大写的“Dharma”来表示。从这两个词“Dharma”和“dharmas”的语源学上，我们可以看到其中隐含的有关世间法本质的本体论预设。简言之，这个预设是指万事万物都是“一法（the One-Dharma）”的一部分。我们在现象界所观察到的多样性，是由于我们错误的觉知所导致的幻象结果。

214 释迦牟尼佛关于“法空”的论点指出“法”不能独立存在，因此它们不是真实的。释迦牟尼佛对一切法最基本的形而上学主张为：诸法的关系是因缘和合生起，亦即“缘起（dependent co-arising）”[①]。根据这一观点，没有任何事物能独立存在。任何事物的存在，从“生”到“灭”，都取决于世间其他各种各

① 根据 Kalupahana 的诠释，佛学的核心概念就是因缘相生说（Kalupahana 1992：x）。本书此处以“缘起（dependent co-arising）”来表述这个理论。

样的因缘。缺少任何一种主要因素，事物就不会生起；而随着其他因素的改变，事物也会产生不同的发展。影响事物的因素称之为“因”，可以是亲因缘（主要因素［primary cause］），也可以是助缘（辅助因素［auxiliary cause］）。例如：对于植物的生长，我们会说种子是亲因缘（主要条件），而空气、水等是助缘（辅助条件）。没有充分和必要的条件，事物就不会生起。另一方面，受影响的事物被称为“果”，而这个“果”可以进一步成为事件另一个状态的“因”。前因与后果之间的因果关系是二维的：因果之间存在一种历时性（diachronic）和共时性（synchronic）的关联。换句话说，不仅是世间事物之前的状态造成了目前的状况，而且各事物与当下的事务状态也是有因果关系的。这种共时性的因果关系构成了一种部分与整体相互依赖的形式。此外，因果关系是双向的：站在因果关系的不同角度上，两个事物可以互为因果。比如，根据唯识宗的逻辑，第八识是前七识的成因，因为前七识是通过第八识之变现而来的。与此同时，前七识又是第八识的因，因为它们熏习第八识而后者仅仅是被熏习而成。[①]因此，有一个复杂的因果网联系着亘古以来至永恒未来宇宙中的每一个现象。这种观点可以被称为“因果整体论（causal holism）”，因为它呈现出一种整体的因果关系图，在其中没有任何事物能够孤立于整个系统而存在。据此理解，世间万法因缘和合而生，没有什么事物是可以独立存在的。从这个意义上说，万物都不“真”，因其没有独立的实体；万法皆空，因为一切真实实体皆是空的。

---

① 详见本书《唯识宗》一章。

在这样的因果观点下，科学的预测变得不可行。每个“因”215 的因果力量是无法测量的，因为任何既定的事件都没有单一的“因”。即使我们能够识别所有的“亲因”和“助缘”，我们仍然无法考虑它们的因果效力，因为这种因果关系被宽泛地定义为一种“互相熏习（perfuming［相互作用］）”的形式。

“熏习”这个概念是佛学所独有的因果关系理论。身处花室，发染馨香；行在雾中，衣衫渐湿。同样地，任何事情的发生都肯定会慢慢地对主体或后来的事件产生熏习的影响。熏习的因果关系不能用物理的术语来分析，也不能以其量或质来衡量。它并不一定是一种直接的因果关系，因其影响可能通过许多间接途径来实现。有时，这种因果影响甚至需要一生或几世才能看到。此外，熏习的因果关系不必然只发生在个体的生命之内——一个主体的行为造作会对另一个主体产生熏习的影响。熏习的因果关系没有预设“因”有时间上的优先权，因为因与果可以同时存在。再者，熏习的因果关系并不一定是单向的：因与果可以互为因果。①在某些情况下，熏习的因果关系也具有道德内涵，因为善行和恶行对人的性格有不同的熏习作用。

这种熏习的因果关系是专门针对有情众生，能凭借意志行动的众生。因此，不夸张地说，一个人就是自己过去“业（Karma）”的产物。“业”是指一个人过去的意志选择、意向性行为和人际关系，无论是前世或是今生，包括身、口、意三种，其影响可以从一个人的精神和身体状况中表现出来。在 Robert

①比如说，大树为种子之果，但同时大树之形态亦是种子之因。

Zeuschner 的分析中，“业果成熟”至少有六种方式：

1. 通过激发心理状态，例如内疚和心理痛苦（或喜悦），来改变随后的选择；

2. 通过激发潜在的心理倾向或习惯；

3. 通过激发更强的心理状态来引发强迫性的行为；

4. 通过造成决定过去行为招感现世，或是决定其人生命的长短和状态的现实环境；

5. 通过决定其人来生的社会地位、财富、家庭条件、心智慧力等。

6. 通过决定其人来生的生命形态。①

216

因果报应法则（the karmic law）不是决定性的，因为在因果链的每一个联结中，主体的意志性行为或选择都有可能产生不同的结果。按照佛陀的教法，接受业报的主体并不是一个自在永存的实体，而是一连串意识流的一系列精神作用。然而，尽管佛陀摈弃了印度传统的“自我”和“灵魂”概念，但中国民间的佛教徒通常承续了印度的传统观念，进而相信灵魂可以转世。由于他们相信今生的生存状况受过去（包括今世或前世中）的行为影响，他们对于现状的心态是相当“宿命论”的，但对于未来，他们却不是“宿命论”者。在熏习的因果关系和因果报应的基础上，他们相信只要自己当下生起正行，拥有正思维，就能创造一个更好的未来。这种对客观的（不是由最高的神明来决定）奖赏和惩罚的信仰在中国佛教徒中非常普遍，背后的原因可能基于中国传统中有德福一致、恶行与祸殃相联

① 参照 Zeuschner 1981：401—402。

的“天道”之信仰。佛陀强调“缘起”和“因果的相互联结性(interconnectedness of causality)”，用以表明在这个现象世界中没有“常”“恒”不变的事物。一切皆是因缘和合而成，一旦条件改变，事物就不复存在。因此，没有什么是真实的。要理解这一点，我们可以把自己想象成一个“纸牌屋”——一旦一张牌被移除，整个房子就会倒塌。我们当下的存在正是建立在我们出生前因缘际会和错综复杂的关系之基础上的，如果其中任何一种关系或事故没有发生，我们就不会存在。我们认为我们的存在是理所当然的，并认为我们拥有自己的生命，但是我们应该意识到，有很多事情是我们无法控制的，有很多人在表面上跟我们毫无关系，然而从根本存在性来说，我们的存在完全依赖于这些事物和那些人。佛陀教导我们，凡夫犯两个常见错误——“法执”与“我执”，因为他们不知道存在的本质在于因果关系。他们执着于“物”与“我”，把它们视为真实存在，因此，他们永远陷于存在的束缚中。要摆脱这种束缚，个人需要洞察到其存在的本质，意识到这仅仅是十二因缘的呈现：无明、行、识、名色（一个人的心神与身体活动）、六入（六种感官）、触、受（经验）、欲求（或激情）、取（执着）、有(自我)、生、老死。十二因缘贯穿我们的过去、现在以及未来三世。我们过去的无明、贪欲、执着等成就了现在的我们；现在的无明、贪欲、执着等会导致我们来生的轮回。除非我们能摆脱个己的无明，灭止所有的欲望、贪婪与执着，我们永远无法从生死轮回中解脱出来。只有这种理解，才能带来觉悟，而引致我们真正的解脱。正如卡鲁帕哈纳（David J. Kalupahana）所说：

217

> 通过如理思维这一过程，一个人能够使自己心境平和，并借此磨砺心性，远离贪爱，他不仅可以远离忧苦，还有助于他人幸福。一旦摆脱激情而在生活中培养出一种平和无情的心态，得自在解脱的人能够生起同体大悲之心。在死亡的时刻，随着无明的消逝和心行的停止，他的意识即将终止，而不会再轮回重新进入另一期生命。①

了脱生死的轮回，从对现象世界的痴迷执着中解脱出来，就是佛教的终极目标。

由于佛陀的教法是口头传达的，他的核心思想只能见于他几个重要弟子编辑的经文。随后世代相传的各部派的佛教弟子对这些精简密传的佛典作出不同的解释，所以形成印度佛学的不同宗派。早在公元前 5 世纪就至少有十八个不同的主要部派对彼此的理论进行论辩。虽然他们都接受终极实在为“空”的核心理论，他们中间有一个主要的争议点是，佛陀是否真的否认经验世界的存在呢？其中有两个主要部派又各有很多分支。一是宣称“有”的部派（the School of Being），主张客观事物因为“缘起”而存有，其分支中有主张“法有我空”的，有主张“法空我有”的，甚至有主张“我法俱有”的。另一是提倡“空”的部派（the School of Emptiness），争辩说佛陀教导外部世界即是空。该部派主张无论物质还是意识都不是恒长存在的。整个世界是空的，实在本身也是绝对空的。另外还有很多部派

① Kalupahana 1992：77.

对这两种极端的观点持综合态度，这种观点被“中观学派（the Madhyamaka School）”所代表，也被称为“中道学派（the Middle School）”。该宗派主张即空即有，同时非空非有——所有的法因“缘起”而有，同时（缘起有）即是空，因为事物没有独立的自性。由于各个宗派对“空”的概念有不同的解释，他们对如何达到涅槃也有不同的教法。有的说需要脱离生死轮回，有的说需要灭息感官和认知，有的说需要逐步地达到灭绝苦恼的解脱（渐修），有的说可以在一念之间达到涅槃（顿悟）。这些宗派都认为自己代表佛陀的真实言教。因此，如何“判教”成为佛学史上一个很重要的题目。我们可以看到在中国佛学史上，尤其华严宗和天台宗，对佛陀的言教通过“判教”的方法，做了很多分类判别教法的尝试。

218

在觉悟最终佛果方面，两大主要系统——大乘佛教（Mahayana）和小乘佛教（Hinayana）——也有分歧（不过，用“大”相对于“小”是明显地偏袒大乘佛教。当代的学者更倾向于使用“上座部佛教［Theravada］”替代使用“小乘佛教”。尽管中国历史上称这些部派为“小乘”，我们仍遵循当代做法）。大乘佛教以普度那些无法自悟的众生为目标，上座部佛教则关注有智慧得以理解佛陀教义者的自渡，并且强调个人的努力。上座部佛教最究竟的理想是达到终极觉悟境界的阿罗汉（arhat）[①]，能够自我超越悲苦住涅槃之境。而大乘佛教更究竟的理想是发愿觉悟有情救度众生的菩萨（bodhisattva），菩萨者也能达到觉悟之境，但他们自愿不离苦、不出轮回，所

---

① 小乘佛教认为阿罗汉就是佛果。——译注

以选择不入涅槃，宁可留惑以住此世而润生度众。所以，对大乘学人来说入涅槃不是终极目标。他们更愿化作一辆承载更多人入佛国的车乘。虽然阿罗汉或菩萨的境界都是他们希望达到的境界，但还有一个更高的境界——成佛，是为两派学人的最终目标。最后，这两个系统的区别还在于：上座部佛教认为只有一些特定的有情众生具有成佛的可能性；而大乘佛教则教导每一个众生都有可能成佛。前者的思想是建立在印度的种姓制度上，但因为中国哲学（奠基于儒学）的基本肯定就是每个人都可以成贤成圣，所以大乘思想才会胜过上座部佛教，而在中国生根发芽。① 219

早期佛教植根于“彼岸极乐世界（other-worldly）”的哲学传统中，而中国佛学则基于“现世关怀（this-worldly）”的哲学传承中。卜德说大小乘教义的区别跟中国思想的“现世关怀”和印度思想的“彼岸极乐世界”有关②，因此中国佛学隶属于大乘佛教并对其思想教义发扬光大不足为奇。不过，相比于上座部佛教的“阿罗汉”和大乘佛教的“菩萨”理想，中国佛学在成就理想境界方面更进一步：它更关注成就众生佛果。中国佛学各宗派的共同关切就是在探讨众生是否皆具成佛的潜质，以及众生如何可以实际成佛。这个关切引起他们对“佛性”的讨论，而“佛性”的议题可以视为对古代中国哲学里的“性善

---

① 根据卜德翻译冯友兰《中国哲学史》的注释，“小乘佛教比较接近原始佛教的教义，而且至今在东南亚国家仍然是佛教的主流。大乘佛教则是原始佛教的大幅度改良发展，更为复杂与详尽，主要在东亚等国如中国、日本发展，在中国尤其广为流传”（Fung 1983，vol. II：238）。

② 同上。

论”之延续。中国佛学主要宗派的共同理念是：众生皆有成佛的可能，因为众生皆具佛性。在中国佛学的定义上，佛性不是一个已经实现的存在,而是可以证入理想状态——佛果的潜质。在这个意义上，中国佛学的佛性观可以说是基于人性本善（孟子所言之潜质义）的立场。

第九章

唯识宗

概论

伟大的朝圣者和翻译家玄奘（602—664）在中国佛学的发展中扮演了重要的角色。他引入并创立唯识宗。[①]玄奘在中国历史上是一位传奇人物，因为他完成了一个几乎不可能的朝圣之旅：为了亲自学习印度佛学的典籍，他三十三岁时开始他的印度之旅，穿越中亚的沙漠和山川，赴印途中历时四年，经历许多磨难，九死一生。[②]到达印度之后，十多年时间里他游历、参学，向诸多高僧大德学习。当他回到大唐（中国）时带回了 220

① 关于此宗的名称有不同的英文译名，例如 Representation-Only School（见 Clarence H. Hamilton 1938）；Mere Ideation School（见卜德所译 Fung，Yu-lan 1983）；Mere Consciousness School（见 Tat Wei 1973；Iso Kern 1988），或 Mere Conception School（Kalupahana 1992）。本书英文版采用陈荣捷在他《中国哲学文献选编》（Chan 1963）中使用的译名 The Consciousness-Only（Wei-Shi）School。

② 有关玄奘的《大唐西域记》启发后代作家写出关于朝圣之旅的多种版本，其中最知名的是吴承恩的《西游记》，首次在 1592 年出版，并成为中国古典四大名著之一。

六百五十七部经论。此后，他把余生都致力于将梵文经典翻译成中文。他成立了一个译经院，在其众多弟子的共同努力下，生前完成了七十五部经典的翻译。

唯识宗最初由瑜伽行派的两兄弟建立：无著（Asanga）和世亲（Vasubandhu）(4—5世纪)。中国唯识宗的思想源于世亲，玄奘编纂了关于其著作的论注。世亲写了许多重要论著，这些论著成为印度各派佛教的主要典籍。唯识宗的理论基础是世亲的两部论著：《唯识二十颂》和《唯识三十颂》。《二十颂》主要是对外道思想的破斥，是唯识宗思想的入门，而《三十颂》则建立了唯识宗基本教义的理论架构。一部典型的佛学论文包括较短的偈颂和作者对每一偈颂的长行解释。《三十颂》是世亲在其晚年之时完成的，因此这部论代表了他最成熟的思想。然而，在他离世之前，他并没有时间去作注，此项工作就留给他的弟子们完成。十大论师对《三十颂》写了十部不同的注释，他们对世亲每一偈颂的解释都不尽相同。玄奘大师在学生窥基的请求下，将这些论著进行编纂，而主要是遵从世亲高徒护法（Dharmapala，约 439—507）的观点。玄奘将校过的注释与其原来译的《三十颂》结合，糅译为《成唯识论》。[①]这部论文并不是简单地将世亲的颂文翻译而已，而是对唯识思想理解的精

221

---

① 窥基在《成唯识论述记》中记述了玄奘写《成唯识论》的背景，以及在诸多注释中，护法的注释为优选于其他注释。这被大多数学者认为是真确的记录。然而，近代卢陶斯（Dan Lusthaus）挑战窥基的叙述，而质疑十种注释的存在或者甚至质疑护法注论的事实。卢陶斯猜测关于《成唯识论》糅译的故事是窥基自创的，目的是要保障他在唯识宗的地位。（Lusthaus 2002：ch. 15）

选。并且，在玄奘的译作中，他会使用带有略微不同内涵的中文来补充原始理论。因此，这部著作代表了玄奘的观点，而不仅是世亲的。[①]

玄奘的《成唯识论》分为十卷，该论首先断除凡夫对我及法之实存的执着，又对八识进行详细的分析——分解各识的意涵、功能及其间相互关系；然后，为了进一步精化教义，该论破斥了诸多外道的不同观点；最后，该论介绍了许多达到解脱，觉悟智能的修行方法。因此，玄奘称其为《成唯识论》。[②]现在，此书已成为中国唯识宗思想的代表作。

本章的阐述是基于玄奘译的《唯识二十颂》及《成唯识论》。[③]《二十颂》和《三十颂》(《成唯识论》是基于《三十颂》

---

① 根据 Hamilton 和 La Vallée Poussin 的比较研究，在玄奘的文本中，有时包含一些词语，在其他藏本、梵本，甚或其他汉译本中找不到相类似的表达（Hamilton 1938）。在 Dan Lusthaus 对原典、玄奘译的《唯识三十颂》，以及另一本《三十颂》的汉译本之比较研究中，也显示出玄奘的翻译相当随性而属自由发挥。（Lusthaus 2002：ch. 12）

② 参照 Wei 1973：80－89。

③ 不幸的是，研究此宗思想的英语资源有限。关于《二十颂》，只有 Clarence Hamilton（1938）的一个英译本；关于《成唯识论》，只有韦达（Wei 1973）的一部完整的英译本，是以 Louis de La Vallée Poussin（1928）的法译本作为蓝本。这两部英译作品现已绝版不印，只有一些为数有限的图书馆中有它们的复印本。Hamilton 的译本大体上可读，它包含许多以玄奘的弟子窥基的批注为基础作的脚注。韦达的译本保留了许多梵文术语，因此很难读。我们还有可替代的读物，是从陈荣捷《中国哲学文献选编》(1963，英文版第 23 章）中作的摘录，关于原书的重要讨论大多都包含在内，所以值得推荐。卢陶斯所著的 *Buddhist Phenomenology*（2002：273—350）也包含世亲《三十颂》(Thirty Stanzas）的对应译本。

成立的）除了包含了对当时其他相竞哲学学派观点以及常人的错误观点之驳斥，还包括对唯识教义理论的建构。本章首先解释唯识宗的基本教义，然后再分析他们破斥其他观点的论证。第一节解释唯识宗的诸多论题。下两节包含唯识宗创立者驳斥印度各哲学学派的论证，这些论证展现了唯识宗理论背后出色的逻辑推理。当然，对这些辩论不感兴趣的读者可以跳过这两节。最后一节处理支持唯识宗教义的具体论证，有西方哲学背景的读者应该对这些论证非常感兴趣。

222

唯识宗的基本教义

唯识宗之所以得名是因为它强调无始以来，唯识无境，识外无物。识的最根本形式被称为“藏识”（阿赖耶）。如此称谓，是由于此识中含藏着诸法种子。藏识不仅限于某一识，每个众生（包括人和动物）都有自己的藏识。而且，众生的藏识不是随生才有。在生命轮回中，藏识从未消亡，累世轮转，永无止息。藏识在一期生命中受到累世习气及其他情识的影响，这种影响被称为“熏习”[①]。所以，在每一个生命之始，有情各具藏识，并且受到不同程度的熏习。熏习引起藏识中的种子现行。因此，有情各异，诸多各异的藏识变现（transformation）才让整个世界存在起来。[②]

① 关于这一概念的解释，见本书“中国佛学”“概论”篇。

② 关于 transformation 的细节，本章将在后面讨论。

外在世界依识而存在

唯识宗否认外在世界是真实存在的（外境实有），这里的“真实存在”是指“独立存在”。唯识宗认为，在外在物体与梦中或想象中的虚幻影像并不相同的意义上讲，外在物体确实存在，但唯识宗否认外在世界在“实在论”的意义上存在，亦即指世界具有在有情意识活动（感知、认知、理智、意识）之外的独立存在。唯识宗也否认外在世界永恒存在，因为识本身处于永恒的迁流变化中。由于世界是识的显现，所以不能独立存在（唯识无境）。世界上的一切事物都是识所变现。事物不能独立于识存在，[①]正如玄奘《成唯识论》所释：“‘唯’言遮离识实物，非不离识心所法等。”[②]外在的世界非离识而有，因为它的存在就是识变现的结果。

对于“世界是识的变现”这个议题，我们可以通过两种方式来理解：一种方式是说，现存的世界原本由我们的识所“创

---

① 在中国的唯识宗中，“意识（consciousness）”和“心灵（mind）”，以及“思想（thought）”和“认知（cognition）”，常常被互用。然而，根据 Kalupahana 对世亲哲学的解读，这样异文混用会造成对世亲形而上学观点的严重误解，因为在 Kalupahana 看来，世亲不是形而上学的唯心论者。他认为在汉译本中把这四个术语混为一谈，定为同义词，是个很不幸的现象（1992：186）。不过，本章的重点介绍不是世亲，而是玄奘对世亲哲学汉本的修正，所以在本章我们仍然以两个术语互用，并详细说明玄奘本在哲学方面的唯心论主题。

② 《成唯识论》，CBETA 电子版，No. 1585：52。英译本 Chan 1963：386。

造”；另一种方式是说，如果没有我们的识的作用，我们现在所看到的世界不可能如此存在。或许我们可以说前者是从本体论的观点来诠释世界依于我们的意识而存在，而后者是从知识论的观点来解释世界依于我们的意识而存在。这两种观点都对“唯识”这一名称提出合理可信的诠释。

根据“唯我论（solipsistic）”的观点，整个世界是一个单一自存的心识显现，但是唯识宗的教法则与此相反。唯识宗的教法是多元论：识的数量与有情（包括人和动物）的数量一样多。换句话而言，“唯识”不是指“唯我之识”。一个人根据其藏识变现一个世界；另一个人根据其藏识变现另一个世界。尽管每一个藏识都是独一无二的，但是所有藏识大体上是相似的，因为它们大致以同样的方式被熏习。因此，一个人生成的识境与另一个人生成的识境没有多大不同。而且，由于世界是所有众生藏识混合作用而成，所以它不会因为一个人而存在，也不会因为一个人而消亡。这可以用来解释为什么世界有某种程度上可观察的规律性和一致性。客观唯心主义称世界由主体间共通性的心识（intersubjective minds）共同构成，据此，我们可以了解到唯识宗更接近客观唯心主义，而非唯我论。

缘起论和世界的本质

唯识宗形而上学的理论是建立在佛陀基本教义“缘起”之上的，正如本书“佛学概论”一章中所解释的，缘起可以被视为一个“因果网”，在这个因果网中，过去、现在、未来的一切事物都互相联结。现存的一个事物，必定会有诸多先前存在的因缘来作为其存在的充分和必要条件。因缘不仅适用于外在

224

的物质和事件，它也适用于我们的思想意识活动。唯识宗着重讨论藏识的熏习。人的每一个行为都会在其藏识中留下印迹：善行善迹，恶行恶迹。因此藏识被熏习成不同的状态，据此决定人在轮回中的下一个生命形态。在这种意义上说，藏识是来世的种子。除此之外，藏识也接受来自其他众生的所有识之信息，因此终极来说，一个藏识包含了世界诸法种子。

唯识宗强调世界存在的三种特性：

1. 遍计所执性（认为所想象或看到的是真实存在的特性）；

2. 依他起性（依靠其他因缘而产生的特性）；

3. 圆成实性（圆满、成就、真实的特性）。[①]

这三性并不是世间万物三个独立存在的特性，而是我与诸法的三个面相（因此是一体三性）。对于这三性的通常诠释是说它们源于不同人的三种不同程度的理解：无明的人误认为我法真实存在，因此万物被误认为是真实存在的，这是遍计所执性。佛陀（包括唯识宗）的教法是每一件事物都依其他事物而存在，因为万物皆具缘起的特性，这是依他起性。最后，真正觉悟的人可以看清万物在缘起关系之下并无实体存在，因此万物本空，这是圆成实性。[②]如果这种诠释是正确的，那么这三性所介绍的就不是事物本身的特性，而是不同智慧的人对事物特性的不同认识。我们可以说外在物体是真实存在的（符合大众思想）；我们也可以说外在事物以缘起的形式存在（符合佛陀及唯识宗的教法）；另外，我们更可以说外在事物全是空的

---

① 关于这三个词语，还有许多其他不同但都合理的解释和翻译。

② 参照 Fung 1983：329—330。

225 （符合到达涅槃境界的智者见解）。只要我们了解它们论述的背景，这些观点彼此并不矛盾。

玄奘的《成唯识论》运用著名的二谛理论来解释每一法是如何具有三种看似不兼容的特性的。二谛包括世俗谛（worldly truth）与胜义谛（absolute truth），是佛陀在不同情境下的讲法以接引不同根性的众生。

玄奘写道：

> 谓依识变妄执实法，理不可得，说为法空。非无离言正智所证，唯识性故，说为法空。此识若无，便无俗谛，俗谛无故，真谛亦无，真、俗相依而建立故。拨无二谛是恶取空，诸佛说为不可治者。[①]

根据上面论述，二谛都是正确的，相互依存。因此，我们不必执着于空和有。我与法缘起有，自性无。二谛其实有如同一个硬币的两面。正如世亲在第二十二颂中的解释："故此（圆成实性）与依他，非异非不异。"[②]玄奘在《成唯识论》中是这样来总结这一章的"证唯识性"："我法非有，空识非无，离有离无，故契中道。"[③]此观点之下，有宗与空宗之间的争论就变得无关紧要了，因此，唯识宗可以说是取得了"中道（the middle

---

①《成唯识论》，CBETA 电子版，No. 1585：53。英译本 Chan 1963：389。

② 同上书，页 61。英译本页 393。

③ 同上书，页 52。英译本 Lusthaus 2002：459。

way)”[1]。

转识的三阶段

唯识宗的独到特性是对“转识”的详细分析。根据唯识理论，整个外在世界产生于八识：藏识（第八），思量识（第七），了别识（第六），眼、耳、鼻、舌、身识（前五识）。依据它们的特征，八识可以进一步地分为三类： 226

1. 含藏大量深远发展的种子，是世间万物的起源[2]，唯第八识（藏识）属于此类；

2. 一直处于恒审思量的过程，唯第七识（思量识）属于此类；

3. 了别（所缘）尘境的所有层面，前六识属于此类。

在这些识中，只有第八识（藏识）是整个世界的存有基础。也就是说，唯第八识蕴含着诸法产生和发展的潜能（种子），因此“转识的过程”是指藏识的变现过程，对应于它变现其他七识的方式。

在唯识宗中“转”是指某种内在的向外展现的过程。如果这种“内在”指的是“内于心识”，那么就没有什么可以被认定是外在的了，因为根据唯识理论：识外无物。所以，内

---

① “The Middle Way” 有时译成 “the middle path”，是梵文 Madhyamaka 的意译。它是大乘学派其中一支派的名称，其主要教义是非空非有，居于有宗和空宗之间。见本书佛学概论部分。

② 根据玄奘的《成唯识论》（*A Treatise on the Establishment of Consciousness- Only*），此识为异熟识，“它的果报将在后来成熟……因为它具备未来成熟的性质”（Chan 1963：380）。

与外的区别应该理解为：在众生的心识与“其所认为的”心外之物之间划一界线（在此意义上，有情的身体也是外在的）。《成唯识论》中说：“或转变者。谓诸内识转，似我、法外境相现。”[1]由此来看，唯识宗主张外在世界仅仅是八识变现的结果。世界对于识并不是真的“外在”。

然而，当我们关注八识的三种转变时，我们了解到内外之别不再适用，因为依据上文，八识都是属于“内在的”。事实上，在《成唯识论》中定义“转”有另一种观点：“‘转’谓此识无始时来，念念生灭，前后变异。”[2]在此定义下，“转”是种由静态进入动态的过程，是一个从生至灭，持续变化的过程。动态可以从静态产生，因为静态已经含藏着这些活动的种子或潜能。静态可能永远保持不变，然而在另一方面，动态的活动则会持续变化、消亡、更新。一旦识的静态转化为动态，前念产生现念，现念产生后念，识将变成意识流。正如《成唯识论》中写道：“因灭果生，非常一故。可为转识，熏成种故。”[3]我们应以这种意义的“转识”来理解转识的三个阶段。

227

唯识宗的一个重要特点是识的变转不是按照线性顺序，而是一种周期性的循环。从佛教轮回的世界观可以了解到识变转的循环过程。世界没有绝对的开始，它一直处于永恒的生灭中。累世更替，没有时间上的先后。类似于此，藏识亦非先于或后

① 《成唯识论》，CBETA 电子版，No. 1585：52。英译本 Chan 1963：386。

② 同上书，页 17。英译本页 382。

③ 同上。

于其他七识。在一方面，藏识可以产生其他七识；另一方面，它也接收其他七识熏习的结果，因此能够为将来的变现储藏更多种子。藏识与其他七识互为因果，恒久不止。因此，如果我们说藏识比其他七识先存在，这种优先性一定是从逻辑角度而言，而不是由时间角度。从时间上讲，藏识与其他七识同时存在，互相作用，相续不断，以至于每一个单独的识转都没有确定的发生时间。

依据这个理论，在每一个世界轮回之始，藏识一定处于完全静止的状态——没有活动，没有意识，没有功能作用。第一次转变将静止的藏识转变成一种能变现的动识，这种识能够主动地将无始以来含藏的种子转化成现行，那就是为什么第一识转仅产生藏识自身。第二识转则产生一种能动的识，即第七识（思量识），以思量为特征。第三识转产生了别识，此即与感官相联系的前六识。这八个识不该被看作各自独立的实体，因为每一个识仅仅代表一种功能。世亲用波与水的关系作模拟来描述五感官识与藏识的联系：“依止根本识，五识随缘现；或俱或不俱，如涛波依水。”[①]我们通过模拟可知，识的每一种形式确实是藏识的一部分，其中每个都在藏识受熏后显现特定功能时出现或产生。可能这就是为什么世亲也称藏识为“根本识”。在根本识作为基础之上，各种心的功能显现并成为八识。这八识进而互相作用影响，于是变现出（“转”的第一意义）整个外部世界。 228

① 《唯识三十颂》中第十五颂。《成唯识论》CBETA 电子版，No. 1585：49。

根据唯识宗，可感知物体的存在不是建立在我们的觉知上。前六识所感知和了别的不是别的，而是已在第八藏识中蕴含，也就是诸法的种子。耿宁（Iso Kern）在他关于玄奘唯识理论的研究中，称种子为客观现象，是本识内“客观现象的部分或元素”。他引用玄奘所提出的论证：

> 若心心所无所缘相，应不能缘自所缘境。或应一一能缘一切，自境如余，余如自故。①

正如前文所释，在生命轮回之中，每一个藏识都经历多代熏习。因此，通过往昔经历，它积累了大量熏习的种子。在第七识（思量识）的帮助下，六识在藏识的基础上活动，而显现外部世界。因为万物皆是八识相互影响作用的结果，所以识外无物，任何事物都不能离识而独立存在。因此，没有纯粹的外部世界。这就是为什么此宗主张一切唯识的原因。

如果动态能藏的藏识与静态未现行的种子有所区别，那么哪一个是宇宙的存有基础？《成唯识论》中说道：

229

> ［藏识］非断非常，以恒转故。恒谓此识无始时来，一类相续，常无间断，是界、趣、生施设本故，性坚持种令不失故。②

---

① 原文见《成唯识论》，CBETA 电子版，No. 1585：13。英译本 Kern 1988：284。

② 同上书，页 17。英译本 Chan 1963：382。

换句话说，一旦识转变，藏识的变现即成为宇宙形成的基础。人们可能会追问，如果藏识亘古长存，自无始以来就已存在，那么怎么可能有所谓在第一次变现之前的存在呢？是什么东西经历了第一次的转变？如果是某个东西经过第一次转变并产生动态的意识流，那么这个东西应该被认为是宇宙的最终基础吗？唯识宗并没有处理这个问题。若是问难者更深入追究这个问题，将会犯下与印度非佛教学派（外道）在追究“最终实体”时同样的错误。然而，我们也许能给予他们如下的回答。藏识无始以来已经存在，因为甚至时间本身（及空间）也是由藏识产生的。在唯识的循环世界观里，整个宇宙是一个超越时间和空间的连续体，而其中一代一代的世界相继产生毁灭。每一个世代（world- stage）都有一个开始和结束，但是世界循环本身则不在线性的时间中或是广阔的空间内。如果甚至时空都是识的变现，那么藏识的确是每一个世代的存有基础。在第一次转识之前已经有的存在完全属于不同的境界，不可能用时间或空间来测量。所以这个先后关系不是时间上的，而是逻辑上的先后。对于唯识宗的涅槃概念，我们应该如此理解：涅槃不是在宇宙中一个隔离的地方（place），而是超越整个宇宙本身的一个境界（realm）。[1]对于唯识宗，到达这个更高的境界就是终极目标。

① 不同佛学宗派对涅槃有不同解释。上座部一致认为此术语是指一个分离的境界，在此方面，唯识宗教义更近于上座部，而不是大乘。见概论中解释两个部派的不同之处。

最终目标：转识成智

从终极意义上来看，唯识宗对藏识的变现其实是采取负面的态度。当前七识在运作（或熏习）藏识而将藏在藏识中的众多种子熏成为现行，其所熏的结果即是“杂染（defilement，也常常被译为烦恼）”。由第七识的作用而带来的杂染，会产生错误的我执心态：我痴（self-delusion）、我见（self-view）、我慢（self-conceit）、我爱（self-love）；来自其他六识的杂染则引起一种误认外部世界真实存在并且外在物质可以成为我们欲求目标的幻觉。唯识宗这种“变现产生杂染”的说法暗示着藏识的初始状态是清净的，但是因为被各种心理活动所染污，然后变现自我以及外在世界。“有情由此生死轮回，不能出离。故名烦恼。”[1]

230

一旦第一变现开始，整个最终产生外在世界以及人们在这个世界的各种系缚的过程就无法避免。因为在这个世界中系缚是所有苦的根源，所以，为了断苦，我们不得不从一开始就阻止变现的产生。换句话说，我们必须阻止静态藏识变成动态；我们必须“舍弃”藏识本身。

根据《成唯识论》：

> 此识无始恒转如瀑流，乃至何位当究竟舍？阿罗汉位方究竟舍。谓诸圣者断烦恼障究竟尽时，名阿罗汉。尔

---

①《成唯识论》，CBETA 电子版，No. 1585：30。英译本 Chan 1963：383。

时，此识烦恼粗重永远离，故说之为舍（此中所说阿罗汉者，通摄三乘，无学果位）。[1]

如果一个人已经成就我与诸法本性的正见，他最终能舍弃所有执着与缠缚，断除所有（有漏）情感，进入涅槃境界，获得究竟之乐。这种觉悟或觉醒被称为智慧。因此，唯识宗的目标即是转识成智（transform consciousness into wisdom）。[2]

要达到涅槃需要什么样的智慧？在《成唯识论》的末尾，玄奘列出四种出世智慧（Four Transcendental Wisdoms）[3]：

1. 大圆镜智（The Great Mirror Wisdom）；
2. 平等性智（The Universal Equality Wisdom）；
3. 妙观察智（The Profound Contemplation Wisdom）；
4. 成所作智（The Perfect Achievement Wisdom）。

231

大圆镜智是一种不再有分别的心境，像一个完美清洁的镜子，没有污染，因此反射出一切事物的真正本性（自性）；平

---

① 《成唯识论》，CBETA 电子版，No. 1585：18。英译本 Chan 1963：382。

② 此处的 transformation 应赋予不同理解。转识成智之时，就不再涉及来自杂染或习气的三层变现。事实上，在这个过程中，有漏识会被铲除或至少会中断。卜德用“翻转（turned over）”来加强补充“transformation”在这个语境中的含义。他解释：“此时，八识全部翻转或转变为……真智，而成为无染，亦即不掺杂任何杂染的种子。”（Fung 1983：338）卢陶斯也使用“翻转底盘（overturning the basis）”来解释转识成智的过程，他译为“觉知力（enlightened cognitive abilities）”。（Lusthaus 2002：511）

③ Wei 1973：767-769.

等性智是一种对每一事物（包括自、他）都平等对待的心境，对众生充满悲心；妙观察智是一种观察一切事物的个性和共性的心境，没有疑虑；成所作智是一种有意愿去帮助所有众生实现快乐与达成解脱的心境，有“成所作”之称，是因为所成就的是众生，而非小我。从这些描述，我们可以看出唯识宗理想的修学者完全是大乘的菩萨——对众生充满大悲，不为自己求安乐，但愿众生得离苦。要成为菩萨，第一步是要消除自他的分别，无私包容一切。第二步是要消除欣厌事物之间的分别，以致可以除去对人或事物的贪念。一旦心识完全无分别，它就会进入大智慧的心境，而终止妄识的变现。这就是唯识宗“转识成智”的含义。

能够转识成智是因为四智已作为“种子”含藏在众有情的识中。这些种子是“清净的”，区别于受过去熏习而含藏的杂染种子。但是同时，这些清净种子也需要适当地熏习以致现行成果。这就是为什么众善奉行，培养正见是很有必要的原因。[①]一个人一旦积累了充足的正念正行，他就可能开始转变的过程。转识成智是所有八识的四层转变。当第八识（藏识）终止了其他七识的杂染熏习，第八识就转入大圆镜智。当第七思量识变得清净，它被转变为平等性智。当第六识（五根所依）不再被染污，它被转变为妙观察智。当前五识不再被染污，它们就被转为成所作智。一旦所有识都转为智慧，它们就会处于“涅槃”

232

① 在玄奘《成唯识论》第九卷给出修行方法和成佛阶位的详细解释。其中，玄奘描述圣道的五个位次：（i）资粮位；（ii）加行位；（iii）见道位；（iv）修道位；（v）究竟位。见 Wei 1973：669—809（全部有漏识转为无漏识）。

境界，直到永远。[1]智慧带来八识的恒久绝灭，据唯识宗解释，这种境界是佛陀所说的真如（Tathata）[2]。当一个人到达这种境界，就已成“佛”（世尊）。由于有情众生本具四种出世智慧（清净种子），所以有情众生都可以成佛（都具成佛的潜能）。这种对有情众生平等之认可，又是大乘学派的一个特征。

正如世亲在《三十颂》中总结的：

> 若时于所缘，智都无所得，尔时住唯识，离二取相故。
>
> 无得不思议，是出世间智，舍二粗重故，便证得转依。
>
> 此即无漏界，不思议善常，安乐解脱身，大牟尼名法。[3]

世亲在此所描述的恒常法界永远宁静、喜乐、远离苦恼、解脱生死的轮回，就是究竟的涅槃。

总而言之，我们了解到唯识宗所认为的究竟实相，实际上就是永远断除对有漏识和虚幻的现象世界之执着。尽管唯识宗主张现象世界由识所变，而且把识视为现象世界的基础，但它

---

① Wei 1973：769。[字面意思是“直到永远”，即以无漏智慧永远断除有漏心识。——译注]

② 根据 Lusthaus 的解释，“真如”是指“彻见一切，包括名相，本来如是”。他说：“主张‘涅槃’是一个认知的对象是有问题的。佛教徒更普遍地，尤其是在大乘佛教中，用‘真如’来指觉知之对象。”（Lusthaus 2002：255）由此来看，“涅槃”是一个本体论的境界，而“真如”是一个知识论的境界。

③《唯识三十颂》中第二十八至三十颂（Chan 1963：394—395）。《成唯识论》，CBETA 电子版，No. 1585：66，68，75。

最终的目标是要将身心（现象世界和心识）俱泯。卢陶斯据此论证：基于这个原因，将唯识宗等同于任何形式的形而上学唯心论是错误的。卢陶斯说形而上学的唯心论“主张只有心是真实的，其他的任何事物都由心产生。”“然而，瑜伽行派在自己著作中的论证却很不同：识不是究竟实相或解脱之法，毋宁说识是问题的根源。这个问题出现于凡夫的意识活动，只有终止这些活动，问题才能解决。”[①]我们或许可以说，唯“识”的主旨当从两个层面理解：从世俗谛来看，万法依识而存在，唯识实有；然而，从真谛（真如 True Thusness）或究竟实相的角度来看，甚至识本身也不存在。在第一层面的世俗谛，唯识同于唯心论；在第二层面的真谛，唯识则实际上是在谴责唯心论。这二谛组成一门诡妙而复杂的哲学。

233

破斥诸法（外部世界）实有的论证[②]

梵语 dharmas 指各种事物，在这里是指宇宙中所有广泛的现象，包括所有物质和心灵的事物。陈荣捷的《中国哲学文献选编》将 dharmas 翻译为“元素（elements）”。我们在此将用 dharmas 来包括元素、现象、物体、事件等。唯识宗详细地阐述了佛陀所破斥的对恒久实体的执着——这种看法认定在我们

---

① Lusthaus 2002：533.

② 关于法执的讨论首先出现于世亲的《二十颂》注释（the Commentary of Twenty Stanzas），同样的讨论也记录在玄奘的《成唯识论》，此论是基于对《三十颂》的论述，但原本《三十颂》中并没有包含有关法执的讨论。

观察的诸法背后有个不可变的实体，而这种实体超越人类的感知能力，如康德所说的“物自体（thing-in-itself）”。

在《二十颂》中，世亲建立了七个论证来破斥基于极微（原子）的究竟实相或者论证外在世界为实有的本体论主张（问难）。[①]我们将列举如下：

A1 物质基础论

佛陀反对的一个主要的本体论观点是印度的物质基础论（也以顺世外道“the Carvaka”[②]知名），其观点是物质是宇宙的真相，所有物质是由不可再分的原子（极微）所构成。印度物质基础论者主张作为诸法基础的实体就是原子（极微）。印度物质基础论者得出原子（极微）概念的方式与古希腊德谟克利特（Democritus）得出原子概念的方式相似：事物不可能无限分割，所以一定有最终不可再分割的基本单位。所有物质的

---

① 这些主张都来自世亲同时期的思想学派。玄奘的大弟子窥基在他的述记中对每一个理论都加以识别。Hamilton（1938）在他的脚注中列出这些注释。本书对这些学派观点的解读主要是基于以下的印度哲学概论：Satischandra Chatterjee and Dhirendramohan Datta 1968；Nikunja Vihari Banerjee 1974；P. T. Raju 1971。

② 根据 Chatterjee 和 Datta，顺世外道（Carvaka）总体上代表物质基础论者，但这个词的原意已经失传。根据一种看法，Carvaka 原本是一位阐述物质基础论的圣者的名字。作为类名，Carvaka 源于这位圣者名字而指追随这位圣者教导的信徒，也就是物质基础论者。根据另一种看法，Carvaka 甚至原本是一个常见的用于描述唯物论者的名字，或者因为唯物论者讲授关于吃喝玩乐的教义（carv—吃，咀嚼），或者因为他的言语令人感觉愉悦美好（caru—美好，vak—言语）。（Chatterjee and Datta 1968：55—56）

最终的基本单位是“原子（atom）”——字意就是不可再分割。物质论者承认有四种原子（极微）：地、水、火、风。通过各种组合，原子（极微）组成宇宙中不同的事物和现象，甚至意识或者任何其他精神现象也是原子（极微）活动的结果。世界上没有其他非物质性的存在，所有的事物都可以被还原成物质。当众多元素组成一个特定事物，这个事物就产生了，当它们分散了，就导致这些个别事物的死亡或消失。事物与现象世界处于持续变化之中，而原子（极微）则永不变化。所以，宇宙的真相即是这些原子（极微）本身。

234

为破斥这个理论，唯识宗持有以下观点：

为证明：存在单一不可分极微的全部假设是不合理的。

1. 如果一个单一极微与其他极微一起组成物体，那么这一单一极微必须有表面积与其他极微接触。

2. 应有六个接触面：上、下、左、右、前、后。

3. 因此，每一个基本单位（极微）已是一个由六部分组成的单位。

4. 因此，不可能存在一个不可分的单位（没有部分组成）。

5. 所以，极微的概念是不可理解的。[①]

A2 多元论

另一个唯识宗反对的思想学派是胜论派（Vaisesika），它主

---

① 参照《唯识二十颂》中第十一颂及解义（Hamilton 1938：47）。

张世界是由极微的聚合而成。所有事物都仅仅是多个极微元素的合或集。胜论派经常被称为多元论派，因为胜论派相信许多不同实体的存在。同时，因为此派承认外在世界的实存，所以它也被称为多元实在论。

胜论派的多元形而上学主张在我们通过感官所观察到的诸多事物之特征属性的背后，有许多不同的实体。特征属性不能长久存在，它们完全依于实体而有。所谓的"实体"，具有两个定义式特质：它既是"各种特征属性的基础"，也是彼此可以"互相接触"的唯一实在体。①我们所看到的物体就是由各种实体所组成的。这些不同的实体分为九类：地、水、火、风、空、方、时、我、意。它们被称为基本元素，并且，除了"方"（不占空间）之外，都是由不可分割的极微组成。如同物质基础论者，胜论派也视极微为终极存在。但他们也主张极微没有方分（不占空间），因为如果有方分，就可以再度分割而不再是极微。

世亲对此理论的主要问难是这样的：没有方分（不占空间）的极微怎么可能组成物体呢？为了破斥此派的理论，世亲作了如下的论证： 235

为证明：物体仅仅是许多（不可分）极微的合集，这一理论不合理。

对于不可分的破斥：

---

① Raju 1971：144.

1. 如果极微不可分，它们就没有方分（不占空间）。

2. 如果单一极微没有方分（不占空间），那么许多极微在一起也没有方分（不占空间）。

3. 如果许多极微的聚合没有方分，那么所有这些极微将会占据同一空间。

4. 如果聚合的极微与单一的极微占据同一个空间，那么聚合的极微与单一的极微无别——这是很荒谬的结论。

5. 所以，物体仅是许多（不可分）极微合集的理论站不住脚。①

对于无形体的破斥：

1. 极微没有方分（不占空间），因此他们应近似虚无②，没有固态形体。

2. 没有固态形体的事物不能形成影子，也不会彼此障碍。

3. 凡是对物体的部分为真，也就应该对其整体为真；因此，当系统是由性质相同的部分组成时，整个系统就不能有新添加的特征属性。

4. 所以，极微的聚合也一定没有形体，不能形成影子，也不能造成障碍。

5. 如果极微聚合没有任何形体，那么所有极微将挤入一个极微，结果同样荒谬。③

---

① 参照《唯识二十颂》中第十一颂及解义（Hamilton 1938：47）。

② 此释依据玄奘的大弟子窥基的述记（Hamilton 1938：51, n. 85）。

③ 参照《唯识二十颂》中第十三颂及解义（Hamilton 1938：51—53）。

A3 一元论

佛学理论另一个主要对立者是一元论的吠檀多派（Vedanta School）。吠檀多哲学源于传统印度哲学婆罗门教（Brahmanism），在《吠陀》（*Vedas*）圣典中有所记载。吠檀多派的主要经典之一是著名的《奥义书》（*Upanisads*），为《吠陀》系圣典的一部分。[①]在《吠陀》经典中研究的一个基本问题是：什么是终极实相？婆罗门教普遍的回答是：终极实相是梵天。梵天（Brahman）这个词一向被用来指涉“至上精神”，而其字面含义则为“持续生长”或“不断扩大”。它可以相应于西方哲学中的“绝对（Absolute）”概念。[②]在婆罗门教中许多部派对梵天的本质及其与我（“atman”，意指精神、灵魂，或是自我）的关系产生争议。一些学派持有“梵天”与“我”是两个实体的观点，故称为二元论者；其他一些学派认为梵我绝对是一体（梵我一如），所以，世界完全是一体的，就是梵天本身。根据这些学派，我们所体验的现象世界是梵天的神力（Maya）所创造的幻象。要获得真理的智慧，我们必须超越现象世界的多元性而认识到根本存在是一。这种观点称为一元论。为破斥这一理论，世亲作了以下论证：

236

① 根据 Raju，“Vedanta 的字义是 Veda 的末尾，因为《奥义书》是《吠陀》的最后部分，因此《奥义书》也是指《吠陀》的最终教义。《吠陀》以不同的哲学教化不同智识水平的人，而 Vedanta 的对象是那些智识最成熟的人”（Raju 1971：49）。

② Raju 1971：49.

为证明：整个世界是一体的观点是站不住脚的。

1. 如果，根据这一理论（一元论），由感知对象所构成的整个外部世界是一，那么，在种种物体之间就不会有空间的区分和物体的区别。

2. 但是，如果整个世界是一体的，并且没有空间的区分，那么我们就不可能从一个地方前进到另一个地方：踏开一小步就可以到达每一个地方。这很荒谬。

3. 如果整个世界仅是一体并且没有物体的区别，那么一个单独的空间会同时容纳不同的物体，比如大象、马，并且彼此之间没有空隙（因为每一个事物一定充满整个所占空间）。这也很荒谬。

4. 所以，整个世界是一的理论不可能成立。①

破斥实我的论证②

虽然唯识宗认可识的存在，但此宗并不认为识是一个以物质形式存在的实体（subsisting entity）。他们认为，识是一系列活动着的意识流，它并不属于任何特定的我。坚持有个“我”作为所有这些心理活动之基础这一观点，是与佛陀“无我”的

---

① 参照《唯识二十颂》中第十四颂及解义（Hamilton 1938：55—57）。

② 对“我执”的讨论出现在玄奘的《成唯识论》中，但并不在世亲原本《三十颂》中。

基本教义相违的。唯识宗不仅否定我的实体（我的真实存在），而且否定我的恒久性。识的本质在于它是连续变化的：一旦心念或觉知产生，它立即被新的念头或觉知代替，正如前所释，在意识流中，前一念引生现一念，依次相应地现一念引生后一念。再者，由于因果的传递以及意识流的相续并不局限于一期生命，若坚持实有一个“我”，具备现有的人格特点、感受、思想、人际关系等，以其作为意识流的主体，这是很不合理的看法。因此，唯识宗主张识是存在的（自无始以来），但自我（self）或“我（I）”不存在。

卢陶斯用“他变（alterity）”这一术语解释意识流的永恒变化。他说：

> 一念因果的瞬间性同时保证了他变（becoming otherwise）的永恒性。在因果成立的每一瞬间，为使因之为因，果之为果，因一定不同于果。在刹那生灭的同时（依据佛学，生灭仅是一刹那），一个他变过程形成，而我执渐渐从中建立。[①]

换句话说，识的本质就是永恒的他变，从一念进入下一念，因此没有什么可以作为永恒的真我和持续的实体。凡夫对自我认定（self-identity）的执着是源于一个错误的假象以及一种空想抓住一个不存在事物的无用企图。正如卢陶斯所言：

---

① Lusthaus 2002：428.

> 为了要在源源不断的心念上安立一个稳定的自我或身份认定，人们往往会尝试去抓取执持那一刹那。但是，刹那本身仅仅是“他变过程”的一刹那，任何自我身份（identity）同时是他变的身份，从一个我不断不断地变成他者……事实上，佛学的他变概念要求“我”是一个完全不稳定而又多变的身份，以至于它永远不是一个自我。①

从这一解释中，我们可以了解为何唯识宗承认意和识，而反对我或者灵魂。

唯识对于实我的破斥，同样可以分为不同论证，针对不同的实我理论而一一破斥。这些其他外道学派（除了物质基础论否认灵魂的可能性之外）都承认一个有别于肉身的精神实体性存在。跟随印度婆罗门教的传统，他们通常称这个精神为“阿特曼（atman）”。他们认为阿特曼是永恒不变，坚不可摧的。238 但是，各学派对我（阿特曼）与肉身的关系解释不同。第一种观点认为阿特曼如虚空一样广阔；第二种观点认为阿特曼遍布于其所驻存的身体；第三种观点认为阿特曼如同原子（极微）一样细小。玄奘的《成唯识论》破斥这三种观点，认为它们是“与理性相矛盾的”。这三种观点可以B1、B2、B3展示如下。

B1：［一者执我至量同虚空］阿特曼（实我）是常存、周遍，广大如同虚空本身的。它可以运行身体，而且是快乐和痛苦的主体。

---

① Lusthaus 2002：428.

根据玄奘弟子窥基的注述，二元论的数论派（Samkhyas School）和多元论的胜论派（Vaisesika School）持此理论观点。为破斥这个理论，玄奘在《成唯识论》中进行以下论证。

破斥 B1 的观点：

1. 如果我常存周遍，广大如同虚空，那么所有不同的我将会挤入一个我中，因为它们都如虚空一样广大。

2. 所以，所有众生都共享一个我。

3. 但是如果所有众生共享一个我，那么当一个众生造作并感果的时候，或者当一个众生解脱的时候，所有众生都会如此。这是荒谬的讲法。

4. 所以“我是永恒的，周遍的，如虚空一般广大的”这一理论违背理性。[①]

B2：［二者执我至而量不定］阿特曼（实我）是永恒唯一的，它充满身体，与身体的范围一样大。

窥基将此理论归于外道的尼干子派（Nirgrantha School）和耆那教派（Jainism）。为破斥这个理论，玄奘在《成唯识论》中作了以下论证。

破斥 B2 的观点：

1. 如果我充满全身，随身大小，那么我将是可分割的。

2. 如果我可分割，那么它就不是一。

3. 所以，这个主张单一的实我充盈色身的理论是违背理性

---

① 参照窥基《成唯识述记》，CBETA 电子版，No. 1830：22—23。原文见《成唯识论》，CBETA 电子版，No. 1585：2。英译本 Chan 1963：375；Wei 1973：15—17。

的。[①]

B3：［三者执我至如一极微］阿特曼（实我）是常存且唯一的，但是它极小如同原子（极微），在身体内运行而产生出各种行为。

239 窥基将这一理论归于外道的兽主派（Pasupata School，此派崇尚兽神［Animal-Lord］）以及外道的遍出派（Recluses，此派“出离诸俗世间，即是出家外道之类”）。为破斥此理论，玄奘在《成唯识论》作了以下论证。

破斥 B3 的观点：

1. 如果实我（atman）之体有如原子（极微）之至细，那么实我会太小以致不能引起整个身体运动。

2. 如果要用实我的运作来解释身体的活动，那么实我必须自己在身体的各个部分来回运动。

3. 如果实我会来回运动，那么实我就非恒非一。因为永恒体一的事物是不能经历运动和变化的。

4. 因此，这个理论无法建立一个具有一致性的“实我”观点。[②]

《成唯识论》更深入地破斥了不同佛学学派提出的关于“我”的本质的三个观点。这些学派的理论是基于他们对佛陀教义

---

① 参照窥基《成唯识述记》，CBETA 电子版，No. 1830：23。原文见《成唯识论》，CBETA 电子版，No. 1585：2。英译本 Chan 1963：375；Wei 1973：15—17。

② 参照窥基《成唯识述记》，CBETA 电子版，No. 1830：23。原文见《成唯识论》，CBETA 电子版，No. 1585：2。英译本 Chan 1963：376；Wei 1973：17。

“五蕴（five aggregates）”的不同解读。佛陀否定任何永恒持续“我”的存在；取而代之的是佛陀将凡夫所认定的自我分析为仅仅是五种功能的集合：色蕴（身体器官）、受蕴、想蕴、行蕴和识蕴，是为五蕴。不同佛学学派在“我”及五蕴关系的分析方面有所不同。其中一个学派认为“我”等同于五蕴（五蕴为我），窥基将此观点归于瑜伽行派（Yogacara School）。[①]瑜伽行派的教义可以扼要表明如下：

B4：[一者即蕴] 实我等同构成个人的五蕴（色、受、想、行、识）。

为破斥此理论，玄奘在《成唯识论》中作了如下论证。

破斥 B4 的观点：

1. 这个学说主张五蕴为实我，其中五蕴包括五根的感官知觉和其他心理活动，如思想和意识等。

2.但是五根是身体的组成部分，因此属于有滞碍的物质性。

3. 属于有滞碍物质性的事物不是永恒的。

4. 并且，心理活动一直在递换中。

5. 一直在递换的事物也不是永恒的。

6. 所以，以“我”为五蕴而可以永恒的理论是站不住脚的。[②]

---

① 关于此理论还有另外两种不同说法：一种主张我离于五蕴（“离蕴”），另一种主张我既不同于五蕴又不离于五蕴（“与蕴非即非离”）。因为这两个观点并没有赋予“我”新的内含，而玄奘的破斥仅是表明它们理论的不一致性，所以本书在此略去他对这两个观点的讨论（详情见《成唯识论》CBETA 电子版，No. 1585：2）。

② 参照《成唯识论》，CBETA 电子版，No. 1585：2。英译本 Chan 1963：376；Wei 1973：17—19。

240 通过这个破斥论证，我们可以看到唯识宗与其哲学源头的瑜伽行派是怎样的不同。唯识宗主张唯“识”，因此五蕴中的其他四蕴实际上都是识的变现。在这四蕴中，身体和五根是物质性的（色法），而唯识宗否定物质世界的存在。所以，此宗并不认为身体和五根是真实存在的。再者，唯识宗破斥“我”的观念及任何对“永恒我”之观念的执着。对于唯识宗来说，没有任何东西是永恒不变的，甚至识本身也不是永恒的，在恒常变化的意识流中并没有永恒的实体。任何对法界或对“我”的执着，都与佛陀的真实教义相违。[①]

建立唯识观点的论证[②]

在玄奘的《成唯识论》中，问难者说：“由何教理唯识义成。岂不已说。虽说未了。非破他义，已义便成。应更确陈成此教理。”[③]也就是说，破斥他派并不足以建立唯识的精义。为了对此进行回答，玄奘以唯识为主题加以论证。玄奘的论证是以世亲的原论为基础。在《二十颂》和《三十颂》中，世亲回

① 不同的佛学宗派在诠释佛陀教义时往往各异，并且有各自所依的经典，似乎佛陀并没有一致的教言。根据唯识宗的解释，一些教义适合小智之人或初学者。此宗声称只有唯识是佛陀的真正教化目的（密意）。正如我们在下面两章将看到的，天台宗和华严宗也将佛陀的教义分析为不同的阶段或层次。

② 此论证出自玄奘的《成唯识论》第五卷第二章《以教理成立唯识义》（韦达分的章节）。参照 Wei 1973：507—525。

③《成唯识论》CBETA 电子版，No. 1585：52。英译本 Wei 1973：507。

答了反对唯识教义的其他问难，这些回答可视为对此宗的进一步辩护。关于玄奘对世亲论证的解读，我们将关注其中两个论证：第一个是关于外部世界（器世间）的本性；第二个是关于他心（other minds）知识的可能性。通过这两个论证，我们可以更进一步理解唯识宗的理论。

四事不成难（关于外部世界四个特征的问题）[1]

对于任何一个常识实在论者来说，关于唯识宗教义的一个主要困惑会是：如果整个世界由识所生，那么为什么它不能完全依照我的意想呈现？为什么在我不想它的时候它不消失呢？基于这个疑问，质难者提出四个问题："若有心无境，则四事皆不成。"首先，如果一切唯识所现，存在于吾心，那么我为什么必须要旅行到一个特定地点才能看到当地的特定事物？第二，如果每件事都由我的识决定，那么为什么它只能发生在特定的时间，而不是由我的意愿来决定它出现在其他时间？第三，如果有眼疾的人可以看见他们视野内的细线或小飞虫，[2]那么为什么这些细线或小飞虫不能被其他人看见？为什么单一意识不能决定外部世界？最后，如果一切唯识所变，那么事物怎么可能有任何真实的作用呢？（例如，食物可以充饥，饮料可以止渴，刀可以致伤，衣服可以保暖，药可以疗病，毒可以致死，等等。）再者，既然所有的事情和行为仅仅是由某人的心识所

241

① 这一问难在《唯识二十颂》颂文一至二及论中解答。见《唯识二十论》CBETA 电子版，No. 1590：1。

② 此处所描述的是我们称谓的"飞蚊症"，指人们在视野中看见飘浮的黑色细线，这可能是由于许多细小的神经细胞在视网膜上投影导致。

变现，那么我们怎么还能让任何人对他或她的行为负责呢？世亲列出这些破斥，指出问难者的质疑，在唯识的理论下，世界的四种特质不能成立，此即“四事不成难”。世界这四种特质包括：

1. 处决定：空间的决定性。

2. 时决定：时间的决定性。

3. 相续不决定：外境的内容是由轮回的众生共同决定，而不是由一识决定。

4. 作用：事物拥有真实的作用。

我们可以整理世亲对以上（外道）质难者观点的破斥为如下的论证：

1. 有辩论说，世界不可能仅依识而存在，因为世界拥有四个特点：处决定、时决定、相续不决定，及有真实作用。

2. 但是在我们梦中的影像也可有前两个（处决定、时决定）和最后一个特点（有真实作用）。比如说，在梦中我们看到的物体也有固定的处所、时间，有时它们也有真实作用，例如，人在梦中也有遗精现象。

3. 再者，在生命轮回中，不同有情由于过去共业所感而可以共同看见同一法界，尽管这个法界并非实有，而为幻想。[①]

4. 梦中及幻想中的事物皆非离识而存在。

---

① 这是对原本的扩译。见《唯识二十论》CBETA 电子版，No. 1590：1。原本中使用饿鬼和脓河作为说明。要理解此理，读者必须知道在佛学中关于不同有情轮回转世的全部情节以及关于地狱众生的讨论。

5. 所以，仅仅因为外在事物拥有以上四个特点就认为它们能离识而存在是不正确的。

唯识宗通常用梦来比喻生命。当我们做梦时，我们不可能知道我们在做梦，唯有当我们醒来之后才知道之前的经历是一场梦。同理可证，当我们正在体会生活中某些经历，我们不会知道这些经历并非真实的。只有在我们获得觉悟之后，我们才能真正理解整个外在世界如何仅仅是识的显现，是由识建立的。我们梦中的“物体”取决于我们的想象；外在世界的“物体”依于我们的意识，二者都不是真实独立存在的。虽然如此，依玄奘的观点，二者还是有所不同。他说：“应知诸法有空、不空。”[①]也就是说，诸种依识而生的现象仍有不同的真实性：梦中的物体既不真实、又为空（非真而空）；缘起事物的本质则既非真、又非空（非真非空）。这一论述再次确定了唯识宗在诸法“有或无”的辩论上的“中道”地位。

242

在前面问难者的反对观点中的另一个挑战是：梦境、幻觉和想象都是对于特定个体而言，但是外在世界则不依于任何特定个体而存在。有眼疾的人可能在他们的视野中看见细线和小虫，但其他人却看不见，可见世界不依于个人想象而存在。世亲对此的破斥表明：世界是缘起的，不依于个体的识，而依所有有情众生的共识。同趣（相同法界）的众生的藏识一定以相同的方式被熏习，因此他们的识共同变现一个大体上一致、普

---

①《成唯识论》，CBETA 电子版，No. 1585：53。英译本 Chan 1963：389。

遍的世界。[1]在一个共业所感的世界，个体完全不能任凭意愿或是由于错觉而改变世界的面貌。所以，问难者提出的这些反对观点并没有打倒唯识的观点。从这一破斥，我们还可以看到唯识宗的主旨是不同于唯我论的。

有关知他心的问难[2]

唯识宗否定外部物质（器世间）的存在，但不否定他心的存在，因为他心也是识。再者，此宗也承认自识能了知他识（他心智）的可能性。因此，问难者提出一个质疑：如果只有内识，没有外部世界，那么怎么会有他心识的存在呢？另一方面，如果其他有情心识确实存在，那么他们存在于我 243 们自己心识之外，有别于我们自己的客体（根身）范围，因此应是外部世界的一部分，那么唯识宗怎么能否定外在世界的存在呢？[3]

为了反驳这一系列推理，玄奘指出其他心识与其他物质存在之间的不同。这里的“其他”是指离“我”之外的一切（此

---

① 正如陈荣捷所解释的：“此宗认为心念恒常相续的规律是心法的特点，这可以用因果来解释。在互为因果中，某些种子不断地熏习，所以有相似种子的人们会以同样的方式受熏习。”（Chan 1963：390）

② 这一问难世亲在《唯识二十颂》颂文十九至二十及论中介绍，但世亲的破斥并不令人满意。玄奘在他的《成唯识论》中加以深入申论，下面这个讨论是基于玄奘对第十七颂的论述。见《成唯识论》，CBETA 电子版，No. 1585：52—53。英译本 Chan 1963：391—392。

③ 原问难是：“外色实无，可非内识境，他心实有，宁非自所缘，谁说他心非自识境。”（Chan 1963：391）《成唯识论》，CBETA 电子版，No. 1585：53。

"我"为想象假立的）；据此用法，所谓的他心，是指个体我不视为自己心识的其他心识。但是，在这里"外部"的含义扩展了，它指涉"外在于识"——外在于任何心识。在这个意义上，"识外无物"是指没有任何东西是外在于"所有的识"。也就是说，其他心识是存在的，但是它们共属于识世界之内，并不构成一个外部世界。所以说，其他心识的存在可以看作是识的其他形式，而它们的存在并不会否定唯识及其识外无物的观点。唯识宗认可众多心识，把它们归属于"他心"，但不认为他心可以构成一个离于所有心识活动的世界。

为建立不只有一识的观点，玄奘在《成唯识论》中作了如下论述：

> 若唯一识，宁有十方凡圣尊卑因果等别？谁为谁说？何法何求？故唯识言，有深意趣。……识自相故，识相应故，二所变故（识所变现），三分位故，四实性故，如是诸法，皆不离识，总立"识"名。"唯"言，但遮愚夫所执定离诸识实有色等。①

此处玄奘似乎承认人与人及其相应世界之间的差异性。既然每一个世界皆为某个识所产生，不同的识因此变现产生多样的世界。唯识宗主张不同的识实际上可以觉知或者甚至创造不同的现象界（物质世界）。举个例子，凡夫看到的是河水，饿

---

①《成唯识论》，CBETA 电子版，No. 1585：53。英译本 Chan 1963：392。

鬼却看到的是充满脓血的河流。因此世界的本质是由有情共识所决定的。因为不同有情的识可以觉知并建立不同的现象世界，我们必须承认不同情识的存在。所以，其他有情的心识以及我自己的心识都是存在的。正如玄奘所强调的，唯识里的“唯”并不是“唯我的”，用“唯”这个字仅是要遣除凡人对离识之外真存世界的妄执。

244

当然，对他心的问难并不容易解决。尽管唯识宗在其多识共存的教义上没有矛盾，但他们仍需要解决不同有情心识之间如何能够相互影响的问题。换句话说，即使有关其他心识的本体问题解决了，有关其他有情心识之知识论的问难仍需要破斥。每一个有情的心识都会经历其内部的三种转化的循环，从第八识（藏识）到第七识（我执），再到感知外物的六识，并回到藏识。那么它如何能走出内部循环而感知他心呢？我们可以通过藏识变现这个理论来解释心识的“感知他物”，因为这些物体仅仅是个体识变现的结果。但是，对他心的认知则不能如此解释，因为它们不是仅为个体识变现的结果。再者，其他有情心识所变现的现象世界也非我所能得，因为它们不是我心识的组成部分（也就是说，它们不属于我的心识）。因此，这个现象“我”仅存在于个人心识所变现（创造）的世界中，而与其他有情心识或其他现象世界并没有直接的联系。在这种情况下，唯识宗的主体间共通性的唯心论（intersubjective idealism）就似乎沦落为唯我论（solipsism）了。

玄奘在尝试破斥这一问难时使用镜喻。《成唯识论》云：

谓识生时，无实作用……但如镜等，似外境现，名了他心，非亲能了，亲所了者，谓自所变。[①]

如果我们运用这个模拟，那么我们可以说由识所变现的现象世界如同镜中影像；不同有情心识彼此相互影响，正如不同镜子可以映像彼此的影像。此镜喻可以指明唯识宗“无有实义”的观点，一切皆是影像而已。但是这一模拟在许多方面并不圆满：首先，镜子不能自生影像；镜子只是反映外部事物。所以，用镜来比喻识并不恰当。第二，在许多镜子彼此相互反射影像时，它们不可能避免复制本身已经在其他镜中反射的影像。所以，这个模拟无法与“不同有情感知的不同现象世界可以共存”的观点相联系。最后，镜子总是被动接收，从不主动观察。它不可能以认知的方式与其他任何一镜互动。所以，用镜喻来诠释了知他心，其实是否定这种知识的可能性。这样下来，玄奘对解释了知他心之可能性的尝试，最终成为一种承认他心知为不可能的“让步”。

世亲的《二十颂》以讨论了知他心的可能性作结尾。世亲如此回答：他心智如同自心智——有情对此二者皆不具有。当质疑者问到为何有情既不能了知自心，又不能了知他心时，世亲回答：“由无知故，二智于境，各由无知所覆蔽故；不知如佛净智所性不可言境。”[②]世亲在此的主张是众生有情都不能了知他心，因此，当佛陀谈及他心智时，仅仅是对无明的人（他

①《成唯识论》，CBETA 电子版，No. 1585：53。英译本 Chan 1963：391。

②《唯识二十论》，CBETA 电子版，No. 1590：5。英译本 Hamilton 1938：77。

们错误地相信他心存在）说法。但是若是如此，那么世亲就是承认由于唯识宗不能破斥有关他心的知识论问难，所以被迫否认他心的本体论地位。这种让步可能表明，对于唯识宗而言，他心难依然是个没有被破斥的难题。

结语

在本章我们可以看出，唯识宗的思维模式对当时中国哲学发展而言有多么新颖。唯识宗运用了许多论证，密切关注逻辑演绎推理的形式，这是古代中国哲学家陈述思想时很少采用的方式。唯识宗探讨的许多问题，例如实体的存在以及实体与现象世界之间的关系，在唯识之前还不是中国哲学的主要中心问题。唯识宗教义也包括相信生命的本质是苦的，这是印度文化中根深蒂固的信仰，而不是中国文化的传统。它以印度传统中的“彼岸”关怀为基础，并教导众生泯除人的情感、欲望、家庭关系以及人情束缚，而其最终目标是到达涅槃。唯识宗将此理解为到达一个脱离于人类世界的法界。相对而言，中国哲学基于人文主义——以人的世界为主题。整个唯识宗的要义与中国人基本的现世关怀互相矛盾，以致其在中国社会并没有产生持久影响。因此之故，大约在 8 世纪中，唯识宗就在中国衰落，而其他与中国思想方式更能兼容并立的教派则取而代之。

246

延伸讨论问题

1. 如果我们没有任何形式的感官觉知而言，和身体感受——无色、声、香、味、冷、热、饥、饱，对我们而言，这个世界仍然存在吗？如果所有的有情众生都没有“感觉”（亦即非“有情”），世界还会存在吗？

2. 如果我们的孕育成长仅是通过集体心识或是集体身份，以致我们只能以“我们”来思考，我们还会有“自我”的观念吗？我们自我意识的基础是什么？

3. 你同意佛陀“我执是苦的根源”的言教吗？你认为如果我们能消除对外在事物的欲望和执着，我们就会达到心灵真正的宁静吗？

4. 唯识宗说“无我”“无法”的真正含义是什么？

第十章

华严宗

概论

248 华严宗取名于《华严经》，英译为“The Flower Ornament Scripture”，或又译为“The Flowery Splendor Scripture”。①这部广博的佛学经典以非常华丽的语言来描述所证得的各种阶位；它的繁复内容包括对正确世界观之阐述以及对正确的伦理行为之界定。本经可能不是由单独一人创作，而是一部由大约在公元 1 至 2 世纪之间在印度及其周边地区流通的各种经典编撰而成的著作。②据我们所知，没有印度佛学的哪个宗派曾依此经典立宗。

华严宗和与其同时期的天台宗一样，都毋庸置疑是纯粹属于中国佛学的一个宗派。陈荣捷说华严宗“体现了中国佛学思想的

① 本经从梵文 Avatamsaka 译成英文有不同名称，克里利（Thomas Cleary 1993）译成“The Flower Ornament Scripture”；陈荣捷（1963）译为“The Flowery Splendor Scripture”。

② Chan 1963：406。［根据桑大鹏的《三种华严及其经典阐释研究》：“佛教传说，三藏中的经藏含大、小乘经和律藏即于此时集结……按理，《华严经》即在其内。”——译注］

最高发展”。华严宗的创始人是中国僧人杜顺（557—640）。虽然华严宗的主要经典是来自国外，杜顺提出了新的术语来代替一些印度佛学的核心观念，从而创立了华严宗。他提出用“理”这一术语来代表终极实在的“一真法界”。[①]“理”这一概念后来成为中国哲学里最重要的概念之一。杜顺用“事”（事物或事件）来取代传统佛典里的“相（form）”。[②]这一替换显示出他对现象世界万事万物的强烈关怀。华严初祖用这种巧妙手段来避免承袭《华严经》中对现象世界的否认。杜顺又提出“理事无碍”的理论，这个独创性的理念被后代的华严宗祖师们继承发展。

华严宗二祖智俨（602—668），师从杜顺，然而，一般公认华严宗真正的理论创始人是三祖法藏（643—712），因为法藏建立了华严宗的系统化学说。法藏通过建立“事”之不同存在类别和“理”之不同自性存在的教义，系统地阐明华严哲学。他把法界分成“理法界”和“事法界”，并且强调这两种法界“互为一体”和“等无差别”。他的“十玄门（Ten Mysterious Gates）”理论对终极实在给出详细的阐释。[③]法藏的理念之后由

249

---

① 根据张澄基（Garma C. C. Chang）的解释，“理”这个字在不同语境中可以有“原则、普遍真理、理性、抽象、法令、物自体、判断、知识等蕴意”（Chang 1971：142）。

② 张澄基解释“事”这个字在不同语境中可以指“事物、事件、个殊、具体、现象、物质，等等”（Chang 1971：142）。

③ 十玄门描述存在的十个基本特性，包括同时具足相应门，诸藏纯杂具德门，一多相容不同门，诸法相即自在门，等等。本章会在介绍法藏的形上理论时阐述这个理论。对十玄门名称细节的理解，读者可以参照法藏的《金狮子章》（Chan 1963：411—413）以及冯友兰的《中国哲学史》（Fung 1983：341）。

四祖澄观（738—839？）传承。澄观遵循着法藏的法门，提出著名的“四法界说”：事法界（the Realm of Things）[①]，理法界（the Realm of Principle），理事无碍法界（the Realm of the Non-interference between Principle and Things），以及事事无碍法界（the Realm of the Non-interference of All Things）。这四法界理论最终成为华严宗根本的理论。

关于华严宗论原始著作的英译本，目前有克里利 翻译的整部《华严经》（*The Flower Ornament Scripture*）[②]，以及他翻译的四位祖师的不同著作。本章以克里利翻译的《华严经》为主要诠释根据，并且参考杜顺的《华严五教止观》（*Cessation and Contemplation in the Five Teachings*），澄观对杜顺《华严法界观门》（*Contemplation of the Realm of Reality*）注疏的《华严法界玄镜》（*Mirror of the Mysteries of the Universe of the Hua-yan*），智俨的《十玄门》（*Ten Mysterious Gates*），法藏的《修华严奥旨妄尽还源观》（*The Ending of Delusion and Return to the Source*）[③]，法藏的《金狮子章》（*A Treatise on the Gold Lion*），以及法藏对

---

① 陈荣捷（1963）翻译为“the realm of facts”，克里利（Thomas Clearly）翻译为“the realm of phenomena”，但是我认为在卜德对冯友兰中国哲学史的翻译中，“the realm of things”最为贴切，因为它保留了中文的原意。

② 中文的《华严经》有不同版本，卷数不等。最主要的三种版本是 420AD 的 60 卷，699AD 的 80 卷，以及 798AD 的 40 卷。克里利（1993）英译的是最长的版本，有 80 卷，又称为“八十华严”，分为 39 章。是一位僧人 Shikshananda（652—710）所辑。所以有些引文在克里利的英译本有，在其他较短的中文版则找不到。

③ 以上作品均选录于 Cleary 1983。

《华严经》的注疏。①

从某种意义上说，我们来“分析”华严宗的哲学其实是一种自相抵触。从根本上看华严哲学是“反分析”和“反哲学”的。就其修行宗旨和宗教解脱而言，华严宗所提倡的是超越任何一种教义，并且甚至超越人类语言和概念的“顿悟”。《华严经》有云：“世间所言论，一切是分别，未曾有一法，得入于法性。”②法藏也评论说：“迥超言虑之端。透出筌罤之表。”③意思是说究竟教义超越了语言与思想的界限。它可以穿透语言与观念的陷阱。然而，既然本章的目的是要介绍华严宗的“哲学”，而非其宗教修行形式，我们只能尽量用语言来分析它的教义。

我们会将焦点首先放在华严宗的世界观上。本章分为三节：第一节着眼于华严宗对世界和事物本性的解释。第二节转移到华严宗对于我们如何获得世间知识的分析。我们会特别探讨用语言与概念描述真如的根本困境。本章最后一节讨论华严宗对道德主体的分判，并分析它的基本道德、宗教教义。我们会发现，尽管华严宗是依据《华严经》立派，有些原始佛典的主题并没有被后来的华严祖师们所继承，而有些由祖师们发展的主题则原先不见于《华严经》文本之中。④在我们的分析里，我们

250

① 选录于 Chan 1963：409—414。

②《华严经》菩萨问明品第十，英译参考 Cleary 1993：300，之后批注同此类页码揭示，皆出自 Cleary 1993。

③ 法藏：《修华严奥旨妄尽还源观》，CBETA 电子版，No. 1876：3。Cleary 1983：157。

④ 最明显的一个差别就在于华严宗的形上观。《八十华严经》的内容接近主观唯心主义，而一些中国的华严祖师则采取实在论立场。所以学者对华严宗的形上观会呈现完全相反的诠释。见下节分析。

会尽量把不同观点的作者标注清楚。不过终极来说，华严宗应该被视为一个连贯性理论，是由所有作者共同努力建立的学说。

华严形而上学

华严宗的形而上学理论最引人入胜，它直接反对唯物主义或者物理主义——也就是我们时下盛行的世界观。对《华严经》形上学最确切的描述是一种主观唯心主义，其观点将物质世界看作是不真实的，因为物质世界的存在只不过是个体心灵的投射。在前一章中，我们看到唯识宗持有客观唯心主义形式。华严形而上学的观点不同于唯识宗：它不仅否认我们当下世界的真实性，也否认共业所感的世界的真实性。在这一章节，我们会分析五个主要组成华严形上观的议题。

世间为心所造

《华严经》否认现象世界是真实存在的。现象世界指的是我们人类当下经验的世界。在《华严经》中，这个世界被比作梦、幻、虚影、回响、魔法师的幻术，或是镜子里的影像。[①]我们周围能察觉的每件事就像一个影像或是幻觉。作为镜子之映影，客体“无方所”而且“无体性”。[②]作为幻觉，客体没有真正的开始或结束，也没有确切的始点或终点。华严经文总结

①《华严经》十忍品第二十九，英译本 Cleary 1993：880—886。
②《华严经》如来现相品第二，英译本 Cleary 1993：175。

说，所有的事物都“无等无生无有相”[①]。

另外一种对事物不真实的讲法，就是说它们是“空”的。所有佛学宗派的一个共同教义就是世俗世界的“空”，但不同的宗派对该术语给出了不同的解释。我们可以把“空”的内涵概述如下：

251

“空性 1”：没有固有和独立存在的自性。

“空性 2”：不真实的；虚幻的；不存在的。

“空性 3”：任何现象的特征和知觉的特性都不存在。

“空性 4”：空虚；虚无；空无。[②]

从天台宗观点看来，现象界的客体在“空性 1”的层面上是空的，但在“空性 2”的层面上不是空的。从华严宗观点看来，则不论是从“空性 1”还是“空性 2”的角度来说，整个现象界都是空的。在《华严经》中，我们看到经文对“空”字的使用是一贯结合“无”字，代表“没有真实的存在”。如经所云，“法性本空寂……诸法无真实”[③]。华严宗师之所以是用

---

①《华严经》华藏世界品第五，英译本 Cleary 1993：248。

②“空”概念还有另一个意涵是佛教各派所否认的，亦即毁灭与终止的意思。在“空虚”与“毁灭”或是在“虚无”与“终止”之间的不同点是前者所描绘的是一种常态，而后者所描述的是一种对先前存在状态的否定与结束。如张澄基解释：“平常对死亡的理解就是毁灭与终止概念的最好例子：生命短暂存在，而后由于外因或是自然过程而毁灭终止，转成为无。”（Chang 1971：63）在佛家看来，现象界本身已经是本性空无的，而本体界更是永恒空无，所以他们的空概念不能理解为这种短暂性存在的毁灭。

③《华严经》须弥顶上偈赞品第十四，英译本 Cleary 1993：375。

"空性2"来理解"空性"，是因为他们作了如下的定义：

1. 诸法皆空＝诸法因缘生（事物存在依于其他因缘而起）。

2. 诸法因缘生（事物存在依于其他因缘而起）＝没有固有的自性。

3. 没有固有的自性＝不存在。

4. 不存在＝不真实[①]。

但是天台宗认为3不正确。天台宗不定义"存在"为"自足的存在"或者"永久的存在"。因此，两宗可以同样认可"空"的定义和事物自性的观点，但对事物真实性仍持不同意见。

当"空"被用作根本实相（本体——在实在的经验世界之外）的同义字时，它也有了不同的内涵。天台宗把"空性3"归诸本体，因为本体超越我们的知觉与概念体系。但是天台否认本体本身是空虚的、是没有任何内涵的。相对来说，华严宗

252 则似乎把"空性3"和"空性4"都归给实相，如经云："三界一切空。"[②]它也时常用虚空来暗喻本体。如果现象是在虚空中的物，那么本体就是虚空本身，因此这个本体的概念就似乎意味着空虚和寂灭。

经云：

> 众生及国土，三世所有法，如果悉无余，一切皆如幻。幻作男女形，及象马牛羊，屋宅池类，园林华果等。

---

① 参照澄观《华严法界玄镜》，英译本 Cleary 1983：105。

②《华严经》须弥顶上偈赞品第十四，英译本 Cleary 1993：382。

幻物无知觉，亦无有住处，毕竟寂灭相，但随分别现。[①]

根据此经文，世间现象皆心之幻化。如果世间现象好比是魔幻师的戏法或者画师的画作，那么魔幻师或者画师就好比是心。“心如工画师，能画诸世间，五蕴皆从生，无法而不造。”[②]据此来看，《华严经》以世界依心存现。这种形而上学观点显然是唯心论。

华严祖师们对经的论注也都有强烈的唯心观色彩，譬如二祖智俨云：

心外无别境，故言唯心。若顺转，即名涅槃。故经云：“心造诸如来。”若逆转，即是生死。故云：“三界虚妄，唯一心作。”[③]

三祖法藏亦云：

谓三界所有法唯是一心造，心外更无一法可得……谓一切分别但由自心，曾无心外境，能与心为缘。[④]

法藏进一步否认感知有外境作客观根据，并称“以尘无有

---

①《华严经》十忍品第二十九，英译本 Cleary 1993：880。

②《华严经》夜摩宫中偈赞品第二十，英译本 Cleary 1993：452。

③ 法藏：《华严一乘十玄门》，英译本 Cleary 1983：145。

④ 法藏：《修华严奥旨妄尽还源观》，CBETA 电子版 No. 1876：5。英译本 Cleary 1983：165。

故。本识即不生”[①]，相分乃是随见分之作用所显现者，故色摄于见分之心中，无心则不生。换句话说，是心的分别能力创造了世间万物。真如本身本没有区分诸多不同的行相境界；我们所感知的万物万色皆为心所妄造。

253

华严把现象世界（器世界）看作是心所妄造，并不是说认为心真的能“创造”一个真实的世界。如经所云：“诸法无来处，亦无能作者。”[②]也说：“心法犹如幻，世间亦如是，世间非自作，亦复非他作。”[③]世界有如魔幻师的戏法或妄心之为影，意象中的物体突然显现在眼前，然而吾人不能认定臆想的事物在真正的时间中存在。因为事物从来没有“生成”过，故此吾人也不能说它在任何时候“不复存在”。

因此，我们或许可以说华严宗是以反实在论的立场来看待这个世俗世界的。但是许多研究华严的学者似乎忽略了华严宗这种主观唯心论和反实在论的特点。[④]冯友兰和陈荣捷把华严哲学当成客观唯心论的例证。然而从上述引用《华严经》阐述的理论解说中，我们应当看到华严哲学显然是主观形式的唯心论。冯友兰认为华严的唯心论“更接近实在论，而非一种纯粹的主观唯心主义”[⑤]。弗朗西斯·库克（Francis Cook）也认为

① 法藏：《修华严奥旨妄尽还源观》，CBETA 电子版 No. 1876：5。英译本 Cleary 1983：165。

② 《华严经》夜摩宫中偈赞品第二十，英译本 Cleary 1993：445。

③ 同上书，英译本页 449。

④ 当然也有少数学者指出华严宗这种唯心论的色彩。请参照 Chang 1971 以及 Whalen Lai 1986。

⑤ Fung 1983：359.

法藏“承续中国实在论传统，是个实在论者”[1]。他们心目中所谓的实在论是一种常识实在论——相信我们生活的日常世界是真实的。库克为华严的实在论倾向辩护说：“空观教义不能理解成对纯意象所造物质世界的单纯否定。它实际上承认自然世界的存在，但否认它有持续和独自的存在性。事实上，它以否定‘存有（being）’来肯定常恒的、永远在完成过程中的‘生化（becoming）’。”[2]根据这种诠释，我们生活于其中的日常世界是一个不停地演进和变化的有机体，华严所否定的仅仅是独立个体的自我存续，而不是整个有机体。那么我们是否能够接受这个诠释，而把法藏大师看作是对华严宗作出革命的创新，转化华严唯心论的精神成为实在论的立场？以下我们来专门研究一下法藏的观点。

法藏这样解释《华严经》里的梦幻喻：

> 谓尘相生起迷心为有。观察即虚。犹如幻人。亦如夜梦。觉已皆无。[3]

如果我们所经历的一切就像是一场梦，而有一天当我们从梦中醒来便会责其“不真实”，那么我们目前生活的世界当然是不真实的。 254

---

① Cook 1979：380.

② 同上书，页 369。

③ 法藏：《华严经义海百门》，英译本 Fung 1983：356。另有一段意思相近的引文：“由梦者见有，有非是有，以梦者及所见，俱无所有故。”《华严经探玄记》第十五卷，亦为法藏所著。

法藏用“事法界”这个词语来指涉我们的经验世界。这个世界以“理法界”作为其本体存有依据。既然理法界是真实的，从这种意义上我们或许也可以说现象世界“存在”。然而，最终法藏还是否认了经验世界的实在性。他说：“各无自性，由心回转；说理说事，有成有立。”[①]因此，尽管法藏把法界分为“理法界”和“事法界”，但根据他的观点，二者都是心的产物。法藏也把世间万物（诸法）视为“心法”并且引用经文说，“诸法从缘起。无缘即不起。沉沦因缘。皆非外有。终无心外法。”[②]他以极微小的事物（微尘）和极大的事物（须弥）为例，说：“如尘圆相是小，须弥高广为大。然此尘与彼山，大小相容。随心回转，而不生灭。”[③]世界万物无论小大长短，一旦出现在我们眼前，然后又在我们眼前消失，就像魔幻师造出的幻影，既不可说生也不可说灭。同样地，运动也只是一种表象；世上无真正的动象。我们可以想象动画片里的动象：即使我们看到活生生的动作，实际上那只不过是一系列相继不断的静态图片而已。心如画家，刻刻更新心念，由此呈现出每每更新的世界图像。没有任何外在的事物真正具有时间上的长久性，可以从此一时刻延续到下一时刻。[④]

---

① 法藏：《金狮子章》，英译本 Chan 1963：413。

② 法藏：《华严经义海百门》，CBETA 电子版 No. 1875：1。英译本 Chan 1963：414。

③ 同上书，页 6。英译本页 421。

④ 张澄基把这个理论称为佛学里的极端短暂论（momentarilism），与恒久论（eternalism）相对立。（Chang 1971：73）

法藏进一步地否认所有感知特征的实性，他称之为“相”，他说：

> 如一小尘圆小之相。是自心变起，假立无实。今取不得，则知尘相虚无，从心所生，了无自性。[①]

如果我们不能信任感官知觉能给予我们万物本性的真相，那么我们所归纳的所有万物特征都不是它们的自有属性。我们所熟悉的世界，包括天、地、花、草、人、物，等等，都只不过是唯心所造而已。从这个意义上说，“无心外法”——无一物能独立于吾心而存在。这种观点明显地是一种唯心论。

在此我们可以总结，华严宗无论在其古印度的经卷阐述中，还是在其中国的华严祖师法藏的思想中，似乎都是一种唯心论，而不是实在论。事实上，对华严的教徒来说，世间万物存在的常识实在论，正是痛苦和烦恼的根源。要证得觉悟，我们首先要摆脱常识实在论的预设——也就是说围绕我们的世界及其中的万物都是真实的。

255

现象世界的多元性

根据华严经的教义，各种不同的心具有各种不同的心理活动，而造就不同的业。因为世界为不同的心理活动所造，是以不同心所造出的世界也必然会不同。经云：“譬如种子别，生

---

① 法藏：《华严经义海百门》，CBETA 电子版 No. 1875：2。英译本 Chan 1963：416。

果各殊异，业力差别故，众生刹不同。”[①]既然有无量无数的心，华严断定就一定有无量无数的世界，各个千差万别。“众生各个业，世界无量种。”[②]华严宗以个体心理模式作为个别构建之现象世界的根据。这些心理模式并非先验决定的，也并非在每一心都恒长不变。世界与事物瞬息万变，生生不息，不占有时间的片段。如经所云：“能缘所缘力，种种法出生，速灭不暂停，念念悉如是。”[③]心灵的心理模式也能妄造属性不同的世界。在一刹那间，众生所见的世界或如地狱，或如天堂。[④]

以唯识宗的观点，有多少的众生就有多少的心识。心有不同的意识状态创造了现象世界。尤其是第八识，阿赖耶识或藏识，蕴含所有的世间现象的种子。然而，即使唯识宗同样接受蕴含有各种各样的心和各种各样的“熏习”的藏识，但是唯识宗强调众生因共业所感得一个共同的世界。从这方面来说，它提倡的是一种客观唯心论形式，与华严宗的主观唯心论相异。客观唯心论和主观唯心论的不同之处在于，前者依然接受有一个客观世界由不同的心所共有，但对于后者来说，心不一样，世界就不一样。《华严经》强调现象世界是由不同的知见和分别心共同作用的结果。“众生身各异，随心分别起。”[⑤]因此不

256

---

①《华严经》华藏世界品第五，英译本 Cleary 1993：243。

② 同上书，页 246。

③《华严经》菩萨问明品第十，英译本 Cleary 1993：301。

④ 从这个意义上来看，十界的区分其实是建立于有情众生的心理概念建构，而事实上存在界并没有可分别的法界，吾人所见全为吾人之臆想。

⑤《华严经》华藏世界品第五，英译本 Cleary 1993：244。

同世界的生成不是来自众生的感官知觉，而是来自不同心识的内观和理解。①

《华严经》的多元世界观正是其与众不同的地方。当《华严经》描述现象世界时，它常用极度夸张的数字。例如，它说这里有许多的世界体系如“有世界海微尘数”②，有“百亿世界，千亿世界，百千亿世界，那由他亿世界，百那由他亿世界，千那由他亿世界，百千那由他亿世界”③。最后，经又云：“无数无量，无边无等，不可数，不可称，不可思，不可量，不可说”的无量世界。④

因为现象世界由众生的不同心理活动结果而成，众生有多少，现象世界就有多少，如《华严经》所描述“数皆无量等众生”⑤。同时，每一世界内同样包含有等数的世界：“一一世界种，复有不可说佛刹那微尘数世界。”⑥或许我们可以说每一个世界体系是一个包含共存的有情众生之世界，而每一众生又都以其心识化生自己的世界。从这方面来说，我们不仅有世界体系的多元性，而且在每一个世界体系里又有世界的多元性。

---

① 在这方面，华严宗与英国哲学家贝克莱（Berkeley）的唯心论很不同，因为后者是用感官知觉得来的资料来建立感官世界（其名言：存在即是被感知，To be is to be perceived）。华严的唯心论跟贝克莱另外一个不同点是贝克莱以最高存在（上帝）作为经验世界的基础，而华严宗则不将一心看作是现象世界的存在基础。

②《华严经》华藏世界品第五，英译本 Cleary 1993：213。

③《华严经》光明觉品第九，英译本 Cleary 1993：296。

④ 同上。

⑤《华严经》世界成就品第四，英译本 Cleary 1993：188。

⑥《华严经》华藏世界品第五，英译本 Cleary 1993：213。

这些多重的世界不断地迁流变化。《华严经》云："一切刹种中，世界不思议，或成或有坏，或有已坏灭。"[1]所有的世界皆赖于个体的心理活动。只要我们思想不断地改变，我们创造的世界也不停地改变。一个世界刹那生灭；因此，没有什么是不变和稳固的。

多元的现象世界与本体存在同一平面上。打个比方，我们可以想象把众多的全息图（holograms）投影到同一平面上。每一张全息图包含一整个世界，那么众多的全息图可以在同一空间相互贯通。空间本身与众多全息图的总体性是一致的，但又与任何一个全息图不同。经云："以一刹种入一切，一切入一亦无余，体相如本无差别，无等无量悉周遍。"[2]就是说，所有多元世界装在同一个空间并且所有的世界相互融为一体。因此，即使是《华严经》所说的多元世界，它也把相互贯通的多元世界诠释为一体。经说："不以彼世界多，故坏此一世界，不以此世界一，故坏彼多世界。"[3]

257

吾心亦为一心所造

假设世俗世界不过是我们心所妄造的产物和我们业行的结

---

①《华严经》华藏世界品第五，英译本 Cleary 1993：243。

② 同上书，英译本页 215。

③《华严经》十定品第二十七，英译本 Cleary 1993：821。不过这个世界多元观似乎不为中国华严祖师所传承。法藏把现象界诠释为事法界，而且显然只关切此界。或许我们可以解释说在法藏看来的事法界，其实就是《华严经》描述的多元现象界之共存与互摄，只是法藏并不强调多元世界彼此之间的和谐互摄等同。

果，那么我们的心就应当是隐藏在所有现象背后的实体性存有；也就是说我们的心应当是真实的。然而，华严宗并没有赋予个体心比物质世界更多的实相。不真实的世俗世界不是仅仅为我们所经验的外在世界，事实上我们也是这个世俗界的一部分。换句话说，我们的感觉、知觉和意识都是这个不真实现象世界的一部分，如《华严经》所云："何等为世间法？所谓：色、受、想、行、识。"[①]此外，我们的自我同一性以及我们的存在都是不真实的。如《华严经》云："众生不异幻，了幻无众生。"[②]即使是个人的业创造了世界，但实际上，"无作业者"[③]，"作者无所有"[④]。《华严经》更进一步否定了个别心的作用："眼耳鼻舌身，心意诸情根，一切空无性，妄心分别有。"[⑤]

法藏解释心不是"真实存在"，因为它们也没有自性，必须依赖于实物，他说："如见尘时，此尘是自心现。由自心现，即与自心为缘。由缘现前，心法方起。"[⑥]先前我们已经解释"空性"这个概念等同于不同内涵的概念，而对华严宗来说，"依于其他的因缘而起"，"不存在"或者"不实有"，结果指的都是同一意思。

华严宗除了主张众多的个别心具非实有之外，也同时假定有一真实心（One True Mind），一心创造一切诸心。如《华

---

①《华严经》十无尽藏品第二十二，英译本 Cleary 1993：488。

②《华严经》十忍品第二十九，英译本 Cleary 1993：880。

③《华严经》十地品第二十六，英译本 Cleary 1993：751。

④《华严经》菩萨问明品第十，英译本 Cleary 1993：301。

⑤ 同上书，英译本页 300。

⑥ 法藏：《华严经义海百门》，英译本 Fung 1983：345。

严经》提出，这个唯一的真心即是佛心，并且正是一心的力量能生种种心：“譬如一心力，能生种种心，如是一佛身，普现一切佛。”[①]这个一心是永恒的，绝对的，包罗万象的。法藏也说：“森罗及万象，一法之所印。言一法者所谓一心也。是心即摄一切世间出世间法。即是一法界大总相法门体。”[②]这个一心是万物生起的根本原因，同时内在并且超越现象世界。

258

“一心”与“多心”之间的关联，以及它们与本体和现象世界的关系，可如下图所示：

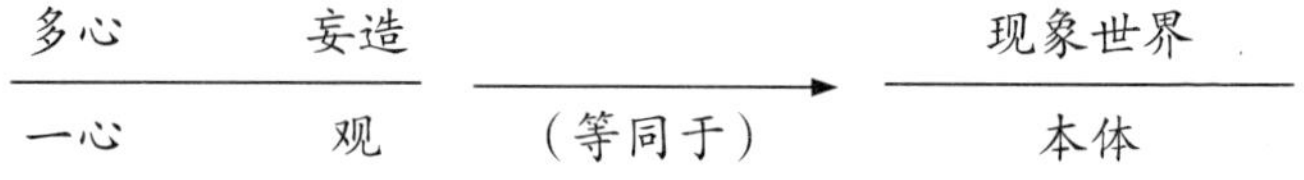

多心　　妄造		现象世界
一心　　观	——→（等同于）	本体

根据“一心观”之说，没有生灭；无相无表象；无动无变。观想的世界是本体（理法界）本身。众多妄心分别，产生生、死，及种种相、动、变化。只要多元个体心能摆脱妄想与分别，多心就可以等同于“一真心”。一旦它们完成这个目标，所有的心都将归于一心，由此，所有的世界都将归于一个本体世界。这种“回归一心”和“返本还源”是华严宗最究竟的教义。

整体论：法藏的“法界互俱”和澄观的“法界无碍”

法藏通过多元世界的相即相入理论，来解释他对每一世界

---

①《华严经》兜率宫中偈赞品第二十四，英译本 Cleary 1993：522。

② 法藏：《妄尽还源观》CBETA 电子版 No. 1876：1。英译本 Fung 1983：353。

内事事互相联系的观点。他以金狮子为例，说明整个现象世界（法界）就像一个单一物体，其中每一部分与其他部分不可分离。缺少了狮子的任何一部分，整只狮子就不存在；没有了整只狮子，狮子的任何一部分也不可能存在。同理，缺少了现象世界中的任何一个单独的事物，整个世界也将不存在；没有了整个世界，任何一事物也不能存在，因为整体与其他部分互相依存。这种观点现在被称为整体论（holism），这种理论认为特定体系的任何单独部分都是整个体系的一部分，并且不能脱离于整体而存在。①通过法藏的阐述，华严宗以其整体论的世界观而闻名。②克里利对这种观点的解释如下：

---

① 与整体论相对的是原子论（atomism）。在当代语言哲学与心灵哲学中，整体论被视为与句子的意义以及真理，或是与思想的内容有关。与语言有关的叫作意义整体论（meaning holism），与思想内容有关的叫作心理整体论（mental holism）。

② 美国学者库克认为法藏所提倡的近于一种有机整体论（organic holism），认定整个世界是一个有机体，其中的任何一部分都不可或缺。他说："离开部分即没有整体，而离开整体亦没有部分。由此可见，构成全体的各单元完全不是各自独立的个体；它们没有独立自存性。个人只是整个环境的功能，但同时也是整体本身。"（Cook 1979：378）不过我认为将法藏的理论描述为有机整体论，是在他的世界观中投射了太强烈的实在论。有机整体论将世界看作一个有机整体，因为整个世界是由全体进化而来的。但是法藏的整体论则是用一心作为本体，部分与全体相依相成，是因为一心含摄整个事法界。也就是说，法藏的世界观不把世界看作是独立自发的有机整体，因为世界本身是虚幻的。可以支持作者这个理解的一个论证是指出法藏的例子用的是"金狮子"而不是真正的狮子。整个金狮子是由同样的质材（金子）建造，而不是一个有机体。

> 在华严的教义中，整个法界是一个结合所有存在条件的合流网，在其中所有事物彼此相互依存。……因此，为了更能体会个体和整体之间的关系，华严把多元整体看作是个别单元的构成部分，也同时把个别单元看作是多元整体的构成部分。个体的存在以其跟其他众生以及跟整个合流网的关系来考虑，同时整体亦是以其跟个别主体和其他众生的关系来定位。①

259

法藏云：

> 第三同相者。椽等诸缘和同作舍。不相违故皆名舍缘。非作余物，故名同相也。……若不同者。椽等诸义互相违背不同作舍。舍不得有故是断也。②

这个表面上看来自相矛盾的论证可以分解如下：

1. 假设整体与部分不等同，那么离开部分，整体还是可以存在，同时没有了整体，部分也能存在。

2. 但是如果整体可以不靠部分而存在，那么它就不再是由部分构成的整体；假设部分可以不依赖于整体而存在，那么它们也就不是整体的一部分。

---

① Cleary 1983：2.

② 原文见《华严一乘教义分齐章》第四卷。英译引自库克 Cook 1979：379。出处为汉文大藏经 No. 1866，页 508，col. a。此处库克似乎不是一字一句地引全文。

3. 因此，整体与其部分必须具有同一性。

为了要正确理解这个论证，我们必须添加一个前提：

P1. 同一性意味着相互依存。

假如我们了解这里所谓的同一性不是指自我同一性（各个物体等同于其自身），而仅仅是指必然的共存关系，我们应当可以接受这个论证为有效论证。

除了建立部分与整体两者之间的互摄共依之外，法藏也对各个部分之间的相互依存进行诠释。就每一部分都是整体的一部分来说，所有的部分在逻辑上蕴含整体，而整体当然含摄所有的部分。因此，所有的部分在逻辑蕴涵上互为因缘，因此会彼此之间相互示现。华严初祖杜顺称这种互相包含和互相渗透为“摄一入一，摄一入一切，摄一切入一，摄一切入一切”[①]。

为了阐释众多部分之间的相互示现，法藏用帝释天的宝珠网“因陀罗网（the Net of Indra）”为譬喻。根据冯友兰的描述：

> 因陀网为一珠网，每一珠中现一切珠，又现一切珠中之一切珠，如是重重无尽，此名“因陀罗网境界门”。[②]

260

另外一个华严祖师们常用的示范就是著名的“十玄镜”。他们把十面镜子排成一个圈，在圈中心放一支蜡烛。通过这种方式，每一面镜子的反影都会映像到其他九面镜子中，并且十面镜子的每一面镜子都包含其他九面镜子里的反影。以这种方式，

① 杜顺：《华严法界观门》，英译见 Cleary 1983：113。

② 冯友兰：《中国哲学史》下册，页 423。英译引自冯友兰《中国哲学史》（英译本 Fung 1983：353）。

他们显示了反影的产生无穷无尽。

在澄观的“四法界”理论里，整体与部分两者的相互依存关系叫作“理事无碍法界”，而部分与部分的相互渗透叫作“事事无碍法界”。前者描述本体与现象两者的圆融；后者描述所有现象之间的相互共持和相互依存。事事无碍的理念是华严宗最具有创新性的理论。它超越了所有佛学宗派对本体与现象两者关系的共同关注，而直接关注现象世界本身以及现象界里的事法。它可以看作是对现象重要性的直接肯定。①当被问及为什么事相（现象）能够圆融地互相存在，澄观列了十个理由，其中第一条是所有事相都是由同样的真心（Mind）变现的。②澄观的思路是，假如事事法界有同一本原，那么它们彼此之间就不会不兼容。假如所有事相为一心（One Mind）变现，也就是说所有事相都是同一实体的呈现，具有同一自性，那么它们之间就不会有任何冲突或是屏障。我们可以说澄观的“事事无碍”是法藏整体论的一个更深的阐述。假如每一事物与另一事物互联成一张网，那么它们当然必须相互依存和相互支持。

另一个用来解释整体性关系的理论就是“六相圆融”论。法藏以“金狮子”为例说明了这个理论：当我们看整只狮子时，我们看它的总相（totality）；当我们看狮子的每一部分时，我们看到它们的别相（individuality）；当我们看所有的部分，都

---

① 傅伟勋解释，把所有事物看作圆融共存是心灵进展的最高层次，在这个层次中，“智者达到完全自然性与人文性的领悟，而见到世界上所有事物都是理法界本身所生成”（Fu 1984：241—242）。

② 要详细研读澄观列举的其他理由，请参照张澄基的解释（Chang 1971：25）。

是同一只狮子的部分，我们看到它们的同相（similarity）；当我们看每一部分彼此各个不相同时，我们看到它们的异相（differences）；当我们看各个部分共同构成狮子时，我们看到成相（integration）；当我们看狮子最终会分解为各个部分时，我们看到坏相（disintegration）。在所有的个体中，甚至在整个现象世界上，都有这六相（总、别、同、异、成、坏）的展现。事物示现一相，并不代表它不能示现其他的相。从这方面讲，六相观是圆融的。这个理论的重点是再度强调事物没有独立内存的自性。事物的所有特性与属相都不过是来自心之所观（contemplated by the mind）。不同的观法产生不同的相，而唯一正确的观法就是融汇所有视角而见到它们彼此圆融无碍。 261

虽然华严宗把整个法界的所有物体和事件视为相互依存和相互关联，但是它并不认为事物之间存有真正的因果关系。假设事物之间存有真正的因果关系，就是假设因果为真，而且造因者亦为真。华严哲人都否定这两种看法，在华严理论下，唯一真正的造因者应该是真心（Mind），一心能生诸心，再通过诸心的臆想进而创造诸多事相。尽管通过知觉我们能从果内辨别出有主因和助因的作用，但是终极来说，不管是因还是果，其实都只是由真正的动因——真心所制造出来的"附象（epiphenomena)"。

本体："真如"或"理法界"

我们已经见到华严哲学区分存在的两层面（二法界）。[①]在

---

① 不过在这里要特别注明，华严宗强调此二法界是"非二"，是等同的。

世界的本质或本性的层面，用佛学专业术语，我们可以称之为“本体（noumenon）”或“真如（True Thusness）”，或者用法藏的名称叫它“理法界”或“实体”。在现象的层面，我们有现象世界为多元的说法，也有视我们的世俗世界为独一的讲法。根据《华严经》的说法，存在多元的现象世界；因此，现象世界与本体是多对一（many-to-one）的关系。不过，在法藏的说法下，“理法界”和“事法界”好像只是一对一（one-one）的关系。我们现在应该比较一下这两种对二法界划分的观点。

在《华严经》里，有时本体被譬喻为一面镜子，而现象（相）或多元的现象世界被比喻成镜里的映射。《华严经》云：262 “譬如净明镜，随其所对质，现像各不同。”[①]就好像当不同的人来到镜子面前，镜子会如是反映出不同的人像而镜子本身不变，同样地，不同的现象世界是由不同的精神活动所创，然而本体本身也保持不变。正如映像不会改变镜子的明净，不同的世间的烦恼也不会污染本体自身的清净之性。

有时这个本体被称为虚空（space），是包容显示所有现象或现象世界的处所。澄观这样解释虚空之喻：

> 虚空中略取二义，一普遍一切色非色处。即周遍义，二理含无外，无有一法出虚空故。即含容。[②]

他继续解释本体被比喻为虚空，是因其“无不遍故。无不

---

① 《华严经》菩萨问明品第十，英译本 Cleary 1993：301。

② 澄观：《华严法界玄镜》，CBETA 电子版 No. 1883：13。Cleary 1983：111。

包故”[1]。从这个角度解释，我们可知本体包罗万象并且摄入所有个象之中。

从这些譬喻来看，本体好像是外乎现象的总相。镜子包含镜中所有的反影，但是没有了映像后，镜子仍然存在，且其干净与清澈的自性依然如是。虚空包纳所有物质，但是就算没有了物质，虚空依然还在。由此可见，《华严经》并不把现象的总相等同于本体本身。现象与本体在本质上自然相反：只有通过去除所有现象（所有映像，所有物质）才能看到本体（明镜、虚空）原来的自性。

相对来看，法藏对本体与现象两者之间关系的观点则有所不同。比如法藏对理法界和事法界两者的关系用金狮子来作譬喻。他把金喻为“理”，而把由金所做成的狮子喻为“事”。此无真正的狮子，它的所有特征只不过是表象，真正存在只有金。因此，狮子有赖于金才能成相。然而，金作为实体，不通过狮子（或是其他的金物）的外相也不能示现；因此，金也有赖于狮子。因此，“金与狮子，同时成立，圆满具足”[2]。在法藏的观点下，现象世界与本体之间如何相依共存，就有如金与狮子如何相依共存。以此譬喻，理法界即被看作体（substance），而现象界中的事法正是这个体之用（function）。 263
离了体就没有用，而离了用，体亦不能显现。用即是体之用，但是用不即是体本身。根据这种观点，本体与现象的相关性比在《华严经》所表述得更加严密：离开现象即无本体，反

① 澄观：《华严法界玄镜》，CBETA 电子版 No. 1883：13。英译本 Cleary 1983：111。

② 法藏：《金狮子章》，英译本 Chan 1963：409。

之亦然。由于事法界是由同样的本体所构成（如狮子的部分都由金所构成），我们可以得出结论说事法界的全体就是本体本身（如金狮子的全体即是金本身）。因此，所谓的本体不外是整个现象事物的总和。

有时候这个本体被譬喻为海水，而现象或多元现象世界被喻为海波。华严初祖杜顺经常使用这个譬喻，法藏亦如是。不管我们用金狮子还是水波之比喻来分析，我们都可以看到理法界与事法界不可真地分割或确实地区别。[①]金是制成狮子之物；水是在波之下之物。离了金狮子总相，即没有了金。离了波的总相，海水亦不为水。如杜顺所说：

> 波无异水之波。即波以明水。水无异波之水。即水以成波。波水一而不碍殊。水波殊而不碍一。[②]

由此我们可知在杜顺的哲学中，本体与现象只不过是同一世界的不同的状态而已。就如杜顺的解释："此理事融通，非一非异。"[③]

澄观更进一步地发展这一观点。在他对杜顺《华严法界观

---

① 如黎惠伦所言，用水与水波的譬喻，"我们可以讲涅槃真如浸润于尘世的水波中，由此之故，后者的本质（湿润性）跟前者（水）的本质亦无不同"（Lai 1986：3）。

② 杜顺：《华严五教止观》，CBETA 电子版 No. 1867：4。英译本 Cleary 1983：58。

③ 杜顺：《华严法界观门》，CBETA 电子版 No. 1884：12。英译本 Cleary 1983：95。

门》的注释《华严法界玄镜》里，理有时等同于“空性之理”；有时等同于“无本性之理”，有时又等同于“无自性本性之理”。换句话，理只不过是万象之真实自性；亦即万物实相。根据澄观所说：

今以即法为无我理。离于事外有何理耶。故理虚无体全将事法。本来虚寂为真理耳……故理即事耳。[1]

如果这种解释能真正代表华严哲学，那么法藏所说的“理法界”就不是真正的另外存在的法界，而不过是一个不同的观想（他所谓的“观”），用以体认万物之真性即为无自性、无自我、“空”的。只要任何人能够去除妄心，停止错误的心灵活动，其心就能住于涅槃境界，所有假相就会消失，正如风住而水波不起。澄观有时把二法界称之为“作为现象的本体”（事之理［noumenon vis-à-vis phenomena］），有时称之“作为本体之现象”（理之事［phenomena vis-à-vis noumenon］）[2]，因为本体与现象都是同一事物的不同表象。由此看来，中国的华严祖师并不把本体看作是割裂于现象世界的另一种法界。这种解释跟《华严经》对本体与现象的解释有所不同。法藏的理论在澄观的疏解下，不再把本体譬喻于反映现象的“明镜”，或者是譬喻为包含所有现象的“空间”。从本体的真实本相来看，它

264

① 澄观：《华严法界玄镜》，CBETA 电子版 No. 1883：11。英译本 Cleary 1983：104—105。

② 见 Cleary 1983：107。

不过是现象的总体。[①]

我们可以利用以下两个图表来对比这两种观点。从《华严经》的诠释观点来看，本体与现象二界的差异特征可总结如表1所示。而按照法藏的观点，理法界与事法界两者关系可总结如表2所示。

表1 一与多之关系［《华严经》的观点］

本体（一）	现象世界（多）
清净的	染污的
无始和无灭	生与死
平等无别	分别
非时间的（超越时间）	有过去、现在、未来
永恒的	有限存在
空的	多国土的
超越动与静	运动与业行
无相	相与名
不可描述（超越言语表达）	可描述（语言）
非概念的	能被概念划分的
无法感知的	能感知的
超越逻辑和哲学	属于逻辑和哲学范畴

① 虽然华严初祖们将现象世界与本体界等同，但他们并不如此而承认现象世界的真实性。事实上，他们所强调的重点是指出我们所在的尘世不过是虚空的本体界。换言之，他们强调的不是说本体有如现象界一样真实，而是说现象有如本体界一样虚空。

表 2 体与用之关系［法藏的观点］

理法界（体）	事法界（用）
不变	不断变化
无始和无灭	有形成与毁灭
永恒的	有限存在
单一和同一	多种形式和功用
自我完成和自足	缘起（从因缘生）
无相	虚幻（相）
纯心所观	诸心妄想

总而言之，华严宗的形而上学否认我们世界之真有，并把所有现象归因于诸心妄造。它拒绝接受感官觉知和心理概念的可靠性，并将这些心理作用当作是现象产生的根源。《华严经》认为本体是一个无边无际的虚空，虚空里面万物出现有如幻相。华严祖师们则或者将本体界视如一个没有运动，没有大小，无质无相的实体，或者将本体视如一个抽象的事相空性之理。不管其间看法差距如何，所有华严哲人似乎都认为实存于诸心妄作之外，有一个永恒的、超越时间的、完全平等的、无相的真如（True Thusness）。

265

假如一真法界或者真实自性与人们的知觉和思维（概念）体系不相应，那么我们如何可能认知这个一真法界呢？如果我们不能运用我们的思维并且不能信任我们的知觉，那么我们应该用什么东西或能力去获知实相（Truth）呢？在下一节，我们会继续探讨这个认识真如的课题。

华严知识论：语言和真如

华严佛者所接受的是一种语言怀疑论，其观点是“不能把语言看作是一种能表达世界如其所是的媒介”[①]。如《华严经》云：“一切言说，于诸法中，无有依处。”[②]《华严经》又云：“语言说诸法，不能显实相。”[③]根据这种观点，在我们的命题表达和事件的真实状态之间没有对应关系；我们的概念体系和事物的真实本性无法匹配。本节中会概述华严宗的论证，并解释在华严佛者心目中认为更好的知识形态之内容。

266

对华严佛学而言，真理（Truth）是“不可思议的”。真理的不可思议性来自其不可描述性，而其不可描述性是源自我们语言的有限性。我们的语言无法捕捉事物的真实本质，因为语言有赖于我们对世界的感知。我们通过我们的感觉器官而获得感觉经验，但是通过这些感觉器官，我们只能得到那些感官所能感知的内容。真如（True Thusness）超越了我们的知觉和我们的概念。因此，它绝不能用我们的语言加以描述。[④]

---

① 引自 Berkson 1996：98。在本书的第七章讨论庄子的哲学观点时已经介绍过不同形式的怀疑论。

②《华严经》十行品第二十一，英译本 Cleary 1993：462。

③《华严经》须弥顶上偈赞品第十四，英译本 Cleary 1993：379。

④ 克里利对这种哲学立场如此解释：“心理建构的本质即是吾人用以认识世界的概念系统以及觉知体系。我们经验世界的内容是相对于我们的觉知能力、觉知意识，以及觉知素材（sense data）。因此，我们可以看到世界的规律秩序其实是人类心灵对外界的投射或是建构，而非一个客观存在的世界内部的固定本质。”（Cleary 1983：22）

根据罗伯特· M. 詹密罗（Robert M. Gimello）的分析，对华严佛者（甚至对大多数的佛学教派）来说，真理无法言说的另一个原因是我们的语词对事物本质无法有任何指涉的内容（referential content）。因为万物没有固定的身份（identity），我们的语词就无法指称任何特定的种类。如詹密罗所言：

> 佛学的空性之终极真理是难以用语言表达的，不过这是从某种特殊的意义上来讲的。它之所以难以言诠，不是因为我们的文字无法描述一种称之为“空性”的超验绝对的真理，而是因为我们的词语缺乏指涉的内容，或是缺乏实质的含义。尽管在表面上以及在词语的一般用法上，我们似乎是在指涉实物，但是此理为真，因为的确没有真正被指称的确定实体。由于世上没有确定的物体被指称，所以这些语词不能真正地指称。语言的指涉功能子虚乌有，实际上这正是表象幻影的主要妄造者之一。①

华严佛学对真理或是实在之不可思议性的另一个论证可以从《华严经》下面这段话引申出来：“法性本寂无诸相，犹如虚空不分别，超诸取著绝言道，真实平等常清净。”②称一真法界为“如”（“如是［Thusness］”或“如彼［Suchness］”）是中国佛学宗派的一个常见的惯称。这个术语所表达的是说一真法界或者事物的真实本质不过是“如其所是”，超越所有描述与

① Gimello 1976：120－121.

②《华严经》十地品第二十六，英译本 Cleary 1993：744。

形容。由于无法有任何一种合适的名称，佛者姑且命名为“如是”或“如彼”。我们在本章第一节解释，对华严宗来说，“如是”或“如彼”是无别，无异，无界限，无分划。一切即一（All is identified as One）。但是，人类之心无法避免会作出各种分辨判断，而且我们对世界的描述正是建立在我们的区别能力上的。因此，我们的描述绝对无法捕捉真正的实相（True Thusness）。

这一论证可以总结如下：

1. 事物的本质就是它们的“如是（Thusness）”——以它本身如其所是的方式存在。

267 2. 当我们运用我们的思想和概念时，我们是以我们自己的言语对事物进行描述。

3. 事物如其所是都等同于一；但当我们描述事物时，我们必然要分辨它们。

4. 所以，我们的思想和观念不能捕捉事物之如其所是。

5. 所以，事物的本质超越了思想与概念。

什么是分辨？而分辨又有什么错呢？根据华严宗的看法，分辨不会必然地牵涉到态度和评价的差异；它可以如概念系统一样，只是为了方便理解，将事物分成不同的种类而不加以评判高下。这种认识上的分辨是所有科学的基础。事实上，要在我们的经验世界里生存，就必须依赖于我们的分辨能力。然而，华严宗拒绝任何一种知识上的分辨形式。它所提倡的是一种真正能扬弃所有分辨的态度。华严宗持反对（常识）实在论的态度，在这个理论下，“反分辨”这个命题不是仅仅为一个“应该平等地对待万物”的伦理主张，而是一个要求我们贬抑感官知觉并且放弃所有心灵认知的呼吁。

《华严经》云："言词所说法，小智妄分别，是故生障碍，不了于自心。不能了自心，云何知正道？……斯人未能有，清净法眼故。"[①]从这段引文我们可以看出，华严宗坚持两种知识的途径：一种是常人根据他们的概念体系和心理模式来分辨物质；另一种则是被称为"清净法眼"，是无分无别的观视。《华严经》又云："世间言语法，众生妄分别……若见等无异，于物不分别。"[②]"若住于分别，则坏清净眼。"[③]由此我们可见"清净法眼"跟"分辨之眼"正相反。唯有通过清净法眼，人们才可以了知事物的实相。

那么人们如何能获得清净法眼的认知途径呢？华严宗学者一般认为这不可能通过教理或研读了知。教理和教义依赖于文字，而文字必然地会区别事物，所以教理和教义不能真正地告诉我们真如。那么我们应该怎么样了知真如呢？杜顺的答案是：亲证能帮助我们了知真如。他说："唯证相应，当自知耳。故经云，如人饮冷水，唯自知也。此意在言外，勿执言思理。"[④]如果有人曾经亲自体验到消除所有分辨和区别的心境，那么他就了知了真如之理。如此的体验完全无法由文字教导——它纯 268

---

① 《华严经》须弥顶上偈赞品第十四，英译本 Cleary 1993：375。

② 同上书，英译本页 377。

③ 同上。

④ 杜顺：《华严五教止观》，CBETA 电子版 No. 1867：5。英译见 Cleary 1983：61。杜顺是在讲述他的第四教《语观双绝门》时解析亲证的重要性。在解说第五华严三昧门时，杜顺也云："致令断惑尽迷，除法绝言，见性生解，方为得意耳。"（《华严五教止观》，英译本 Cleary 1983：61）

粹是一种个己的体验。

由于华严宗强调亲身体验是唯一可靠的知识途径，它的知识论与西方的知识论传统非常不同。假如真知只有通过个己的体验才能获得，那么它是无法共享，无法推衍，也无法验证的，个体是否已获得真知是旁人无从判断的。同时，个体所认定的真知可能与他人不同，个人所学得的体验也无法用言语表达给他人知道，除非他人通过他自己的亲身体验同样达到理解所要求的层次。从这些方面上说，真知便成为私密的知识——既不可分享也无法交流。

就华严宗对语言和真理两者相连性的怀疑来看，华严宗理论与早期道家很接近。假如这一真法界是独立于人类的感知，那么这个终极实在将永远无法用我们的语言去表达，因为我们的语言是建立于我们的感官辨识而分成的概念范畴之上。不过，人类的觉知并不是唯一的认识途径。早期的道家和华严宗都承认还有另外一种不同的知识模式，是依据于一个完全消解所有的分别分辨心，而认可“一切即一”的心理态度。要了知真如，个人必须采取一个完全不同的视角，庄子称其为“道枢”，而华严宗称其为“清净法眼”。在本书后面我们会看到禅宗继续发展华严的不依言教，提倡摒弃教义和追求“顿悟”之理。另外，华严宗对亲证学习的认知方式之发扬，亦为后来的宋明理学家，尤其是王阳明，所吸收。

华严伦理学：佛、菩萨（觉悟有情）和众生

“佛”这个术语在华严宗的论述里有多种意思。一方面，它

可指涉历史上的佛陀；另一方面，它可指称已证得存在最高境界的众多之人。在某些语境中，它被用于表达宇宙的基本原理；269 在其他某些语境中，它被用于代表一真法界本身。如克里利在他翻译的《华严经》里指出："'佛'的指涉从一个体至一法界本性以及法界本性的示现。前文中指的'佛陀'，可能在下文里就变成'诸佛'。'佛'一字同时代表觉悟本身，觉悟的范围，或者那些已经觉悟之智者。"①不过，根据华严宗的标准，如果我们因此断言"佛"这个术语多歧义，则不是正确的理解。华严宗认为一佛与百万尘刹中的无量诸佛是一样的。在某些语境中，这个术语似乎是指涉最高存在者（佛陀），出于对众生的悲悯心，不离涅槃境而示现于诸尘刹中。如华严经所云："一一尘中三世佛，随其所乐悉令见，体性无来亦无去，以愿力故遍世间。"②然而在某些其他的语境中，"佛"则是被客观化为法界的本身。

天台宗认为可以有无量无边的诸佛，每一个众生都是未来佛。然而，华严宗则坚持只有一佛。根据华严宗的教义，佛出现于诸世界和国地中，以导致我们误认为有无量无数的诸佛，然而此诸佛实际上都是一佛的示现。经云："譬如净满月，普现一切水，影像虽无量，本月未曾二，如是无碍智，成就等正觉，普现一切刹，佛体亦无二。"③华严也论证说当佛出现于世，它既不是真的在那个世界，也不在那个世界之外，"譬如水中

① Clearly 1993：1.

②《华严经》世界成就品第四，英译本 Cleary 1993：201。

③《华严经》兜率宫中偈赞品第二十四，英译本 Cleary 1993：523。

影，非内亦非外”[①]。因此，即使在我们阅读有关历史上佛陀（释迦牟尼佛）的生死时，我们亦应该明白真正的佛陀既不生于亦不死别于我们的世界。历史上的佛陀生命故事只是用以教导人们证悟的一种手段。“佛”不应该等同于这位历史上的佛陀。《华严经》又云：“一一佛刹中，一佛出兴世，经于亿千岁，演说无上法。”[②]因为这一佛出现于诸尘世中，每一尊佛出现应该看作是一真佛（One True Buddha）的一个水中“倒影（reflection）”。从这个意义上说，佛是一种超越了时间和空间的至尊存有。

从一个更高的抽象层面来看，佛也被认为等同于整个法界。根据《华严经》文，这一物化的佛被称为“毗卢遮那佛（Vairocana）”，意义为“光明遍照如来”。经文如此描述“光明遍照如来”：“佛身普遍诸大会，充满法界无穷尽，寂灭无性不可取，为救世间而出现。”[③]在这个描述里，佛身大如虚空，包罗万象。如同虚空一样，佛通三世（过去、现在、未来），是超越时间的存在。按照《华严经》中的看法：“佛”“虚空”和“本体”都指同一物，一真法界就是佛自己，其身如虚空充满整个宇宙，诸法皆是佛的示现。[④]如《华严经》云：“佛身无有量，能示有量

270

① 《华严经》十忍品第二十九，英译本 Cleary 1993：884。

② 《华严经》华藏世界品第五，英译本 Cleary 1993：250。

③ 《华严经》世主妙严品第一，英译本 Cleary 1993：65。

④ 根据《华严经》兜率宫中偈赞品第二十四，佛的示现会因众生而有不同。经云：“佛随众生心，普现一切身。”（Cleary 1993：527）因此，尽管华严也同样宣示所有事象皆为一佛之示现，这个理论跟唯识论的客观唯心论不同。

身。”[①]库克称这种观点是一种“泛佛论（pan-Buddhism）”[②]。他说：“华严是这样一种泛佛论形式，（因为根据华严精义）我们所理解的‘佛’这个字不是一个事物里的实体，也不是物质宇宙自佛生成的数据因或充足因。一切都是佛，因为没有什么不是空的。”[③]当华严宗被看成是一种宗教形式或者道德说教时，它讲示化身佛陀（personified Buddha）为众生证入的终极目标。而当华严宗被看作是一种关于世界的哲学观点时，它讲示法身佛（objectified buddha）为真如法性。在华严体系中这两种观点并非互不相容。

对大多数的其他中国佛学宗派（比如天台宗）而言，证悟的最高境界是佛果（Buddhahood）。每一众生都有佛性，并且都应该努力修行成佛。但是对华严宗而言，修行阶段中最值得称许的是菩萨的修行。菩萨界处在佛界与众生界之间。菩萨修行圆满成佛后也能入涅槃，不过出于对众生的慈悲关怀，菩萨发愿继续留在娑婆世界，直至每一众生都住入涅槃。[④]法藏说：“今如来出现。全以尘无自性。法界缘起菩提涅槃。以为如来身也。此身通三世间。是故于一切国土，一切众生，一切事物，一切缘起，一切业报，一切尘毛等，各各显现。如上诸

① 《华严经》兜率宫中偈赞品第二十四，英译本 Cleary 1993：524。
② Cook 1972：404.
③ 同上书，页 414。
④ 因为菩萨已然进入超越时空的境界，他们可以说是不朽的。菩萨如芸芸众生一样通过生老病死走过尘世一趟，但是与众生不同的是他们可以保留前诸世的所有记忆而再度重生入尘世。在这个意义上，菩萨可以说是“穿越世界（trans-world）”的存在。

义。菩提涅槃等。为佛出世也。若一处不了即不成佛。亦不出现。何以故。由不了尘处。仍是无明。是故不成佛。亦不出现也。”[①]法藏又引经文：“经云：菩萨不住此岸。不住彼岸。而能运度众生于彼岸。”[②]换句话说，佛陀教育的主要目的不是为了达到自我最终灭度涅槃，而是帮助他人达到此目标之道。这种道德教化是中国哲学里一种根深蒂固的人文精神之反映。

对华严宗而言，涅槃不是一个独立存在的世界，而是一个不同的心灵精神世界。也就是说，华严不是在提倡个人“被提升到”或者“进入”一个不同的存在世界。它所提倡的是一种不同的认知，一种不同的精神境界。《华严经》经文如此描述这种精神境界：“菩萨已到色彼岸，受想行识亦如是，超出世间生死流，其心谦下常清净。”[③]这种精神境界抽空所有的感觉和认知活动。如此看来，一个人要在他的一生中达到这个境界似乎是不可能的，而且如果他要在尘世有所作为，他也不能长久保持在这个精神境界里。不过在另一方面，法藏又说一旦个人能够从烦恼中解脱出来，就能达到这种涅槃的境界：“心安如海，妄想都尽，无诸逼迫，出缠离障，永离苦源，名为入涅槃也。”[④]根据这种解释，要长住涅槃，个人不必处于一种完全无认知和无意识的状态。一个人只不过需要一种不同的道德态

271

---

①《华严经义海百门》，CBETA 电子版 No. 1875：14。英译本 Fung 1983：358。

②《华严经义海百门》，CBETA 电子版 No. 1875：9。

③《华严经》十回向品第二十五，英译本 Clearly 1993：625。

④《华严金狮子章・入涅槃第十》CBETA 电子版 No. 1881：6（另有版本作：“永舍苦源，名入涅槃。”）。英译本 Chan 1963：414。

度：一个除尽欲望与索取的清净心灵。

菩萨已亲证了涅槃之境是永恒寂静，可是他们不会永恒住于涅槃之中。杜顺以此悖论解释菩萨的心灵状态：

1. 因为有是空，所以不住生死。

2. 因为空是有，所以不住涅槃。

3. 因为空和有是一个整体，两者都在，所以住于生死和涅槃。

4. 因为空和有能互为抵消，不住生死不住涅槃。①

如果菩萨想继续留在娑婆世界，那么他们就不能彻底脱离人类的烦恼。不过菩萨与众生的不同之处在于，虽然两者都身处事法界，但是菩萨不会遭受自身烦恼之业报。菩萨陪着众生一直留在世间，但他们不像众生那样看待世尘。他们的内心清净如诸佛；他们自愿承受的苦难不会给他们带来痛苦。他们的本心尊荣愉悦，但是他们对其他受苦众生则充满忧苦和悲悯。

菩萨的最大美德是悲心。他们愿把他人利益放在自己之前，甚至于牺牲自我以成就他人。据《华严经》所云，菩萨暗自思维：

> 我当普为一切众生备受众苦，令其得出无量生死众苦大壑。我当普为一切众生，于一切世界一切恶趣中，尽未

① 原文为："以有即空故。不住生死。以空即有故。不住涅槃。空有一块而两存故。亦住生死亦住涅槃。以空有相夺两不存故。不住生死，不住涅槃。"出自杜顺《华严五教止观》，CBETA 电子版 No. 1867：4。英译本 Clearly 1983：58。

> 来劫，受一切苦，然常为众生勤修善根。①

272 基于对众生的慈悲，菩萨修苦行。他们不追求肉体上的舒适和享乐；他们只追求“无上智”②。

“无上智”对道德修养来说很重要，因为它是一种特殊的智慧形式，通过它使人能明白事物的真实本质是空：

> 菩萨善观诸行法，了达其性不自在，既知诸法性如是，不妄取业及果报。无有色法无色法，亦无有想无无想，有法无法皆悉无，了知一切无所得。③

这种“了知一切无所得”是佛陀基本的教义之一：诸法性空。个人一旦了知诸法性空，必然不会再执着痴迷于事物。这是迈向菩萨果位的重要一步。

菩萨断除了见思惑；他们对大小、善恶，或者无论什么都没有分别心。对华严宗的佛教徒来说，放弃概念和认识分别是消除欲望和价值判断的第一步。《华严经》云：

---

①《华严经》十回向品第二十五，英译本 Cleary 1993：534。此乃出自《华严经》八十卷版本。译者另外在《华严经》六十卷的十回向品第二十一也找到相似语辞：“我当为一切众生受无量苦，令诸众生悉得免出生死沃焦；我当为一切众生，于一切刹，一切地狱中，受一切苦，终不舍离，我当为觉悟众生，修诸善根。”

②《华严经》十回向品第二十五，英译本 Cleary 1993：539。

③ 同上书，英译本页 565。

名色共生不离，此名色增长，生六处聚落，于中相对生触，触故生受，因受生爱，爱增长故生取，取增长故生有，有生故有生老死忧悲苦恼。如是众生生长苦聚。①

对于我们当代人来说，一个人如何能够彻底放弃名类和感知是很难理解的，因为在这个世界上我们需要依靠感官功能来生活与行动。华严的教义或许是教导一种不同的了知模式，源自我们对诸法真性的理解。因为一旦我们知道诸法缘心和它们自性本空，我们或许就可能超越来自我们觉知和概念的范畴分类。

对那些致力于解悟的人来说，一个更深的道德目标是要放弃自我的概念。自爱与自利常被认为是人性的一部分。许多伦理学理论都建立在自我论（egoism）的基础上——甚至上座部的伦理学理论也是本于自我论。②因此，认定有自我不见得就是不道德的或是不符合伦理法规的。然而，大乘佛教教徒，尤其是华严宗的佛学者，则把自我概念视为万恶之源和痛苦之因。经云："世间受生皆由着我，若离此着，则无生处。"③也就是说，除尽我执，才能终止再入生死循环。华严认为人的执着于自我是诸苦之源，因为它会使人轮回在这个世间。

273

---

①《华严经》十地品第二十六，英译本 Cleary 1993：708。

② 佛陀的一个基本教义就是无我。但是，对于上座部的佛教流派来说，自我的了知解脱是修行的最终目标。中国的大乘佛教批评他们为"小乘"佛教，就是因为后者的我执以及我爱。

③《华严经》十地品第二十六，英译本 Cleary 1993：745。

决定众生遭遇什么样的命都是由自他们自己所造的业：执着自我，不识事物本性同一而妄作分别，索取和欲求那些本质皆空的事物，并沉迷于实际上与苦难同质的世乐。[①]因为这些原因，“众生漂溺诸有海，忧难无涯不可处”[②]。要想结束他们的痛苦，众生必须从这个世界挣脱出来。他们必须抛弃概念、觉知、认知与分别心；他们必须停止对自我的执着，放弃对他人、社会和国家的痴迷贪爱。最终极来说，他们必须把世间视为假相；把他们生命所经历的一切视为梦幻。

华严宗理论可能存在的一个哲学问题就是：自由意志是否可能？如早前的分析所现，在华严宗的理论下，甚至众生都不真实。一切终究都源起于佛；诸心为一心所示现。这样看来，所有人类的决定和行为都似有同一的虚幻状态。真如里没有动原主体，没有因果关系。如果一个人发愿依着正路修行，他的决定不会是他自己一人的。《华严经》有时似乎暗示甚至众生的道德信仰行为都不是由他们自己所造。经云：“佛普令其心生信解。”[③]但是有时《华严经》亦归功于众生所发的“愿”，例如，当经说道：“众生非法器，不能见诸佛，若有心乐者，一切处皆见。”[④]因此，华严宗的自由意志论和决定论似乎前后矛盾。根据中国华严祖师们“一即一切，一切即一”“平等一如”

① 根据《华严经》的讲法，不是仅仅因为尘世的享乐最终会导致痛苦烦恼，而是尘世的享乐本身即是烦恼：“世间之乐无非是苦。”（《华严经》十回向品第二十五，英译本 Clearly 1993：535）

②《华严经》菩萨问明品第十，英译本 Clearly 1993：301。

③《华严经》世主妙严品第一，英译本 Clearly 1993：65。

④《华严经》华藏世界品第五，英译本 Clearly 1993：250。

“无碍”和“圆融”的理论，个别的行动主体不能离他而单独存在。所有众生彼此相互影响；所有业行缘于他人的无量诸多行为。假如众生不是原动主体并且不能自力提升道德修养，那么他们对自己的善行(或恶行)也应该没有任何道德上的责任。对善恶行为积累的奖惩伦理分配（比如佛家的“熏习”概念）是传统佛学教义的根本，但是这种奖惩伦理不能在华严的整体论体系里保留。对华严宗来说，这种理论的不一致性似乎是一个不能解决的难题。 274

结语

众所周知，华严哲学对中国哲学后来的发展产生了深远的影响。如陈荣捷所说：“宋明理学的主要概念，如理和气，是从华严的理和事引申（即使不是直接）而来。宋明理学‘一即一切，一切即一’的哲学更是明白无误地烙上华严宗的印记。”[①]华严宗促进了中国哲学的发展，“理”的概念就是华严所有贡献中最重要的一环。[②]如黎惠伦评论道：

> 中国大乘佛教中最复杂的教派华严宗所谈的“理”展示出……两个超验的象征——道与法——之结合，并且明确有力地表达了二者之间的结构性相互关系，是在印度和

① 陈荣捷《中国哲学文献选编》第二十五章，英译本 Chan 1963：408。

② 理的概念可追溯至《易经》。

中国前所未见的。“理”的概念为永恒的真理探索提供了新的见地。①

根据詹密罗的分析，中国祖师们用“理”这个字去诠释印度的“空性”的含义，对佛教哲学之精神产生了很大的改变。他说：

“理”有智性的，而非实体的意义。它指涉规律和真理，但既不默认实体的存在，也不强调其不存在。对理的追寻，并不会开启对一个本体论上名为“空”（或一个无法言喻的某物）或不定之物的追寻。②

当一真法界被定义为“理法界”，它呈现出比其伴随的概念如涅槃或实体更为抽象的维度存在。在世上存在有一理统摄着整个法界吗？理能“创造”或者“支撑”现象世界吗？世间的每一件事物都能展现或参与这个理吗？所有事物都共享这个一理，还是每一件事物有自己个体的理？对于现象世界中的各个事物，理的存在是逻辑性在先还是时间性在先呢？由于华严宗也坚持一心（佛心）为最后的实体，因此关于理和心两者关系的问题亦随之产生。这些都是华严哲学所引起的问题，可是没人可以从华严哲学里找到所有的答案。继续进行追求新方法去分析理与事，或是理与心两者之关系，等等，便决定了下一

275

① Lai 1980：245.

② Gimello 1976：125-126.

个中国哲学——宋明理学的时代。

延伸讨论问题

1. 华严宗对真如的看法是什么？他们如何解释世界？华严宗的世界观与唯识宗的世界观有何不同？

2. 华严宗有一个连贯性的形而上学的观点吗？你怎么理解没有真实的世界和没有真实的心？

3. 金狮子的譬喻是什么？这个譬喻怎么表示华严宗的基本教义？

4. 真如实相是否拒斥人类的认知和概念？如果我们不知道真如是什么，我们依然能在这个世界中运作吗？

5. 利他主义似乎是华严宗所提倡的道德原则。你认为在我们能享受我们的解脱之前，我们有一份终极的道德责任去帮助他人吗？

第十一章

天台宗

概论

277 天台宗由智顗（538—597）创立，因智顗常住中国天台山并在此讲学多年而得名“天台”。从它的名字我们就可以看出天台宗是真正意义上中国化的佛学宗派，而不仅仅是印度佛学的进一步发展。天台宗的主要依据经典是《法华经》（Lotus Sutra），全称为《妙法莲华经》（*the Sutra of the Lotus Blossom of the Subtle Dharma*）。智顗认为这部经是佛陀一代时教的最高深教义，圆满开显了佛陀教法的纯圆独妙。夏普德（David Chappell）称《法华经》是天台宗的根本圣典，[①]华兹生称它是大乘圣典中最重要和最有影响力的一部经典。[②]要理解天台思想，我们就必须从《法华经》开始。

智顗有两部关于《法华经》的论疏。一部是《法华玄义》（*The Esoteric Meaning of the Lotus Sutra*），阐释《法华经》的

① 在夏普德为斯旺森《天台哲学的基础》（*Foundation of T'ien T'ai Philosophy*）一书所作的序言里（Paul L. Swanson 1989：viii）。

② 在华兹生《法华经》翻译的序言（Watson 2002：xvii）里。

玄妙之义。另一部是《法华文句》(*The Words and Phrases of the Lotus Sutra*)，对经文进行逐字逐句的解释。他还有另一部关于修行法门的著作《摩诃止观》(*The Great Calming and Contemplation*)。这三部著作都由智顗讲说，其主要弟子灌顶笔录整理，被称为天台三大部。[①]依照当代佛学专家吴汝钧的解释，其中《法华玄义》和《法华文句》尤其重要，因为“它们综合彰显了智顗极其成熟的天台思想，几乎涵盖了我们基本问题研究中的所有核心概念和哲学方法”[②]。

278

研究天台哲学的英文学者最主要的困难是天台原典著作之多，加上英译的不全与数量有限。仅有一小部分天台原典被翻译为英文，而且往往只有部分被翻译，其中更少得到诠释，这都增加了英文研究的困难。除天台宗后期的许多论疏以外，仅智顗本身就有至少挂名了二十本论疏，或是由他本人所写或是根据他的讲说内容记录而成。天台哲学的不同英译者基于不同的著作作为他们的注释底本。比如多诺（Donner）和史蒂文森（Stevenson）着重《摩诃止观》，但是他们只翻译了这本书的第一章。斯旺森以《法华玄义》为依据来解释天台哲学的基本思想，但是他也只翻译了这本书的中间部分。在对天台佛学的阐释中，夏普德选择用《四教仪》(*The Fourfold Teachings*）为根据来诠释天台哲学，但这本书的作者是 10 世纪的高丽沙门谛观（Chegwan)。最后，陈荣捷在他的《中国哲学文献选编》，冯友兰在他的《中国哲学史》中都引用《大乘止观法门》(*The*

① Neal Donner and Daniel B. Stevenson 1993：5.

② Ng 1993：10.

Method of Cessation and Contemplation in Mahayana）来解释天台思想，尽管他们都认为这本书的作者是有争议的（本书据说是由智顗的祖师慧思所写）。智顗的思想实际上跟他的祖师慧思在很多方面有很大不同。慧思继承印度佛学的唯心论传统而认为世界的本质是心，但是智顗无疑否定了心是本体。慧思宣称世间现象“仅仅是心的产物，因此是假象而无实的”①。但智顗明显声明世界不是佛陀或任何一心的产物。作者不认为慧思的《大乘止观法门》代表了天台的哲学观。本章中对天台的基本义理是根据智顗的观点解释的。因此本章对天台哲学的阐释有别于冯友兰所作的阐释。关于智顗思想最具完整性的英文研究著作或许要算是吴汝钧的《天台佛学与早期中观论》（*T'ien-t'ai Buddhism and Early Madhyamika*）了。他在这本著作中引用了上述提到的所有天台论疏及其他的资料。本章内容主要是依据中文典籍和中文论疏，辅以现有的英文翻译。由于英文翻译作品有限，我们将采用《法华经》、智顗的《法华玄义》和《摩诃止观》的英译作为英文资料的主要来源。我们也会参考冯友兰和陈荣捷所翻译的慧思的《大乘止观法门》，但是要强调慧思的思想跟智顗并不完全相同。

智顗的哲学素养可以追溯到印度中观学派（Madhyamika School）的创始人龙树菩萨（Nagarjuna）。②智顗经常提到龙树菩萨的主要作品，很显然他受中观思想影响很深。但是与玄奘

① 见冯友兰的介绍（Fung 1983：367）。

② 根据灌顶在《摩诃止观》前言中的解释，智顗师从慧思，慧思师从慧文，而慧文是学习龙树菩萨哲学的。

创立的唯识宗不同的是，天台宗并不仅仅是印度佛学宗派的另一个延伸。智顗大量地修改了中观思想的基本教理而形成了天台宗的主要思想。斯旺森评述说，天台佛学的核心是智顗提出的“三谛（Threefold Truth）”观念。[1]大多数天台学者持同样的观点。然而，吴汝钧不同意这个广为接受的观点，而认为智顗的佛性说（Buddha-nature）才是天台思想的核心。吴汝钧认为三谛关注的只是理解实相的方法，而“佛性才是实相本身的事”，“从逻辑上来讲，实相的概念先于认识实相的方法”。[2]本章将会分析天台宗这两个核心概念，并仔细辨别它们在理论上的联系。两个概念都有关真理实相。根据 Siao-Fang Sun 所介绍的对真理（truth）概念的区别，[3]我们将对实相真理观进行形而上和语义上的区分：真理的形上义指涉外在世界本身（在此语境称为“实相”），或是如吴汝钧所说“现象世界的真正本性”[4]；真理在语义上则是指我们对实相所作的描述之真值。当“真理”用于形而上义时，我们将用特定的词语“实相（英文首字母大写的 Truth）”来表示它的独特性。当它用于语义学上时，我们将简单地用普遍意义上的真理（小写字母的 truth）来表示。本章的分析中我们将会看到天台的“真理”概念很复杂，在不同的语境中可以有不同的解释。

279

① Swanson 1989：ix.

② Ng 1993：x.

③ 参考本书第七章对庄子真理论的讨论。

④ Ng 1993：4.

天台形而上学的真理概念：究竟实相

天台世界观最独特的特点是一实相理，即世间和涅槃同是一实相。智顗试图通过不同解释来消除一实相观和早期佛学的二元世界观之间的明显分歧。他创出许多代表天台宗哲学思想的词汇和术语，如“十法界”“十如是”“十界互具”和“一念三千”，等等。虽然天台宗教义是本于《法华经》，但这些词汇都未出现在《法华经》本书中。这些词语构成了天台哲学思想的核心命题。我们需要依次一一解释。

十法界与一实相

早期佛教把世间和涅槃分开，两界的存在是互相对立的。世间的特点是轮回的不断循环，涅槃则是轮回的终止。早期佛教所谓的“世间”并不单指我们有情众生感受到的器世间，它包括存在的六界（叫作“六道”或“六法界”）下至地狱众生，上至天人，中间包括旁生和人。[1]所以，我们所谓的精神领域或者来生，例如地狱和天堂，也包括在世间。一个人的存在不是定义为一个个体以出生为开始，以死亡为结束，而是生死的不停循环。

280

达到涅槃就是彻底了脱生死，离开整个世间。早期的佛教中，涅槃就是实相，世间是不真实的。在前面介绍的唯识宗思

---

① 印度的神和地狱概念跟西方国家不同的是印度的神和地狱众生不是永恒地存在——他们也会死并重新进入下一期的轮回。

想中，我们也看到尽管藏识是世间产生的原因，但它不是实相。究竟实相，或是真如（True Thusness［Tathata］）是所有识活动的寂灭。当一个人的识能转染成净，转识成智时，即可达到涅槃。所以，世间和真如是不能同时共存的。

以下一个简单的图表就能说明早期佛教所构想的二元世界（见表3）。

表3　世间和涅槃

世间			涅槃
1	地狱众生	生死轮回	
2	饿鬼	生死轮回	
3	旁生、畜生	生死轮回	
4	阿修罗①	生死轮回	
5	人	生死轮回	
6	天人	生死轮回	

相对来说，天台宗的一个主要命题，就是主张世间就是涅槃，涅槃就是世间。天台宗认为实相只有一个，不是两个。如智顗所说“纯一实相，实相外更无别法”②。他的弟子灌顶也

① 阿修罗（梵文）“是佛教六道众生之一。其归类不定，有时被归属于天道，有时被归属于鬼道或旁生。就属于较高存在的天界的意义上而言，阿修罗是指居于须弥山顶或山侧的恶神；就属于较低存在的恶界的意义上而言，阿修罗是诸神的死对头，居于感官欲望之界”（*The Shambhala Dictionary of Buddhism and Zen*, Michael H. Kohn 英译，Boston：Shambhala Publications，1991：13）。

② 智顗：《摩诃止观》卷一，CBETA 电子版 No. 1911：2。英译本 Donner and Stevenson 1993：114。

如此解释天台的世界观："无二无别；即事而真。"[①]在天台理论下，这唯一的实相可分为十法界；最后的四法界是在早期佛教的六法界基础上多加上的（见表4）。前面四法界称为"恶道"。它们代表最低、最痛苦的存在处境。接下来的二法界，人和天人，处于同一级别，这两道都仍是凡夫而且苦乐参半。最后增加的四道被称为"圣道"。它们包括小乘佛教能够达到的最高果位"阿罗汉"，分为声闻（Voice-hearers）和缘觉（Self-enlightened）。"声闻"是指那些听闻佛陀早期的教法并随之修行觉悟的阿罗汉。"缘觉"是指那些自己悟道的阿罗汉。这两种阿罗汉都已经达到寂灭的终点，而且他们都认为涅槃是世间的否定。他们对帮助其他人达到同样的目标并不感兴趣。在接下来的层次，我们看到大乘佛教的最高果位：菩萨（bodhisattvas）。菩萨也认为涅槃是修行的终极目标，但是出于对一切尚未解脱的有情众生的慈悲，他们选择不住涅槃。最后，至高无上的果位称作佛。根据《法华经》，诸佛能随愿自在来往于世间和涅槃，天台教法是主张每一位众生应该以成佛为目的。

281

表4　十法界

1	地狱众生	生死轮回
2	饿鬼	生死轮回
3	旁生、畜生	生死轮回
4	阿修罗	生死轮回
5	人	生死轮回

① 智顗：《摩诃止观》卷一，CBETA 电子版 No. 1911：4。英译本 Donner and Stevenson 1993：127。

（续表）

6	天人	生死轮回
7	声闻	涅槃
8	辟支佛（缘觉）	涅槃
9	菩萨	涅槃/生死轮回
10	佛	涅槃

智顗认为“一切世间即是十法界”，“法界外更无复法”。[①]法界之区分在于个体本身的业作因果，但是十法界并不是完全不相涉的独立界。天台宗一条有名的教义就是其“十界互具”说。不过，天台所谓的“互具”并不是很容易理解的。最直接的分析是说在每一界之中另有十界的小划分。如智顗所言：“此一法界具十如是。十法界具百如是。”[②]另外一个分析是说每一界本身含有所有十界的种子或是潜在性，但是只有本界的特性会显现出来。[③]第三种分析是说每一界同时亦即十法界全部：一切即一，一即一切。本书作者认为第三种诠释最合于智顗的一实相说。依据这种理解，当智顗把世间分为十法界时，他并不认为这十法界彼此独立存在。所以佛陀所住的涅槃跟地狱众生所陷的地狱其实是同一世界，这也同时是现世有情众生所处的物质世界。就如智顗所言：“一切法趣地狱。是趣不过当体即理。更无所依，故名法界。乃

282

---

① 智顗：《妙法莲华经玄义》，CBETA 电子版 No. 1716：25；17。英译本 Swanson 1989：181。

② 智顗：《妙法莲华经玄义》卷二，CBETA 电子版 No. 1716：17。

③ 此解释来自 16 世纪一位中国僧人。见张瑞良（1988）《智者之哲学方法》，《台湾大学哲学论评》，14：181。

至佛法界亦复如是。”[①]这样说来，十界互具是因为十界本身都是同一世界的部分，其间并无真正的界域分化。

在早期佛教的六道图和天台的十法界图中，我们可以将它们共同持有的世界观看作是一种“反物理主义”。当代的物理主义主张只有能服从物理法则，能被物理学检视验证的现象才存在。但是根据佛教的基本信念，现世不是唯一的现实——现世只是我们经历过的各种生存形态的整体现实的一部分。此外，我们从出生以来所建立的身份并不是我们真正的身份——它不过是整个生命循环过程中的一个截面。从这个意义上讲，“经验世界”并不是我们出生后才有的经历。它是我们所有作为地狱众生、畜生、人、天人的全部经历，而对于天台宗来说，它甚至包括我们作为阿罗汉、菩萨或者甚至是佛的经历。

早期佛教和天台佛学（还有其他中国佛学的主要宗派）之间的最主要区别是：前者的终极目标是出离世间，进入一个完全不同的他方世界，然而根据后者，并没有此世界和他方世界的区别。与早期佛教以脱离生死轮回为终极目标相反，《法华经》言：“无有生死，若退若出，亦无在世及灭度者。”[②]当生死流转的凡夫界已经包含了四圣法界，个人就不再需要否定自己现有的经历与情感，放弃当前的生活，以求到达涅槃。正如智顗所说：“生死即空，云何可舍？涅槃即空，云何可得？”[③]

---

① 智顗：《妙法莲华经玄义》卷二，CBETA 电子版 No. 1716：17。英译本 Swanson 1989：182。

② 《妙法莲华经》如来寿量品第十六，英译本 Watson 2002：102。

③ 智顗：《摩诃止观》卷一，CBETA 电子版 No. 1911：10。英译本 Donner and Stevenson 1993：188。

心和世间

智顗说："夫一心具十法界，一法界又具十法界、百法界；一界具三十种世间，百法界即具三千种世间。此三千在一念心。"[①] 283
这是天台宗著名的"一念三千(one thought contains three thousand worlds)"的理论[②]，或者如霍维茨（Leon Hurvitz）翻译为 the Trishiliocosm in a moment of consciousness（一识三千）。[③]

智顗所说的"具"是什么含义呢？一念如何能具一切呢？我们可以说这里至少有三种诠释：

1. 能生造——这种说法接近于唯心论，把世界视为仅仅是心识的建构。

2. 能觉知——这种说法与常识实在论（唯心论的相反，主张事物真实存在）兼容，而强调感觉器官的作用。

3. 能心观——这种说法至少与实在论不相排斥，更加强调心灵的认知功能。

有时智顗的说法让我们倾向于第一种诠释。他说："三界无别法，唯是一心作，心如工画师造种种色。心构六道，分别校记无量种别。"[④]如果"具"真的是"生造"的意思，那么世

---

① 智顗：《摩诃止观》卷一，CBETA 电子版 No. 1911：71。英译本 Swanson 1989：13。

② 原来的中文短语（一念三千）没有动词，直译为"one thought three thousand worlds"。"contain"一词是译成英文时加上去的。

③ Hurvitz 1962：275.

④ 智顗：《摩诃止观》卷一，CBETA 电子版 No. 1911：10。英译本 Donner and Stevenson 1993：189—190。

间就是心的产物，虚妄不实。这种解释会使得天台的世界观接近于唯识宗和华严宗的唯心论教义。

然而，智顗不是唯心论者。将天台宗“一念三千”的理论和唯识宗“阿赖耶识是诸法种子藏识”的说法联想在一起，是对天台世界观的极大误读。智顗并没有宣称唯心实有，世间万法都唯心所造。在他的看法中，世间并不是佛陀之心的产物，也不是任何一心的产物。正如智顗所说：“实相之境，非佛天人所作。本自有之，非适今也。故最居初。”[1]从这句话中，我们可以知道天台宗哲学从根本上说是一种实在论哲学。世界是客观的世界，而不是佛陀或心所生造的。诚然，天台讲“一念三千”，但是这一念并不因此而成为三千世间的本体(Substance)。284 对于智顗来说，世界同心一样，空有不二。他解释说：“若空不应具十法界，法界从因缘生，体复非有，非有故空。非空故有。”[2]心非离物而实有，因为心依赖于外界而有认知内容。同时，世界亦依赖于心的认知作用而具万法。根据智顗的说法，心和法都不能自主生起。由于心和法互为对方生起之缘，所以两者相互依存。心和法不能单独生起。智顗言：“心无生力。缘亦无生。心缘各无，合云何有。合尚叵得，离则不生。”[3]由于心与法在本体上的相互依存关系，心与法亦具有逻辑上的共存

---

① 智顗：《法华玄义》卷二，CBETA 电子版 No. 1716：23。英译本 Swanson 1989：210。

② 智顗：《摩诃止观》卷一，CBETA 电子版 No. 1911：20。英译本 Donner and Stevenson 1993：194。

③ 智顗：《法华玄义》，CBETA 电子版 No. 1716：20。英译本 Swanson 1989：198。

性——其一者并未优先于另一者。正如智顗所说：“亦不言一心在前，一切法在后，亦不言一切法在前，一心在后。”①

在这种心-法关系中，我们可见为什么第一种对“具”的诠释不能被接受。至于其他两种对“具”的诠释，其中“能心观”比“能觉知”的范围更广。如果“觉知”被认为是有情众生的感官功能，那么心是否真能“觉知一切法”（三千界）是很有疑问的。但是要说心能毫无困难地“观想一切法”，就不会有这种问题。有情众生以心观想所有贪欲、执着、嗔恚和厌恶之对象，以至于在生死轮回中流转而不能出离。声闻、缘觉和菩萨皆心观一切法而能通达缘起性空，因此他们把世间和涅槃分别观想为两种不同的境界。至于诸佛，则不仅能通达诸法实相缘起性空，而且了然一切无非中道。是以诸佛能心观诸法以及法界皆同属于一真法界。由此可见，十法界的产生其实是在于有情众生的心观，而非真正以心建构不同的界域。一念心可使众生下到地狱界；一念心也可使众生升至佛界。如智顗的工画师妙喻所说：“还翻此心而生于解，譬如画师洗荡诸色涂以墙彩。”②我们看到他所讲的是同样的画布，同样的世界，所不同的只是我们如何去涂画或心观。而对于心与世间的关系，我们正应当如此理解。

285

① 智顗：《摩诃止观》卷五，CBETA 电子版 No. 1911：71。

② 智顗：《摩诃止观》卷一，CBETA 电子版 No. 1911：10。英译本 Donner and Stevenson 1993：190。

诸法本性：三谛

智顗的三谛可以说是界定天台宗义理的学说。智顗本人并未自诩为三谛的创始人。他也并未认为三谛是天台特有的新想法。他说道："……三谛者。众经备有其义。而名出缨珞仁王。谓有谛无谛中道第一义谛。"[①]智顗三谛的思路来源归于龙树菩萨的偈颂："因缘所生法，我说即是空，亦为是假名，亦是中道义。"[②]然而，智顗的三谛与龙树菩萨的说法在精神上有很大不同。龙树菩萨宣扬二谛之理：一为胜义谛，一为世俗谛。世俗谛指世间一切法因缘而生，而胜义谛指一切法自性空。从世俗谛的层面，我们可以说一切法事相上为有；然而在胜义谛层面上，我们说一切法自性皆空。在龙树菩萨看来，空是指"无自性（devoid of self-nature）"和"无多样性（devoid of manifold）"。一切法不能说有或无，它们只是空。

龙树菩萨所强调的是空的一面，而智顗所强调的则是有的一面。前者理论强调"真空"，后者强调"妙有"。"真空"是指非有、非非有，亦即双重否定。"妙有"是指即有与非有。对龙树菩萨来说，一切法因为没有独立的自性而是"空"。但是对天台祖师来说，一切法则是由于因缘和合而为"有"。尽管"无自性"和"因缘和合有"表达的是同一个意思，两个学说所强调的还是有细微的不同。因此，我们应该看到天台宗的中

---

① 智顗：《法华玄义》，CBETA 电子版 No. 1716：31。英译本 Swanson 1989：252。

② 智顗：《摩诃止观》灌顶序言，CBETA 电子版 No. 1911：2。英译本 Donner and Stevenson 1993：107。

道思想跟龙树菩萨的中道思想不尽相同。天台宗的“妙有”概念成为中国佛学的主流思想。这一概念的引进标示了中国佛学对早期佛学更进一步的脱离：早期佛学强调“非有”的空，而天台则强调空性的“妙有”。智顗说：“实相之相，无相不相，不相无相，名为实相，此从不可破坏真实得名，又此实相诸佛得法，故名妙有。”[①]在此他似乎是在宣称世间法即实相。诸佛不需出离世间法而证涅槃。 286

智顗的三谛包括：

1. 假谛（The truth of provisional existence）[②]；

2. 空谛（The truth of emptiness）；

3. 中谛（The truth of the Middle Way）。

假谛是说一切法（世间物事）假因缘而有。若无因缘和合，法则不存在。因此，法有为假有、暂时有、缘起有。假谛所强调的是“有”，是以承认世间法的现象是有。空谛是说一切法无自性、无实在性，故一切法是空。从这里我们可以看出天台的“空”不是“空无”或“什么都没有”的意思，而是无实在性。最后，中谛并不是指二边的中间点，而是不即二边，不离二边。超越有（有宗）和空（空宗）的两极端，即是中道。霍

---

① 这一段来自智顗《法华玄义》，CBETA 电子版 No. 1716：135。

② 这一谛的中文字面意思是“虚假”，但是英文翻译为“provisional existence（暂时有）”或“conventional existence（世俗有）”。用“世俗有”是默认有人为如语言和描述的干预，但佛陀的教法不是关于人类约定俗成如何建构出对象事物的分化，而是强调万物本质如是依赖于其他因素（自然或人为的因果环环相扣）存在。因此，作者选择翻译为“provisional existence”。

维茨解释它为二极端之间的“矛盾之全然解消”[1]。在智顗看来，“不依于有亦不附无，故名中道”。“问若尔中道，唯应有一实谛”[2]。在智顗的语法中，实相和中谛二词可以互用。中道里的“道”字表示宇宙中最高的真理。因此，中道是实相的另一名称，代表宇宙本身的最高真理。中谛将实相简单表述为：“一切法即假即空。”[3]

从三谛，我们可以看到诸法之真实本性以及实相本身。在因缘假有之外，别无他界。显示空性之界（涅槃）亦即是因缘假有的世间法。由于世间即空即假，所以世间即中道。以对中谛的引入，智顗消除了世间和涅槃的二元对立。三谛描述一个整合的实相（或称中道），即涅槃即世间，涅槃不离世间。三谛可看成是实相的三个方面。如智顗所云：“一实谛即空即假即中，无异无二。故名一实谛。”[4]亦云：“三谛圆融，一三三一。”[5]此即天台著名的“三谛圆融”说。

287

智顗认为十法界本身也印证了三谛之理。尽管法界依宗被

---

① Hurvitz 1962：274.

② 均见于智顗《法华玄义》，CBETA 电子版 No. 1716：135；32。英译本 Swanson 1989：153。

③ 一些学者认为中谛只不过是前二谛的重申。但在那种解释下，中谛没有在中观宗原有的二谛上增加任何新东西。作者认为中谛是对究竟实相本身的一个重申，解释为何实相既是世间也是涅槃。这一新谛把实在主义原则重新注入中国佛学。

④ 智顗：《法华玄义》，CBETA 电子版 No. 1716：133。英译本 Swanson 1989：153。

⑤ 智顗：《法华玄义》，CBETA 电子版 No. 1716：32。英译本 Swanson 1989：176。

划分为十，但我们不能认为十个法界的分化是绝对的。十法界本身亦是即空即假即中。追随其师慧思的讲法，智顗将“十法界”三面的统一性简单地描绘成“如（suchness）”或“如是相（such-like characteristics）”。他说“十法界”具“十如是”[①]：如是相、如是性、如是体、如是力、如是用、如是因、如是缘、如是果、如是报、如是本末究竟。[②]在这里我们无法深入细致地研究“十如是”的每一“如是”的含义，我们只能简单说“十如是”仅仅表示我们想要探究的实相之理只是“如”——如同我们所见周围的现象世界一样。先前我们看到唯识宗将“真如”和识所变现的现象世界分离开来；华严宗把“如”看作是没有分别割裂的实相整体。现在我们看到天台宗的不同教义：天台仅仅称“现象世界的种种如是”为“真如”本身。所以我们不再需要在世间之外另外寻找实相。世间即实相：这个实相之外没有其他任何实相。

佛果、佛界和佛法

在有些语境中，《法华经》将佛陀描绘成有无量寿命，永在世间的存在。所有过去、现在、未来的一切诸佛都是这一“无量寿佛”的化身。如佛在《法华经》中所说：

---

① 天台的“如”理论要比我们在这里解释的复杂得多。智顗不仅仅讲“十如是”，他还探讨“百如是”和“千如是”是如何产生的。他说：“此一法界具十如是，十法界具百如是。又一法界具九法界，则有百法界，千如是。”（智顗：《法华玄义》，英译本 Swanson 1989：182）

② 智顗：《法华玄义》，CBETA 电子版 No. 1716。英译本 Swanson 1989：180。

> 其佛饶益众生已，然后灭度。正法、像法灭尽之后，于此国土，复有佛出……如是次第有二万亿佛，皆同一号。①

这段引文似乎把佛陀看作永恒的上帝一样，不仅全知广爱，288 而且能自在随意出入人世。英译者华兹生说："从这里我们可以看出，虽然早期佛教把佛陀视为一位历史人物，但在《法华经》中，佛陀已然具有可以超越时空、永住于智慧和慈悲当中、无处不在、广度一切众生的形象了。"②

然而在天台宗对《法华经》的解读中，佛不是一位拟人化的上帝，而是宇宙间客观存在的基本真理——法性。永存的佛不仅示现为古往今来已出现的诸佛，而且也示现为一切有情众生与无情事物。智顗强调对佛果（Buddhahood）本质有三种正确理解："果体具三义"，而其中一个是"体遍一切处"。③尽管他偶尔也遵循《法华经》的讲法而把佛当作是大慈大悲大雄力的至尊，但他更多的是用"佛"来表示客观的"法性"。有时智顗也用佛果的概念来代表客观法性本身，他称实相（reality-as-it-is）为"佛法"或"佛界"。在这些语辞中"佛"的概念同宇宙的原理（或者我们称之为"理"）本身一致。严格地说，佛界是十法界中的第十界，只有佛能住之界。但是由于十法界

---

①《法华经》常不轻菩萨品第二十，英译本 Watson 2002：110。

② Watson 2002：xxvii.

③ 智顗：《法华玄义》，CBETA 电子版 No. 1716：16。英译本 Swanson 1989：176。

“互具”，佛界与其他九法界是同一法界，都是同一实相。换句话说，“佛界”和“法界”是同一界的异名。智顗说：“无量异名悉是实相之别号；实相亦是诸名之异号耳。”[1]所以，其他名如“真如”“如来”，等等，是其他宗派精密分析其同异的焦点，但是在智顗的诠释下，都不过是实相的“异名”。

如果“佛”被理解为宇宙的基本原理，而“佛果”仅意为实相的本质，那么天台宗潜在的宗教意味就被大大缩减了。在天台教义下，佛陀并没有创造这个世界，佛也不是一个特定的个体。天台宗将神秘主义从其理论中剥离，而更加关注如何能提升人对现世体认的实际层面。唯识宗认为现象世界的基础是“藏识”，而藏识可指佛的识或每个人的识。在其世界观下，世界的多元种子似乎是实质上被储存在藏识内。华严宗将多样化的现象世界称为诸心所妄造，而诸心则是一真心之产物。相对之下，虽然天台宗同样认为世界不出佛心，但是当他们把“佛界”与“法界”，把“佛果”同“实相”等同为一时，天台宗的真心概念已经客观化和外部化了。天台宗的哲学再也不是任何一种（不管是唯识宗的客观或是华严宗的主观）唯心论了。 289

总而言之，天台宗认为究竟实相不离现象世界，所以它没有在现象世界之外设立一个本体或是物自体。我们所知的世界就是唯一存在的世界。天台与华严的不同，在于华严宗强调只有空的本体，其外毫无他物，所以我们居住的世界并不真实存在，而天台强调在我们居住世界和现有存在之外，没有一个超

① 智顗：《法华玄义》，CBETA 电子版 No. 1716：134。英译本 Swanson 1989：167。

越的本体界或涅槃界。前者将本体的空（emptiness）投射到现象世界的整体上，而后者把现象世界的真性（realness）投射到本体界本身上。在天台哲学下，没有必要去寻找另一个更高存在之界。有如智顗所说："离凡法更求实相，如避此空彼处求空，即凡法是实法，不须舍凡向圣。"[①]这段话清晰地宣告涅槃并非存在于另一界。尽管智顗认为凡夫对世界的认知是不全面或错误的，但天台哲学并非知识论上的怀疑论。它并未质疑我们认识实相的能力。三谛即是这一实相的真理。下面我们将讨论天台的知识论，或说其语义上的真理观（truth in the semantic sense）。

天台在语义上的真理观[②]

对真理概念作为我们命题或陈述的一个属性，天台给予多重维度的意义。在一些语境中，智顗似乎认为真理可以多元化，即使不同的真理之间是相互矛盾的。在另外一些语境中，智顗似乎又认为诸多部分为真的命题可以相互补充，而共同描绘世界的真实样貌。在一些语境中，智顗论证存在一真谛，但在另一些语境中，智顗又论证说没有真理存在。下面我们将会把这些关于真理的不同论证分成几类。

---

① 智顗：《摩诃止观》，CBETA 电子版 No. 1911：7。英译本 Ng 1993：166。

② 英文 truth 一词有形上学与语义学上的两种意涵。在形上学方面，这个概念可以用中文的"实相"来表达，与英文的"reality"可以互用。但是在语义学上，作为命题的属性，这个概念则必须用中文的"真理"来表达。见前文解释。

真理作为与实相或诸法本性对应之意涵

290

在智顗对三谛的说法中，我们看到他以三谛都与诸法本性相对应的理由而肯定三谛之真理性。一切诸法都是假有，真空（无自性）且都是中道（实相）的一部分。所以，三谛都表达真理（truth）。但是三谛之间是如何相互联系的？它们代表实相（reality）的三个不同方面吗？还是它们共同显示一真理（所以三谛要翻译为 threefold truth 而不是 three truths）吗？真理的真值有比较性吗：一真谛优于其他的真理或是比其他真理更为真吗？

对于三谛之间的关系至少有三种可能的诠释，而它们似乎都能在智顗某时或其他时的说法中得到印证。第一个解释是说三谛代表不同的理解层面，三层真理由假至空至中，每一层要比前一层更高深：

中	大乘的理解
空	小乘的理解
假	凡夫的理解

第二种解释把三谛分为两个层面，以“中”高于另外的两边之见[1]：

① Donner 和 Stevenson 似乎选择这种解释。他们说：“对于天台的思想家，只有中道是究竟的真实和基本真理。空和假有二谛是次要的派生，它们或是假的，或者顶多是为了用一种合于妄想经验约定俗成的语言，以传达中道的究竟实相而设计的暂有概念。”（Donner and Stevenson 1993：12）Swanson 似乎也采取同样的诠释。

中（合 Synthesis）

假（正 Thesis）　　空（反 Antithesis）

根据第三种解释，三谛一致，都在同一层面：

假＝空＝中

对于第一种诠释，我们可以引用智顗的话来佐证：

291

有谛者，如世人心所见理，名为有谛。亦名俗谛。无谛者，出世人心所见理，名为无谛。亦名真谛。中道第一义谛者，诸佛菩萨之所见理名中道第一义谛。亦名一实谛。[1]

从这段引文中我们可以看出空（无）谛高于假（有）谛，而中谛（中道第一义谛）又高于空（无）谛。最终是只有中谛才能说是真正地符合诸法之性，即是最高真理。

然而，智顗的另一个引文似乎是支持第二种诠释的，把空谛和假谛都看作是同样不真实的。智顗说：

今知俗非俗，俗边寂然。亦不得非俗，空边寂然。名息二边止。[2]

① 智顗：《维摩经玄疏》，CBETA 电子版 No. 1777：22。英译本 Swanson 1989：13。

② 智顗：《摩诃止观》卷三，CBETA 电子版 No. 1911：31。英译本 Swanson 1989：118。

在这段引文中，我们看到空谛是虚无主义的断见，同俗谛一样是偏歧错误的。只有中谛才是终极真理。

尽管以上两种诠释都可以用智顗的说法来引证，智顗对三谛真正的教义其实是三谛圆融。智顗著名的话“即空即假即中”[①]即可以支持这个看法。依据这第三种诠释，单独来看，三谛都代表了部分的实相（所以三者都没有不对，也没有表达错误的理解）；合在一起，三谛共同描述了究竟一实相（one ultimate reality）。这是它们为什么称为三谛之理（threefold）而不是三个谛理（three truths）的原因。如智顗所说“三谛圆融，一三三一”[②]。在《摩诃止观》中，智顗还说：“三种皆空者，言思道断故，三种皆假者，但有名字故，三种皆中者，即是实相故。”[③]如果有人接受三谛同一圆融之说，即是获得了智顗所说的三谛之“全智”。《摩诃止观》强调三观三止，能运用止谛则虽见三而知一：

> 以谛系于止，则一止而三止。譬如三相在一念心。虽一念心而有三相。止谛亦如是。所止之法虽一而三。能止之心虽三而一也。[④]

---

① 智顗：《法华玄义》卷二，CBETA 电子版 No. 1716：44。英译本 Swanson1989：182。

② 智顗：《法华玄义》，CBETA 电子版 No. 1716：32。英译本 Swanson 1989：253。

③ 智顗：《摩诃止观》，CBETA 电子版 No. 1911：9。英译本 Donner and Stevenson 1993：178。

④ 智顗：《摩诃止观》卷三，CBETA 电子版 No. 1911：33。此为作者中文版补充，英文版没有此段引文。

292 前两种对三谛的说法并没有错，但不是最好的诠释。

真理相对于不同理解和智慧之意涵

天台宗以其判教著名，亦即其对佛陀一代时教的判摄。佛家判教并非源于智顗，但他的判教系统被认为是最全面而且一致的。自从印度佛学传入中国，中国佛教徒就被不同经典之间大量的教义差别所困惑。他们不想去争辩哪一个理论对或错，而是试图用一个完整的体系来统摄所有经教。用判教的方法，中国佛学者认为不兼容的教义仅仅是佛陀用来开悟不同根性众生的种种权巧方便。[①]智顗说："夫教本应机。机宜不同，故部部别异。"[②]从这个意义上看，我们可以说真理的另一个意涵是：只要适合听法者理解层面的教法即是真确的。

基于这点，我们可以对真理（truth）进行相对论性的分析。

当P，Q，R各自表达一个不同的真理：

对于听众A，P为真−A；

对于听众B，Q为真−B；

---

① 根据夏普德（David Chappell）的解释，"佛学在中国的发展之主要问题就是如何融合调节印度诸流派歧异抵触的教义与修行。从公元1世纪至6世纪，越来越多僧人从印度带来佛经佛典，代表不同流派，传达佛祖的不同教导，而都宣称是佛祖的最高教义。中国佛者进而体会这么多的教义不可能全部表达一样的真理。为了不排斥任何教派为假，他们采取大乘判教的方式，亦即指出佛祖在不同时境选择不同方式给予不同教诲，用以点醒不同根性智慧的众生，能同样达到觉悟的境界。"（Chappell 1983：21—22）

② 智顗：《法华玄义》，CBETA 电子版 No. 1716：13。英译本 Swanson 1989：165。

对于听众 C，R 为真−C。

用这种判教方法，天台宗将佛法划分为四大支流。每一支流都有各自的“谛”（真理）。天台的判教始于智顗，他把所有的佛学教义（经或论）分为四种，这就是著名的“四教（Fourfold Teachings）”①：

1. 藏教（The Tripitaka Teaching）：这指的是原始佛教宣称出离世间并强调截然不同的涅槃境界的小乘教法。它适用于教化那些居于世间并只对自我解脱感兴趣的小根劣智之人。其教导的真理是世间在假有层面是空的。根据这一教法，通往涅槃之正道就是出离苦聚之世间。如此，俗世与涅槃是彼此对立的。 293

2. 通教（The Common Teaching）：这一教法为大小乘教派共享。它适用于教化那些能理解空的本质并承认诸法无真实自性的人。它的谛理仍然是关于空性，只是认为空性的概念即是缘起。因此，这些教派不一定提倡出离俗世以达到涅槃。中观学派就是这一教法的代表。

3. 别教（The Special Teaching）：大乘别教，适用于教化悲悯其他所有众生的人。教化所要达到的目标是菩萨，那些发愿帮助一切有情先于自己达到涅槃的人。这些教派强调每一个人都有与生俱来的佛性（Buddha-nature），都可以成佛。这一佛学教派的谛理是中道（Middle Way，the Ultimate Truth［究竟

---

① 对四教的摘要介绍主要依据夏普德（Chappell 1983），再加上吴汝钧关于中国佛学的《中国佛学的现代诠释》一书中的探讨而增补内容（Ng 1998：48—53）。

实谛]）。这些教派把中道等同于佛性。因此，一个人要证得谛理，就需要体认自身内在的佛性。为了体认佛性，此外还须先逐渐去除自己的烦恼（afflictions）。“涅槃”被诠释为所有烦恼的止息，而不是另外一个世界。华严宗就是这一教法的代表。

4. 圆教（The Perfect Teaching）：究竟实相的教法，即中道本身。中道强调涅槃即世间。一个人不需要离开世间而进入涅槃。只有那些上根利智的人才可能听闻这一教法。天台宗把自己的教法归于此教。如同别教，它也提出中道即究竟谛理，也赞成一切有情皆有佛性。不同于别教的是它提倡顿悟。这一教法之下，烦恼不一定是坏事，而且涅槃之路甚至不要求烦恼的灭除。一个人可以即烦恼而证菩提。他需要的只是获得圆满智慧，认识到世间和烦恼不碍菩提。如《法华经》所云：“斯法华经，为深智说，浅识闻之，迷惑不解。”①

所有这四教都在教导佛祖真理之言，然而他们所教的内容方法却各不相同。因此真理之定义是相对于当机众②而言的。这一真理概念跟下一个真理概念有密切的联系：真理就是凡能以达到目的之手段。

294 真理作为实用性的概念之意涵：“方便法门”

在《法华经》譬喻品第三中，佛陀讲了一个关于一位大富长者想设法解救他的孩子们生命的故事。当看到他的房舍着火，

---

①《法华经》譬喻品第三，英译本 Watson 2002：51。

②“当机众”意为当座之机众，指宿缘纯熟，一闻教法，即可得度者，即此教法教化的对象——目标受众或意向读者。——译注

长者非常担忧孩子们的安全，但是孩子们当时正乐着嬉戏而拒绝听从父亲的警告离开火宅。长者于是告诉他们："如此种种羊车、鹿车、牛车，今在门外，可以游戏。汝等于此火宅、宜速出来，随汝所欲，皆当与汝。"[①]然而，等到他的儿子们到达安稳处之后，长者却没有给他们自己曾许诺的玩具车，而是给了他们装满宝物的真车。佛陀解释说世间犹如火宅，而有情就像对自己的危险毫无察觉的无知小儿。他教给他们灭苦的方法以诱导他们出离忧悲苦恼，但最终他提供给他们的不是灭苦，而是佛陀的智慧。[②]

基于这个火宅喻的故事，智顗给出了关于佛陀教法存在矛盾的另一种解释：它们都是用来使不同根性的众生获得真正觉悟的"方便法门"。如果一种教法能促使开悟的实际目标，那么即使它说的是假话，它就是真谛。换句话说，真理的概念可以诠释为一种实用主义观。教法之真不在于教法本身怎么宣说，而在于它带来了什么（也就是它达到了什么效果）。如果是这样，那么我们争论相互矛盾的教法哪个才是真实的就没有意义了。只要它们都能达到开悟众生的实际目标，它们就都是真实的。

根据《法华经》，整个关于涅槃即是寂灭的教法就是这样一种"方便法门"。佛陀就凡夫而说："我知此众生，未曾修善本，坚着于五欲，痴爱故生恼。"[③]他接着说："我为设方便，

---

① 《法华经》譬喻品第三，英译本 Watson 2002：45。

② 全文来自《法华经》譬喻品第三，英译本 Watson 2002：43—50。

③ 《法华经》方便品第二，英译本 Watson 2002：14。

说诸尽苦道，示之以涅槃。我虽说涅槃，是亦非真灭，诸法从本来，常自寂灭相。”[1]从此引文，我们看到《法华经》摒弃了根植于早期佛教以涅槃为独立境界的整个信仰。智顗解释这种“方便法门”只不过是另一种形式的真理。佛陀所说皆真实不虚：一些是与究竟实相相对应的真实教；一些是为小根劣智众生开设的方便法门，但是两者虽然有不同的真理意涵，无不真实。

295

因此天台哲学的真理观不仅仅是一个语义学的概念，而且是一个实用主义的概念。这一实用主义意味的真理观可能启发了禅宗用各种不立文字的办法来达到开悟的目的。从实用主义的角度来看，如果连假说或是半真理都可以被认为是真确的，那么当头棒喝等禅宗方案只要有同样的实用功效，也都可以认为是真谛。

真理作为层级性之意涵：“一真谛”

尽管“真理”可以相对于机众根性来定义，但并不意味着我们必须认可所有相对的真理都同等真确。甚至当我们看到：

对于听众 A，P 为真 A；

对于听众 B，Q 为真 B；

对于听众 C，R 为真 C。

当 P、Q 和 R 各自表达一个不同的真理，我们仍然可以在听众 A、B 和 C 之间的智性和理解层面上作出如下区分：

C 优于 B，而 B 优于 A。因此，我们可以得到：

---

① 《法华经》方便品第二，英译见 Watson 2002：15。

R 优于 Q，而 Q 优于 P。

换句话说，我们仍然可将不同的“认可的真理”置于一个真理观的层级结构（hierarchy of truths）中。这也是智顗所作的判教工作的根据。根据智顗，藏教置于所有佛学教义等级结构中的最底层，而圆教列于最高层。他把《法华经》摄入圆教。因此，据他判定，天台的中道代表着真理的最高形式。圆教教法适用于成为诸佛之人。[①]由此可见，智顗的真理观基本上是一个各种真理的层级体系——最底层的也被称作“真理”，或者是因为它们是启发钝根众生的方便法门，或者是因为它们能完成引导开悟的实用目的。“真理”从这个意义上来说是相对和功能性的。然而，在真理层级的最高端唯有一终极真理，亦即中道真谛本身。这也是尽管智顗探讨多元真理，而最终仍宣称唯有“一真谛（One Truth）”的原因。 296

智顗的“一真谛”理论可被视为源于佛陀在《法华经》中所说的佛虽宣说“三乘”（三条成佛之道），终究唯有“一佛乘（Great Buddha Vehicle）”。[②]这里其他的三乘可分别被视为是声闻、缘觉和菩萨三条道路；它们也可以被视为藏教、通教和别教中所教导的教义。它们就像佛陀所说的长者和儿子们故事中的玩具车一样——被用作方便法门，但不是究竟教法。因此，在天台的语法中，唯有单一真理，这不仅仅是在形而上学的意义上承认一实相，而且是在语义的意义上认可对实相唯一究竟

① 智顗对《法华经》的评价基于经文本身。在《法华经》中写到经中的精妙佛法“是法非思量分别之所能解，唯有诸佛乃能知之”（《法华经》方便品第二，英译本 Watson 2002：9）。

②《法华经》方便品第二，英译本 Watson 2002：9。

真实的描述（也就是一真谛）。因此，天台宗的真理观绝对不是相对主义的真理观。

真理作为妙义之意涵：无谛

尽管有以上所有这些关于真理的讨论，最终智顗宣称真正的真谛是不可言状、无法阐述、超越凡夫所能理解。《法华经》的全称是《妙法莲华经》，而智顗解释“妙”字之意为“不可思议”。[1]华兹生指出此不可言说性是大乘佛教的一个共同特性：“大乘佛教一直以来都是坚持它的最高真谛究竟是无法用语言表达的，因为一用语言就落入分别，而违背了空性的一体性。”[2]前章我们已经看到华严宗特别关注于证明语言概念的局限性；下一章我们将看到禅宗更进一步摒弃用语言来传递真理的可能性。

智顗是这样介绍“无谛”之妙的：“融通无着是故言妙。开粗显妙可解（云云）。诸谛不可说者。诸法从本来常自寂灭相。那得诸谛纷纭相碍。一谛尚无，诸谛安有。一一皆不可说。可说为粗，不可说为妙。不可说亦不可说是妙。是妙亦妙，言语道断故。”[3]真谛不可言说，因为语言表达有它的局限性——真理本身并非言语之建构。然而，智顗并不否定我们有了知或理解实相真理的能力。对于已经成佛的人（诸佛自身），“一真谛

297

① 智顗：《法华玄义》，CBETA 电子版 No. 1716：21。英译本 Swanson 1989：203。

② Watson 2002：xxviii.

③ 智顗：《法华玄义》卷二，CBETA 电子版 No. 1716：32。英译本 Swanson 1989：255。

（One Truth）”仅仅是三谛（Threefold Truth）。他的“无谛”观是对其他佛学宗派汲汲于口头辩论何为佛陀真实意或何为实相本质的一种驳斥方式。当人们陷入言语思虑时，他们就见不到真正的目标——佛陀的智能。因此，智顗感到有必要提倡“无谛”以引导佛教徒回到提升精神的追求。他提出这个问答：“问：若尔中道唯应有一实谛。不应言无谛也。答：为未得者执中生惑，故须无谛。实得者有戏论者无（云云）。”[①]所以“无谛”可以视为另一种“方便法门”——这一次是智顗本人的运用。

天台的佛果、佛性和清净心观

天台对佛陀存在的诠释与印度佛学的传统是完全相反的。佛陀在正统传说中是一个离开王宫去寻找生命真谛的王子。经过多种尝试，他最终获得觉悟并开始教化大众。不同的佛经据说都是他说教的记录。“佛陀（Buddha）”这个词总是以单数形式作为特定的称呼，即“the Buddha（这个佛陀）”。但在《法华经》中，这个词经常用于复数形式，指涉实际上有成千上万的佛，或者，正如《法华经》所说：“现在未来佛，其数无有量。”[②]诸佛的数量是不可胜数的，因为他们包括所有过去已成就为佛以及现在和未来会成就之佛。他们与我们其他人无二无别，而且跟我们存在同一实在界中。当他们获得真正觉悟之时，

① 智顗：《法华玄义》卷二，CBETA 电子版 No. 1716：32。英译本 Swanson 1989：256。

②《法华经》譬喻品第三，英译本 Watson 2002：28。

他们就会转世间为涅槃。

如果我们所说的世间和佛陀所说的涅槃是同一实相，那么我们从世间解脱就并不意味着我们必须进入另一种现实，而在于我们改变了对同一（self-same）现实的观法。因此，住世间和入涅槃之间的差别只不过是我们的内在观念和对这一现实的理解，而不是现实本身的不同。我们所有人有可能改变我们的

298

误解和错觉而获得真实的正见；我们所有人有可能获得解脱并达到涅槃。这十足的可能性是基于我们无始以来都具有“佛性”的事实上。这一佛性的普遍性使每个人都有可能成佛并进入涅槃。智顗云：“今果三义妙者。体广位高用长。体备万德，众善普会。”[①]“佛性”之词即意为我们共同拥有与生俱来的万德与众善。

智顗界定“性”为“性以据内者”[②]，而把“佛性”界定为佛之本具菩提智慧：“智即了因为佛性。”[③]我们可以说“佛性”表示成佛的潜能。它是每一个人与生俱有的。如果每个人与生俱有佛性，那为什么不是每个人都已获得佛果并且成佛呢？在这方面天台的解释并没有不同于早期佛教：无明使人们不能成佛。但早期佛教把无明置于说明我们存在的十二因缘之首，而天台宗则不把无明视为我们存在的最初状态。智顗用一

---

① 智顗：《法华玄义》卷一，CBETA 电子版 No. 1716：14。英译本 Swanson 1989：169。

② 智顗：《法华玄义》卷二，CBETA 电子版 No. 1716：18。英译本 Swanson 1989：190。

③ 智顗：《法华玄义》卷七，CBETA 电子版 No. 1716：18。英译本 Swanson 1989：190。

个乞丐的比喻来解释他认为我们内在都有佛性的观点：

> 譬如贫人家有宝藏而无知者。知识示之即得知也。耘除草秽而掘出之渐渐得近。近已，藏开尽取用之。[①]

从此譬喻中，我们可以看到对于智顗，我们的佛性事实上是我们存在的最初状态，并且我们需要做的只是清除我们的妄想和错见，就可能重新拥有这一珍贵佛性。

然而，在天台建立的理论中，人性不是一味纯好，它也有邪恶染污。[②]智顗强调染污的人性与清净的佛性无二无别。他说："法性不异苦集。但迷苦集失法性。如水结为冰，无别水也。"[③]人性只有一个，它与佛性无二无别，普遍存在于所有人。广泛地说，万法皆有此清净"法性（Dharma Nature）"。根据吴汝钧的观点，"智顗没有把佛性限制于有情，而是把它的维度扩大覆盖到无情。这是将佛性等同于法性，意为诸法或实体的本性。"[④]如果万物天生含有佛陀本性（nature of the Buddha），那么万物最终与佛融为一体。涅槃不是于自身或个体存在之外去寻找；涅槃仅仅是心的一种境界 / 状态。而且心是本来"清

299

① 智顗：《摩诃止观》卷一，CBETA 电子版 No. 1911：13。英译本 Donner and Stevenson 1993：214。

② 性恶说未见于智顗的天台三大部。它最先出现在他后来的著作《观音玄义》，他的后人湛然把他的这一理论变成天台哲学的一个主要教义，所以性恶论通常归于湛然。

③ 智顗：《摩诃止观》卷一，CBETA 电子版 No. 1911：7。英译本 Donner and Stevenson 1993：165。

④ Ng 1993：78.

净”的。智顗说：“达苦集无苦集，即会法性。”[1]

既然世间即涅槃，我们的心即佛心，那么我们的痛苦之源也就是我们的解脱之本。使我们好与坏的只有一个，而且是同一个源头：心。如智顗对它的阐释：“无明转即变为明。如融冰成水。更非远物不余处来。但一念心普皆具足。”[2]这个主张的一个令人震惊的含义在于它与早期佛教教义相反，尤其是佛陀教导的四圣谛（苦，集，灭，道），而教导我们不需要去除我们的贪欲或烦恼。而且，我们不需要等到此生了结而获得涅槃，以便日后不再重生。在我们此生，在我们当下（现前）一念，我们可以即刻进入涅槃。智顗说：“众生即菩提不可复得。众生即涅槃不可覆灭。一心既然。诸心亦尔。一切法亦尔。”[3]

既然世间即涅槃，我们的痛苦和解脱于是不可分离。智顗认为烦恼染污不是需要灭除，而是要超越的。若无染污，则无有净化；若无无明，则无有觉悟。这一理念导向一个有意思的课题，即是恶不仅存在于我们本性中，而且是必不可或缺的。智顗说：

> 由恶有善，离恶无善，翻于诸恶，即善资成。如竹中有火性，未即是火事。故有而不烧。遇缘事成即能烧物。

---

① 智顗：《摩诃止观》，CBETA 电子版 No. 1911：7。英译本 Ng 1993：78。

② 智顗：《摩诃止观》卷一，CBETA 电子版 No. 1911：11。英译本 Donner and Stevenson 1993：198。

③ 同上书，页 196。

恶即善性，未即是事。遇缘成事即能翻恶。[1]

智顗的人性论因此既强调人性是清净的，又强调人性是染污的。

智顗的人性论被当代的中国学者称为“性具（containment in nature）”思想。早先，我们已见对于天台来说，十法界互具，并且最终一心具十法界。如果是这样，那么心已经包含了修罗、畜生、饿鬼和地狱众生界。换句话说，我们的心中拥有的——我们的负面情绪、邪恶思想和其他烦恼——可以把我们带下地狱界。这些恶道因此具含于我们本性中，正如圣道亦具含于我们的本性中一样。觉悟开解的潜能根植于我们的本性中，但是我们永久堕落地狱的可能也在我们的本性中。据当代中国僧人圣严法师所说，智顗的理论将“性”视为心的本性或实质。因此，对于智顗，如果心具三千，那么则性具三千。[2]此外，根据智顗，恶与生俱来——它是我们本性的一部分。智顗说：“佛断修恶尽，但性恶在。”[3]甚至诸佛也断不了性恶的原因是他们需要知道何为恶或如何战胜邪恶，以便帮助其他有情。换句话说，诸佛需要先亲自经验恶，以便他们能真正慈悲地对待其他人，而不仅仅是站在超然卓越的位置上以一种屈尊俯就的方式对待他人。

300

---

① 智顗：《法华玄义》卷五，CBETA 电子版 No. 1716：84。英译本 Ng 1993：171—172。

② 圣严法师：《大乘止观法门之研究》1997：195。

③ 智顗：《观音玄义》卷一，CBETA 电子版 No. 1726：9。引自圣严法师《大乘止观法门之研究》1997：200。

智顗说："性之善恶但是善恶之法门，性不可改，历三世无谁能毁。复不可断坏。譬如魔虽烧经，何能令性善法门尽；纵令佛烧恶谱，亦不能令恶法门尽……岂能令善恶断尽耶？"[①]恶就像可以用来建筑善的材料。同样地，我们可以说世间是涅槃得以实现的基础。我们的性恶和所在的世间都不需要被彻底消灭。使我们觉悟的或转变成佛之所以可能，完全在乎心。不过很重要的一点是我们要了解，对于智顗来说，成佛的过程不是一个通过外在熏习的转化，而是一个内在觉醒的过程。霍维茨解释得很好："当一个人做到这个内在觉醒，他将认识到其实什么都没有改变。我没有变成佛；我就是佛，一直都是。今昔之别仅仅是昔日我没有意识到此，而今我意识到了。"[②]这一内在的觉醒，即由心完成。

根据智顗对"心"一词的解释，心是"反照观察"[③]的功能；心之"对境觉知，异乎木石"[④]。他进一步解释："心筹量名为意。"[⑤]既然心的主要功能是"意"或"反照观察"，那么

301

---

① 智顗：《观音玄义》卷一，CBETA 电子版 No. 1726：9。引自圣严法师《大乘止观法门之研究》1997：200。

② Hurvitz 1962：273。

③ 智顗：《摩诃止观》，CBETA 电子版 No. 1911：18。英译本 Donner and Stevenson 1993：140。

④ 同上书，英译本页 272。

⑤ 智顗：《摩诃止观》，CBETA 电子版 No. 1911：18。除了定义"心"和"意"，智顗还定义"识"为"了了别知名为识"。然而，他马上又加上警告："如是分别堕心想见倒中。"（同上）当我们处理天台术语的分析时，我们必须记住这个警告。

无明和觉悟都是心的两个可能状态。我们早先已经解释“心具三千”——“心”，或智顗所说的“一念”，是在以实相的全体作为认识对象的意义上说，包含三千世界。智顗强调诸佛与凡夫在根本上无二无别。他说：“当知己心具一切佛法矣。”[①]而且，任何人都应该理解己心“等佛心”[②]。佛陀与凡夫不同的仅在于他远离了错误思想而获得通达实相的正见。智顗说：“当知佛之知见，蕴在众生也。”[③]他称我们的心为“自性清净心”[④]。智顗的清净心之说似乎来自他的老师慧思大师。慧思认为我们与生俱来都有清净心，而且永远不会失去。我们看不到自己的清净心是因为它被各种染污覆盖。慧思说：“此心无始以来虽为无明染法所覆，而性净无改。”[⑤]所以，我们不需要到别处去寻找觉悟。我们都是潜在的佛，而且我们的心即佛陀之心（或诸佛之心）。所有我们需要做的只是再现我们的本源清净心，并恢复我们的内在良知。我们将在下一章看到，这一教法跟禅宗有极密切的契合性。

当心获得觉悟，即是处在智顗所谓“止观（calming and contemplation）”的境界。他解释道：“止即是观，观即是止，无

---

① 智顗：《摩诃止观》，CBETA 电子版 No. 1911：11。英译本 Donner and Stevenson 1993：195。

② 智顗：《法华玄义》卷二，CBETA 电子版 No. 1716：16。英译本 Swanson 1989：177。

③ 同上书，英译本页 178。

④ 同上书，页 18。英译本页 190。

⑤ 慧思：《大乘止观法门》，CBETA 电子版 No. 1924：2。英译见陈荣捷《中国哲学文献选编》英文版 Chan 1963：399。

二无别，得体近由亦如是。”[1]“解脱通止。般若通观。法身通非止非观。三德各通止观者。”[2]天台所教的修道方法基本上是一个修心的自助方法——个人需要去重新发现自性清净心和内在觉性。外在的制裁不能达到精神的修炼；经书教理也无法传递智慧。一个人需要体认到自己与生俱来的佛性本身足以令自己成佛，或者，正如智顗所言，此即“了因佛性”[3]。

302

结语

在天台哲学中，我们看到了真正代表中国佛学的特性。天台宗通过把“佛”的多元化命名，来降低印度佛教的单一神学趋势。同时，通过提倡十法界代替六法界，天台宗融合了凡夫界与佛界。由涅槃即世间一说，天台宗消除了印度文化中的此世与彼世的两极分化。由认可佛性的普遍存在，天台宗摒弃了早期原始部派佛教支持的等级制度。由强调实相的妙不可言，天台宗引导中国佛教徒避开拘泥于印度佛经的学习方式，天台的教法引致了一个名副其实的中国佛学宗派——禅宗的建立。

进一步来说，天台哲学不仅仅与传统中国哲学衔接，而且引发了中国哲学发展的新方向。它对人性本善和人心本净的肯

---

① 智顗：《摩诃止观》卷三，CBETA 电子版 No. 1911：33。英译本 Donner and Stevenson 1993：204。

② 同上。

③ 智顗：《法华玄义》卷二，CBETA 电子版 No. 1716：161。英译本 Swanson 1989：190。

定可以追溯到孟子的人性和人心观。另一方面，它对人性中内在性恶的接受也反映了荀子的学说。尤其重要的是，天台哲学关于佛性与清净心之间联系的讨论，更是为宋明理学中理学和心学之间长达多世纪的辩论铺开了道路。天台哲学无疑可被视为先秦儒家思想与宋明理学之间的一个桥梁。

延伸讨论问题

1. 天台宗的实相观是什么？他们如何解释世界？与华严宗的世界观有何不同？

2. 天台的术语“一念三千”是什么意思？

3. 天台的三谛是什么？我们如何理解天台的真理观？我们可以接受一个仅仅是功能性和实用性的真理观吗？

4. 你同意我们可能是本性善良且有内在的佛性吗？如果人性本善，为何很多人不能开发他们的内在善良？天台宗如何解释我们道德上的匮乏？

第十二章

禅宗

概论

304 6至8世纪在中国发展出来的禅宗一般被公认为是真正的中国佛学宗派。后来传到日本更被发扬光大。因为禅宗是由其日本脉系介绍给西方世界的（尤其是通过日本学者铃木大拙［Daisetz Teitaro Suzuki］的阐释），在英语语系中一般多以日文发音"Zen"为人所熟知。而"禅"字意为"静虑"，是由梵文"dhyana"翻译成中文的。[1]据传禅宗的教法起源于佛陀本人，

---

① 根据瓦茨（Alan Watts）的看法，梵语中dhyana这个词最好不要翻译："英文的meditation（静虑）一般意为反思或是沉思，但是这个词是对dhyana最误导的翻译。而其他可用的替代如trance（坐忘）或是absorption（全神专注）更糟糕，因为那些词有催眠着迷的意思。因此这个梵语词最好不要翻译成英文，而直接加入英文语汇，就如同我们加了Nirvana、Tao成为英语名词一样。在佛学术语中，dhyana包含内敛与静思双层意思，可以说是一种统一的觉识。从一方面来说，dhyana代表专一现有的意识，因为要有清澈的觉识就只能专注当下一瞬间，而不为过去或未来所干扰。西方的神秘主义者称之为永恒的现有（the Eternal Now）。从另一方面来说，dhyana是专一的意识，因为在dhyana

然而禅宗在印度的传承并没有明确建立。传说佛陀秘传深奥的佛法给一个弟子，而这种教法不同于他在大众中宣讲的佛法。这种深奥教法不依靠文字的经典，而是祖师们之间口口相授。据传第二十八祖菩提达摩（约 470—约 543）在公元 6 世纪时来中国传法，因此禅宗尊崇他为初祖。菩提达摩法脉继续传给慧可（487—593），僧璨（生卒年不详），道信（580—651），弘忍（602—675）。在禅宗传承里，他们分别被尊为第二代、第三代、第四代及第五代祖师。[①]但是弘忍之后禅宗分为北宗和南宗。南北两宗都声称各自的祖师——北宗神秀（约 605—706）和南宗惠能（638—713）——是真正的六祖。

根据《六祖坛经》[②]记载：五祖弘忍要求弟子各作一偈，谁的作品最能诠释“禅”，他就选谁为传人。那时在寺里神秀是首座大弟子，而惠能是一个目不识丁的杂役。神秀写出他的偈子后，所有弟子都认为他将毫无疑问地成为衣钵传人。然而惠能听见了神秀的偈子后却颂出了另一首，在五祖心目中更胜一筹。弘忍深恐其他弟子可能出于嫉妒或鄙视惠能的出身而加害于他，于是在半夜秘传衣钵给惠能并要他离开。惠能回到了他

305

的心境中没有知者、知，与被知者之间的差别。”（Watts 1957：54—55）不过尽管他如此建议，dhyana 这个词在目前还没有像 Nirvana 或是 Tao 那样成为英文中常见的名词。因此在本书的英文版这个词还是用 meditation（静思）来翻译。

① 当代许多史学家质疑这个传承的真实性。有人说菩提达摩的身份不明；有人说可能没有僧璨此人。可参照 Hu 1953、Fung 1983，以及 Yamolsky 1990。

② 全名为《六祖惠能大师法宝坛经》。本章简称《六祖坛经》。

的老家岭南，开始传讲。在五祖寂灭后，神秀的弟子推举他为六祖，多年以后惠能也赢得了大批追随者，由此禅宗的另一派在南方形成。南宗和北宗之间的对抗持续了一百年。初期是北宗占上风。然而，最终经过惠能得力弟子神会的努力，南宗被朝廷认可为真正的禅宗。从此惠能成为公认的禅宗六祖。

目前在论者中有一种共识，《坛经》里讲的这个故事可能是惠能的弟子，最有可能是神会杜撰的。因此我们不能肯定五祖是否真的将衣钵传给了惠能。有些学者认为是神秀而非惠能继承了从初祖传承下来的真正的禅宗精神。[①]然而尽管如此，是惠能的教法，尤其是《坛经》里揭示的那些教法，得以流传并成为禅宗心要。[②]铃木大拙赞美道："中国禅宗思想的发展在惠能之前或多或少都遵循印度模式，但在他之后禅宗开始走上了有中国特色的发展轨迹。"[③]要想理解中国佛学本原的禅宗思想，我们应该研究惠能而不是神秀的教法。因此，我们分析禅宗时将会集中在起源于惠能的南宗上。没有特指的情况下当本书提到"禅宗"或"禅"时，指的就是南宗，而且本书将《六祖坛经》作为禅宗的理论基础。

---

① 例如杨惠南就认为神秀的教法是依从弘忍与道信的真传，而惠能的看法则跟传统歧路。见杨惠南（1988）《道信与神秀之禅法的比较——兼论惠能所批判之看心、看净的禅法》，《台大哲学论评》，11：205—225。

②《坛经》记录惠能的生平，跟其他弟子接触的逸事，以及他的教导。这本书或许最初是他的弟子所著，而后时日一久，本书受到增添而更多的传闻故事被加入。这本书也许不是很可靠的史实记载，但是其中的学理内容对我们了解禅宗非常重要。

③ Suzuki 1964：85.

《六祖坛经》是一个具有伟大哲学意义的作品，如杨波斯基（Philip Yampolsky）所说："这本书标志中国佛学从强调抽象的涅槃到个体觉悟的转变，适用于任何想要通过禅修体证内在佛性的人。"[①]《坛经》有多个版本，但其中的两版脱颖而出。 306
一个是13世纪编辑的详尽版，这一版其后成为禅宗的标准版。另一个版本更短更早，但是错误很多，是19世纪末20世纪初在敦煌出土的。[②]本章的解析主要来源于这两个版本的《坛经》，以及惠能对《金刚经》的注释。我们也将会参阅两位南宗大师的作品：黄檗（？—855）和临济（810—866），因为他们对禅宗后来的发展和转型起了重要作用。

概括地说，禅的哲学精髓可以描述为清净心的哲学。[③]禅宗教人回归本心。五祖弘忍形容禅的传承是师徒间以心印心。[④]心的传递不依赖于言语文字的沟通。因此，禅宗大师减低了语言的重要性，他们对心和对语言文字的见解密切相关。在这一章里面，我们将阐释禅宗心的哲学和语言的哲学。但在开始之前，我们先仔细比较南北禅宗的不同主张。有一点我们必须注意：是南宗创造转化了最初的传承，从而确立了有中国

---

① Yampolsky 1990：249.

② 杨波斯基考据敦煌本为公元830至860年之间的作品（Yampolsky 1990：90）。

③ 许多修禅者或许会否认禅宗有任何有关心的"哲学"，他们会指出禅宗的一个基本教理就是反哲学化以及概念化。的确，禅宗的精神要义在于实践，而非理论。不过，就像本书处理其他佛教学派一样，本章的主旨是要分析这些宗教伦理学派的理论基础。

④ Cleary 1998：11.

特色的禅宗。该宗不离世间而寻觅菩提，不把佛陀描绘成至高无上的存在。它是关于平常人和寻常事物的哲学，而正是他们的日常性被禅宗视为有至高的价值。

南北宗的理论分歧

即使有关神秀与惠能两首偈之争的故事也许毫无根据，南北两宗不同的教法和实践仍是史实。北宗教导渐悟，南宗教导顿悟。北宗强调禅坐的方法，在其过程中去观照自己的心念；307 南宗质疑坐禅的修行，声称在任何日常活动中，比如喝水、砍柴，[①]都有可能达到开悟。此外，据数位禅学者的研究，北宗的理论基础是《楞伽经》，而南宗主要依据的是《金刚经》。[②]在这节讨论中，我们会通过分析神秀和惠能的两首偈子来看看两个宗派在哲学上有何不同。

---

① 葛尔能（Richard Garner）说："南宗的基本取向就是不取超越界以及现象界之别，而完全着重于日常生活的世界。"（Garner 1985：162）

② 当代学者似乎都同意从菩提达摩传到弘忍的是《楞伽经》，但是惠能以及后代禅祖所强调的是《金刚经》。在敦煌版中有些档案记载达摩把《楞伽经》传授二祖慧可，口云："我观汉地，唯有此经，仁者依行，自得度世。"（引文见 Dumoulin 1994：308）另外在纪念神秀的一篇铭文中，也提到神秀特别尊重《楞伽经》，而且让弟子读这本经：神秀"令看《思益》，次《楞伽》，因而告曰：此两部经，禅学所宗要者"（见 Dumoulin 1994：322）。而在《坛经》里，则记载惠能是在听他人朗诵《金刚经》时得到菩提智慧。又有传言说当五祖弘忍把圣袍传给惠能时，他也讲述了《金刚经》的要义来作为传钵的真教。

两首偈

神秀的偈：

身是菩提树[1]，心如明镜台，时时勤拂拭，勿使惹尘埃。[2]

惠能的偈[3]：

菩提本无树，明镜亦非台，本来无一物，何处惹尘埃。[4]

神秀的偈子所表达的是，我们都有原本清净的心，但是它常常被贪、嗔、痴（所谓的“三毒”）所染。因此，我们需要对自心保持警觉和观照来去除各种沾染杂念。这里提到的“心”似乎是一个不活跃的实体，它能“时时惹尘埃”。如黎惠伦所提到的：“如镜之心是被动的，是外在一切的容器。它很容易

① 中文里包含了对 Bodhi 的音译：菩提，意思是开悟。历史上的传说是佛陀在菩提树下得到开悟。

② 英译见 Cleary 1998：8。

③ 敦煌本里还有另外一首偈：“身是菩提树，心如明镜台。明镜本清净，何处染尘埃。”（Yampolsky 1967：132）为何有不同偈的原因不是很清楚。有些学者猜测是《坛经》作者用不同文字来表达同样的理念。

④ 英译见 Cleary 1998：10。

被烦恼杂念（尘）所扭曲。”[①]真正的主体似乎是我们的自我——那个在监控、清理和擦亮心镜的主体。如此，在原本的清净心和观照的心之间就存有一个二元性。而且要是没有监控心夙夜匪懈地辛勤观照，我们的原本清净心就不能维持下去。因此这是一个无止境地寻求开悟的过程。涅槃则是个人谨慎小心努力的最终结果：只要个人能设法拭去所有的尘埃，他终将达到开悟。但是这首偈子并没有提到终极解脱是个人可见的、可达成的目标。这首偈子也证实了南宗的责难：北宗教导的是渐悟法门。

相对来说，在惠能的偈子里面没有所观心和能观心之间或是清净心与杂染心之间的二元性。甚至没有一个开始的“一”——因为本来就无一物。“本来无一物”的格言成为禅宗的基本思想。[②]惠能的偈子指出神秀的错误在于把心看作实有的本体或一个需要维护和时时清理的实体。惠能的教导是本无一实心，因心非物。既然没有一个实体，没有本体，那就不会有被沾染的可能。吾心本来清净而且时时清净。[③]既然心不会为任何事

308

① Lai 1979：250.

② 根据铃木大拙的看法，“一旦惠能点出‘本来无一物’，他就找到了禅宗的最主要键盘，而且这一句话可以让我们理解他的教法跟前代宗师以及同期僧人之间的不同点”（Suzuki 1964：24）。因此这句话就是惠能具有革命性的宣言。

③ 依照美国学者雷克（Steven W. Laycock）的分析，“用了心与镜子的模拟，神秀所提倡的是一个修养的过程：要像抹去尘沙一样的无止过程。惠能的颠覆传统就是不接受这种模拟。……心本来就有大智，自性原本就是清明透彻的，而且没有任何努力不懈的过程可以帮助我们落实原本开悟清明的本心”（Laycock 1985：192）。

物所障碍到，所以我们亦不需要被世间微不足道的小事困扰。一个人只要一朝能明白了这一点，他就能“当下”开悟。用黎惠伦的说法：“开悟只不过是自心（灯）得以自己发光照明（灯光）。心就是它自己的证悟。”[①]这种认识是南宗顿悟法门的基础。与神秀使用“沾惹尘埃的镜台”这个比喻不同的是，惠能经常使用“被云层遮盖之日”这个比喻。如果我们的心像镜台一样堆聚灰尘，那它就不再清净。但是，如果它只是像太阳被云层暂时遮盖，那么即使我们见不到太阳，它依旧光辉明媚。云层不能改变太阳光辉的本质；错误的观念和习性也改变不了吾心清净的本质。

惠能的偈子对神秀的另一个微妙批评是：在神秀的偈子里描述了一种有意识的努力，有目标性的功夫。[②]神秀的偈子用经常拂拭镜子尘埃来描述如何保持心的清净，但在惠能看来，这还是执着于清净上面。他说道：“若言著净，人性本净，由妄念故，盖覆真如，但无妄想，性自清净。起心著净，却生净妄，妄无处所，著者是妄。”[③]这里他强调的是“起心著净，却生净妄。”同时，惠能对成佛的看法是：免去所得心，才能证得菩提智：“佛言实无所得心。而得菩提。以所得心不生。即

① Lai 1979：250.

② 值得注意的是，日后禅宗大师黄檗则依照此意而明白指出神秀的不足。当有人问为何神秀没有得到五祖的传衣为祖，黄檗回答：“为他有心是有为法。所修所证将为是也。所以五祖付六祖。”（《黄檗山断际禅师传心法要》，CBETA 电子版 No. 2012A：7。英译本 John Blofeld 1958：64）

③《六祖坛经》坐禅品第五，英译本 Cleary 1998：35。

生实相。是故得菩提。”[①]由此看来，如果一个人有意识地从事清理、擦亮和成就的任务，那么他就已经违背了佛陀最初的教导：不要抓取，不要住著。因此，惠能的偈子意在指出神秀是如何没有理解佛学的真谛。

这两首偈子潜在的理论分歧可以追溯到两部主要的经典：北宗遵循的《楞伽经》和南宗遵循的《金刚经》。这两部经教导的不同之处在哪里？根据陈荣捷的总结，《楞伽经》强调的是究竟实相（Ultimate Reality），而《金刚经》的关注点是心（Mind）。[②]不过，在《楞伽经》的理路下，心就是究竟实相。所以陈荣捷的分析不是很清楚。更恰当地描述两经之别是：《楞伽经》对究竟实相的“一心（英文首字母大写的 Mind）”有形而上学的关注，而《金刚经》则从根本的伦理道德出发，关注的是作为自我觉醒基础的个别心（英文小写复数 minds）。

309

唯心

“唯心（Mind-Only）”是《楞伽经》阐述的主旨。[③]这个一心（英文首字母大写的 Mind）有别于有情众生的妄心。这个心被称为“清净心”或“一心”。普通人的心被称为“染污心”，这与清净心相距甚远。罗伯特·佐施纳（Robert Zeuschner）解释为“所谓的染污心，是指心的思维活动：概念化，作判断，

---

① 六祖注《金刚经》究竟无我分第十七，英译本 Cleary 1998：127。

② Chan 1963：426.

③ 跟《华严经》不同的是，《楞伽经》排斥微尘存在的预设而只承认心的存在，是以唯心论名之。经文云：“微尘分析事，不起色分别，唯心所安立。”（《楞伽经》集一切法品第二，英译本 Suzuki 1932：49）

区分主体与客体，有厌憎和渴望种种情绪，进以建构了我们的认知和经验所运用的分类性概念框架”[①]。如果这种诠释是正确的，那么染污心仅仅是人类（以及其他众生）的认知活动，通过它我们所认识的世界（the world-as-we-know-it）才得以存在。但是我们所认知的世界不是真如。只有清净心本身才有真如（True Thusness）的地位，是真正的如是（reality-as-such）。因此“心”有两种意涵：一种是形而上的、纯净的、终极的；另一种是经验上的、被染污的、能觉知的。《楞伽经》中关于“心”的两种教义与大乘佛法的主旨是一致的。例如，《大乘起信论》介绍了“心”的如下两个方面：“依于一心有二种门。所谓心真如门，心生灭门。此二种门各摄一切法。以此展转不相离故。”[②]依此经文教导为基础，神秀也谈到了两种心：一种是有漏无明的染心，一种是无漏真如的净心：“一者净心，二者染心。此二种心，法界自然，本来具有；虽假缘合，互相因待。净心恒乐善因，染体常思恶业。”[③]以神秀的《观心论》言“心是众善之源，是万恶之主”[④]。吾人的净心与染心本来不同，北宗的“二心说”理论由此建立。

《楞伽经》的“唯心”论点重申传统佛学一般反实在论的

① Zeuschner 1978：69.

②《大乘起信论》卷上，英译本 Zeuschner 1978：71。

③ 此乃 Zeuschner 1978 的引文。他认为“破相论”（据传为达摩所作，亦有神秀撰述之说）是神秀“观心论”的别名。因为大藏经的“观心论”未收前面的序文，是以他从“破相论”（T 2009 [48]：367a）引出此文来诠释神秀的看法。（Zeuschner 1978：71）

④ 神秀：《观心论》，CBETA 电子版 T85 n2833：1273。

宗旨。楞伽经文不断重复唯有真心（Mind）是真实的；外在世界不存在于真心之外。在其世界观中，真心与外境不存在二元对立。《楞伽经》所说的非二元是指所有事物都是真心的映像，“身资财所住，皆唯心影像”，因此“一切法自相共相空”。[①]所有事物都没有自性，都是空的。经中说：“以诸三界但是分别，惟心所现，无有外物。”[②]正如我们在唯识宗和华严宗所看到的那样，“唯心论”的相关论点是反实在论。在《楞伽经》中，佛陀拒绝以实在论（有宗）的视角来认可有一个自存自在的实在界：“我非不说寂静空法堕于有见……一切法本无有……一切法如幻如梦。”[③]离开真心便没有实体可言，所以我们当作外境的世界其实并非存在于我们的心识之外。

310

此外，根据《楞伽经》的观点，说诸法皆为心之投射并不能保证事物之存在，因为这些“投射”乃是由个体无明心的分别造作所引发的妄影。《楞伽经》云：“譬如有人于水镜中自见其像。于灯月中自见其影。于山谷中自闻其响。便生分别而起取著。此亦如是。法与非法唯是分别。由分别故不能舍离。但更增长一切虚妄不得寂灭。”[④]《楞伽经》中所描述的分别心与外境之间的因果过程，与唯识宗所提供的过程非常相似。以阿赖耶藏识为基础，《楞伽经》描述世界为心识所造：“藏识为因为所缘故。执着自心所现境界。心聚生起展转为因。……譬如

① 引文见《楞伽经》集一切法品第二，英译出处来自铃木大拙翻译的《楞伽经》（Suzuki 1932：106）。

②《楞伽经》无常品第三，英译本 Suzuki 1932：143。

③《楞伽经》罗婆那王劝请品第一，英译本 Suzuki 1932：20。

④ 同上。

海浪自心所现境界风吹而有起灭。是故意识灭时七识亦灭。”①

个体心的各个心识对种种形色和声音等进行分别，从而产生众相和众物。相对来说，当一切心识停止，则能达到“证智”或开悟本身。也就是说，只有当分别意识停止时，个体才能进入涅槃。如《楞伽经》所言：“分别境识灭，如是说涅槃。”②涅槃是指不生不灭，真实地看待实相如其本来，“言涅槃者。见如实处舍离分别心心所法。获于如来内证圣智。我说此是寂灭涅槃”③。这种实相只能通过转识成智来获得。

相对于《楞伽经》“真一（One）”的教义，《金刚经》教导的似乎是强调“空”，如经所云：“凡所有相，皆是虚妄。若见诸相非相，则见如来。”④不过，《金刚经》同时排斥所有在概念上区别“一”和“多”或“有”和“空”的概念。《金刚经》的基本教义是无所执着，其中也包括不执着于“空”的概念。经云：“无法相，亦无非法相。”又云：“是故不应取法，不应取非法。”⑤经文中佛陀劝告人们抛弃法相和非法相的概念。他说：“何以故？是诸众生……若取法相，即著我人众生寿者。……若取非法相，即著我人众生寿者。是故不应取法，不应取非法。”⑥不仅无法无非法，同时也没有众生：“一切众生，则非

---

①《楞伽经》集一切法品第二，英译本 Suzuki 1932：109。

② 同上。

③《楞伽经》无常品第三，英译本 Suzuki 1932：172。

④ 见《金刚般若波罗蜜经》，简称《金刚经》。铃木大拙译文见 Suzuki 1960：30。以下译文来自 Suzuki 1960：27—39。

⑤ 以上引文皆见于《金刚经》。

⑥ 同上。

众生。”不仅没有众生，也没有自我：“如来说：有我者，则非有我，而凡夫之人以为有我。”[1]凡夫住于我执，而成佛的首要条件则是破除我执，一概否定我相与众生相：“我相即是非相……离一切诸相，即名诸佛。”[2]总结言之，《金刚经》强调的是一切诸相，即是非相。一切众生，则非众生。从以上这些《金刚经》引文中我们可以看出惠能的说法“本来无一物”是从何而来的。但同时惠能亦强调不能执着于空：“莫闻吾说空，便即着空。”[3]

总结言之，北宗和南宗都可以归入“唯心”宗，但两宗对“唯心”有着不同的阐释。北宗的“唯心”理论接近于唯识宗的“唯识”理论以及华严宗的“唯心”理论，其共同教义为：这个世界是不真实的；外相是转识或妄心的产物。因此，世界可以在本体论上被化约于“心”。南宗比较不强调这个世界的不真实性。惠能阐释“唯心”是“万法尽在自心”，而且，他的重点是教化启智：“不悟，即佛是众生；一念悟时，众生是佛。故知万法尽在自心，何不从心中顿见真如本性？”[4]换句话说，惠能不是教导整个世界只存在于我们的心里，而是说如果我们看到心的清净本质,那么我们就会看到这个世界的万法。同时，一旦我们了解心法一如，我们就会明白认识万法真理亦能帮助我们明了自心。因此，世间便成为我们了解心的究竟实相的认知修养途径。

311

---

① 见《金刚经》。

② 同上。

③《六祖坛经》般若品第二，英译本 Cleary 1998：17。

④ 同上书，页 20。

“心物一如”成为一种认知的主张，而不是本体论上的主张要将世界还原为心的产物。

观心与见性

依从《楞伽经》的教义，神秀的教法侧重于“观心”“观清净”。[①]“观”意为“去看”；在这个语境中，它是指在独自禅坐时用心眼去观察。心和清净是一如的，也被称为“清净心”。“一切善业由自心生”，是以神秀说：“心者万法之根本。一切诸法唯心所生。若能了心。则万法俱备。犹如大树所有枝条及诸花果。皆悉依根。”[②]在无量的佛法中，心法是最根本的。八万四千法门都是心的产物。如果一个人能理解心，那么无数的实践都将完成。通过保持初心和原本的清净，人们可以察觉各种杂染。修行完全在于清净其心：“所修戒行不离于心。若自清净故一切功德悉皆清净。”[③]因此，在修业上我们需要特别勤奋地破除那些染污心的执取和遮障。根据罗伯特·佐施纳的解释，这种净化过程始于控制“感官的活动”，因为杂染根植于感官知觉。[④]比如说，我们的味蕾随着我们的成长而变得复杂，而我们对食物的欲望也随着辨识力的加强而增加。结果，

---

① 见杨惠南（1988）的分析，《道信与神秀之禅法的比较——兼论惠能所批判之看心、看净的禅法》，《台大哲学论评》，11：205—225。

② 神秀：《观心论》，英译见 Dumoulin 1994：323。此段话其实是在《破相论》中。Dumoulin 认为《观心论》与《破相论》实为同一，但后者一般是归属于达摩大师的著作。前面我们看到 Zeuschner 持同样看法。

③ 神秀：《观心论》。

④ Zeuschner 1978：74.

我们失去了婴儿般单纯的食物享受。更有甚者，我们的心又作出连感官都无法知觉出的分别，比如说，我们的眼睛可能无法检测天然钻石和人造钻石之间的区别，但因为前者被称为“真”钻，后者被称为“赝品”，所以我们心中渴慕前者而非后者。这些分别心就是我们的欲望和不满的根源。只有当个人的染污心能够从概念和障蔽中被净化后，个人才能观（beholds）其清净心。

相较之下，惠能依循《金刚经》的教诲，将其看作是在阐释“见自性”。惠能在《金刚经》注释中说道：

312

> 夫金刚经者。无相为宗。无住为体。妙有为用。自从达摩西来。为传此经之意。令人悟理见性。只为世人不见自性。是以立见性之法。[1]

在惠能的“见自性”与神秀的“观心”之间，至少有两个不同之处。其一，“见”描绘了一种比“观”更警觉的精神状态：前者意味着理解和知觉；后者则描绘一种被动地观看或注视的行为。[2]其二，“性”有“本质”之意，就如铃木大拙所说：“‘性’意味着没有它就没有任何存在是可能的或是可以想象的。”[3]“心”一字则没有这种意涵。换句话说，性是我们永远不会失去的，但是心则是我们可能迷失的。不过惠能并没有放

---

① 惠能：《金刚经解义》序言，英译本 Cleary 1998：85。

② 英文用“see”跟“behold”来表述这种区别。

③ Suzuki 1964：39.

弃使用“心”这个字；相反地，他以“性”通常被理解的方式来诠释“心”。例如，他对《金刚经》中对“心”的见地如此解释：“荡然空寂。照用齐收。鉴觉无碍。乃真是解脱佛性。”[①]由此可见，清净自在之心即内在的佛性本身。惠能所感兴趣的是有情众生的实有心（minds），而不是什么抽象的一心（Mind）。无论是在《金刚经》中还是在《六祖坛经》中，都没有特别强调染污心。吾心不仅仅是“起初”清净，而是“本自”清净的。也就是说，吾人的清净心从未迷失，它的本性是永远清净的。通过将注意力从“心”转移到“性”，或说通过将“清净心”等同于“本性”，惠能建立了新的禅宗。在他的理论下，南宗排斥北宗的“二心”理论，而与北宗分离开来。南宗专注于人人都本自具足的佛性和清净心。而且，惠能主张每个人的心中都保有佛性，不仅众生有佛性，即便万物亦有佛性：“见一切众生。皆有佛性”[②]，“真语者。说一切有情无情皆有佛性。”[③]此外，惠能明确地表明：“一切众生。本自是佛。”[④]我们的本性即是佛，是以我们靠自己就能成佛。佛与众生之别只在于是否见性：“见佛性不名众生。不见佛性是名众生。”[⑤]既然如此，那么佛陀和我们之间就没有不可逾越的鸿沟：我们所需要做的就是看到这一点。如果我们能看到自己是佛，那么我们就会明白

---

① 惠能：《金刚经解义》无得无说分第七，英译本 Cleary 1998：103。

② 惠能：《金刚经解义》一体同观分第十八。

③ 惠能：《金刚经解义》离相寂灭分第十四。

④ 惠能：《金刚经解义》化无所化分第二十五，英译本 Cleary 1998：137。

⑤ 惠能：《金刚经解义》，《金刚般若波罗蜜经序》。

没有必要去寻求佛经或大师的教导。我们应该成为自己的老师，自求开悟。如在《六祖坛经》中惠能所云："凡夫即佛，烦恼即菩提。前念迷，即凡夫；后念悟，即佛。前念着境，即烦恼；后念离境，即菩提。"①

禅思

《楞伽经》主张禅思（"禅"本意为静虑）作为止息妄念，313 进入涅槃的方法。根据佛陀在《楞伽经》中的教法，禅思有四种：一、愚夫所行禅；二、观察义禅；三、攀缘真如②禅；四、诸如来禅。③第一种禅是初学者所修，即那些认识到世间的不真实性，而以止念为目标的人。他们检视自己的每一个念头，逐一把它们放下，直到心灵达到无念的精神状态。第二种禅是由那些超越第一种禅的人所修，可以进而去观察实相的真实意义。这些人对事物的无我有更深的理解，而能随顺万法观察，所以称作观察义禅。第三种禅可以助人消融一切分别心。进入涅槃的人能做到这一点。第四种禅为如来所修的纯粹形式。修这种禅法者心悬众生，发愿为众生的离苦而献身。④

北宗禅教导的渐悟法门，可以被看作是北宗净心教义与禅修实践的自然产物。因为凡夫的心都被染污了，他们需要静坐

① 惠能：《金刚经解义》般若品第二，英译本 Cleary 1998：18。

② "真如（Tathata）"意为"如是（Thusness）"，见本书第九章的注释。

③ 四种禅见于《楞伽经》集一切法品第二。

④ 以上解释来自《楞伽经》集一切法品第二，英译本 Suzuki 1932：85。

禅修来一个一个地审视自己的念头，放下妄念。尘越扫镜越明，妄念越除心越净。这个过程需要持续的努力，因此它是“渐悟”[①]。当一个人禅修时，他需要避开外在世界，把自己限定在一个安静的独处之地。在《楞伽经》中，佛陀对弟子说：“如是分别汝应舍离。舍离此已说寂静法。”[②]也就是说，我们必须自己舍弃各种分别心，之后才能宣得寂静的真理。这种独自“静坐禅思”的方法似乎是在《楞伽经》中所阐述的禅宗之原有教法。只有通过这种静坐禅思，众人才能达到平和宁静的状态。《楞伽经》言：“法与非法唯是分别，由分别故不能舍离，但更增长一切虚妄不得寂灭。寂灭者所谓一缘。一缘者是最胜三昧。从此能生自证圣智。以如来藏而为境界。”[③]换句话说，静坐者通过宁静专一而达到化解各种分别心，从而产生最高层次的定慧，由此进入如来藏而获得般若智慧——这是代表个人内心深处自我实现的最高境界。简言之，《楞伽经》主张寂静观照自性，静观自有本心。这成为北宗实修的基础。

惠能经常批评北宗特色的“坐禅”修行方法，他说：“住心观净，是病非禅；长坐拘身，于理何益？”[④]他对神秀的追

---

① 史川奇（Ivan Strenski）认为“渐”有两义：它可以指时间上的过程，跟“慢（slow）”等同，但也可以指阶段式（graded）的，而阶段性的开悟不见得是慢的（见 Strenski 1980：4）。不管我们在此如何理解神秀北宗渐悟法门的“渐”，有一点是确定的：即使最后的开悟可以是一刹那的跳跃，整个准备开悟的过程还是必须渐进的。

②《楞伽经》集一切法品第二，英译本 Suzuki 1932：108。

③《楞伽经》罗婆那王劝请品第一，英译本 Suzuki 1932：20—21。

④《六祖坛经》顿渐品第八，英译本 Cleary 1998：61。

随者这样直言批评："又有迷人，空心静坐，百无所思，自称为大，此一辈人，不可与语，为邪见故。"[①]对惠能而言，所谓"禅"不是空心静坐，而是不让己心陷入反复思量一切世间善恶的修行而已。禅的境界就是见到吾人永恒的内在自性："何名坐禅？此法门中，无障无碍，外于一切善恶境界，心念不起，名为坐；内见自性不动，名为禅。"[②]这样一种修行不要求我们单独静坐或是孤立于世间事情。我们在做任何事情，在任何时刻都可以完成禅。在日常生活中的每一时刻，一个人一旦看到清静心的重要性并且能放下一切琐碎的事情，那么这个人就顿悟了。一个人在任何时候理解到他的真实自性本来清净，就不会再自我纠结而即刻进入涅槃。根据铃木大拙的解释，惠能所宣扬的禅修"既不是寂静主义，也不是纯粹的安静不动；而是在于行、动、作为、看、听、想、记"；实际上，我们可以说这种禅修正是"在非静思中达成的"。[③]

314

觉醒和自度

北宗和南宗都宣扬"自度"，他们称涅槃为"自度界"。众生自度之可能性是来自众生本来足具的清净本性。如果一个人能反观这种本自具足的清净本性，那么他就能自度。我们已知北宗强调自我净化，是要经过不断地累积努力。因此，开悟是

---

①《六祖坛经》般若品第二，英译本 Cleary 1998：17。

②《六祖坛经》坐禅品第五，英译本 Cleary 1998：35。

③ Suzuki 1964：50.

一种渐进的过程。[1]对南宗而言，自度需要凭借吾人运用与生俱来的智慧，重点在于不让原本清净心有所滞碍。惠能言："于诸法相。无所滞碍。是名通达。"[2]以金在矿山为喻，惠能言：

> 身喻世界。人我喻山。烦恼喻矿。佛性喻金。智慧喻工匠。精进猛勇喻錾凿。身世界中有人我山。人我山中有烦恼矿。烦恼矿中有佛性宝。佛性宝中有智慧工匠。用智慧工匠。凿破人我山。见烦恼矿。以觉悟火烹炼。见自金刚佛性。了然明净。[3]

这段引文揭示了开悟要向内求，展现自我清净本性。惠能又说："发菩提心者。应见一切众生皆有佛性。应见一切众生无漏种智本自具足。"[4]也就是说，那些渴望开悟的人应该看到众生皆有佛性，应该看到所有人天生具有无污染的一切智慧。佛与迷惘众生之差别就在于是否看到自身真如本性："不悟，即佛是众生；一念悟时，众生是佛。故知万法尽在自心，何不从心中顿见真如本性？"[5]我们天生的智慧是我们的真如本性，有

① 不过《楞伽经》本身同时教导渐悟与顿悟。见《楞伽经》集一切法品第二，英译本 Suzuki 1932：49—50。有些学者也认为神秀本人并没有教导渐悟，而北宗以渐悟为法门是南宗后代神会的误解。

② 惠能：《金刚经解义》究竟无我分第十七，英译本 Cleary 1998：129。

③ 惠能：《金刚经解义》序言，英译本 Cleary 1998：87。

④ 惠能：《金刚经解义》知见不生分第三十一，英译本 Cleary 1998：143。

⑤《六祖坛经》般若品第二，英译本 Cleary 1998：20。

时候惠能也形容其为我们的“知识自悟”。惠能说：“自心内有知识自悟。若起邪迷，妄念颠倒，外善知识虽有教授，救不可得；若起真正般若观照，一刹那间，妄念俱灭。若识自性，一悟即至佛地。”[①]由此看来，南宗的教导是强调当下见到本心自性，做自己的导师，并且认知我们本有的佛性。开悟的过程是实时、豁然和自发的。

后代禅师黄檗把“自悟”解释得更加清楚。我们不需要去追求开悟，因为开悟本是内在于我们的。他说：“菩提无是处，佛亦不得菩提，众生亦不失菩提，不可以身得，不可以心求，一切众生即菩提相。”[②]根据黄檗的看法，佛性就是我们的本性，所以我们一直本来具有佛性，无须追寻。他说：“此性纵汝迷时，亦不失；悟时，亦不得。”[③]如果是这样的话，那么就无需有意识的努力，无须“勤拂拭”了。

黄檗的弟子临济也说：

> 道流！佛法无用功处，只是无常无事，屙屎、送尿，着衣、吃饭，困来即卧，愚人笑我，智乃知焉。……道流！莫将佛为究竟。我见犹如厕孔。[④]

---

① 《六祖坛经》般若品第二，英译本 Cleary 1998：21。

② 黄檗禅师：《宛陵录》CBETA 电子版 No. 2012B：3。英译本 Blofeld 1958：82。

③ 同上书，页 4。英译本页 93。

④ 《临济录》T47n1985：498；502，英译本 Watson 1993：31。

在精神上，临济这个讲法极为接近庄子著名的格言："道在屎溺。"南宗有别于北宗就在于它强调自由自在，顺其自然。从这方面讲，它更类似于早期道家的态度，尤其是庄子的想法。相对之下，我们可以说北宗的精进观照内心较接近儒家的精神；南宗"顿悟"教法不是仅仅为了破斥北宗的"渐悟"教法，更是直接地反对传统印度佛学要求累世修行的教法。如临济所云："只为道流不达三祇劫空，所以有此障碍。若是真正道人，终不如是。但能随缘消旧业，任运著衣裳，要行即行、要坐即坐，无一念心希求佛果。"①开悟不须以时间计量，万世流转，累积善业。吾人应当持平常心，甚至不应以求佛为目标。关键就在于在当下那一刹那，起心见性。临济说他的教法完全是对付痼疾的当下良药："山僧说处皆是一期药病相治，总无实法。若如是见得，是真出家。"②另外，根据惠能的说法，转智全在一念之间："自性起一念善，得恒河沙恶尽，直至无上菩提。"③ 316 一个善念就能清除掉我们过去所有恶行；一个恶行也可以毁掉我们过去所有善行。念念相继，一念即能出入涅槃。故南宗所传授的涅槃并非这个世界之外的某个界域，而是个人摆脱痴迷与执着的一种精神境界。个人依然生活在这个世界，但他的思想已经穿越了尘世，这就是涅槃。同时，进入涅槃不能保证得到永恒的喜乐。在下一刹那间，他可能会再被负面的思想和情绪困扰而沉沦世间。人世间的种种戏剧故事让人不断地受到失

---

①《临济录》T47n1985：498，英译本 Watson 1993：26。

② 同上书，页 34。

③《六祖坛经》忏悔品第六，英译本 Cleary 1998：42。

落、嫉妒、绝望、怨恨、忧虑、痛苦的折磨。从涅槃到现世地狱，完全仗于一念之间。这就是南宗“顿悟”的基本教法。

南北两宗理论差异的总结

总结言之，我们可以说北宗持有的世界观非常相似于唯识宗和华严宗的观点：世界不是真实的。和华严宗一样，北宗提倡只有心是真实的观点。此外，北宗传授独坐静修作为进入涅槃的手段。相比而言，南宗所持观点和天台宗观点较相近。[①]我们生活的世界是唯一的世界。想要求得涅槃，我们并不需要避世、止念，并把一切视为假相。其次，北宗关于心的理论是依于大乘佛教中普传的“清净心／污染心”二分的基础上。它的净化修心法门则接近于要求日常自我反省的儒家精神。相比之下，南宗的心观念更近于道家的观点。如黎惠伦所说：“南宗更忠实地接受庄子所阐发的心观点：是一个本然清净，空灵，灿烂之心，没有任何杂染，如烛光一样光明。”[②]南宗提倡的修行法门也服从道家的无为精神：悟道是在日常琐碎的事务中。我们不用努力地去“证得”，因为道就在我们日常所做的一切事中。

在以下的章节，我们会仅用南宗来作为禅宗的代表，从而

---

①《六祖坛经》中记载一位禅师玄觉非常精通天台止观法门：“偶师弟子玄策相访，与其剧谈，出言暗合诸祖。”（《六祖坛经》机缘品第七，英译本 Cleary 1998：56）惠能也在说法中多次引用《法华经》。禅宗和天台宗的关联不仅可从惠能的思想中看出来，Dumoulin 也指出禅宗四祖道信与天台教法接近。（Dumoulin 1994：310）

② Lai 1977：79。

继续分析禅宗在实相，在一心和自性，以及在自识和语言方面的观点。

形而上学：禅宗的实相观

317

禅宗并没有设立一个超越这个世间，在本体论上独立的境界。惠能明确说道："佛法在世间，不离世间觉，离世觅菩提，恰如求兔角。"[①]当弟子志道问到《涅槃经》中的"寂灭"义，疑惑"永归寂灭，同于无情之物"，如何能有乐之时，惠能呵斥志道："汝是释子，何习外道断常邪见。"[②]而一意要离生灭来求涅槃。在他的解释中，涅槃不是"断灭生死"表面文字的意思。"生死已灭"意思是断绝想念与执着："刹那无有生相，刹那无有灭相，更无生灭可灭，是则寂灭现前，当现前时，亦无现前之量，乃谓常乐。"[③]总结言之，惠能的实相观是只有一个实相——我们的现实世界。

惠能试图通过解释来化解许多佛学经典中对终极真如以及尘扰世间的两界割离。例如，他解说《金刚经》所提到的证圣果的人（"阿那含"——"不来"或"不还"之义）远离这个世间的生死而"不来"，并不是说他们真正进入一个不同的世界，不再回转，而仅是说他们放弃了欲念：

---

①《六祖坛经》般若品第二，英译本 Cleary 1998：23。

②《六祖坛经》机缘品第七，英译本 Cleary 1998：53。

③ 同上。

阿那含名为不来。而实无不来。是故名阿那含。阿那含梵语。唐言不还。亦名出欲。出欲者。外不见可欲之境。内无欲心可行。定不向欲界受生。故名不来。而实无来。亦名不还。[①]

惠能同时否定“彼岸”“净土”或“真如”这类术语是指一个单独的本体境界。惠能说：“心迷则此岸，心悟则彼岸。心邪则此岸，心正则彼岸。”[②]惠能解释“净土”——佛所住的世界，仅仅是“清净佛土。……心净即佛土净”[③]。净土在传统上被认为是一个超凡的境界，是脱离生死轮回的圣者可以进入和永居的世界。但是，在惠能的阐释下，净土只是清净心的精神状态。佛教徒所追求的“真如”——究竟实相——对惠能来说只是一种心的状态。他进一步解释说：“真者不变。如者不异。遇诸境界。心无变异。名曰真如。”[④]因此，我们的目标不是要脱离这个世间的生死循环，而是要让自心从对生死的痴迷恐惧之种种束缚中解脱出来。

即使《金刚经》里有些地方似乎是在否定世间的真实性，惠能在注释中也将其转为是对心不同状态的描述。如《金刚经》云：“一切有为法，如梦幻泡影，如露亦如电，应作如是

---

① 惠能：《金刚经解义》一相无相分第九，英译本 Cleary 1998：106。
② 惠能：《金刚经解义》序言，英译本 Cleary 1998：88。
③ 惠能：《金刚经解义》庄严净土分第十，英译本 Cleary 1998：108。
④ 惠能：《金刚经解义》大乘正宗分第三，英译本 Cleary 1998：92。

观。”[1]惠能的注解为：“梦者是妄身，幻者是妄念，泡者是烦恼，影者是业障。梦幻泡影业，是名有为法。真实离名相，悟者无诸业。”[2]换句话说，他并不把外界客物看作是心的幻影或妄想，而是说我们的心理概念和烦恼才是心的幻影或妄想。惠能把金刚经文中的“梦幻泡影”解释为对我们心识活动性质的一个譬喻性说明，而不是依文解意地认定为是对世间万物存在的否定。

在这方面，禅宗的涅槃概念很类似于天台宗。入涅槃不是意味着我们必须死亡并且不再进入生死轮回。涅槃界与生死轮回界之隔离变得仅仅是比喻性的：当一个人能看清事物的本质并且不再迷恋执着其中，他已经住在涅槃的境界了。因此，在一念之间，一个人可以立即进入涅槃，从而远离世俗世界。

然而，“离实相外更无他界”，并不是说因此我们熟悉的现实世界是真的，或说我们就应当如事物显现的样子来看待它们。对于惠能来说，尽管我们的世界是我们生于中死于中的唯一世界，它毕竟是充满了人类创造的种种虚假。他说：“了真即妄。了妄即真。真妄俱泯。无别有法。”[3]人所创造出来的种种分别评判是来自人的标准，所以必然会扭曲了事物的本质。如果我们认识到这个事实，就应当避免用各种相对立的价值词语来下评断：“美”与“丑”，“好”与“坏”，“贫”与“富”，

---

① 惠能：《金刚经解义》应化非真分第三十二，英译本 Cleary 1998：144。

② 同上。

③ 惠能：《金刚经解义》如法受持分第十三，英译本 Cleary 1998：112。

“聪明”和“愚痴”，“正义”和“非正义”，等等。禅宗排斥社会的约定俗成以及歧视分别。如果我们把禅宗的实相观解释为一种“实在论”，这只能是当作一种“后设哲学（metaphilosophy）”的诠释，也就是说是一种对它的观点作后设性的描述。禅宗本身绝不把自己的哲学划别为“实在论”，因为任何名称都是建立在概念的对立性之上。根据禅宗的看法，有宗和空宗的对立，就是建立在“有”和“无”之间不当的二元划分上。惠能说：“欲言其实。无相可得。欲言其虚。用而无间。是故不得言无。不得言有。有而不有。无而不无。”[1]只有当我们彻底忘却有、无、真、假之间的差别，我们才能真正理解禅宗对实相的看法。

319

禅宗的心与性观[2]

有一句著名的禅宗精言：“即心即佛。”[3]这句话到底是什

---

① 惠能：《金刚经解义》离相寂灭分第十四，英译本 Cleary 1998：119。

② 在禅宗看来，“性”与“心”无有差别。事实上，如果有人真要追究心与性到底有何差别，那么就犯了禅宗祖师所说的执迷外道的错误。禅宗把佛等同于众生的初心本性，不管是“心”还是“性”，都指涉人的固有存在状态，然而后来在宋明理学中心学与性学的对辩却成为其主要议题。

③《六祖坛经》中有记载一个弟子（法海）请惠能大师讲解“即心即佛”的意涵（机缘品第七，英译本 Cleary 1988：44），可见惠能本人就已经常常用此教法，后来许多禅师都用这句精语来阐述禅宗的要义，黄檗的教法尤其强调这点。

么意思呢？在佛学的传统中，“佛”字可以指涉究竟实相本身；它也可以指历史上的佛陀。但在这句语录中，“佛”字都不是用这两个理解。在这个语境中，“佛”字不是专有名词，而应该是作为一个概名，指涉众生的本性清净，大智大悲；也就是说，“佛”字是“佛果”一词的同义字。由于在这个语境中的“佛”并不是指特定的人，而是指特定的属性，所以禅宗弟子常常向其师父提出来的问题是：“佛是什么？”而不是“佛是谁？”禅宗所言的佛性代表“成佛的可能性”；它是一个人能成佛的潜在助因。禅宗的教导是说每个人天生都本有佛性。禅宗祖师黄檗禅师解释说：“诸佛与一切众生，唯是一心。更无别法。此心无始已来，不曾生不曾灭。”[①]因为人人本具的佛性使人人皆可成佛，所以“佛”的第二个含义是“具有先天佛性之人”。与孟子提倡的人性本善对比，禅宗并不设定“善”为人之本性。根据惠能的看法，佛性的本质非善非恶，因为善恶之分是人制造出来的分别。因此，说人性为“善”，将落入二元对立的层面。另外，禅宗的佛性并不像孟子所言的“人性”，仅仅是一种可能性。它更具有实在性。每个人一出生本自即佛，但是经过长时间在经验世界中的心理发展，一般人没有显现出他们本心的原始状态。因此，当一个人越接近自己内在的本性，他就越接近成佛。觉悟是靠个人“回归”自心本性而达成的。这是禅宗教导的精髓。

　　前面我们已经解释过，南宗对形而上学意义上的“心

---

① 黄蘗禅师：《传心法要》CBETA 电子版 No. 2012A：379。英译本 Blofeld 1958：29。

(Mind)”没有其对众生之个体心（minds）那么有兴趣。它很少谈及“如是存在（Reality-as-such）”的“清净心”。然而，即使只讲个人之心，也还有两种不同概念。一个是先天的“本心（original mind）”；另一个是后天发展、经验性的心，有时被叫作“因缘心（the conditioned mind）”。不过，尽管有两种个体心的概念，南宗还是否定北禅的二心论。南宗坚持本心与因缘心并没有什么不同，因此我们只有一心，而非二心。但它也提出二心为“非一”。我们如何理解这个在本心和因缘心之间的“非一非二”的关系呢？

320

因缘心的特性就是“分别心”，铃木大拙解释说：“‘分别’……意味着分析性知识，亦即我们在每天思绪中所运用的相对性，衍生性之理解。”[①]因缘心始于一个人出生后与外界的各种接触，眼睛感知不同的形色；耳朵感知不同的声音，所有这些知觉的资料都通过感官的辨识力去分类。名相引入了；概念建立了，社会成俗常规开始成形，而价值系统被掺入社会的概念体系中。因此，我们的心识不仅是由生物性的因缘条件，同时也是由社会性的因缘条件所成就的。由于心灵被社会体系制约，总是要检视事物间不同的质量和价值，所以我们失去了原始那个不作分别的本心。本心和因缘心“非一非二”，因为事实上只有一心，但它是一个在不同阶段发展的心。一旦我们的心开始作分别，它就不再是本心了。

然而，要回复清净本心，我们不需要回到婴儿般认知前的懵懂初心。清净心可以建立在已经发展了的因缘心之上，只要

① Suzuki 1964：51.

我们发现了正确的方法——正见。这个正见被称为“无上智慧（noble wisdom）”，这种智慧基本上就是要看到一切人和一切法本质上都有同样的佛性。万法之不同只是表象；在本质上一切法都是一样的。一旦认识了一切法平等，我们便从而重建了“不分别心（nondiscriminatory mind）”。这个不分别心与婴儿无能辨别的天真是不同的。它是一种成熟缜密的佛心。因为禅宗并不排斥经验世界，所以它不主张要放弃我们的感官知觉，这是我们在日常生活中与世界互动所不可缺少的知觉。它所教导的“不分别心”其实是一种不同层面上的心理态度——不是在认知层面，而是在道德层面上的。惠能说：“若见一切人恶之与善，尽皆不取不舍，亦不染著，心如虚空。”[①]又言：“前念著境即烦恼，后念离境即菩提。”[②]这些语句显示出当一个人了解到尽管所有事物在外相上有所不同，但都具有同等价值并应得到平等对待的时候，他就开悟了。

禅宗特别强调佛性的普遍性。佛性是每个众生本自具足的，没有高低不同的程度或不同的内容。惠能说：“当知愚人智人，佛性本无差别；只缘迷悟不同，所以有愚有智。”[③]惠能并不否认人们根性不同，而且小根机者较难觉悟，那些人不能自己开悟是因为“邪见障重，烦恼根深”[④]。但这并非不能克服的障碍，他们需要善知识（良师）来启悟他们。在某个意义上，善知识所扮演的角色有如一个产婆：他不对受者给予或增添任何

321

①《六祖坛经》般若品第二，英译本 Cleary 1988：17。

② 同上书，页 18。

③ 同上书，页 16。

④ 同上书，页 20。

东西，而仅仅是对对方的自悟从旁给予协助。

惠能的著名发问“佛在哪？”是基于他“佛在人人心中”的主张。他说：“我心自有佛，自佛是真佛。自若无佛心，何处求真佛？”[①]他还说：“若言归依佛，佛在何处？若不见佛，凭何所归？”[②]与其向外寻求全能上帝神明的拯救，不如我们自我拯救（self-refuge）。自我拯救的方法就是具足佛的品德和智慧——证得佛果。“若能正心，常生智慧，观照自心，止恶行善，是自开佛之知见。”[③]这个“止恶行善”的教法看似很简单，连三岁小孩都能懂，但是要真正做到，就连对修行此道一生的七十岁耆老都很困难。在这个意义上，成佛是说来容易做来难。凡夫只不过是还没有开悟的佛，而佛只不过是已经觉悟了的凡夫。诚如惠能所言：“不悟，即佛是众生；一念悟时，众生是佛。”[④]

在对“佛”的新释义之下，禅宗对传统佛学的宗教性精神作了很大的改革。后世临济禅师对历史上佛陀的超越性更给予更深的抨击。他批评其他的佛教徒把佛陀推崇为“最终目标”。他问，如果那个佛是最终目标，那么现在“佛在什么处”？[⑤]临济不把历史佛陀之离世看作只是暂时离开现世（如华严宗所言），他说：“佛今何在。明知与我生死不别。”[⑥]历史上的佛陀

① 《六祖坛经》付嘱品第十，英译本 Cleary 1988：78。
② 《六祖坛经》忏悔品第六，英译本 Cleary 1988：40。
③ 《六祖坛经》机缘品第七，英译本 Cleary 1988：47。
④ 《六祖坛经》付嘱品第十，英译本 Cleary 1988：78。
⑤ 《临济录》T47n1985：496，英译本 Watson 1993：48。
⑥ 《临济录》T47n1985：499，英译本 Watson 1993：48。

已经死了，所以从这里我们清楚地知道在生死方面他和我们并没有什么不同。临济开出的禅宗派叫临济宗，其主张是没有至高的存在（Supreme Being），而且我们就是最终的存在（Ultimate Being）。临济说：

> 如今学者不得，病在甚处？病在不自信处。尔若自信不及，即便茫茫地徇一切境转，被它万境回换，不得自由。尔若能歇得念念驰求心，便与祖佛不别。①

322

也就是说，当今学生阻于进步，问题都在于他们对自己没信心。一个人如果对自己没信心，就会思思念念为外境所转，不能自主。但是如果他能一旦止住这些念头的念念相寻，就可与佛陀没有区别。随着这种自度禅法的弘扬，禅宗发展成一种强调自修实践和注重道德的哲学。

如上所释，禅宗的教法基本上都在“见自本性”，我们可以把这种教法称作“见自本性以证现佛果的原则”。为何见自本性那么重要？因为如果觉悟仅只需见到一个人的自性，那么便不会难以获得。然而，在实行上，要见到自性并不容易。这个原则要求我们否决个己身份，接受一视同仁的平等原则，去除我们和他人之间爱恨善恶的分别。要见自身本性，我们必须先明白一切众生、一切事物，都有跟我们一样的本性。换句话说，甚至一切无情物如草木和石头也是佛本身——崇高、至上、无尽广阔、究竟本空。如果我们能够真实地采用这种

① 《临济录》T47n1985：497，英译本 Watson 1993：23。

态度对待每个人和每件事物，那么依照禅宗，我们就已经证得佛果。

禅宗的道德教法是建立在知识和智能上的——只要我们真的见到自己在本质与本性上即为“佛”，我们便能立马得到道德上的转化。以此禅宗消除了知识和行动之间的距离，把所有道德的匮乏都解释为知识的不足，亦即，“无明”导致道德的沦落。一个耳熟能详的禅宗故事就是“放下屠刀，立地成佛”，然而在实际的生活体验里，我们总是发觉我们的开悟转瞬即逝，而旧习难改。在得到短暂的觉悟后，我们很容易落回旧的思维和旧的模式中。比如说，假如我们明白那些对我们怀有敌意的人其实都值得我们同情而下决心原谅他，但在我们被他人侮辱的瞬间，我们的愤怒汹涌地沸腾起来，而完全忘记了自己当初的决心。又假设我们理解了事物真相，知道外在荣誉如名利都无关紧要，而发愿只关注自心的净化，但当我们丢了钱或没有得到我们自觉应得的晋升，我们很快会变得激愤不已，任由自己的心失去它本有的平静。我们的习气（habit-energy）如此根 323 深蒂固，以至于我们短暂意识到的佛性并不能让我们断除所有的不善习气。为了真正改变宿习，我们对自己本具清净佛性的“知识”，必须成为一种根深蒂固的“智慧”。

禅师们强调的一种保存我们清净不扰心的方法是安住于当下。拥有“当下一念”有助于我们去除对过去不愉快的遗憾以及对未来的担忧，从而更好地“安住当下”。有一则故事说到一从虎口脱生之人，缘藤攀崖而下，惊觉又有一虎于崖底候而食之，二虎一上一下，为难间，又见黑白二鼠（象征昼夜）正噬咬其所缘之藤，令其命悬于二厄之间。顾盼左右，崖边有一多汁草莓，欣然取而食之。[①]这个故事告诉我们：过去的已经过去，未来总会到来。因此我们应该尝试安住当下，关注享受眼前所有的经验。我们若果能如此于心不动，专注当下，不扰于对过去的悔恨和对未来的焦虑，则能安住涅槃也。

在中国禅宗史上一个奇怪的现象是：不同的禅师常常声称

---

① 一个有趣的对比是托尔斯泰在其《忏悔录》中相同的故事。托尔斯泰描述了一个旅行者的困境：他被困在两个等待吞噬他的野兽之间。攀缘藤条，他既不能上也不能下。在这个可怕的窘境中，这位旅行者突然看到几滴蜂蜜挂在树叶上。所以他决定伸出舌头去品尝蜂蜜。托尔斯泰显然是从同一个来源得到这个故事。然而，他对这个故事的寓意却有完全不同的诠释。他写道："就这样，我紧紧抓住生命的树枝，知道代表死亡的恶龙不可避免地等待着我，准备把我撕成碎片。我不明白为什么我要承受这样的痛苦。我试着舔食曾经带给我快乐的蜂蜜，但是现在它不再给我快乐，白色和黑色的老鼠在我所抓紧的树枝上夜以继日地啃食。我清楚地看到了恶龙，蜂蜜对我来说不再是甜的了。我只看到不可避免的恶龙和老鼠，我无法将视线从它们身上移开。这不是一个寓言，而是一个真实无误、无以置疑、明白易解的真理。从前因为我受到生活乐趣的误导，而抑制了对恶龙（死亡）的恐惧，但现在我无法再继续被欺瞒。无论其他人对我说了多少遍：'你不能理解生命的意义，不要想，就是活着！'但是我不能这么做，因为我已经如此做得太久了。现在我无法不看到昼夜的不停回转是快速地把我引向死亡。我独自明白这一点，因为唯有这个才是真理。其他一切都是谎言。这两滴蜂蜜，代表我对家庭和创作生涯（我称之为艺术）的爱，过去使我的眼睛远离了残酷的事实，但现在它们对我不再是甜蜜的。我的家人——但是我的家人，我的妻子和孩子，他们也是人——他们与我处于完全相同的境遇：他们必须生活在谎言或看到可怕的真相……正是因为我爱他们，所以我不能对他们隐瞒真相。认知的每一步都会将他们引向这个真理。而真相就是死亡。"（托尔斯泰：《忏悔录》，W. W. Norton & Company，Reissue，1996）托尔斯泰对这个故事的悲观解读清楚地表明他还没有掌握禅的教义。

自己已经明心见性，同时又指责彼此未能见性。“南北”之争就是一个明显的例子。这些分歧并未随着南宗的兴盛而停止，甚至临济禅师也没能理解其师黄檗禅师想要传达的信息。[①]问题是，如果人人之本心相通，每个人都应该能够立刻见到他心，那么那些真正明心见性的人之间却缺乏相互理解和共识实在很难解释。有两个可能答案：要么不存在一个共通的本心，要么任何人根本不可能把自己悟到和知道的传达给他人。禅宗通常接受后者。下面，我们来谈谈禅宗对知识之可能和语言之局限的观点。

禅宗对知识和语言的观点

禅宗并没有否定知识的可能性，但它提倡一种不同形式的知识。知识的适当对象不应是外在事物，而是人自己的心。在禅宗的知识论中，关于外在世界和关于他心的知识只能通过对自心的认识来达成。从知道自心，个人可以进而知道：（1）他心，因为每个人的心心相通；（2）外在世界，因为世间一切法从心念生。在此知识论的基础上，认识的客体正是主体自己的“心”。因此，主客体二元的认知对立就被消除了。此外，由于人不需要靠外部媒介来了解自心，因此名称与描述在这个语境中就变得毫无用处。禅宗明确教导我们可以直达自心。这种自我认识与当代心灵哲学中所讨论的自我知识不同，因为在禅宗的教义里，人们直接认知的不是人的念头，而是一种“无念

324

① 见华兹生的介绍。Watson 1999：104—105。

(no-thought)”的心灵状态。它不是仅仅关于自心的认识，也是关于自家清净“本心”的认识。

《六祖坛经》中记载弘忍传讲明心见性无须思量：“思量即不中用，见性之人，言下须见。”[1]铃木大拙将这种形式的认识理解为“直观认识（intuitive knowledge）”[2]。他说：

> 这种“直观”形式不是衍生的，而是原始的；不是推理的、理性的，也不是靠媒介的，而是直截了当的；不是分析的，而是综合的；不是认知的，而是象征的；不是有意向的，而是自然呈现出来的；不是抽象的，而是具体的；不是过程性的、有目的的，而是实存和根本的，终极和不可化约的；不是永恒减约的，而是无限包容的，等等。[3]

铃木大拙这些描述未必能帮助我们理解这是什么样的知识，但至少从这样的描述中我们可以清楚看到，禅宗的知识论并不是关涉一般意义上的“知识”。它不依赖语言和概念，也不能被传授或研习。当一个人得到自己本心的知识时，他没有获得任何新的数据，而仅仅只是转化了。在禅宗的语境中，即性即真如，个人当下与实相本身同一。这种经验认知，唯有亲身经历，是私人拥有而且不可言传的。正如一句俗常禅语所说：“如人饮水，冷暖自知。”[4]

---

①《六祖坛经》自序品第一，英译本 Cleary 1998：7。
② Suzuki 1953：33.
③ 同上书，页 34。
④《六祖坛经》自序品第一。

顺着早期道家和佛家的理路，禅宗同样否定了语言在指称和描述作用中的合法性。禅宗教导名言和文字仅仅是假名安立："一切名言。皆是假立。"[①]现实本身没有标志或卷标。惠能说："所说一切文字章句。如标如指。标指者。影响之义。依标取物。依指观月。月不是指。标不是物。"[②]换句话说，我们可以用名言或概念来描述实相，正如我们用手指指月。但是我们不应该将我们用概念描述的世界误认为即是世界的实相，正如我们不应该认为手指与月有任何关系。禅宗分离语言和世界，并否认语言有保存世界实相的功能。

325

禅师们认为语言的根本不足是在于它基于"分别"。我们用人为概念为事物打上不同种类的标记。因此，在使用语言时，我们就难免会认定事物各个不同。由于禅宗认为一切事物本性一如，它自然反对我们通过诸多概念而引入的分类方法。一旦我们使用任何语言的基本形式，我们就已经陷入了对立和割裂的思维模式当中。因此，语言和实相之间存在不可调和的矛盾。一个人越是努力讲真理，他就离真理越远。一个人越是努力地解释真理，他就越难成功地让其他人见到真理。

但是，如果不使用语言，我们彼此如何交流呢？如果禅师不讲话，他们如何启化他人呢？讲话是不可避免的，因此，语言的使用是一个不可避免之困境（a necessary evil）。成中英认为禅宗在理论上反对语言，却又在实践修行中凭借语言，是个

---

① 惠能：《金刚经解义》非说所说分第二十一，英译本 Cleary 1998：134。

② 惠能：《金刚经解义》依法出生分第八，英译本 Cleary 1998：106。

“诡论”的关系。他说：

> 禅宗教义认为没有任何理性与知性的学说对于成就究竟实相（亦即证成佛果）是恰当和必要的。……然而，为了寻求开悟，他们彼此进行简短、生动、活泼的对话，称为公案（日语为 koan）。但是这些公案似乎拒斥我们用理性来理解。因此，我们不得不想问：为什么禅宗的理论学习与修行实践是互相脱离的呢？①

这种诡论关系引起了许多当代的禅宗学者们的兴趣，在本章的最后一节，我们将一睹禅师们在以有限语言为依托的理论当中如何开启教化的实修方法。

禅宗的教化方法

在漫长的岁月中，禅师们发展了自己的言语交流模式，经常是以机锋的简短对话形式（日语称 mondo），而对这些机锋 326

① Cheng 1973：77。成中英着力辩解禅宗公案的诡论性质。经过分析后，他得出的结论是：表面上显见的矛盾诡论只由那些还未开悟的人产生。一旦开悟，他就了达禅语超越表面的语义结构，而指涉一个深层的本体结构。这个深层的本体结构“是用任何特定的种类或典范所无法描述的”（Cheng 1973：91）。换句话说，成中英认为我们常规的语言是用来描绘我们的世俗世界和日常事务，但是当这些语言被禅师使用于禅机问答中时，它却是指涉一个不同的本体境界——实相。成中英的文章产生许多反响。例如见：Bossert 1976，King-Farlow 1983，Levin 1976，还有 Tucker 1985。

对话，若我们拘于表面文字，往往无从理解。许多当代的学者将禅师们的言语行为（speech acts）比作英国哲学家奥斯汀（J. L. Austin）“取效式（perlocutionary）”的言语行为。[①]取效式的语言是“说话人通过说话本身而完成，或企图完成某个想要达成的目的”[②]。也就是说，取效式语言是一种带有说者的特殊目的，旨在激发听者的预期反应之言语形式，有实用性的功效。这是一种表演，而说者跟听者之间的交流是超越以话语表义为基础的信息传递。交流的成功与否不在于听者是否理解说者的字义，而在于听者是否会以说者所预期的方式作出反应。在禅宗的语境中，禅师用语言来启发听者，使他或她见自本性。有时言语表达的目的仅是“惊醒”听者，使其脱离惯性思维方式。机锋对话的形式可以是一个谜语、一首诗、一句无厘头的话、一声厉喝，或者仅仅是沉默不语。如果禅语仅发挥语言取效式的功用，那么为理解禅语，我们就应该摒弃语义（semantics），而仅着重于语用（pragmatics）。或者正如金哈庞（Ha Poong Kim）所主张的：我们应该明白在禅师的话语中，文字已经从它们通常在特定语境扮演的固定角色中“解放”出来了。因此，“文字不再‘意味’着什么，即使它们可能偶然在语用的时候服从语言游戏的规则。”[③]

在禅宗对话中，语言的使用是不可避免的“方便法门”，但若因此就说语言是无言之形或文字无文字之用，则违反了禅宗

---

① 见书末参考文献：Cua 1975，Kim 1980—1981，Jr.，Henry Rosemont 1970b，Ben-Ami Scharfstein 1976。

② Rosemont 1970b：116.

③ Kim 1980－1981：110.

于物任运自然的精神。禅宗不主张用语言去描述实相。假如语言（包括所有作为语言基础的概念体系）的本质从根本上是对立性和分别性的，那么它就与真如（reality-as-such）无关，无法指涉真如。但是如果禅师不用语言作为一个常规交流，或是坚持沉默，就会回到孤立禅（isolationist Chan）的作风，而这正是惠能所排斥的独坐禅思法门。但是为什么许多禅师不直接回答学生问题呢？关键是在于假如学生需要去问旁人，那么他们就已经错失禅宗的主要教义：自悟自度，自见本心。我们应当记住，禅师也不总是采用诡谬的对话，他们有时是会为学生解释禅的精髓。但是假如学生执着于得到某些概念上的厘清、意念上的清晰分析，那么他们就是对语言和概念本身太过关注，而忘了禅是什么。黄檗说：

> 唯此一心，更无微尘许法可得，即心是佛。如今学道之人，不悟此心体，便于心上生心，向外求佛，着相修行，皆是恶法，非菩提道。[1]

327

因此，禅宗的语言有时只是随机取效，即禅师运用“无理路话”或“答非所问”的方式，并没有传达任何信息。然而，他们的目的是要启发听者看破语言本身的局限，努力获得本具之智。语言如同指月的手指：我们应该要看到月亮而非专注于手指。再者，禅宗的话头通常在师徒间特定的机锋问答中产生，

---

① 黄蘗禅师：《传心法要》，CBETA 电子版 No. 2012A：380，英译本 Blofeld 1958：3I。

禅师的目的是在于启发那个徒弟在当下开悟。时过境迁，所以，关于禅宗公案或机锋的记载并不能发挥保存禅宗教义的效用。在禅师的机锋中，我们后人无法获得启发，因为我们并不是当机众，不是直接受教者，不在当时语境中。所以，我们不应该过度分析这些诡谬的机锋对话之含义。

一些禅宗的评论者认为禅宗是教外别传，然而，最初禅宗的建立并不是完全排斥经教。惠能本人就讲授《金刚经》，而且他并没有教导弟子不学诸经。惠能说："执空之人，有谤经，直言不用文字。既云不用文字，人亦不合语言。只此语言，便是文字之相。又云直道不立文字，即此不立两字，亦是文字，见人所说，便即谤他言著文字。……不要谤经，罪障无数。"[①]但是，他显然也批评一些弟子不解经意却一味诵经。他认为"诸佛妙理，非关文字"[②]，而在于"本心"，因此就如五祖弘忍所教导的："不识本心，学法无益。"[③]

不过在禅宗后期，禅师们降低对研习经教的重视，因为他们发现文字和概念是明心见性的主要障碍。黄檗云："学道人若欲得成佛。一切佛法总不用学。唯学无求无著。无求即心不生。无著即心不灭。不生不灭即是佛。"[④]禅宗教旨尽在见自本心，这种自知之智不假概念思维，直截了当，即在当下。概念

---

① 《六祖坛经》付嘱品第十，英译本 Cleary 1998：72。

② 《六祖坛经》机缘品第七，英译本 Cleary 1998：44。

③ 《六祖坛经》自序品第一，此为五祖洪忍对惠能的教诲，英译本 Cleary 1998：11。

④ 黄蘗禅师：《传心法要》CBETA 电子版 No. 2012A：3，英译本 Blofeld 1958：40。

化思维将能知的心转化为所知的客体，而心之识自本心，则应该没有能所之对立。故黄檗曰："即心是佛，无心是道。"[1]又言："不动妄念，便证菩提。及证道时，只证本心"[2]；"息念忘虑，佛自现前！"[3] 328

若传达禅宗之旨不需语言文字，而唯是"以心传心"，那么禅宗的教化不得不完全异于传统的授课讲解方法。正如黄檗所承认的，即使四五百人居山听法，却很少人能真正领悟其教。"何故？道在心悟，岂在言说？言说只是化童蒙耳。"[4]这就可以解释为何后期禅宗祖师在教化时会采用各种极端方法，他们不开示，不明讲，因为使用言语文字会使心背离真正的目标：明心见性。

黄檗的弟子临济以著名的"棒喝"方式回答学子的问题，对他而言，这些是教化的方法。临济曰："山僧无一法与人，只是治病解缚。"[5]他说诸方学道之流来求道之人中未有一个"不与物拘，透脱自在"，所以他尽其力在破解他们的束缚。"如诸方学道流，未有不依物出来底。山僧向此间从头打。手上出来手上打，口里出来口里打，眼里出来眼里打，未有一个独脱出

---

① 黄蘖禅师：《宛陵录》，CBETA 电子版 No. 2012B：1，英译本 Blofeld 1958：67。

② 黄蘖禅师：《传心法要》，CBETA 电子版 No. 2012A：2，英译本 Blofeld 1958：38。

③ 同上书，页 1。

④ 黄蘖禅师：《宛陵录》，CBETA 电子版 No. 2012B：1，英译本 Blofeld 1958：67。

⑤《临济录》T47n1985：500，英译本 Watson 1993：53。

来底。”[①]对于禅宗的门外汉而言，这些方法有时看似荒谬，甚至残酷。但是对于禅师而言，所用的方法并不重要——关键在于学人能否由此当下领悟。

惠能去世一百五十年后，禅宗转变成为一个以运用公案、话头、厉喝、棒打以及许多其他非传统教化方法而闻名的宗派。铃木大拙这样描述禅宗教化方法的衍化：

> 这时的禅风，已几乎完全从六祖之前可见的教化方法中蜕变出来。原先唯有传统经典词汇可以用来诠释禅。那时，也没有人曾想到用打、踢及其他粗暴的施教方法来会应学人之机。此时，“仅观看（mere seeing）”其势已去，而取而代之的是表演行为。[②]

但是，正因为禅师教法行为的性质是“表演（acting）”，所以对于外人，禅师行为背后的真正禅意有时很难揣测。当我们阅读后期历代禅师语录时，对于禅师在彼此之间或师徒间所展示的看似傲慢、暴力、粗鲁和喝骂等行为，我们可能相当惊讶。不过在铃木大拙看来，这些施教技巧是“如此变化多端、独创、一反常理，以致我们每次品读它们时，都会有翻新出奇之感，往往犹如将其故事起死回生”[③]。

329

① 《临济录》T47n1985：500，英译本 Watson 1993：52—53。

② Suzuki 1964：102.

③ 同上书，页 88—89。

结语

禅宗“佛性本具，但识自心，直了成佛”的主张能帮助那些有宗教信仰的人得到解脱。作为一种宗教形式，它不假定任何至高无上的神为我们的幸福负责,或对我们的行为进行奖惩；它不要求我们放弃自我意志去服从一个外在超越的诫命；它不坚持我们学习任何圣典，或者熟记任何神圣的戒律。它所有的教导就是一种简单的认自本性的方法，并理解一切众生皆具同一本性的事实。它的教义可以加强吾人的自信，而同时又防止我们狂妄自大。该宗的实用目标其实是非常亲社会的。

另一方面，作为一种哲学形式，与我们以上讨论过的中国其他宗派相比，禅宗比较缺乏系统性。它的哲学可以结集成几个很短的警句，不过禅宗的法师们很少为他们的议题辩护或者提出论据，我们不得不从他们的言论中择其要义来推断出他们的哲学预设。禅宗最重要的哲学主张之一就是不离世间而得涅槃。尽管他们极度重视心，但他们没有坚持认为世间所有现象都虚幻不实或是为心所造。从这方面上讲，禅宗以及天台宗让中国佛学远离传统佛学的反实在论精神。禅宗强调实有，但不是一种佛教所反对的普通人接受的单纯实在论形式（naive realism）。卢陶斯对它作了很好的解释：“禅宗不是一种单纯实在论；它是一门直觉的现象学（intuitive phenomenology）。我们不应把其对超验形而上学的拒斥误解为一种单纯的实在论——否则将会落入禅宗力求消除的（有无两派）二元对立中之一元。”①

禅宗另一重要的哲学论点就是佛性普及，一切众生万法与生俱来皆有佛性，佛性定义了宇宙中一切万物的本质。人类并不优越于其他物种，岩石也不比猫狗更不重要。这种对佛性之普遍性的认可，重建了中国传统中对宇宙和谐整体化的信念，在这个整体性宇宙中，一切事物与所有人都起着关键作用。

330

禅宗处于中国古代哲学与宋明理学转接的要枢之点。黎惠伦认为禅宗的心论“借用了（道家的）心的概念”，而它的佛性理论既“延续孟子之结合心与性”，又“从而为日后王阳明的哲学铺路”。②根据黎惠伦的解释，“佛性”一词选择“性”这个术语来作为梵语“gotra”（意为“种子”）或者“garbba”（意为“子宫”）的翻译，是“受了当时流行的中国哲学术语用法的影响”。③因此，佛性的理论反映了中国的传统思想。后来，在中国思想史上，王阳明深受禅宗心学的影响，进而将他的心学发展到了一个更高深的层面。

延伸讨论问题

1. 在北宗与南宗心的观念之间，哪种观念更接近你所理解的自心？

2. 我们怎样才能把禅宗的教义运用于今天的生活当中？怎样才能实现心无分别的境界？你认为这种态度将如何影响人际关系？

---

① Lusthaus 1985：175.

② Lai 1977：66.

③ Lai 1977：73.

3.“众生皆是佛”是什么意思？你怎么评价这种主张的真实性？

4. 你赞同当我们用语言描绘实相和用我们的观点来认知世界，即不可避免地是根据人类观念创造出一个世界，而不是世界本身（world-not-in-itself）的观点吗？你认为在人类观念之外的实相本身是什么？

5. 你如何将道家（尤其庄子哲学）与禅宗思想作比较？你认为这种教义能改造社会吗？

参考文献

导论：什么是中国哲学

Allinson, Robert (ed.) (1995) *Understanding the Chinese Mind: The Philosophical Roots*. New York: Oxford University Press, 6th impression.

Bodde, Derk (卜德)(1942) "Dominant Ideas in the Formation of Chinese Culture." *Journal of American Oriental Society* 62 (4): 293-299。

Bodde, Derk (1953) "Harmony and Conflict in Chinese Philosophy." In Arthur F. Wright (ed.), *The American Anthropologist Studies in Chinese Thought*. The American Anthropological Association, vol.55, no. 5, part 2, memoir no. 75, December: 19-80.

Chan, Wing-tsit (ed.) (1963) *A Sourcebook in Chinese Philosophy*, 4th edn. Princeton, NJ: Princeton University Press. (陈荣捷编著,《中国哲学文献选编》,杨儒宾、吴有能、朱荣贵、万先法译,台北:巨流图书公司,1993)

Cheng, Chung-ying (成中英) (1971) "Chinese Philosophy: A Characterization." *Inquiry* 14: 113-137.

Cheng, Chung-ying (成中英) (1974) "Conscience, Mind and Individuals in Chinese Philosophy." *Journal of Chinese Philosophy* 2: 3-40.

Cheng, Chung-ying (成中英) (1983) "On the Hierarchical Theory of Time: With Reference to Chinese Philosophy." *Journal of Chinese Philosophy* 10: 357–384.

Creel, Herrlee G. (顾立雅) (1953) *Chinese Thought: From Confucius to Mao Tse-Tung*. Chicago: University of Chicago Press.

De Bary, William Theodore (狄培理) and Bloom, Irene (eds.) (1999) *Sources of Chinese Tradition*, 2nd edn. Volume I. *From Earliest Times to 1600*. New York: Columbia University Press.

De Bary, William Theodore (狄培理) and Lufrano, Richard John (eds.) (2001) *Sources of Chinese Tradition*, 2nd edn. Volume II. *From 1600 Through the Twentieth Century*. New York: Columbia University Press.

Feng, Qi (冯契) (1986/1987) "Scientific Method and Logical Categories in Ancient China." *Chinese Studies in Philosophy* 18, Winter: 3–28.

Flew, Antony G. N. (1979) "The Cultural Roots of Analytic Philosophy." *Journal of Chinese Philosophy* 6: 1–14.

Fung, Yu-lan (1966) *A Short History of Chinese Philosophy* (ed. Derk Bodde). New York: The Free Press. (冯友兰:《中国哲学简史》,张海晏译,香港:三联书店, 2005)

Fung, Yu-lan (1983) *A History of Chinese Philosophy*, vol. I. (trans. Derk Bodde) Princeton, NJ: Princeton University Press. (冯友兰:《中国哲学史》上册,台北:台湾商务印书馆,1993)

Graham, Angus C. (1989) *The Disputers of the Tao: Philosophical Argument in Ancient China*. La Salle, IL: Open Court. ([英]葛瑞汉:《论道者:中国古代哲学论辩》,张海晏译,北京:中国社会科学出版社,2003)

Hansen, Chad（陈汉生）（1992）*A Daoist Theory of Chinese Thought*. New York: Oxford University Press.

Kaltenmark, Max（康德谟）（1969）*Lao Tzu and Taoism*（trans. from the French by Roger Greaves）. Stanford, CA: Stanford University Press.

Levi, Albert William（1979）"Modern Cultural Roots of Analytic Philosophy." *Journal of Chinese Philosophy* 6: 15–35.

Li, Chenyang（1999）*The Tao Encounters the West: Explorations in Comparative Philosophy*. Albany, NY: SUNY Press.（李晨阳：《多元世界中的儒家》，台北：五南出版社，2006）

Liu, Shu-hsien（刘述先）（1974）"Time and Temporality: The Chinese Perspective." *Philosophy East and West* 24: 145–153.

Liu, Shu-hsien（刘述先）（1998）"Background for the Emergence of Confucian Philosophy." In his *Understanding Confucian Philosophy: Classical and Sung-Ming*. Westport, CT: Praeger, ch. 1.

Needham, Joseph（李约瑟）（1951）"Human Laws and Laws of Nature in China and the West." *Journal of the History of Ideas*, XII. Part 1: 3–30; Part II: 194–230.

Neville, Robert（南乐山）（1980）"From Nothing to Being: The Notion of Creation in Chinese and Western Thought." *Philosophy East & West* 30（1）: 21–34.

Schwartz, Benjamin（1985）*The World of Thought in Ancient China*. Cambridge, MA: Belknap Press.（［美］史华慈：《古代中国的思想世界》，程钢译，南京：江苏人民出版社，2003）

Tang, Chun-1（唐君毅）（1962）"The T'ien Ming（Heavenly Ordinance）in Pre-Ch'in China," pts. I and II. *Philosophy East & West* 11: 195–218; 12: 29–50.

Van Norden, Bryan W.（万百安）（ed.）（2002）*Confucius and the Analects: New Essays*. New York: Oxford University Press.

Wilhelm, Richard（卫礼贤）and Baynes, Cary F.（贝恩斯）（trans.）（1977）*The I Ching: Book of Changes*. Princeton, NJ: Princeton University Press.

Zhang, Dainian（2002）*Key Concepts in Chinese Philosophy*. New Haven, CT: Yale University Press.

第一部分　中国古代哲学

中国古代哲学概论

Bodde, Derek（卜德）（1953）"Harmony and Conflict in Chinese Philosophy." In Arthur F. Wright（ed.）, *The American Anthropologist Studies in Chinese Thought*. The American Anthropological Association, vol. 55, no. 5, part 2, memoir no. 75. December: 19–80.

Chan, Wing-tsit（ed.）（1973）*A Sourcebook in Chinese Philosophy*, 4th edn. Princeton, NJ: Princeton University Press.（陈荣捷编著,《中国哲学文献选编》,杨儒宾、吴有能、朱荣贵、万先法译,台北:巨流图书公司,1993）

Cheng, Chung-ying（成中英）（1995）"Chinese Metaphysics as Non-Metaphysics: Confucian and Daoist Insights into the Nature of Reality." In Robert Allinson（ed.）, *Understanding the Chinese Mind: The Philosophical Roots*, 6th impression. New York: Oxford University Press, pp. 167–208.

De Bary, William Theodore（狄培理）and Bloom, Irene（eds.）（1999）*Sources of Chinese Tradition*, 2nd edn. Volume I. *From Earliest*

Times to 1600. New York：Columbia University Press.

Graham, Angus C.（葛瑞汉）（1989）*The Disputers of the Tao：Philosophical Argument in Ancient China*. La Salle, IL：Open Court.（[英]葛瑞汉：《论道者：中国古代哲学论辩》，张海晏译，北京：中国社会科学出版社，2003）

Hansen, Chad（陈汉生）（1992）*A Daoist Theory of Chinese Thought*. New York：Oxford University Press.

Ivanhoe, Philip（艾文贺）（ed.）（1996）*Chinese Language, Thought, and Culture：Nivison and His Critics*. La Salle, IL：Open Court.

Ivanhoe, Philip J.（艾文贺）and Van Norden, Bryan W.（万百安）（eds.）（2003）*Readings in Classical Chinese Philosophy*. Indianapolis, IN：Hackett Publishing Company, Inc.

Schwartz, Benjamin（1985）*The World of Thought in Ancient China*. Cambridge, MA：Belknap Press.（[美]史华慈：《古代中国的思想世界》，程钢译，南京：江苏人民出版社，2003）

第一章　易经：中国哲学的宇宙论基础

Anderson, Allan W.（1990）"The Seasonal Structure Underlying the Arrangement of the Hexagrams in the *Yijing*." *Journal of Chinese Philosophy*：275–299.

Anthony, Carol K.（1981）*The Philosophy of the I Ching*. Stow, MA:Anthony Publishing Company.

Baynes, Christopher（1964）"The Concrete Significance of Number with Special Reference to the *Book of Changes*." *Systematics* 2（2）：102–129.

Blofeld, John.（蒲乐道）（trans.）（1965）*I Ching：The Book of Change*. New York：Penguin Books.

Bodde, Derek (卜德) (1953) "Harmony and Conflict in Chinese Philosophy." In Arthur F. Wright (ed.), *The American Anthropologist Studies in Chinese Thought*. The American Anthropological Association, vol. 55, no. 5, part 2, memoir no. 75.December: 19–80.

Brown, Chappell (1982) "Inner Truth and the Origin of the Yarrow Stalk Oracle." *Journal of Chinese Philosophy* 9: 197–210.

Brown, Chappell (1982) "The Tetrahedron as an Archetype for the Concept of Change in the I Ching." *Journal of Chinese Philosophy* 9: 159–168.

Burr, Ronald (1975) "Chinese Theories of Causation: Commentary." *Philosophy East & West* 25: 23–29.

Cheng, Chung-ying (成中英) (1976) "Model of Causality in Chinese Philosophy: A Comparative Study." *Philosophy East & West* 26:3–20.

Cheng, Chung-ying (成中英) (1977) "Chinese Philosophy and Symbolic Reference." *Philosophy East & West* 27: 307–322.

Cheng, Chung-ying (成中英) (1987) ' "*Li*' and '*Ch'i*' in the *I Ching*: Reconsideration of Being and Nonbeing in Chinese Philosophy." *Journal of Chinese Philosophy* 14: 1–38.

Cheng, Chung-ying (成中英) (1989) "On Harmony as Transformation: Paradigms from the I Ching:" *Journal of Chinese Philosophy* 16: 125–158.

Cheng, Chung-ying (成中英) (1997) "Realitx and Divinity in Chinese Philosophy." In Eliot Deutsch (ed.), *A Companion to World Philosophies*. Oxford: Blackwell Publishing.

Clarke, A. G. (1987) "Probability Theory Applied to the I Ching." *Journal of Chinese Philosophy* 14: 65–72.

Cook, Daniel J. and Rosemont Jr., Henry（罗思文）（1981）"The Pre-established Harmony between Leibniz and Chinese Thought." *Journal of the History of Ideas* 42：253–268.

Dixon, Paul W.（1993）"Classical Taoism, the I Ching and our Need for Guidance." *Journal of Chinese Philosophy* 20（2）：147–157.

Doeringer, F. M.（1980）"Oracle and Symbol in the Redaction of the I *Ching*." *Philosophy East & West* 30：195–209.

Fang, Tung-Mei（方东美）（1976）"The Creative Spirit of Confucius as Seen in the *Book of Changes*." *Chinese Studies in Philosophy* 7：78–89.

Feng, Jing-yuan（1985）"'*Qi*' and the Atom：A Comparison of the Concept of Matter in Chinese and Western Philosophy." *Chinese Studies in Philosophy* 17, Fall：22–44.

Fleming, Jess（傅杰思）（1993a）"Categories and Meta-categories in the *I Ching*." *Journal of Chinese Philosophy* 20（4）：425–434.

Fleming, Jess（傅杰思）（1993b）"A Set Theory Analysis of the Logic of the *I Ching*." *Journal of Chinese Philosophy* 20（2）：133–146.

Fleming, Jess（傅杰思）（1996）"Philosophical Counseling and the *I Ching*." *Journal of Chinese Philosophy* 23（3）：299–320.

Goldenberg, Daniel S.（1975）"The Algebra of the *I Ching* and Its Philosophical Implications." *Journal of Chinese Philosophy* 2：149–179.

Hacker, Edward A.（1987）"Order in the Textual Sequence of the Hexagrams of the *I Ching*." *Journal of Chinese Philosophy* 14：59–64.

Hacker, Edward A.（1983）"A Note on the Formal Properties of the Later Heaven Sequence." *Journal of Chinese Philosophy* 10：169–172.

Hansen, Chad（陈汉生）（1992）*A Daoist Theory of Chinese Thought*.New York：Oxford University Press, ch. 3, pp. 57–94.

Hatton, Russell (1982) "A Comparison of *Chi* and Prime Matter." *Philosophy East & West* 32:159-174.

Hershock, Peter D. (1991) "The Structure of Change in the *I Ching*." *Journal of Chinese Philosophy* 18:257-285.

Hon, Tze-ki (韩子奇) (1997) *Teaching the Book of Changes. Education about Asia* 2 (2), Fall:26-31.

Huang, Alfred (黄浚思) (1998) *The Complete I Ching*. Rochester, VT:Inner Traditions.

Huang, Alfred (黄浚思) (2000) *The Numerology of the I Ching: A Sourcebook of Symbols, Structures, and Traditional. Wisdom*. Rochester, VT:Inner Traditions.

Joseph, Audrey (1980) "Karman, Self-Knowledge and *I Ching* Divination." *Philosophy East & West* 30:65-75.

Lee, Jung Young (1972) "Death Is Birth and Birth Is Death." *Systematics* 9:188-200.

Legge, James (理雅各) (trans.) (1964) *I Ching:Book of Changes*. Edited with Introduction and Study Guide by Ch'u Chai with Winberg Chai. New York:University Books.

Leung, Koon Loon (1982) "An Algebraic Truth in Divination." *Journal of Chinese Philosophy* 9:243-258.

Liu, Shu-hsien (刘述先) (1990) "On the Functional Unity of the Four Dimensions of Thought in the *Book of Changes*." *Journal of Chinese Philosophy* 17:359-386.

Liu, Zheng (1993) "The Dilemma Facing Contemporary Research in the *Yijing*." *Chinese Studies in Philosophy* 24 (4):47-64.

Loy, David (罗大维) (1987) "On the Meaning of the *I Ching*." *Journal of Chinese Philosophy* 14:39-57.

Lynn, Richard John（trans.）（1994）*The Classic of Changes*：*A New Translation of the I Ching as Interpreted by Wang Bi*. New York: Columbia University Press.

Mair, Victor H.（梅维恒）（1979）"A Reordering of the Hexagrams of the *I Ching*." *Philosophy East & West* 29：421−441.

Mcevilly, Wayne（1968）"Synchronicity and the *I Ching*." *Philosophy East & West* 18：137−150.

Milcinski, Maja（1997）"The Notion of Feminism in Asian Philosophical Traditions." *Asian Philosophy* 7（3）：195−205.

Mou, Bo（牟博）（1998）"An Analysis of the Ideographic Nature and Structure of the Hexagram in *Yijing*：From the Perspective of Philosophy of Language." *Journal of Chinese Philosophy* 25（3）：305−320.

Reifler, Sam（1974）*I Ching*：*A New Interpretation for Modern Times*.New York：Bantam Books.

Schulz, Larry J.（1990）"On the Concept of Freedom in the *I Ching*：A Deconstructionist View of Self-Cultivation." *Journal of Chinese Philosophy*：301−313.

Shibles, Warren A.（1999）"On Death：The *I Ching* As a Metaphorical Method of Insight." *Journal of Chinese Philosophy* 26（3）：343−376.

Smith, Richard J.（司马富）（1998）"The Place of the *Yijing* in World Culture：Some Historical and Contemporary Perspectives." *Journal of Chinese Philosophy* 25（4）：391−422.

Stevenson, Frank W.（史文生）（1993）"Discourse and Disclosure in the *I Ching*." *Journal of Chinese Philosophy* 20（2）：159−179.

Tadashi, Ogawa（小川侃）（1998）"*Qi* and the Phenomenology of Wind." *Continental Philosophy Review* 31（3）：321−335.

Tang, Mingbang（唐明邦）（1987）"Recent Developments in Studies of the *Book of Changes*." *Chinese Studies in Philosophy* 19, Fall:46–63.

Tong, Lik Kuen（唐力权）（1974）"The Concept of Time in Whitehead and the *I Ching*." *Journal of Chinese Philosophy* 1:373–393.

Tong, Lik Kuen（唐力权）（1990）"The Appropriation of Significance:The Concept of *Kang-Tung* in the *I Ching*." *Journal of Chinese Philosophy*:315–344.

Walker, Brian Browne（1992）*The I Ching or Book of Changes. A Guide to Life's Turning Points*. New York:St Martin's Press.

Wilhelm, Hellmut（卫德明）（1977）*Heaven, Earth and Man in the Book of Changes*. Seattle:University of Washington Press.

Wilhelm, Richard（卫礼贤）and Baynes, Cary F.（贝恩斯）(trans.)（1977）*The I Ching:Book of Changes*. Princeton, NJ:Princeton University Press.

Wilhelm, Hellmut（卫德明）and Wilhelm, Richard（卫礼贤）（1979）*Understanding the I Ching:The Wilhelm Lectures on the Book of Changes*. Princeton, NJ:Princeton University Press.

Wing, R. L.（2001）*Workbook of I Ching*. New York:Broadway Books. Wu, Joseph S.（1975）"Causality:Confucianism and Pragmatism." *Philosophy East & West* 25:13–22.

Zhang, Dainan（1987）"On Heaven, *Dao, Qi, Li*, and *Ze*." *Chinese Studies in Philosophy* 19, Fall:3–45.

第二章 《论语》中的孔子

Allinson, Robert（1985）"The Confucian Golden Rule:A Negative Formulation." *Journal of Chinese Philosophy* 12:305–315.

Allinson, Robert (1992) "The Golden Rule as the Core Value in Confucianism & Christianity: Ethical Similarities and Differences." *Asian Philosophy* 2 (2): 173–185.

Chan, Wing-tsit (ed.) (1963) *A Sourcebook in Chinese Philosophy*, 4th edn. Princeton, NJ: Princeton University Press, ch. 2. (陈荣捷编著,《中国哲学文献选编》,杨儒宾、吴有能、朱荣贵、万先法译,台北:巨流图书公司,1993)

Creel, H. G. (1960) *Confucius and the Chinese Way*. New York: Harper & Row. ([美]顾立雅:《孔子与中国之道》,王正义译,台北:韦伯文化,2003)

Cua, Antonio (柯雄文) (1995) "The Concept of Li in Confucian Moral Theory." In Robert Allinson (ed.), *Understanding the Chinese Mind: The Philosophical Roots*. New York: Oxford University Press, 6th impression, pp. 209–235.

Dawson, Raymond (2000) *The Analects*. Oxford World's Classics paperback. New York: Oxford University Press.

Dawson, Raymond (1982). *Confucius* (Past Masters). New York: Oxford University Press.

Dawson, Miles Menander (1939) *The Basic Thoughts of Confucius: The Conduct of Life*. New York: Garden City Publishing Co., Inc.

De Bary, William Theodore (1991) *The Trouble with Confucianism*. Cambridge, MA: Harvard University Press.

Feinberg, Joel (1980) "The Nature and Value of Rights." In his *Rights, Justice, and the Bounds of Liberty: Essays in Social Philosophy*. Princeton, NJ: Princeton University Press, ch. 7, pp. 143–158.

Fingarette, Herbert (1972) *Confucius: The Secular as Sacred*. New York: Harper and Row.

Fingarette, Herbert (1979) "Following the 'One Thread' of the *Analects*." *Journal of the American Academy of Religion* 47(35):375–405.

Graham, Angus C. (1989) *The Disputers of the Tao: Philosophical Argument in Ancient China*. La Salle, IL: Open Court, Part I, ch. 1, pp. 9–33.([英]葛瑞汉:《论道者:中国古代哲学论辩》,张海晏译,北京:中国社会科学出版社,2003)

Hall, David L. and Ames, Roger T. (1987) *Thinking Through Confucius*. Albany, NY: State University of New York Press.([美]郝大维、安乐哲:《孔子哲学思微》,蒋弋为、李志林译,南京:江苏人民出版社,1996)

Hansen, Chad(陈汉生)(1992) *A Daoist Theory of Chinese Thought*. New York: Oxford University Press, ch. 3, pp. 57–94.

Ivanhoe, Philip J.(艾文贺)(1990) "Reviewing the 'One Thread' of the *Analects*." *Philosophy East & West* 40(1):17–33.

Ivanhoe, Philip J.(艾文贺)(2000) *Confucian Moral Self Cultivation*. 2nd edn. Indianapolis,IN: Hackett Publishing Company, ch. 1.

Ivanhoe, Philip J.(艾文贺) and Van Norden, Bryan W.(万百安)(eds.)(2003) *Readings in Classical Chinese Philosophy*. Indianapolis, IN: Hackett Publishing Company, Inc.

Lau, D. C.(刘殿爵)(1979) *Confucius: The Analects*. New York: Penguin Classics.

Liu, Shu-hsien(刘述先)(1972) "A Philosophical Analysis of the Confucian Approach to Ethics." *Philosophy East & West* 22:417–425.

Liu, Shu-hsien(刘述先)(1998) *Understanding Confucian Philosophy: Classical and Sung-Ming*. Westport, Connecticut: Praeger, ch. 2.

Nivison, David(倪德卫)(1996) "Golden Rule Arguments in Chinese Philosophy." In Bryan Van Norden (ed.), *The Ways of*

Confucianism: Investigations in Chinese Philosophy. La Salle, IL:Open Court, pp. 59–76.

Schwartz, Benjamin (1985) *The World of Thought in Ancient China*. Cambridge, MA: Belknap Press, chs. 2–3. ([美]史华慈:《古代中国的思想世界》,程钢译,南京:江苏人民出版社,2003)

Slingerland, Edward (trans.) (2003) *Confucius: Analects*. Indianapolis, IN: Hackett Publishing Company.

Trapp, Rainer Werner (1998) "The Golden Rule," *Grazer Philosophische Studien* 54: 139–164.

Van Norden, Bryan W. (万百安) (ed.) (2002) *Confucius and the Analects: New Essays*. New York: Oxford University Press.

第三章　孟子

Ames, Roger (安乐哲) (1991) "The Mencian Conception of Ren xing: Does it Mean 'Human Nature'? " In Henry Rosemont, Jr. (ed.), *Chinese Texts and Philosophical Contexts: EssaysDedicated to Angus C. Graham*. La Salle, IL: Open Court, pp. 143–175.

Bloom, Irene T. (1994) "Mengzian Arguments on Human Nature." *Philosophy East & West* 44 (1): 19–54. Repr. in Xiusheng Liu and Philip Ivanhoe (eds.), *Essays on the Moral Philosophy of Mengzi*. Indianapolis, IN: Hackett Publishing Company, 2002, pp. 64–100.

Bloom, Irene T. (1997) "Human Nature and Biological Nature in Mencius." *Philosophy East & West* 47 (1), January: 21–32.

Chan, Alan K. L. (陈金樑) (ed.) (2002a) *Mencius: Contexts and Interpretations*. Honolulu: University of Hawaii Press.

Chan, Alan K. L. (陈金樑) (2002b) "A Matter of Taste: *Qi* (Vital Energy) and the Tending of the Heart (*Xin*) in *Mencius* 2A2." In Alan

K. L. Chan (ed.), *Mencius: Contexts and Interpretations*. Honolulu: University of Hawaii Press, pp. 42–71.

Chan, Wing-tsit (ed.) (1963) *A Sourcebook in Chinese Philosophy*, 4th edn. Princeton, NJ: Princeton University Press, ch. 3. (陈荣捷编著,《中国哲学文献选编》,杨儒宾、吴有能、朱荣贵、万先法译,台北:巨流图书公司,1993)

Chen, Ning (2002) "The Ideological Background of the Mencian Discussion of Human Nature: A Reexamination." In Alan K. L. Chan (ed.), *Mencius: Contexts and Interpretations*. Honolulu: University of Hawaii Press, pp. 17–41.

Chong, Kim-chong (庄锦章) (2002) "Mengzi and Gaozi on *Nei* and *Wai*." In Alan K. L. Chan (ed.), *Mencius: Contexts and Interpretations*. Honolulu: University of Hawaii Press, pp. 103–125.

Cua, Antonio S. (柯雄文) (2002) "*Xin* and Moral Failure: Notes on an Aspects of Mencius' Moral Psychology." In Alan K. L. Chan (ed.), *Mencius: Contexts and Interpretations*. Honolulu: University of Hawaii Press, pp. 126–150.

Graham, Angus C. (1989) *The Disputers of the Tao: Philosophical Argument in Ancient China*. La Salle, IL: Open Court, Part II, ch. 1, pp. 107–137. ([英]葛瑞汉:《论道者:中国古代哲学论辩》,张海晏译,北京:中国社会科学出版社,2003)

Graham, Angus C. (1990) "The Background of the Mencian Theory of Human Nature." In A. C. Graham, *Studies in Chinese Philosophy and Philosophical Literature*. Albany, NY: SUNY Press. Repr. In Xiusheng Liu and Philip Ivanhoe (eds.), *Essays on the Moral Philosophy of Mengzi*. Indianapolis, IN: Hackett Publishing Company, 2002, pp. 1–57.

Hansen, Chad (陈汉生) (1992) *A Daoist Theory of Chinese Thought*. New York: Oxford University Press, ch. 5, pp. 153–195.

Heng, Jiuan (2002) "Understanding Words and Knowing Men." In Alan K. L. Chan (ed.), *Mencius: Contexts and Interpretations*. Honolulu: University of Hawaii Press, pp. 151–168.

Hutton, Eric L. (2002) "Moral Connoisseurship in Mengzi." In Xiusheng Liu and Philip Ivanhoe (eds.), *Essays on the Moral Philosophy of Mengzi*. Indianapolis, IN: Hackett Publishing Company, pp. 163–186.

Im, Manyul (1999) "Emotional Control and Virtue in the Mencius." *Philosophy East & West* 49 (1): 1–27.

Im, Manyul (2002) "Action, Emotion and Inference in Mencius." *Journal of Chinese Philosophy* 29 (2), June: 227–249.

Im, Manyul (2004) "Moral Knowledge and Self Control in Mengzi: Rectitude, Courage, and *Qi*." *Asian Philosophy* 14 (1), March: 59–77.

Ivanhoe, Philip (艾文贺) (2002a) *Ethics in the Confucian Tradition: The Thought of Mengzi and Wang Yangming*. 2nd edn. Indianapolis, IN: Hackett Publishing Company.

Ivanhoe, Philip (艾文贺) (2002b) "Confucian Self Cultivation and Mengzi's Notion of Extension." In Xiusheng Liu & Philip Ivanhoe (eds.), *Essays on the Moral Philosophy of Mengzi*. Indianapolis, IN: Hackett Publishing Company, pp. 221–241.

Lai, Whalen (黎惠伦) (1984) "Kao Tzu and Mencius on Mind: Analyzing a Paradigm Shift in Classical China." *Philosophy East & West* 34: 147–160.

Lau, D. C. (刘殿爵) (1963) "On Mencius' Use of the Method of Analogy in Argument." *Asia Major*, N. S., vol. X. Repr. in D. C. Lau.

Mencius. vols. 1 & 2. Hong Kong:The Chinese University Press, 1984, pp. 334–356.

Lau, D. C.（刘殿爵）(1970) *Mencius*. London:Penguin Books.

Legge, James（理雅各）(1970) *The Works of Mencius*. New York:Dover Publications, Inc.

Liu, Shu-Hsien（刘述先）(1996) "Some Reflections on Mencius' Views of Mind-Heart and Human Nature." *Philosophy East & West* 46 (2), April:143–164.

Liu, Shu-Hsien（刘述先）(1998) *Understanding Confucian Philosophy:Classical and Sung-Ming*. Westport, CT:Praeger, ch. 3.

Liu, Xiusheng (2002) "Mencius, Hume, and Sensibility Theory." *Philosophy East & West* 52 (1):75–97.

Liu, Xiusheng and Ivanhoe, Philip (eds.) (2002) *Essays on the Moral Philosophy of Mengzi*. Indianapolis, IN: Hackett Publishing Company.

Nivison, David（倪德卫）(1996) *The Ways of Confucianism: Investigations in Chinese Philosophy*. Ed. Bryan Van Norden, La Salle, IL:Open Court, chs. 6–12.

Richards, I. A. (1964) *Mencius on the Mind:Experiments in Multiple Definition*. London:Routlege & Kegan Paul, ch. 3, pp. 65–85.

Schwartz, Benjamin (1985) *The World of Thought in Ancient China*. Cambridge, MA:Belknap Press, ch. 7.（[美]史华慈:《古代中国的思想世界》,程钢译，南京:江苏人民出版社，2003）

Shun, Kwong-loi（信广来）(1989) "Moral Reasons in Confucian Ethics." *Journal of Chinese Philosophy* 16:317–343.

Shun, Kwong-loi（信广来）(1991) "Mencius and the Mind-Inherence of Morality:Mencius' Rejection of Kao Tzu Maxim in *Meng*

Tzu [Mengzi]." *Journal of Chinese Philosophy* 18:371–386.

Shun, Kwong-loi（信广来）（1996）"Ideal Motivations and Reflective Understanding." *American Philosophical Quarterly* 33（1）, January:91–104.

Shun, Kwong-loi（信广来）（1997a）*Mencius and Early Chinese Thought*. Stanford, CA:Stanford University Press.

Shun, Kwong-loi（信广来）（1997b）"Mencius on Jen-Hsing." *Philosophy East & West* 47（1）, January:1–20.

Tan Sor-hoon（陈素芬）"Between Family and State:Relational Tensions in Confucian Ethics." In Alan K. L. Chan（ed.）（2002）*Mencius:Contexts and Interpretations*. Honolulu:University of Hawaii Press, pp. 169–188.

Tu, Wei-ming（杜维明）（1978）"On the Mencian Perception of Moral Self-Development." *Monist* 61（1）:72–81.

Van Norden, Bryan W.（万百安）（1991）"Kwong-loi Shun on Moral Reasons in Mencius." *Journal of Chinese Philosophy* 18:353–370.

Waley, Arthur（韦利）（1982）*Three Ways of Thought in Ancient China*. Stanford, CA:Stanford University Press（orig. pub. London: Allen & Unwin, 1939）.

Wong, David B.（黄百锐）（1991）"Is There a Distinction between Reason and Emotion in Mencius?" *Philosophy East & West* 41（1）:31–44.

Wong, David B.（黄百锐）（2002）"Reasons and Analogical Reasoning in *Mengzi*." In Xiusheng Liu and Philip Ivanhoe（eds.）, *Essays on the Moral Philosophy of Mengzi*. Indianapolis, IN: Hackett Publishing Company, pp. 187–220.

第四章　荀子

Allinson, Robert E. (1998) "The Debate between Mencius and Hsün-Tzu: Contemporary Applications." *Journal of Chinese Philosophy* 25:31–49.

Chan, Wing-tsit (ed.) (1963) *A Sourcebook in Chinese Philosophy*, 4th edn. Princeton: Princeton University Press, ch. 6. (陈荣捷编著,《中国哲学文献选编》,杨儒宾、吴有能、朱荣贵、万先法译,台北:巨流图书公司,1993)

Cheung, Leo K. C. (张锦青) (2001) "The Way of the *Xunzi*." *Journal of Chinese Philosophy* 28 (3), September: 301–320.

Cua, Antonio S. (柯雄文) (1977) "The Conceptual Aspect of Hsün Tzu's Philosophy of Human Nature." *Philosophy East & West* 27 (4): 373–389.

Cua, Antonio S. (柯雄文) (1978) "The Quasi-empirical Aspect of Hsün -Tzu's Philosophy of Human Nature." *Philosophy East & West* 28 (4): 3–19.

Cua, Antonio S. (柯雄文) (1979) "Dimensions of Li (Propriety): Reflections on an Aspect of Hsün Tzu's Ethics." *Philosophy East & West* 29(4): 373–394.

Cua, Antonio S. (柯雄文) (1985a) *Ethical Argumentation: A Study in Hsün Tzu's Moral Epistemology*. Honolulu: University of Hawaii Press.

Cua, Antonio S. (柯雄文) (1985b) "Ethical Uses of the Past in Early Confucianism: The Case of Xunzi." *Philosophy East & West* 35 (2): 133–156. Repr.In T. C. Kline III and Philip J. Ivanhoe (eds.), *Virtue, Nature and Moral Agency in the Xunzi*. Indianapolis, IN: Hackett

Publishing Company, 2000, pp. 39–68.

Cua, Antonio S.(柯雄文)(2002)"The Ethical and the Religious Dimensions of *Li*(Rites)." *The Review of Metaphysics* 55(3), March: 471–519. Eno, Robert(伊若泊)(1990)"Ritual as a Natural Art:The Nature of T'ien in the *Hsün Tzu*." In his *The Confucian Creation of Heaven:Philosophy and the Defense of Ritual Mastery*. Albany, NY: SUNY Press, pp. 131–169.

Goldin, Paul Rakita(金鹏程)(1999)*Rituals of the Way:The Philosophy of Xunzi*. La Salle, IL:Open Court.

Graham, Angus C.(1989)*The Disputers of the Tao:Philosophical Argument in Ancient China*. La Salle, IL:Open Court, Part III, ch. 2, pp. 235–267.([英]葛瑞汉:《论道者:中国古代哲学论辩》,张海晏译,北京:中国社会科学出版社,2003)

Hagen, Kurtis(2000)"A Critical Review of Ivanhoe on Xunzi." *Journal of Chinese Philosophy* 27(3), September:361–373.

Hansen, Chad(陈汉生)(1992)*A Daoist Theory of Chinese Thought*. New York:Oxford University Press, ch. 9, pp. 307–343.

Hutton, Eric(2000)"Does Xunzi Have a Consistent Theory of Human Nature?" In T. C. Kline III and Philip J. Ivanhoe(eds.), *Virtue, Nature and Moral Agency in the Xunzi*. Indianapolis, IN:Hackett Publishing Company, pp. 220–236.

Ivanhoe, Philip(艾文贺)(1994)"Human Nature and Moral Understanding in the *Xunzi*." *International Philosophical Quarterly* 34(2), June:167–175. Repr. In T. C. Kline III and Philip J. Ivanhoe(eds.), *Virtue, Nature and Moral Agency in the Xunzi*.Indianapolis, IN:Hackett Publishing Company, 2000, pp. 237–249.

Ivanhoe, Philip J.(艾文贺)and Van Norden, Bryan W.(万百安)

(eds.)(2003) *Readings in Classical Chinese Philosophy*. Indianapolis, IN:Hackett Publishing Company, Inc.

Kline III, T. C. (2000) "Moral Agency and Motivation in the *Xunzi*." In T. C. Kline III and Philip J. Ivanhoe (eds.), *Virtue, Nature and Moral Agency in the Xunzi*. Indianapolis, IN: Hackett Publishing Company, pp. 155–175.

Kline III, T. C. and Ivanhoe, Philip J. (艾文贺)(eds.)(2000) *Virtue, Nature and Moral Agency in the Xunzi*. Indianapolis, IN:Hackett Publishing Company.

Kupperman, Joe J. (2000) "Xunzi:Morality as Psychological Constraint." In T. C. Kline III and Philip J. Ivanhoe (eds.), *Virtue, Nature and Moral Agency in the Xunzi*. Indianapolis, IN:Hackett Publishing Company, pp. 89–102.

Lau, D. C. (刘殿爵)(1953) "Theories of Human Nature in Mencius and Shyuntzyy[Xunzi]." *Bulletin of the School of Asian and African Studies* 15: 541–565. Repr. In T. C. Kline III and Philip J. Ivanhoe (eds.), *Virtue, Nature and Moral Agency in the Xunzi*. Indianapolis, IN:Hackett Publishing Company, 2000, pp. 188–219.

Machle, Edward J. (1976) "Hsün Tzu as a Religious Philosopher." *Philosophy East & West* 26 (4), October:443–461.

Machle, Edward J. (1993) *Nature and Heaven in the Xunzi*. Albany, NY:SUNY Press.

Martin, Michael R. (1995) "Ritual Actions (*Li*) in Confucius and Hsün Tzu." *Australasian Journal of Philosophy* 73 (1), March:13–30.

Munro, Donald J. (孟旦)(1996) "A Villain in the Xunzi." In Philip Ivanhoe (ed.) *Chinese Language, Thought, and Culture:Nivison and His Critics*. La Salle, IL:Open Court, pp. 193–201.

Nivison, David (倪德卫) (1991) "Hsün Tzu and Chuang Tzu." In Henry Rosemont, Jr. (ed.), *Chinese Texts and Philosophical Contexts: Essays Dedicated to Angus C. Graham*. La Salle, IL:Open Court, pp. 129–142. Repr. In T. C. Kline III and Philip J. Ivanhoe (eds.), *Virtue, Nature and Moral Agency in the Xunzi*. Indianapolis: Hackett Publishing Company, 2000, pp. 176–187.

Nivison, David (倪德卫) (1996) "Xunzi on 'Human Nature'." In Bryan Van Norden (ed.), *The Ways of Confucianism: Investigations in Chinese Philosophy*. La Salle, IL: Open Court, pp. 203–213.

Rosemont, Jr., Henry (罗思文) (2000) "State and Society in the *Xunzi*: A Philosophical Commentary." In T. C. Kline III and Philip J. Ivanhoe (eds.), *Virtue, Nature and Moral Agency in the Xunzi*. Indianapolis, IN: Hackett Publishing Company, pp. 1–38.

Schafer, Jonathan W. (1993) "Virtues in Xunzi's Thought: Issues in Comparative Analysis." *The Journal of Religious Ethics* 21: 117–136. Repr. In T. C. Kline III and Philip J. Ivanhoe (eds.), *Virtue, Nature and Moral Agency in the Xunzi*. Indianapolis, IN: Hackett Publishing Company, 2000, pp. 69–88.

Schwartz, Benjamin (1985) *The World of Thought in Ancient China*. Cambridge, MA: Belknap Press, ch. 7. ([美]史华慈：《古代中国的思想世界》，程钢译，南京：江苏人民出版社，2003)

Soles, David E. (1999) "The Nature and Grounds of Xunzi's Disagreement with Mencius." *Asian Philosophy* 9 (2), July: 123–133.

Van Norden, Bryan W. (万百安) (1992) "Mengzi and Xunzi: Two Views of Human Agency." *International Philosophical Quarterly* 32, June: 161–184. Repr. In T. C. Kline III and Philip J. Ivanhoe (eds.), *Virtue, Nature and Moral Agency in the Xunzi*. Indianapolis, IN:

Hackett Publishing Company, 2000, pp. 103-134.

Watson, Burton (华兹生) (trans.) (1963) *Hsun Tzu: BasicWritings*. New York: Columbia University Press.

Wong, David B. (黄百锐) (1996) "Xunzi on Moral Motivation." InPhilip Ivanhoe (ed.), *Chinese Language, Thought, and Culture: Nivison and His Critics*. La Salle, IL: Open Court, pp. 202-223. Repr. In T. C. Kline III and Philip J. Ivanhoe (eds.), *Virtue, Nature and Moral Agency in the Xunzi*. Indianapolis, IN: Hackett Publishing Company, 2000, pp. 135-154.

第五章　墨子

Ahern, Dennis M. (1976) "Is Mo Tzu A Utilitarian?" *Journal of Chinese Philosophy* 3: 185-193.

Birdwhistell, Anne D. (1984) "An Approach to Verification Beyond Tradition in Early Chinese Philosophy: Mo Tzu's Concept of Sampling in a Community of Observers." *Philosophy East & West* 34: 175-184.

Brandt, Richard B. (1989) "Comment on Chad Hansen's 'Language Utilitarianism'." *Journal of Chinese Philosophy* 16: 381-385.

Chan, Wing-tsit (ed.) (1963) *A Sourcebook in Chinese Philosophy*, 4th edn. Princeton, NJ: Princeton University Press, ch. 9. (陈荣捷编著,《中国哲学文献选编》,杨儒宾、吴有能、朱荣贵、万先法译,台北:巨流图书公司,1993)

Chang, Li-wien (1979) "A Short Comment on Mo Tzu's Epistemology Based on 'Three Criteria'." *Chinese Studies in Philosophy* 10: 47-54.

Ching, Julia (秦家懿) (1978) "Chinese Ethics and Kant." *Philosophy*

East & West 28：161－172.

Creel, Herrlee G.（顾立雅）（1953）*Chinese Thought：From Confucius to Mao Tse-Tung*. Chicago：University of Chicago Press, ch. 4, pp. 46－67.

Duda, Kristopher（2001）"Reconsidering Mo Tzu on the Foundations of Morality." *Asian Philoso phy* 11（1）：23－31.

Hansen, Chad（陈汉生）（1989）"Mo Tzu：Language Utilitarianism." *Journal of Chinese Philosophy* 16：355－380.

Jenner, Donald（1984）"Mo Tzu and Hobbes：Preliminary Remarks on the Relation of Chinese and Western Politics." *Cogito* 2：49－72.

Jochim, Christian（1980）"Ethical Analysis of an Ancient Debate: Mohists versus Confucians." *Journal of Religious Ethics* 8：135－147.

Johnston, Ian（2000）"Choosing the Greater and Choosing the Lesser:A Translation and Analysis of the Daqu and Xiaoqu Chapters of theMozi." *Journal of Chinese Philosophy* 27（4）：375－407.

Lai, Whalen（黎惠伦）（1991）"In Defense of Graded Love." *Asian Philosophy*：51－60.

Lai, Whalen（黎惠伦）（1993）"The Public Good that Does the Public Good：A New Reading of Mohism."*Asian Philosophy* 3(2)：125－141.

Lau, D. C.（刘殿爵）（1953）"Some Logical Problems in Ancient China."*Proceedings of the Aristotelian Society* 53：189－204.

Lum, Alice（1977）"Social Utilitarianism in the Philosophy of Mo Tzu."*Journal of Chinese Philosophy* 4：187－207.

Scarce, Geoffrey（1996）*Utilitarianism*. New York：Routledge.

Schwartz, Benjamin（1985）*The World of Thought in Ancient China*. Cambridge, MA：Belknap Press, ch. 6, pp. 186－254.（[美]史

华慈：《古代中国的思想世界》，程钢译，南京：江苏人民出版社，2003）

Soles, David E.(1999)"Mo Tzu and the Foundations of Morality." *Journal of Chinese Philosophy* 26(1):37–48.

T'ang Chun-I.(唐君毅)(1962)"The T'ien Ming (Heavenly Ordinance) in Pre-Ch'in China, II." *Philosophy East & West* 12:29–50.

Taylor, Rodney L.(1979)"Mo Tzu on Spirits and Funerals." *Philosophy East & West* 29:337–346.

Vorenkamp, Dirck(1992)"Strong Utilitarianism in Mo Tzu's Thought." *Journal of Chinese Philosophy* 19(4):423–443.

Watson, Burton(华兹生)(1963) *Mo Tzu:Basic Writings*. New York:Columbia University Press.

Watson, Walter(1981)"Principle for Dealing with Disorder." *Journal of Chinese Philosophy* 8:349–369.

Winance, Eleuthere(1961)"A Forgotten Chinese Thinker:Mo Tzu." *International Philosophical Quarterly* 1:593–619.

Wong, David(黄百锐)(1989)"Universalism versus Love withDistinctions:An Ancient Debate Revived." *Journal of Chinese Philosophy* 16:251–272.

第六章 老子

Ahern, Dennis M.(1977)"Ineffability in the 'Lao Tzu':The Taming of A Dragon." *Journal of Chinese Philosophy* 4:357–382.

Ames, Roger T.(安乐哲)(1983)"Is Political Taoism Anarchism?" *Journal of Chinese Philosophy* 10:27–47.

Chan, Wing-tsit(ed.)(1963) *A Sourcebook in Chinese Philosophy*, 4th edn. Princeton, NJ:Princeton University Press, ch.(陈荣捷编著，

《中国哲学文献选编》，杨儒宾、吴有能、朱荣贵、万先法译，台北：巨流图书公司，1993）

Chang, Chung-yuan（张钟元）(1974) "Tao: A New Way of Thinking." *Journal of Chinese Philosophy* 1:127–527/395.

Cheng, Chung-ying（成中英）(1983) "Metaphysics of 'Tao' and Dialectics of 'Fa'." *Journal of Chinese Philosophy* 10:251–284.

Creel, Herrlee G.（顾立雅）(1970) *What Is Taoism? And Other Studies in Chinese Cultural History*. Chicago, IL: The University of Chicago Press.

Creel, Herrlee G.（顾立雅）(1983) "On the Opening Words of the 'Lao-Tzu'." *Journal of Chinese Philosophy* 10:299–330.

Csikszentmihalyi, Mark（齐思敏）and Ivanhoe, Philip J.（艾文贺）(eds.) (1999) *Religious and Philosophical Aspects of the Laozi*. Albany, NY: SUNY Press.

Danto, Arthur C.（丹托）(1973) "Language and the Tao: Some Reflections on Ineffability." *Journal of Chinese Philosophy* 1:45–55.

Fu, Charles Wei-hsün（傅伟勋）(1973) "Lao-Tzu's Conception of Tao." *Inquiry* 16:367–391.

Graham, Angus C. (1989) *The Disputers of the Tao: Philosophical Argument in Ancient China*. La Salle, IL: Open Court, Part III, ch. 1, pp. 215–235.（[英]葛瑞汉：《论道者：中国古代哲学论辩》，张海晏译，北京：中国社会科学出版社，2003）

Hahn, Robert (1981) "Being and Non-being in 'Rig Veda X' in the Writings of the 'Lao-Tzu' and 'Chuang-Tzu' and in the 'Later' Plato." *Journal of Chinese Philosophy* 8:119–142.

Hang, Thaddeus T'ui Chieh（项退结）(2000) "Understanding Evil in the Philosophies of Mencius, Hsün Tzu, and Lao Tzu." In Sandra

A. Wawrytko (ed.), *The Problem of Evil: An Intercultural Exploration*. Amsterdam and Atlanta, GA: Rodopi, pp. 1–9.

Hansen, Chad (陈汉生) (1981) "Linguistic Skepticism in the 'Lao Tzu'." *Philosophy East & West* 31: 321–336.

Hansen, Chad (陈汉生) (1992) *A Daoist Theory of Chinese Thought*. New York: Oxford University Press, ch. 6, pp. 196–230.

Hsu, Sung-peng (徐颂鹏) (1976) "Lao Tzu's Conception of Ultimate Reality: A Comparative Study." *International Philosophical Quarterly* 16: 197–218.

Hsu, Sung-peng (徐颂鹏) (1976) "Lao Tzu's Conception of Evil." *Philosophy East & West* 26: 301–316.

Ivanhoe, Philip J. (艾文贺) (1999) "The Concept of *de* ('Virtue') in the Laozi." In Mark Csikszentmihalyi and Philip J. Ivanhoe (eds.), *Religious and Philosophical Aspects of the Laozi*. Albany, NY: SUNY Press, pp. 239–257.

Kaltenmark, Max (康德谟) (1969) *Lao Tzu and Taoism* (translated from the French by Roger Greaves). Stanford, CA: Stanford University Press.

Kasulis, T. P. (1977) "The Absolute and the Relative in Taoist Philosophy." *Journal of Chinese Philosophy*, 4: 383–394.

Kato, Joken (1970) "The Origin of the Oriental Idea of Correspondence with Nature." *Philosophical Studies of Japan* 10: 95–114.

Kohn, Livia and LaFargue, Michael (eds.) (1998) *Lao-tzu and the Tao-te-ching*. Albany, NY: SUNY Press.

Lau, D. C. (刘殿爵) (1958) "The Treatment of Opposites in Lao-Tzu." *Bulletin of the School of Asian and African Studies* 21: 344–360.

Lau, D. C. (刘殿爵)(1963) Lao Tzu:Tao Te Ching. NY: Penguin Books, pp. vii-xlv. Liu, JeeLoo (刘纪璐)(2003) "A Daoist Conception of Truth:Laozi's Metaphysical Realism vs. Zhuangzi's Internal Realism." In Bo Mou (ed.), *Comparative Approaches to Chinese Philosophy*. Aldershot:Ashgate Publishing Ltd., pp. 278–293.

Liu, Xiaogan (刘笑敢)(1998) "On the Concept of Naturalness ('Tzu-Jan') in Lao Tzu's Philosophy." *Journal of Chinese Philosophy* 25(4):423–446.

Liu, Xiaogan (刘笑敢)(1999) "An Inquiry into the Core Value of Laozi's Philosophy." In Mark Csikszentmihalyi and Philip J. Ivanhoe (eds.), *Religious and Philosophical Aspects of the Laozi*. Albany, NY: SUNY Press,pp. 211–237.

Mou, Bo (牟博)(2000) "Ultimate Concern and Language Engagement:A Reexamination of the Opening Message of the 'Dao-De-Jing'." *Journal of Chinese Philosophy* 27(4):429–439.

Mou, Bo (牟博)(2001) "Moral Rules and Moral Experience:A Comparative Analysis of Dewey and Laozi on Morality." *Asian Philosophy*, 11(3):161–178.

Schwartz, Benjamin (1985) *The World of Thought in Ancient China*. Cambridge, MA:Belknap Press, ch. 6. ([美]史华慈:《古代中国的思想世界》, 程钢译,南京:江苏人民出版社,2003)

Shien, Gi-ming (1951) "Nothingness in the Philosophy of Lao-Tzu." *Philosophy East & West* 1:58–63.

Stern, Axel (1949–1951) "Remarks of Two Chapters of Laotse's *Tao Teh Ching*." *Synthese* 8:65–72.

Thompson, Kirill O. (唐格理)(1990) "Taoist Cultural Reality: The Harmony of Aesthetic Order." *Journal of Chinese Philosophy* 17

(2):175－185.

Wang, Qingjie(王庆节)(1997)"On Lao Tzu's Concept of 'Zi Ran'." *Journal of Chinese Philosophy* 24(3):291－321.

Wawrytko, Sandra A.(华珊嘉)(2000)"The Problem of the Problem of Evil:A Taoist Response." In Sandra A. Wawrytko(ed.), *The Problem of Evil:An Intercultural Exploration*. Amsterdam and Atlanta, GA:Rodopi, pp. 21－39.

Welch, Holmes(1966)*Taoism. The Parting of the Way*, rev. edn. Boston:Beacon Press.

Xie, Wenyu(谢文郁)(2000)"Approaching the Dao:From Lao Zi to Zhuang Zi." *Journal of Chinese Philosophy* 27(4):469－488.

Zhu, Bokun(朱伯崑)(1998)"Daoist Patterns of Thought and the Tradition of Chinese Metaphysics." *Contemporary Chinese Thought* 29(3):13－71.

第七章　庄子

Allinson, Robert E.(1986)"Having Your Cake and Eating It, Too:Evaluation and Trans-Evaluation in Chuang Tzu and Nietzsche." *Journal of Chinese Philosophy* 13:429－443.

Allinson, Robert E.(1988)"A Logical Reconstruction of the Butterfly Dream:The Case for Internal Textual Transformation." *Journal of Chinese Philosophy* 15:319－339.

Allinson, Robert E.(1989)"On the Question of Relativism in the *Chuang Tzu*." *Philosophy East & West* 39(1), January:13－26.

Ames, Roger T.(安乐哲)(ed.)(1998)*Wandering at Ease in the Zhuangzi*. Albany, NY:SUNY Press.

Behuniak, James Jr.(江文思)(2002)"Disposition and Aspiration

in the *Mencius* and *Zhuangzi*." *Journal of Chinese Philosophy* 29 (1), March: 65–79.

Berkson, Mark (1996) "Language: The Guest of Reality- Zhuangzi and Derrida on Language, Reality, and Skillfulness." In Paul Kjellberg and Philip J. Ivanhoe (eds.), *Essays on Skepticism, Relativism, and Ethics in the Zhuangzi*. Albany, NY: State University of NewYork Press, pp. 97–126.

Burneko, Guy C. (1986) "Chuang Tzu's Existential Hermeneutics." *Journal of Chinese Philosophy* 13: 393–409.

Callahan, W. A. (1989) "Discourse and Perspective in Daoism: A Linguistic Interpretation of *Ziran*." *Philosophy East & West* 39 (2), April: 171–189.

Chan, Wing-tsit (ed.) (1963) *A Sourcebook in Chinese Philosophy*, 4th edn. Princeton, NJ: Princeton University Press, ch. 8. (陈荣捷编著,《中国哲学文献选编》, 杨儒宾、吴有能、朱荣贵、万先法译,台北:巨流图书公司,1993)

Chang, Chung-yuan (张钟元) (1977) "The Philosophy of Taoism According to Chuang Tzu." *Philosophy East & West* 27 (4), October: 409–422.

Cheng, Chung-ying (成中英) (1977) "Nature and Function of Skepticism in Chinese Philosophy." *Philosophy East & West* 27 (2), April: 137–154.

Chinn, Ewing Y. (1997) "Zhuangzi and Relativistic Skepticism." *Asian Philosophy* 7 (3), November: 207–220.

Coleman, Earle J. (1991) "The Beautiful, the Ugly, and the Tao." *Journal of Chinese Philosophy* 18: 213–226.

Cook, Scott (顾史考) (ed.) (2003) *Hiding the World in the World*:

Uneven Discourses on the Zhuangzi. Albany, NY:SUNY Press.

Creel, Herrlee G.（顾立雅）（1970）*What Is Taoism? And Other Studies in Chinese Cultural History*. Chicago, IL:The University of Chicago Press.

Cua, Antonio S.（柯雄文）（1977）"Forgetting Morality: Reflections on A Theme in Chuang Tzu." *Journal of Chinese Philosophy* 4:305–328.

Fleming, Jesse（傅杰思）（1991）"A Response to Kuang-Ming Wu's 'Non-World Making'." *Journal of Chinese Philosophy* 18, March: 51–52.

Fox, Allen（狐安南）（1996）"Reflex and Reflectivity: 'Wu-wei' in the Zhuangzi." *Asian Philosophy* 6（1）, March:59–72.

Gaskins, Robert W.（1997）"The Transformation of Things:A Reanalysis of Chuang Tzu's Butterfly Dream." *Journal of Chinese Philosophy* 24（1）, March:107–122.

Girardot, N.J.（吉瑞德）（1978）"Chaotic 'Order'（'Hun-Tun'）and Benevolent 'Disorder'（'Luan'）in the Chuang Tzu." *Philosophy East & West* 28, July:299–321.

Goodman, Russell B.（1985）"Skepticism and Realism in the Chuang Tzu." *Philosophy East & West* 35（3）, July:231–237.

Graham, Angus C.（葛瑞汉）（1983）"Taoist Spontaneity and the Dichotomy of 'Is' and 'Ought'." In Victor H. Mair（ed.）, *Experimental Essays on Chuang-tzu*. Asian Studies at Hawaii, No.29. Honolulu: University of Hawaii Press, pp. 3–23.

Graham, Angus C.（葛瑞汉）（1985）*Reason and Spontaneity:A New Solution to the Problem of Fact and Value*. London:Curzon Press.

Graham, Angus C.（葛瑞汉）（1989）*The Disputers of the Tao:*

Philosophical Argument in Ancient China. La Salle, IL:Open Court, Part II, ch. 3, pp. 170–211.([英]葛瑞汉:《论道者:中国古代哲学论辩》,张海晏译,北京:中国社会科学出版社, 2003)

Hall, David(郝大维)(1984)"Nietzsche and Chuang Tzu: Resources for the Transcendence of Culture." *Journal of Chinese Philosophy* 11:139–152.

Hansen, Chad(陈汉生)(1983)"A Tao of Tao in Chuang-tzu." In Victor H. Mair (ed.), *Experimental Essays on Chuang-tzu*. Asian Studies at Hawaii, No. 29. Honolulu:University of Hawaii Press, pp. 24–55.

Hansen, Chad(陈汉生)(1992)*A Daoist Theory of Chinese Thought*. New York:Oxford University Press, ch. 8, pp. 265–303.

Hara, Wing Han(1993)"Between Individuality and Universality: An Explication of Chuang Tzu's Theses of Chien-tu and Ch'i-wu." *Journal of Chinese Philosophy* 20(1), March:87–99.

Harbsmeier, Christoph(何莫邪)(1993)"Conceptions of Knowledge in Ancient China." In Hans Lenk and Gregor Paul(eds.), *Epistemological Issues in Classical Chinese Philosophy*,Albany,NY:SUNY Press, pp. 11–30.

Ivanhoe, Philip J.(艾文贺)(1996)"Was Zhuangzi a Relativist?" In Paul Kjellberg and Philip J. Ivanhoe (eds.), *Essays on Skepticism, Relativism, and Ethics in the Zhuangzi*. Albany, NY:State University of New York Press, pp. 196–214.

Ivanhoe, Philip J.(艾文贺)and Van Norden, Bryan W.(万百安)(eds.)(2003)*Readings in Classical Chinese Philosophy*. Indianapolis, IN:Hackett Publishing Company, Inc.

Kjellberg, Paul(1994)"Skepticism, Truth, and the Good Life:A

Comparison of Zhuangzi and Sextus Empiricus." *Philosophy East & West* 44 (1):111–133.

Kjellberg, Paul (1996) "Sextus Empiricus, Zhuangzi, and Xunzi on 'Why be Skeptical?' " In Paul Kjellberg and Philip J.Ivanhoe (eds.), *Essays on Skepticism, Relativism, and Ethics in the Zhuangzi*. Albany, NY:State University of New York Press, pp. 1–25.

Kjellberg, Paul and Ivanhoe, Philip J. (艾文贺) (eds.) (1996) *Essays on Skepticism, Relativism, and Ethics in the Zhuangzi*. Albany, NY: State University of New York Press.

Kupperman, Joel J. (1989) "Not in So Many Words: Chuang Tzu's Strategies of Communication." *Philosophy East & West* 39, July:311–317.

Lee, Jung H. (1998) "Disputers of the Tao: Putnam and Chuang-tzu on Meaning, Truth, and Reality." *Journal of Chinese Philosophy* 25 (4):447–470.

Lee, Kwang-sae (1996) "Rorty and Chuang Tzu: Anti-Representationalism, Pluralism and Conversation." *Journal of Chinese Philosophy* 23 (2):175–192.

Legge, Russel D. (1979) "Chuang Tzu and the Free Man." *Philosophy East & West* 29:11–20.

Li, Chenyang (李晨阳) (1993) "What-Being: Chuang Tzu versus Aristotle." *International Philosophical Quarterly* 33 (3):341–353.

Liu, JeeLoo (刘纪璐) (2003) "A Daoist Conception of Truth: Laozi's Metaphysical Realism vs. Zhuangzi's Internal Realism." In Bo Mou (ed.), *Comparative Approaches to Chinese Philosophy*. Aldershot: Ashgate Publishing Ltd.

Loy, David (罗大维) (1996) "Zhuangzi and Nagarjuna on the

Truth of No Truth." In Paul Kjellberg and Philip J. Ivanhoe (eds.), *Essays on Skepticism, Relativism, and Ethics in the Zhuangzi*. Albany, NY: State University of New York Press, pp. 50–67.

Mair, Victor H. (梅维恒) (ed.) (1983) *Experimental Essays on Chuang-tzu*. Asian Studies at Hawaii, No. 29. Honolulu: University of Hawaii Press.

Major, John S. (马绛) (1975) "The Efficacy of Uselessness: A Chuang-Tzu Motif." *Philosophy East & West* 25, July: 265–279.

Merton, Thomas (1965) *The Way of Chuang Tzu*. New York: New Directions Publishing Corporation.

Moller, Hans-Georg (1999) "Zhuangzi's 'Dream of the Butterfly': A Daoist Interpretation." *Philosophy East & West* 49 (4), October: 439–450.

Oshima, Harold H. (1983) "A Metaphorical Analysis of the Concept of Mind in the Chuang-tzu." In Victor H. Mair (ed.), *Experimental Essays on Chuangtzu*. Asian Studies at Hawaii, No. 29. Honolulu: University of Hawaii Press, pp. 63–84.

Owens, Wayne D. (1990) "Radical Concrete Particularity: Heidegger, Lao Tzu and Chuang Tzu." *Journal of Chinese Philosophy* 17 (2): 235–255.

Parkes, Graham (1983) "The Wandering Dance: Chuang Tzu and Zarathustra." *Philosophy East & West* 33: 235–250.

Pas, Julian F. (包如廉) (1981) "Chuang Tzu's Essays on 'Free Flight into Transcendence' and 'Responsive Rulership' (chs. 1 and 7) of the Chuang Tzu." *Journal of Chinese Philosophy* 8, December: 479–496.

Radice, Thomas (2001) "Clarity and Survival in the Zhuangzi."

Asian Philosophy 11 (1):33–40.

Raphals, Lisa (瑞丽) (1994) "Skeptical Strategies in the Zhuangzi and Theaetetus." *Philosophy East & West* 44 (3): 501–526. Repr. In Paul Kjellberg and Philip J. Ivanhoe (eds.), *Essays on Skepticism, Relativism, and Ethics in the Zhuangzi*. Albany, NY:State University of New York Press, 1996, pp. 26–49.

Saso, Michael (苏海涵) (1983) "The Chuang-tzu nei-p'ien:A Taoist Meditation." In Victor H. Mair (ed.), *Experimental Essays on Chuang-tzu*. Asian Studies at Hawaii, No. 29. Honolulu:University of Hawaii Press, pp. 140–157.

Schwartz, Benjamin (1985) *The World of Thought in Ancient China*. Cambridge, MA:Belknap Press, ch. 6. ([美]史华慈:《古代中国的思想世界》, 程钢译, 南京:江苏人民出版社,2003)

Schwitzgebel, Eric (1996) "Zhuangzi's Attitude Toward Language and His Skepticism." In Paul Kjellberg and Philip J. Ivanhoe (eds.), *Essays on Skepticism, Relativism, and Ethics in the Zhuangzi*. Albany, NY:State University of New York Press, 1996, pp. 68–96.

Shen, Vincent (沈清松) (1996) "Confucianism and Taoism in Response to Constructive Realism." *Journal of Chinese Philosophy* 23:59–78.

Soles, Deborah H. and Soles, David E. (1998) "Fish Traps and Rabbit Snare:Zhuangzi on Judgment, Truth and Knowledge." *Asian Philosophy* 8 (3), November:149–164.

Sun, Siao Fang (1953) "Chuang Tzu's Theory of Truth." *Philosophy East & West* 3, July:137–146.

Van Norden, Bryan W. (万百安) (1996) "Competing Interpretations of the Inner Chapters of the 'Zhuangzi'." *Philosophy East & West* 46

(2), April:247–268.

Waley, Arthur (韦利) (1982) *Three Ways of Thought in Ancient China*. Stanford, CA: Stanford University Press (orig. pub. London: Allen & Unwin, 1939).

Wang, Youru (王又如) (2000) "Philosophy of Change and the Deconstruction of Self in the 'Zhuangzi'." *Journal of Chinese Philosophy* 27 (3): 345–360.

Watson, Burton (华兹生) (trans.) (1964) *Chuang Tzu: Basic Writings*. New York: Columbia University Press (repr. In 1996).

Watson, Burton (华兹生) (trans.) (1968) *The Complete Works of Chuang Tzu*. New York: Columbia University Press.

Wu, John C. H. (吴经熊) (1963) "The Wisdom of Chuang Tzu: A New Appraisal." *International Philosophical Quarterly* 3: 5–36.

Wu, Kuang-ming (吴光明) (1981) "Trying Without Trying: Toward a Taoist Phenomenology of Truth." *Journal of Chinese Philosophy* 8: 143–168.

Wu, Kuang-ming (吴光明) (1990) *The Butterfly as Companion: Meditations on the First Three Chapters of the Chuang Tzu*. Albany, NY: SUNY Press.

Wu, Kuang-ming (吴光明) (1991) "Non-World Making in Chuang Tzu." *Journal of Chinese Philosophy* 18, March: 37–50.

Wu, Laurence C. (1986) "Chuang Tzu and Wittgenstein on World-Making." *Journal of Chinese Philosophy* 13, December: 383–391.

Xie, Wenyu (谢文郁) (2000) "Approaching the Dao: From Lao Zi to Zhuang Zi." *Journal of Chinese Philosophy* 27 (4): 469–488.

Yan, Beiming (1981) "The Reevaluation of Zhuangzi." *Journal of Chinese Philosophy* 12: 63–89.

Yearley, Lee（李亦理）（1983）“The Perfected Person in the Radical Chuang-tzu.” In Victor H. Mair (ed.), *Experimental Essays on Chuang-tzu*. Asian Studies at Hawaii, No. 29. Honolulu：University of Hawaii Press, pp. 125－139.

Yearley, Lee（李亦理）（1996）“Zhuangzi's Understanding of Skillfulness and the Ultimate Spiritual State.” In Paul Kjellberg and Philip J. Ivanhoe (eds.), *Essays on Skepticism, Relativism, and Ethics in the Zhuangzi*. Albany, NY：State University of New York Press, 1996,pp. 152－182.

Yeh, Michelle（叶奚密）（1983）“The Deconstructive Way：A Comparative Study of Derrida and Chuang Tzu.” *Journal of Chinese Philosophy* 10：95－126.

Yukawa, Hideki（汤川秀树）（1983）“Chuangtse the Happy Fish.” In Victor H. Mair (ed.), *Experimental Essays on Chuang-tzu*. Asian Studies at Hawaii, No. 29. Honolulu：University of Hawaii Press pp. 56－62.

第八章　韩非子

Ames, Roger T.（1994）*The Art of Rulership：A Study of Ancient Chinese Political Thought*. Albany, NY：SUNY Press.（[美]安乐哲：《主术：中国古代政治艺术之研究》，滕复译，北京：北京大学出版社，1995）

Chan, Wing-tsit (ed.)（1963）*A Sourcebook in Chinese Philosophy*, 4th edn. Princeton, NJ：Princeton University Press, ch.（陈荣捷编著，《中国哲学文献选编》，杨儒宾、吴有能、朱荣贵、万先法译，台北：巨流图书公司，1993）

Chang, Leo S. and Wang, Hsiao-po（王晓波）（1986）*The Philosophical Foundations of Han Fei's Political Theory*. Honolulu：University of

Hawaii Press.

Cheng, Chung-ying(成中英)(1981)" Lega lism Versus Confucianism: A Philosophical Appraisal." *Journal of Chinese Philosophy* 8: 271-302.

Cheng, Chung-ying(成中英)(1983)"Metaphysics of 'Tao' and Dialectics of 'Fa'." *Journal of Chinese Philosophy* 10:251-284.

Fung, Yu-lan (1983) *A History of Chinese Philosophy*, vol. I (trans. Derk Bodde). Princeton, NJ: Princeton University Press, ch. 8, pp. 312-336.(冯友兰:《中国哲学史》上册,台北:台湾商务印书馆, 1993)

Goldin, Paul R.(金鹏程)(1983)"Han Fei's Doctrine of Self-Interest." *Asian Philosophy* 11(3):151-159.

Graham, Angus C.(1989) *The Disputers of the Tao: Philosophical Argument in Ancient China*. La Salle, IL: Open Court, Part III, ch. 3, pp. 267-292.([英]葛瑞汉:《论道者:中国古代哲学论辩》,张海晏译,北京:中国社会科学出版社, 2003)

Hansen, Chad(陈汉生)(1992) *A Daoist Theory of Chinese Thought*. New York: Oxford University Press, ch. 10, pp. 344-376.

Hansen, Chad (陈汉生) (1996) "Fa: Laws or Standards." In Smart, Ninian (ed.) *East- West Encounters in Philosophy and Religion*, Long Beach, CA:Long Beach Publishing.

Ho, Pao-chung (1988) "An Analysis and Critique of Han-Fei's Thought." *National Taiwan University Philosophical Critique*,No. 11, January, pp. 247-260 (in Chinese).(何保中:《韩非子思想纲领浅探》,《台湾大学哲学论评》,1988,12:247-260)

Ivanhoe, Philip J.(艾文贺) and Bryan W. Van Norden(万百安)(eds.)(2003) *Readings in Classical Chinese Philosophy*. Indianapolis,

IN: Hackett Publishing Company, Inc., ch. 7 (excerpts).

Lee, K. K. (1975) "The Legalist School and Legal Positivism." *Journal of Chinese Philosophy* 3: 23–56.

Liang, Enyuan (1976) "The Legalist School Was the Product of Great Social Change in the Spring and Autumn and Warring States Periods." *Chinese Studies in Philosophy*, Fall: 4–20.

Liang, Ling-i. (1976) "The Crystallization of Pre-Ch'in Legalist Thought." *Chinese Studies in Philosophy* 7, Summer: 35–56.

Liao, W. K. (廖文奎) (1939) *The Complete Works of Han Fei Tzu*. London: Arthur Probsthain.

Lin, Yih-jing (1989) "A Study of the Pre-Chin Legalist Theory of Human Nature." *National Taiwan University Philosophical Critique* 12, January: 145–173 (in Chinese). (林义正:《先秦法家人性论之研究》,《台湾大学哲学论评》, 1989, 12:145–173)

Manicas, Peter T. (1977) "Two Concepts of Justice." *Journal of Chinese Philosophy* 4: 99–121.

Moody Jr., Peter R. (1979) "The Legalism of Han Fei Tzu and Its Affinities with Modern Political Thought." *International Philosophical Quarterly* 19: 317–330.

Schwartz, Benjamin (1985) *The World of Thought in Ancient China*. Cambridge, MA: Belknap Press, ch. 8, pp. 321–349. ([美]史华慈:《古代中国的思想世界》,程钢译,南京:江苏人民出版社,2003)

Ti, Ch'ing (1978) "A Reading of Han Fei's 'Wu Tu' (Five Vermin)." *Chinese Studies in Philosophy* 10, Fall: 19–33.

Tong, Shuye (童书业) (1982/1983) "A Study of Han Fei's Thought." *Chinese Studies in Philosophy* 14, Winter: 61–98.

Vervoorn, Aat (文青云) (1981) "Taoism, Legalism and the Quest

for Order in Warring States China." *Journal of Chinese Philosophy* 8: 303–324.

Waley, Arthur（韦利）（1982）*Three Ways of Thought in Ancient China*. Stanford, CA: Stanford University Press（orig. pub. London: Allen & Unwin, 1939）.

Wang, Hsiao-po（王晓波）（1977）"The Significance of the Concept of 'Fa' in Han Fei's Thought System"（trans. by L. S. Chang）. *Philosophy East & West* 27（1）: 35–52.

Watson, Burton（华兹生）（1964）*Han Fei Tzu: Basic Writings*. New York: Columbia University Press.

Watson, Walter（1981）"Principles for Dealing with Disorder." *Journal of Chinese Philosophy* 8: 349–370.

Yang, K'uan（杨宽）（1978）"Han Fei's Theory of the 'Rule of Law' Played A Progressive Role." *Chinese Studies in Philosophy* 10, Fall: 4–18.

第二部分　中国佛学

中国佛学概论

Chan, Wing-tsit（ed.）（1958）"Transformation of Buddhism in China." *Philosophy East & West* 7: 107–116.

Chan, Wing-tsit（1963）*A Sourcebook in Chinese Philosophy*, 4th edn. Princeton, NJ: Princeton University Press.（陈荣捷编著，《中国哲学文献选编》，杨儒宾、吴有能、朱荣贵、万先法译，台北：巨流图书公司，1993）

Chatterjee, Satischandra and Datta, Dhirendramohan（1968）*An*

Introduction to Indian Philosophy, 7th edn. Calcutta:University of Calcutta Press.

Ch'en, Kenneth K. S. (陈观胜) (1964) *Buddhism in China:A Historical Survey*. Princeton, NJ:Princeton University Press.

Cheng, Hsueh-li (郑学礼) (1980) "Motion and Rest in the Middle Treatise." *Journal of Chinese Philosophy* 7:229–244.

Cheng, Hsueh-li (郑学礼)(1981) "Chi-tsang's Treatment of Metaphysical Issues." *Journal of Chinese Philosophy* 8:371–389.

De Bary, William Theodore (狄培理) and Bloom, Irene (eds.) (1999) *Sources of Chinese Tradition*, second edition. Volume I.From Earliest Times to 1600. New York:Columbia University Press.

Fang, Litian (方立天) (1989) "A Tentative Discussion of the Characteristics of Chinese Buddhism." *Chinese Studies in Philosophy* 20, Summer:3–71.

Fung, Yu-lan (1983) *A History of Chinese Philosophy*, vol. II. (trans. Derk Bodde). Princeton, NJ:Princeton University Press, ch. 7, pp. 237–292.(冯友兰:《中国哲学史》下册，台北：台湾商务印书馆，1993)

Gethin, Rupert (1998) *The Foundations of Buddhism*. Oxford: Oxford University Press.([英]鲁柏·葛汀:《佛教基本通:佛教的修行路径导览》，赖隆彦译,台北:橡实文化，2009)

Hurvitz, Leon (1975) "The First systematizations of Buddhist Thought in China." *Journal of Chinese Philosophy* 2:361–388.

Inada, Kenneth K. (稻田龟男) (1979) "Problematics of the Buddhist Nature of Self." *Philosophy East & West* 29(2), April: 141–158.

Inada, Kenneth K. (稻田龟男) (1985) "Two Strains in Buddhist

Causality." Journal of Chinese Philosophy 12:49–56.

Kalupahana, David J. (1975) *Causality: The Central Philosophy of Buddhism*. Honolulu: The University Press of Hawaii.

Kalupahana, David J. (1992) *A History of Buddhist Philosophy: Continuities and Discontinuities*. Honolulu: University of Hawaii Press.

Kieschnick, John (2003). *The Impact of Buddhism on Chinese Material Culture*. Princeton, NJ: Princeton University Press. ([美]柯嘉豪：《佛教对中国物质文化的影响》，赵悠等译，上海：中西书局，2015)

Koller, John M. (1972) "Dharma: An Expression of Universal Order." *Philosophy East & West* 22:131–144.

Lai, Whalen (黎惠伦) (1977) "Chinese Buddhist Causation Theories: An Analysis of the Sinitic Mahayana Understanding of Pratiya- samutpada." *Philosophy East & West* 27 (3):241–264.

Liu, Ming-wood (廖明活) (1985) "The Yogacara and Madhyamika Interpretations of the Buddha-Nature Concept in Chinese Buddhism." *Philosophy East & West* 35, April: 171–193.

Liu, Ming-wood (廖明活) (1989) "The Early Development of the Buddha-Nature Doctrine in China." *Journal of Chinese Philosophy* 16: 1–36.

Mitchell, Donald W. (1976) "The Paradox of Buddhism Wisdom." *Philosophy East & West* 26:55–67.

Potter, Karl H. (1964) "The Naturalistic Principle of Karma." *Philosophy East & West* 14:39–49.

Radhakrishnan (1962) *Indian Philosophy*, vol. I. New York: Macmillan Company (orig. pub. 1923).

Saso, Michael (苏海涵) (1977) "Buddhist and Taoist Notions of

Transcendence: A Study of Philosophical Contrast." In Michael Saso and David W. Chappell (eds.), *Buddhist and Taoist Studies I*. Honolulu: The University Press of Hawaii, pp. 3–22.

Siderits, Mark (2001) "Buddhism and Techno-Physicalism: Is the Eightfold Path A Program?" *Philosophy East & West* 51 (3), July: 307–314.

Streng, Frederick (1975) "Reflections on the Attention Given to Mental Construction in the Indian Buddhist Analysis of Causality." *Philosophy East & West* 25: 71–80.

Ueda, Yoshifumi (上田义文) (1964) "The World and the Individual in Mahayana Buddhist Philosophy." *Philosophy East & West* 14: 157–166.

Varma, V. P. (1963) "The Origins and Sociology of the Early Buddhist Philosophy of Moral Determinism." *Philosophy East & West* 13 (1): 25–47.

Wayman, Alex (1974) "Two Traditions of India: Truth and Silence." *Philosophy East & West* 24: 389–403.

Wright, Arthur F. (1959) *Buddhism in Chinese History*. Stanford, CA: Stanford University Press.

Wright, Arthur F. (1990) *Studies in Chinese Buddhism*, ed. Robert M. Somers. New Haven, CT: Yale University Press.

Zeuschner, Robert B. (1981) "The Understanding of Karma in Early Ch'an Buddhism." *Journal of Chinese Philosophy* 8: 399–425.

第九章 唯识宗

Banerjee, Nikunja Vihari (1974) *The Spirit of Indian Philosophy*. New Delhi, India: Arnold-Heinemann Publishers.

Betty, Stafford L. (1971) "The Buddhist-Humean Parallels: Postmodernism." *Philosophy East & West* 21, July:237-253.

Chan, Wing-tsit (ed.) (1963) *A Sourcebook in Chinese Philosophy*, 4th edn. Princeton, NJ: Princeton University Press, ch. (陈荣捷编著，《中国哲学文献选编》，杨儒宾、吴有能、朱荣贵、万先法译，台北：巨流图书公司，1993)

Chatterjee, Satischandra and Datta, Dhirendramohan (1968) *An Introduction to Indian Philosophy*. 7th edn. Calcutta: University of Calcutta Press.

Fung, Yu-lan (1983) *A History of Chinese Philosophy*, vol. II. (trans. Derk Bodde). Princeton, NJ: Princeton University Press, ch. 8, pp. 299-338. (冯友兰：《中国哲学史》下册，台北：台湾商务印书馆，1993)

Hamilton, Clarence H. (trans.) (1938) *Vasubandhu, Wei shih ershih fun* (*The Treatise in Twenty Stanzas on Representation-only*). Translated from the Chinese version of [Xuanzang]. New Haven, CT: American Oriental Society.

Kalupahana, David J. (1992) *A History of Buddhist Philosophy: Continuities and Discontinuities*. Honolulu: University of Hawaii Press, chs. 19-20, pp. 184-205. ([斯里兰卡]加鲁帕赫那：《佛教哲学：一个历史的分析》，霍韬晦、陈铫鸿译，台北：华宇出版社，1985)

Kern, Iso (耿宁) (1988) "The Structure of Consciousness According to Xuanzang." *Journal of the British Society for Phenomenology* 19 (3), October: 282-295.

Lusthaus, Dan (2002) *Buddhist Phenomenology: A Philosophical Investigation of Yogacara Buddhism and the Ch'eng Wei-Shih lun*. New York: Routledge Curzon.

Raju, P. T. (1971) *The Philosophical Traditions of India*. Pittsburgh: University of Pittsburgh Press.

Wei, Tat (韦达) (trans.) (1963) *Ch'eng Wei-shih lun Doctrine of Mere-Consciousness* by Hsiian Tsang, Hong Kong: The Ch'eng Wei-Shih Lun Publication Committee.

第十章 华严宗

Berkson, Mark (1996) "Language: The Guest of Reality- Zhuangzi and Derrida on Language, Reality, and Skillfulness." In Paul Kjellberg and Philip J. Ivanhoe (eds.), *Essays on Skepticism, Relativism, and Ethics in the Zhuangzi*. Albany, NY: State University of New York Press, pp. 97–126.

Chan, Wing-tsit (ed.) (1963) *A Sourcebook in Chinese Philosophy*, 4th edn. Princeton, NJ: Princeton University Press, ch. (陈荣捷编著,《中国哲学文献选编》,杨儒宾、吴有能、朱荣贵、万先法译,台北:巨流图书公司,1993)

Chang, Garma C. C. (张澄基) (1971) *The Buddhist Teaching of Totality: The Philosophy of Hwa Yen Buddhism*. University Park, PA: The Pennsylvania State University Press.

Cheng, Hsueh-Li (1984) "Phenomenology in T'ien-tai and Hua-yen Buddhism." In Anna-Teresa Tymieniecka (ed.), *Phenomenology of Life in A Dialogue between Chinese and Occidental Philosophy*. Dordrecht: Reidel Publishing Company, pp. 215–227.

Cleary, Thomas (trans.) (1983) *Entry into the Inconceivable: An Introduction to Hua-yen Buddhism*. Honolulu: University of Hawaii Press.

Cleary, Thomas (trans.) (1993) *The Flower Ornament Scripture*:

A Translation of the Avatamsaka Sutra. Boston, MA: Shambhala Publications, Inc.

Cook, Francis H. (1972) "The Meaning of Vairocana in Hua-yen Buddhism." *Philosophy East & West* 22, October: 403–415.

Cook, Francis H. (1977) *Hua-yen Buddhism The Jewel Net of Indra*. University Park, PA: Pennsylvania State University Press.

Cook, Francis H. (1979) "Causation in the Chinese Hua-yen Tradition." *Journal of Chinese Philosophy* 6: 367–385.

Fu, Charles Wei-hsün (傅伟勋) (1984) "Chinese Buddhism and An Existential Phenomenology." In Anna-Teresa Tymieniecka (ed.), *Phenomenology of Life in A Dialogue Between Chinese and Occidental Philosophy*. Dordrecht: Reidel Publishing Company, pp. 229–251.

Fung, Yu-lan (1983) *A History of Chinese Philosophy*, vol. II (trans.Derk Bodde). Princeton, NJ: Princeton University Press, ch. 8, pp. 339–359. (冯友兰:《中国哲学史》下册,台北:台湾商务印书馆,1993)

Gimello, Robert M. (1976) "Apophatic and Kataphatic Discourse in Mahayana: A Chinese View." *Philosophy East & West* 26, April: 117–136.

Gimello, Robert M. (1990) "Li T'ung-hsüan and the Practical Dimensions of Hua-yen." In Robert M. Gimello and Peter N. Gregory (eds.), *Studies in Ch'an and Hua-Yen*. Honolulu: University of Hawaii Press, pp.321–366.

Gimello, Robert M. and Gregory, Peter N. (eds.) (1990) *Studies in Ch'an and Hua-Yen*. Honolulu: University of Hawaii Press.

Gregory, Peter N. (1990) "The Teaching of Men and Gods: The Doctrinal and Social Basis of Lay Buddhist Practice in the Hua-yen

Tradition." In Robert M. Gimello and Peter N. Gregory (eds.), *Studies in Ch'an and Hua-Yen*. Honolulu:University of Hawaii Press, pp. 253–319.

Inada, Kenneth K. (稻田龟男)(1974) "Time and Temporality:A Buddhist Approach." *Philosophy East & West* 24:171–179.

Inada, Kenneth K. (稻田龟男) (1983) "The Metaphysics of Cumulative Penetration Revisited." (A critique of Steve Odin's "A Metaphysics of Cumulative Penetration:Process Theory and Hua-[yan] Buddhism.") *Process Studies* 13, Summer:154–158.

King, Winston L. (1979) "Hua-yen Mutually Interpenetrative Identity an Whiteheadean Organic Relation." *Journal of Chinese Philosophy* 6:387–410.

Lai, Whalen (黎惠伦)(1980) "The I Ching and the Formation of the Hua-yen Philosophy." *Journal of Chinese Philosophy* 7:245–258.

Lai, Whalen (黎惠伦)(1986) "The Defeat of Vijnaptimatrata in China: Fa-Tsang on Fa-hsing and Fa-hsiang." *Journal of Chinese Philosophy* 13:1–19.

Odin, Steve (1981) "Fantasy Variation and the Horizon of Openness: A Phenomenological Interpretation of Tantric BuddhismEnlightenment." *International Philosophical Quarterly* 21,December:419–436.

Odin, Steve (1982) *Process Metaphysics and Hua-yen Buddhism:A Critical Study of Cumulative Penetration vs. Interpenetration*. Albany, NY:SUNY Press.

Panikkar, Raimundo (1974) "Toward a Typology of Time and Temporality in th Ancient Indian Tradition." *Philosophy East & West* 24:161–164.

Puligandla, R. (1974) "Time and History in the Indian Tradition."

Philosophy East & West 24：165－170.

Wright, Dale（1982）"The Significance of Paradoxical Language in Hua-yen Buddhism." *Philosophy East & West* 32, July：325－338.

Wright, Dale（1986）"Language and Truth in Hua-Yen Buddhism." *Journal of Chinese Philosophy* 13：21－47.

第十一章　天台宗

Chan, Wing-tsit（1990）"The Lotus Sutra." In Wm.Theodore de Bary and Irene Bloom（eds.）, *Approaches to the Asian Classics*. New York：Columbia University Press, pp. 220－231.

Chan, Wing-tsit（ed.）（1963）*A Sourcebook in Chinese Philosophy*, 4th edn. Princeton, NJ：Princeton University Press, ch. 24.（陈荣捷编著，《中国哲学文献选编》，杨儒宾、吴有能、朱荣贵、万先法译，台北：巨流图书公司，1993）

Chappell, David W.（ed.）（1983）*T'ien-T'ai Buddhism：An Outline of the Fourfold Teachings*. Recorded by Chegwan, trans. by the Buddhist Translation Seminar of Hawaii. Compiled by Masao Ichishima. Tokyo：Daiichi-Shobo. Honolulu：distributed by the University Press of Hawaii.

Cheng, Chung-ying（成中英）（2001）"'Unity of Three Truths' and the Three Forms of Creativity：Lotus Sutra and Process Philosophy." *Journal of Chinese Philosophy* 28（4）, December：449－459.

Cheng, Hsueh-Li（1984）"Phenomenology in T'ien-tai and Hua-yen Buddhism." In Anna-Teresa Tymieniecka（ed.）, *Phenomenology of Life in A Dialogue between Chinese and Occidental Philosophy*. Dordrecht：Reidel Publishing Company, pp. 215－227.

Donner, Neal and Stevenson, Daniel B.（1993）*The Great Calming and Contemplation*: *A Study and Annotated Translation of the First Chapter of Chih-i's Mo-ho chih-kuan*. Honolulu: University of Hawaii Press.

Fu, Charles Wei-hsün (傅伟勋)(1984) "Chinese Buddhism and An Existential Phenomenology." In Anna-Teresa Tymieniecka (ed.), *Phenomenology of Life in A Dialogue between Chinese and Occidental Philosophy*. Dordrecht: Reidel Publishing Company, pp. 229–251.

Fung, Yu-lan (1983) *A History of Chinese Philosophy*, vol. 2 (trans.Derk Bodde). Princeton, NJ: Princeton University Press, ch. 9, pp. 360–386. (冯友兰:《中国哲学史》下册,台北:台湾商务印书馆,1993)

Hurvitz, Leon (1962) *Chih-i (538–597): An Introduction to the Life and Ideas of a Chinese Buddhist Monk*. Brussels: L'Institut Beige des Hautes E' tudes Chinoises.

Ikeda, Daisaku (池田大作) et al. (2000) *The Wisdom of the Lotus Sutra: A Discussion*, vol. 1. Santa Monica, CA: World Tribune Press.

Ng, Yu-kwan (Wu, Ru-jun) (吴汝钧) (1993) *T'ien-t'ai Buddhism and Early Madhyamika*. Honolulu: University of Hawaii Press.

Swanson, Paul L. (1989) *Foundations of T'ien-T'ai Philosophy*: *The Flowering of the Two Truths Theory in Chinese Buddhism*. California: Asian Humanities Press.

Watson, Burton (华兹生) (trans.) (1993) *The Lotus Sutra*. New York: Columbia University Press.

Watson, Burton (华兹生) (2002) *The Essential Lotus*: *Selections from the Lotus Sutra*. New York: Columbia University Press.

Ziporyn, Brook (任博克) (2000) "Setup, Punch Line, and the Mind-Body Problem: A Neo-Tiantai Approach." *Philosophy East&*

West 50（4）, October：584–613.

Ziporyn, Brook（任博克）（2001）"Inherent Entailment（Xingju）and Negative Prehensions：Givenness, The Agency of the Past, and the Presence of the Absent in White-head and the T'ien-t'ai Reading of the Lotus Sutra." *Journal of Chinese Philosophy* 28（4）, December：399–414.

第十二章　禅宗

Abe, Masao（阿部正雄）（1976）"Zen and Buddhism." *Journal of Chinese Philosophy* 3：235–252.

Blofeld, John（蒲乐道，别号竹禅）（trans.）（1958）*The Zen Teaching of Huang Po on the Transmission of Mind*. New York: Glove Press.

Bossert, Philip J.（1976）"Paradox and Enlightenment in Zen Dialogue and Phenomenological Description." *Journal of Chinese Philosophy* 3：269–280.

Brear, A. D.（1974）"The Nature and Status of Moral Behavior in Zen Buddhist Tradition." *Philosophy East & West* 24：429–441.

Chan, Wing-tsit（ed.）（1963）*A Sourcebook in Chinese Philosophy*, 4th edn. Princeton, NJ：Princeton University Press, ch.26.（陈荣捷编著，《中国哲学文献选编》，杨儒宾、吴有能、朱荣贵、万先法译，台北：巨流图书公司，1993）

Chang, Chen-chi（张澄基）（1957）"The Nature of Ch'an（Zen）Buddhism." *Philosophy East & West* 6：333–355.

Cheng, Chung-ying（成中英）（1973）"On Zen（Ch'an）Language and Zen Paradoxes." *Journal of Chinese Philosophy* 1：77–99.

Cheng, Chung-ying（成中英）（1976）"Rejoinder to Michael

Levin's 'Comments on the Paradoxicality of the Koans." *Journal of Chinese Philosophy* 3:291–297.

Cheng, Hsueh-li(郑学礼)(1981) "The Roots of Zen Buddhism." *Journal of Chinese Philosophy* 8:451–478.

Cheng, Hsueh-li(郑学礼)(1985) "Confucianism and Zen(Ch'an) Philosophy of Education." *Journal of Chinese Philosophy* 12: 197–215.

Cheng, Hsueh-li(郑学礼)(1986) "Negation, Affirmation and Zen Logic." *International Philosophical Quarterly* 26:2 41–51.

Cheng, Hsueh-li(郑学礼)(1987) "Zen Morality within this World." In Anna-Teresa Tymieniecka (ed.), *Morality within the Life- and Social World*. Dordrecht: Kluwer Publishing, pp. 245–258.

Cheng, Hsueh-li(郑学礼)(1996) *Exploring Zen*. New York: Lang Publishing.

Cheshier, William L. (1971) "The Term 'Mind' in Huang Po's Text Huang Po Ch'uan Hsin Fa Yao." *Inquiry* 14:102–112.

Cleary, Thomas (trans.) (1998) *The Sutra of Hui-neng: Grand Master of Zen*. (With Hui-neng's Commentary on the Diamond Sutra.) Boston and London: Shambhala.

Cua, Antonio S.(柯雄文)(1975) "Uses of Dialogues and Moral Understanding." *Journal of Chinese Philosophy* 2:131–148.

Davidson, Bruce (1996) "Does Religious Faith Mean Uncritical Thought? Exploration of a False Dilemma." *Inquiry* 16(1), Fall: 55–66.

Davidson, Bruce (1994) *Zen Buddhism: A History*. New York: Simon & Schuster Macmillan.

Faure, Bernard (1993) *Chan Insights and Oversights: An*

Epistemological Critique of the Chan Tradition. Princeton, NJ: Princeton University Press.

Fromm, Erich（弗洛姆）(1960) "Psychoanalysis and Zen Buddhism." In D. T. Suzuki, Erich Fromm, and Richard De Martino (eds.), *Zen Buddhism and Psychoanalysis*. New York: Harper & Brothers, pp. 77−141.

Fung, Yu-lan (1983) *A History of Chinese Philosophy*, vol. II (trans. Derk Bodde). Princeton, NJ: Princeton University Press, ch. 9, pp. 386−406.（冯友兰：《中国哲学史》下册，台北：台湾商务印书馆，1993）

Garner, Dick (1977) "Skepticism, Ordinary Language and Zen Buddhism." *Philosophy East & West* 27 (2), April: 165−181.

Garner, Richard (1985) "The Deconstruction of the Mirror and other Heresies: Ch'an and Taoism as Abnormal Discourse." *Journal of Chinese Philosophy* 12: 155−168.

Gimello, Robert M. and Gregory, Peter N. (eds.) (1990) *Studies in Ch'an and Hua-Yen*. Honolulu: University of Hawaii Press.

Glass, Newman Robert (1998) "A Logic of the Heart: Re-Reading Taoism and Zen Buddhism." *International Philosophical Quarterly* 38 (4), December: 383−392.

Hershock, Peter D. (1994) "Person as Narration: The Dissolution of Self' and Other' in Ch'an Buddhism." *Philosophy East and West* 44 (4), October: 685−710.

Holstein, Alexander (trans.) (1993) *Pointing at the Moon: 100 Zen Koans from Chinese Masters*. Rutland, Vermont: Charles E. Tuttle Company.

Hu, Shih（胡适）(1953) "Ch'an (Zen) Buddhism in China: Its

History and Method." *Philosophy East & West* 3 (1):3–24.

Hyers, M. Conrad (1970) "The Ancient Zen Masters as Clown-figure and Comic Midwife." *Philosophy East & West* 20:3–18.

Inada, Kenneth (稻田龟男) (1988) "Zen and Taoism: Common and Uncommon Grounds of Discourse." *Journal of Chinese Philosophy* 15:51–65.

Izutsu, Toshihiko (井筒俊彦) (1977) *Toward a Philosophy of Zen Buddhism*. Tehran, Iran: Imperial Iranian Academy of Philosophy.

Jan, Yün-hua (冉云华) (1977) "Conflict and Harmony in Ch'an and Buddhism." *Journal of Chinese Philosophy* 4:287–302.

Jan, Yün-hua (冉云华) (1981) "The Mind as the Buddha-Nature: The Concept of the Absolute in Ch'an Buddhism." *Philosophy East & West* 31(4):467–477.

Kapleau, Philip (1980) *The Three Pillars of Zen: Teaching, Practice, and Enlightenment*. Garden City, NY: Anchor Press/ Doubleday.([美]菲利普·凯普楼:《禅门三柱》,顾法严译,台北:慧炬出版社,2007)

Kasulis, Thomas P. (1979) "The Two Strands of Nothingness in Zen Buddhism." *International Philosophical Quarterly* 19:61–72.

Kim, Ha Poong (198011) "What Do Zen Masters Do with Words?" *Philosophical Forum* 12 (2), Winter: 101–115.

King-Farlow, John (1983) "Review on 'On Zen Language and Zen Paradoxes': Anglo-Saxon Questions for Chung-ying Cheng." *Journal of Chinese Philosophy* 10:285–298.

Knaul, Livia (1986) "Chuang-Tzu and the Chinese Ancestry of Ch'an Buddhism." *Journal of Chinese Philosophy* 13:411–428.

Lai, Whalen (黎惠伦) (1977) "The Meaning of 'Mind-Only'

('Wei-Hsin'): An Analysis of a Sinitic Mahayana Phenomenon." *Philosophy East & West* 27 (1):65–83.

Lai, Whalen (黎惠伦) (1979) "Ch'an Metaphors: Waves, Water, Mirror, Lamp." *Philosophy East & West* 29 (3), July:243–253.

Lee, Jung Young (1976) "Zen Enlightenment and the Intellectual Approach." *Journal of Dharma* 1:211–226.

Laycock, Steven W. (1985) "Hui-neng and the Transcendental Standpoint." *Journal of Chinese Philosophy* 12:179–196.

Levin, Michael E. (1976) "Comments on the Paradoxicality of Zen Koans." *Journal of Chinese Philosophy* 3:281–290.

Lusthaus, Dan (1985) "Ch'an and Taoist Mirror: Reflections on Richard Garner's 'Deconstruction of the Mirror'." *Journal of Chinese Philosophy* 12:169–178.

Milcinski, Maja (玛亚) (1977) "Zen and the Art of Death." *Philosophy East & West* 27:65–83. (Repr. in Journal of the History of Ideas 60 (3), July 1999:385–397.)

Mitchell, Donald W. (1980) "Faith in Zen Buddhism." *International Philosophical Quarterly* 20:183–198.

Nakamura, Hajime (中村元) (1985) "The Non-logical Character of Zen." *Journal of Chinese Philosophy* 12:105–115.

Nishida, Kitaro (西田几多郎) (1966) *Intelligibility and the Philosophy of Nothingness*. Honolulu: East West Center Press.

Nishitani, Keiji (西谷启治) (1981) "Ontology and Utterance." *Philosophy East & West* 31:29–44.

Nordstrom, Louis (1980) "Zen and Karman." *Philosophy East & West* 30 (1) :77–86.

Nordstrom, Louis (1981) "Mysticism without Transcendence:

Reflections on Liberation and Emptiness." *Philosophy East & West* 31: 89–95.

Olson, Carl (2000) *Zen and the Art of Postmodern Philosophy: Two Paths of Liberation from the Representational Mode of Thinking*. Albany, NY: SUNY Press.

Perry, John (1963) "Paradoxical Logic." *Philosophy East & West* 13 (2): 155–157.

Ren, Jiyu (任继愈) (1984) "A Brief Discussion of the Philosophical Thought of Chan Buddhism." *Chinese Studies in Philosophy* 15: 3–69.

Riepe, Dale (1966) "The Significance of the Attack upon Rationality by Zen Buddhism." *Philosophy and Phenomenological Research* 26: 434–437.

Rosemont, Jr., Henry (罗思文) (1970a) "The Meaning Is the Use: Koan and Mondo As Linguistic Tools of the Zen Masters." *Philosophy East & West* 20: 109–119.

Rosemont, Jr., Henry (罗思文) (1970b) "Is Zen Buddhism A Philosophy?" *Philosophy East & West* 20: 63–72.

Scharfstein, Ben-Ami (1976) "Salvation by Paradox: On Zen and Zen- like Thought." *Journal of Chinese Philosophy* 3: 209–234.

Stauffer, Lee (1989) "Is an Ethical Theory Possible Within Zen Buddhism?" *Southwest Philosophical Studies*, Spring: 80–84.

Steffney, John (1975) "Symbolism and Death and Jung and Zen Buddhism." *Philosophy East & West* 25: 175–185.

Steffney, John (1977) "Transmetaphysical Thinking in Heidegger and Zen Buddhism." *Philosophy East & West* 27 (3): 323–335.

Strenski, Ivan (1980) "Gradual Enlightenment, Sudden

Enlightenment and Empiricism." *Philosophy East & West* 30(1):3-20.

Suzuki, Daisetz Teitaro（铃木大拙）(1932)(translates) *The Lankavatara Sutra:A Mahayana Text*.London:George Routledge and Sons, Ltd.

Suzuki, Daisetz Teitaro（铃木大拙）(1949) *Essays in Zen Buddhism. First Series*. New York:Grove Weidenfeld.([日]铃木大拙:《铃木大拙禅论集:历史发展》,徐进夫译,台北:志文出版社,1986)

Suzuki, Daisetz Teitaro（铃木大拙）(1951) "The Philosophy of Zen." *Philosophy East & West* 1(2):3-15.

Suzuki, Daisetz Teitaro（铃木大拙）(ed.)(1960) *Manual of Zen Buddhism*. New York: Grove Press.

Suzuki, Daisetz Teitaro（铃木大拙）(1964) *The Zen Doctrine of No-Mind*. New York:Grove Press.

Suzuki, Daisetz Teitaro（铃木大拙）(trans.)(1966) *The Lankavatara Sutra: A Mahayana Text*. London: Routledge & Kegan Paul Ltd.(orig. pub. 1932).

Suzuki, Daisetz Teitaro（铃木大拙）(1972) *An Introduction to Zen Buddhism*. Christmas Humphreys (ed.) York Beach, Maine:Weiser Books.([日]铃木大拙:《铃木大拙禅学入门》,林宏涛译,台北:商周出版社,2009)

Suzuki, Daisetz Teitaro（铃木大拙）(1996) *Zen Buddhism: Selected Writings of D. T. Suzuki*, ed. William Barrett. New York: Doubleday (orig. pub. 1956).([日]铃木大拙:《禅与生活》,刘大悲译,台北:志文出版社,1971)

Tominaga, Thomas T. (1983) "Ch'an, Taoism, and Wittgenstein." *Journal of Chinese Philosophy* 10:127-145.

Tucker, John (1985) "An Anglo-Saxon Response to John

King-Farlow's Questions on Zen Language and Zen Paradoxes." *Journal of Chinese Philosophy* 12:217–221.

Wang, Youru（王又如）(2000) "The Pragmatics of 'Never Tell Too Plainly': Indirect Communication in Chan Buddhism." *Asian Philosophy* 10 (1), March:7–31.

Watson, Burton（华兹生）(trans.) (1999) *The Zen Teachings of Master Lin-Chi [Lin-chi Lu]*. New York:Columbia University Press.

Watts, Alan W. (1957) *The Way of Zen*. New York: Vintage Books.

Wright, Dale S. (1993) "Emancipation from What? The Concept of Freedom in Classical Ch'an Buddhism." *Asian Philosophy* 3 (2): 113–124.

Yampolsky, Philip B. (trans.) (1967) *The Platform Sutra of the Sixth Patriarch* [from the *Tun-huang* manuscript]. New York:Columbia University Press.

Yampolsky, Philip B. (1990) "The Platform Sutra of the Sixth Patriarch." In Wm. Theodore de Bary & Irene Bloom (eds.) *Approaches to the Asian Classics*. New York:Columbia University Press, pp. 241–250.

Yi, Wu (1985) "On Chinese Ch'an in Relation to Taoism." *Journal of Chinese Philosophy* 12:131–154.

Yu, Chun-Fang (1979) "Ta-hui Tsung-kao and 'Kung-an' Ch'an." *Journal of Chinese Philosophy* 6:211–235.

Zeuschner, Robert B. (1976) "The 'Hsien Tsung Chi' (An Early Ch'an (Zen) Buddhist Text)." *Journal of Chinese Philosophy* 3: 253–268.

Zeuschner, Robert B. (1978) "The Understanding of Mind in the

Northern Line of Ch'an (Zen)." *Philosophy East & West* 28 (1), January:69–79.

Zeuschner, Robert B. (1981) "The Understanding of Karma in Early Ch'an Buddhism." *Journal of Chinese Philosophy* 8:399–425.